Voyez la bibliotéque de l'abbé
goujet. tom. 13. pag. 174.

Y 1705. p.
A.

Ro
Yu.
486

LES
PREMIERES
OEVVRES
FRANÇOYSES
DE
IEAN DE LA IESSEE,
Secretaire de la Chambre
de Monseigneur.

PREMIER VOLVME.

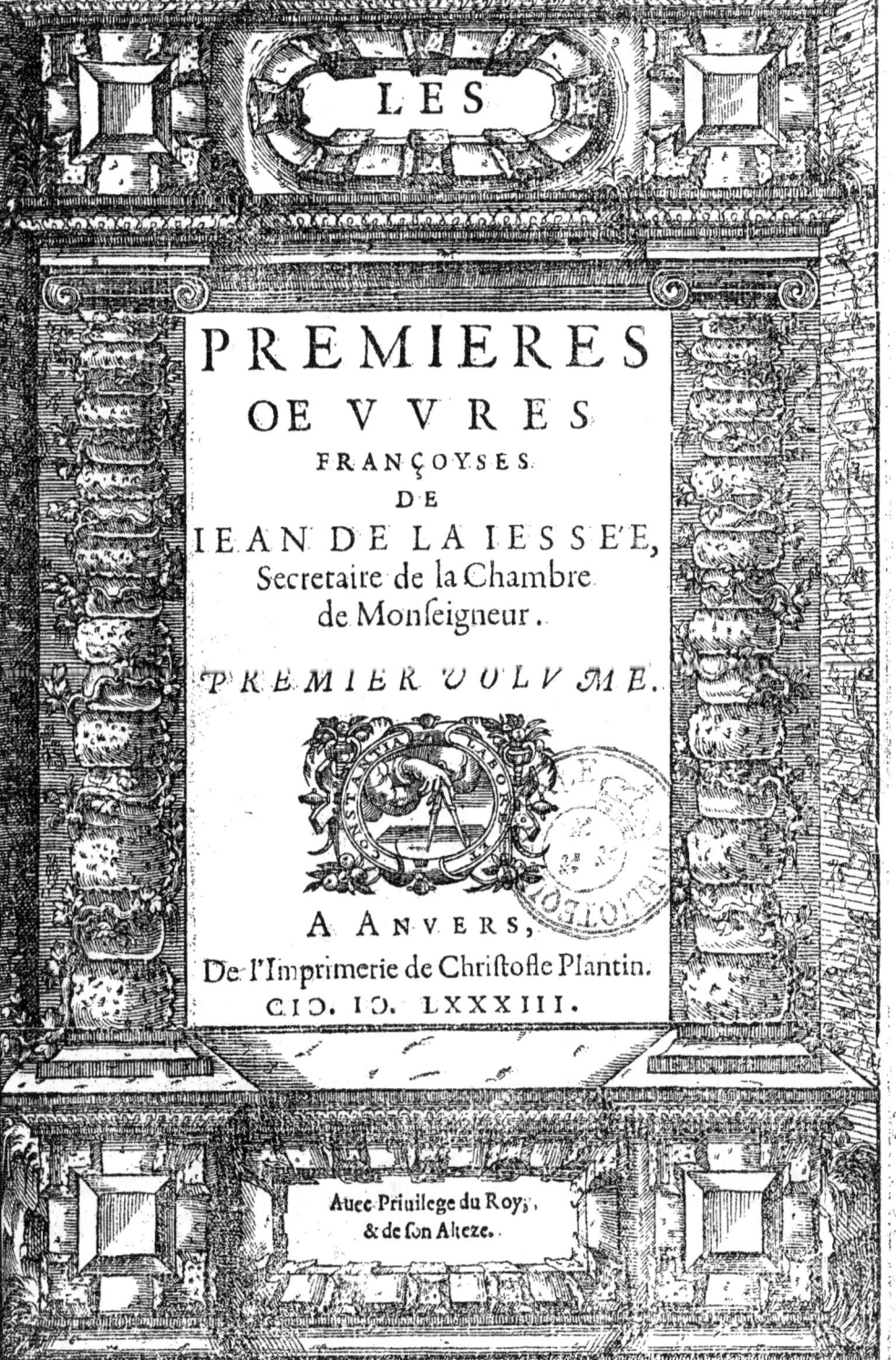

A ANVERS,
De l'Imprimerie de Christofle Plantin.
CIƆ. IƆ. LXXXIII.

Auec Priuilege du Roy,
& de son Alteze.

A MONSEIGNEVR
FRANÇOYS DE FRANCE,
Frere vnique du Roy: Duc de Lothier, Brabant, Gueldres, Aniou: & Conte de Flandres.

MONSEIGNEVR, quand ce diuin Socrate fut interrogué par Gorgias Leontin quelle estoit son opinion du grand Roy des Perses, & s'il ne l'estimoit pas heureus: il respondit en ces termes. Ie ne sçay commét il est comblé de sçauoir, & de vertu. Parolles vrayment pondereuses, & fort notables! voire cóprenant en soy les plus vtiles enseignementz que donna onques Xenophon à Cyre, Platon à Dion & Denys Syracusains, Aristote à son Alexandre, Seneque à Neron, Plutarque à Trajan, & M. Aurele à Commode son filz. Car ainsi que les plus signallez personages du tempz passé sont entrez par ce moyen au Temple d'Honeur, & de Renommée: aussi trouuons-nous que ceus qui comme aueugles, & déuoyez, ont delaissé ce beau sentier, & trop difficile pour eus, n'ont gueres remporté qu'vn iuste mépris, ou vitupere, aprez le trespas, & mesmes durát leur vie. A ceste cause le tressage Salomon asseure que le renom est plus exquis que les immenses richesses, & la bonne grace plus chere que l'or, ni l'argent. A cecy sert de beaucoup la genereuse nourriture qu'aura pris le ieune Prince, qui doit reluire comme vne claire lampe au milieu de ses

Opinion de Socrate touchant le grand Roy.

Prouerbes Chap. xxij.

Louable nourriture des ieunes Princes.

EPISTRE

fugetz. Et c'est pourquoy les grandz Seigneurs commetoyent anciennement leurs enfantz entre les mains d'hômes tres-doctes, & bien experimentez aux affaires du monde. Ce qu'on raconte (outre les sus-nommez) auoir esté notamment pratiqué en Iason, & Achille, l'vn filz d'Æson, & l'autre de Pelée, tous deus Roys de Thessalie: lesquelz ilz mirét sous la charge, & gouuernement, du sçauant Chiron. Et aussi le prudét Phœnix ramentoit à Achille comment il luy fut donné à l'expedition de Troye, pour estre côme son gardien, & compaignon: à fin qu'il le rendit eloquét à bien dire, & vaillant à bien faire. La fabulosité des Grecz a subtilement voylé ces deus nobles parties, quand elle a faint que la Deesse Pallas estoit armée. Signifiát par là qu'il est tresnecessaire que les Roys, & Chefz des Choses-publiques, assemblent dextrement la vaillance à la sagesse, ou les armes à la doctrine.

Homere Liu. ix. de l'Ilia.

Pourquoy est Pallas armée.

Mais deuant que passer outre, il me semble (Monseigneur) que ie sois deia recueilli d'vn mauuais œil par ces frontz Stoïques, & sourçilleus: qui peut estre s'offançeront de ce qu'vn nouueau Poëte se presente, & parle si hardiment à vous: iugeantz de prime face que ie sois icy (comme aucuns de nostre age) tout Dameret, & plein d'amourettes, ou flateries. Car sous ombre que nous sommes moins renfroignez, & laissons quelque trait de gaillardise en noz escritz: il est incôtinant aduis à ces testes pesantes qu'on nous doit entierement reietter, & bannir des honnestes compaignies. Pour satisfaire succinctement à telles obiections, ie respondray que si la Philosophie est veritablement l'estude de sapience, con-

Obiections cótre les Poëtes.

Responce.
Qu'est ce que Philosophie.

A MONSEIGNEVR.

siſtant en action, ou contemplation: & ſi ceus qui en firent iadis plus grãde profeſſion, ont meſmes Poëtiſé, tant ſ'en faut qu'ilz ayent pour cela deſdaigné la Poëſie: on doit nõ plus mépriſer au-iourd'huy les vrays Poëtes. D'autant que leurs œuures ſont communemẽt remplis de louables inſtructions, & fructueuſes à la vie de l'hõme: & ont pour but de plaire, & proffiter enſemble. Or que les meilleurs Philoſophes n'ayent faict parfois des vers, ou nẽ ſe ſoyent preualus des graues ſentences & autoritez des Poëtes, & que les Poëtes n'ayent pareillemẽt eſté Philoſophes: on peut aiſémẽt coniecturer l'vn & l'autre, par leurs ordinaires eſcritz, ou allegations. Orphée, Heſiode, Homere, Arat, & infinis autres Poetes d'vn coſté: & d'ailleurs auſſi Pythagore, Solon, Empedocle, & Platon, entre les plus inſignes Philoſophes: font ſuffiſante preuue de mon dire. Par là donques ie veus inferer que les mieus verſez en Philoſophie ne ſe fuſſent nullement arreſtez au teſmoignage des Poëtes, ſ'ilz n'euſſent cognu que la Poëſie a en ſoy ie ne ſçay quel efficace, & ſecret aiguillon, pour inciter viuement les hommes à la vertu: & encores leur faire hayr, & deteſter le vice.

 Ce n'eſt pas tout, Mõſeigneur: pource que ſi les Poëtes furent ainſi volontairemẽt enſuyuis, & approuuez, des plus ſages: ilz n'ont eſté moins cheris, & aſſiſtez, des plus braues Monarques, & Seigneurs. Car ilz les ont maintesfois auácez en credit, & tenuz auprez d'eus: & non contantz de les auoir eſleuez en leur viuant, les voulurent biẽ louer aprez la mort, & en eurẽt vn ſoing merueilleus. De là ſ'eſt enſuyuie la celebre exclamation

En quoy elle conſiſte.

Office & but des vrays Poëtes.

Pluſieurs Poëtes ont Philoſophé.

Quelques Philoſophes ont eſté Poetes.

Efficace de la Poeſie.

EPISTRE

sugetz. Et c'est pourquoy les grandz Seigneurs commetoyent anciennement leurs enfantz entre les mains d'hômes tref-doctes, & bien experimentez aux affaires du monde. Ce qu'on raconte (outre les sus-nommez) auoir esté notamment pratiqué en Iason, & Achille, l'vn filz d'Æson, & l'autre de Pelée, tous deus Roys de Thessalie: lesquelz ilz mirét sous la charge, & gouuernement, du sçauant Chiron. Et aussi le prudét Phœnix ramentoit à Achille comment il luy fut donné à l'expedition de Troye, pour estre côme son gardien, & compaignon: à fin qu'il le rendit eloquét à bien dire, & vaillant à bien faire. La fabulosité des Grecz a subtilement voylé ces deus nobles parties, quand elle a faint que la Deesse Pallas estoit armée. Signifiát par là qu'il est tres-necessaire que les Roys, & Chefz des Choses-publiques, assemblent dextrement la vaillance à la sagesse, ou les armes à la doctrine.

Mais deuant que passer outre, il me semble (Monseigneur) que ie sois deia recueilli d'vn mauuais œil par ces frontz Stoïques, & sourcilleus: qui peut estre s'offançeront de ce qu'vn nouueau Poëte se presente, & parle si hardiment à vous: iugeantz de prime face que ie sois icy (comme aucuns de nostre age) tout Dameret, & plein d'amourettes, ou flateries. Car sous ombre que nous sommes moins renfroignez, & laissons quelque trait de gaillardise en noz escritz: il est incôtinant aduis à ces testes pesantes qu'on nous doit entierement reietter, & bannir des honnestes compaignies. Pour satisfaire succinctement à telles obiections, ie respondray que si la Philosophie est veritablement l'estude de sapience, con-

Homere Liu. ix. de l'Ilia.

Pourquoy est Pallas armée.

Obiections cô-tre les Poëtes.

Responce.
Qu'est ce que Philosophie.

A MONSEIGNEVR.

fiſtant en action, ou contemplation: & ſi ceus qui en firent iadis plus grāde profeſſion, ont meſmes Poëtiſé, tant ſ'en faut qu'ilz ayent pour cela deſdaigné la Poëſie: on doit nō plus mépriſer au-iourd'huy les vrays Poëtes. D'autant que leurs œuures ſont communemēt remplis de louables inſtructions, & fructueuſes à la vie de l'hō-me: & ont pour but de plaire, & proffiter enſemble. Or que les meilleurs Philoſophes n'ayent faict parfois des vers, ou ne ſe ſoyent preualus des graues ſentences & autoritez des Poëtes, & que les Poëtes n'ayent pareille-mēt eſté Philoſophes: on peut aiſémēt coniecturer l'vn & l'autre, par leurs ordinaires eſcritz, ou allegations. Orphée, Heſiode, Homere, Arat, & infinis autres Poetes d'vn coſté: & d'ailleurs auſſi Pythagore, Solon, Empedocle, & Platon, entre les plus inſignes Philoſophes: font ſuffiſante preuue de mon dire. Par là donques ie veus inferer que les mieus verſez en Philoſophie ne ſe fuſſent nullement arreſtez au teſmoignage des Poëtes, ſ'ilz n'euſſent cognu que la Poëſie a en ſoy ie ne ſçay quel efficace, & ſecret aiguillon, pour inciter viuement les hommes à la vertu: & encores leur faire hayr, & de-teſter le vice.

    Ce n'eſt pas tout, Mōſeigneur: pource que ſi les Poëtes furent ainſi volontairemēt enſuyuis, & approuuez, des plus ſages: ilz n'ont eſté moins cheris, & aſſiſtez, des plus braues Monarques, & Seigneurs. Car ilz les ont maintesfois auācez en credit, & tenuz auprez d'eus: & non contantz de les auoir eſleuez en leur viuant, les voulurent biē louer aprez la mort, & en eurēt vn ſoing merueilleus. De là ſ'eſt enſuyuie la celebre exclamation

Marginalia:
- En quoy elle conſiſte.
- Office & but des vrays Poëtes.
- Pluſieurs Poëtes ont Philoſophé.
- Quelques Philoſophes ont eſté Poëtes.
- Efficace de la Poeſie.

EPISTRE

de ce tant renommé Capitaine Macedonien, en faueur du Prince des Poëtes, Homere: & ne fut moindre son affectiō à l'endroit du Lyrique Pindare, alors qu'au sac de Thebes il commanda par exprez que sa maison fut inuiolablemēt preseruée de la fureur, & pillerie, des soldatz. On n'obmet aussi l'hōneur qu'Ennie (fort aymé de Caton l'aisné) receut à sa sepulture, quand aprez beaucoup d'auancemēt qu'il auoit eu à la suite des Scipiōs, il fut encores enterré auprez de ses Maistres. Mais que dirons nous de l'extreme familiarité & bienueuillance, dont Anacreon se vid hōnoré par le Samien Polycrate? Euripide par le Roy Archelas? Simonide, & Æschyle, par Hieron Sicilien? Philippide par Lysimache d'Athenes? Catulle par I. Cęsar? lequel (bien qu'il eust esté malicieusement outragé par ses vers) ne laissa pourtant de se reconcilier à luy, & le rendre son amy, au lieu de s'en vanger? Ie serois trop prolixe si ie voulois inserer icy leurs semblables, & pource la seule election de l'Empereur Auguste, & de Mecene son familier, me suffira pour conclurre ceste digression. Car pour auoir singulierement fauory, & auançé, ces deus fameus Poëtes Latins, Virgile & Horace: ilz ont laissé auec vne glorieuse, & successiue reputation, leur nom comme hereditaire à ceus qui embrassent les bonnes lettres, & supportent les gentilz espritz à leur imitation.

Ie ne m'amuseray dauantage, Monseigneur, à mendier les exemples non-domestiques, ou trop esloignez de nostre cognoissance: & ce pour vous remettre deuāt les yeus l'auguste memoire de ce magnanime Prince, & nō assez loüé, Françoys vostre Ayeul: & encore celle

Les Poëtes louez & fauorisez des Roys & Princes.

Le nom d'Auguste & Mecene, à qui hereditaire.

Françoys 1. & Henry 2. amateurs des armes & des lettres.

A MONSEIGNEVR.

du bon Roy Henry, voſtre Pere. Car outre ce que les ſciences, & la dignité militaire, leur doiuent ce qu'elles ont de ſplendeur & d'excellence en ce Royaume, autant de loüange que la Iuſtice, & la Religion, (qui ſont com- me la baze, & ſolide fondemét, d'vne Monarchie bien policée:) leur ont acquis pendant leurs regnes: autant ou plus de honte, & deſolation, nous aportoit le de- bordement des vices, & de l'ambition, qui depuis ont eu pleine vogue, & licence. De façon que nous eſtions menaſſez non pas du ſeul aneantiſſement des beaus artz, & diſciplines: ains du precipité declin, & ſub- uerſion, d'vne ſi floriſſante Prouince. Ie ne veus re- frechir icy l'aigreur de noz miſeres, & calamitez, par vne ſi douloureuſe ſouuenance. Ie diray bien à mon tref-grand regret qu'on a veu cy deuant noſtre pouuoir affoibli par noz propres forces, noz richeſſes & com- moditez rauies & diſſipées par noz ſaccagementz, no- ſtre hardieſſe combatuë par noz armes, noſtre valeur & generoſité eſtainte par noz victoires: & brief noſtre grandeur amoindrie & ſapée par noz ruines. Toutes- fois Dieu nous a tant fauoriſez à la parfin, que le Roy, voire tout le Royaume, ſ'eſt ſeruy de vous (Monſei- gneur) comme d'vn apte inſtrument, & moyenneur, à l'eſtabliſſement d'vne paix aſſeurée: pour mieus redui- re en ſon entier ceſt Eſtat ſi eſbranlé par les troubles, & ſeditions inteſtines. Voyla pourquoy chaſque bon Pa- triote, & amateur du repos de ſes Concitoyens, doit in- ſtamment remerçier le Createur d'vne œuure ſi ſalutaire à la France, & honnorable à voſtre Alteze.

Quant à moy, Monſeigneur, qui auois proiecté des

Vrais fonde- mentz d'vne Monarchie.

Maus auenus en France par les troubles.

Son Alt. in- ſtrument de la Paix eſtablie au Royaume.

* 4

EPISTRE

longue main de vous dedier mon treshumble seruice, & vous donner quelque signifiance d'vne telle deuotion: i'en ay curieusement recerché les moyens à mon second voyage en cés Pays-bas, où Dieu vous a legitimement appellé. Ce qui m'encouragea d'autant plus, que fauorablemét vous recueillites & moy, & mes escritz. Pource à fin que ie peusse acquiter mon deuoir, ie prins depuis vn iour à loysir, & fis vn amas & rassemblement des Ouurages que i'auois fait & acheué pieça: les ayant puis n'agueres enuoyez en ceste Ville. Comme donques i'eu bien ordonné tous ces papiers copiez & reueus auec beaucoup de trauail de corps, & d'esprit: ie me trouuay à l'instant enuironné de quarante & huit Liures diuersemét cóposez en rythme, & de cinq autres faitz en prose, & tous Françoys: sans compter ceus que i'ay façonnez à la Rommaine, ni cinq ou six pieçes qui depuis ont baillé cómancemét à mes secódes Oeuures. Soudain le nombre inopiné m'estonna si fort, que me voyant deia pere de tant de petis enfantz cóceus en ma grande ieunesse, & parmy mes plus griefues aduersitez, sans auoir eu iusqu'icy le moindre support, ou assistance de personne: ie fusse entré en vn estrange mescontantement de moy-mesme, si quelque propiçe Demon ne m'eust inspiré sur le champ à vous eslire pour leur debonnaire Parrain, & protecteur. I'en vsay de la sorte, Monseigneur: m'estant aperçeu que vous daignez lire, & escoutez volontiers ce qui vient de mon estude. Il est vray que pour ne vous degouster au commancement par la grosseur excessiue de tát de labeurs, ie me suis aduisé de separer ceste masse, & en choysir la moitié seu-

Monseig. legitime Prince des Pays bas.

Oeuures de l'Auteur.

A MONSEIGNEVR.

lement: à fin qu'estant mise en lumiere sous l'asseurance de vostre nom, elle fit place cependant au reste de mes premieres Oeuures qui font l'autre moitié, non moins diuersifiée en conceptions, & subiectz. Car i'ay tousiours pensé que nous estions Françoys, c'est à dire naturellement amys de la varieté, conuoyteus de choses nouuelles, & sur tout superstitieus admirateurs des estrãgers. Si ie ne tombe à la mercy de quelque cerueau bien melancholique, & bizarre, ou de Iuges trop incompetantz, pour estre mauuais repreneurs, & pires enseigneurs: ie pourray icy leur aporter quelque contantement. Ie n'ignore, Monseigneur, comment les Anciens mettoyent les trois Graces auprez de Mercure: designantz par cela que la beauté du langage requiert vne tres-courtoyse façon, & bienseance: pour auoir ie ne sçay quoy d'attrayant, & d'agreable. Mais comme plusieurs de ma robe tendent à ceste perfection, non sans l'ayde & emprunt de ceus qu'ilz se proposent coustumierement pour miroir, & patron, en leurs ouurages plus eslabourez: ie cuide aussi estre aucunemét excusable en ce que ie n'ay guere voulu m'assugettir aus recerches d'autruy. Et iaçoit que par maniere d'esbat, & sans longue perte de tempz, ie me sois amusé quelquefois aus Traductions, & Imitations: si est ce que i'ay franchement rendu, & mis à part, ce que i'auois incidament emprunté de beaucoup d'Auteurs Grecz, Latins, & Italiens: voire du Castillan de nostre Amadis, & mesmes de la Bible. Et de fait ayant sceu que telle façon d'escrire a en soy trop plus de curiosité, que d'industrie; & beaucoup de peine, à peu de lou-

Diuision des premieres Oeuures Frãçoyses de l'Auteur.

Naturel des Françoys.

Pourquoy les Anciens mettoyent les trois Graces auprez de Mercure.

Coustume d'aucune Poetes.

Versions & Imitations separées.

*⁎ 5

Epistre

ange & de plaisir: ie me suis contanté de recueillir, & mettre au net, la moisson creuë dans mon propre cháp. Tellemét qu'au lieu de me distiller sans cesse la ceruelle sur la version des Auteurs qu'on ne sçauroit bonnement exprimer auec la mesme grace, & nayfueté, qu'ilz ont en leur langue: i'ay fait de mes Oeuures ce que Virgile auoüa si librement du Liure d'Ennie, triant de l'or, & des marguerites, de l'ordure & bourbier de ses vers. Voyla comment i'ay tousiours fait consciéce de m'enrichir de pareilles depouilles, & n'ay voulu m'approprier si oysifuement le trauail des autres: ou presenter au public des fleurs & fruitz qui ne prennent naissance, ni accroissemét, dans mon Iardin. Aussi est-ce trop impudament triompher de la gloire des mortz! Et croyie que si ceus qu'on a si mal traittez, reuenoyent maintenant au monde, & redemandoyent leurs plumes à ces Oyseaus estrangement vestus, & bigarrez: iamais la Corneille dont Horace (aprez le gaillard Æsope) esmeut vne moquable risée, ne se vid si honteusement dégarnie de son plumage.

Pour ne m'esgarer plus auant, ie reuiendray à vous, Monseigneur: à fin que puis que i'ay separé tant d'ourages cy deuant composez en nostre vulgaire, pour vous appareiller vn passetempz non inutile: desormais ie vous estraine de ce Premier Volume diuisé en quatre Tomes, & ces Tomes en vingt & quatre Liures. Ce n'est pas que ie ne cognoisse bien que nous sommes en vn pays, & en vne saison, où vostre Alteze est le plus souuent distraitte aus serieuses occupations. Mais elle me permettra qu'vsant en son endroit de la mesme af-

Confession de Virgile sur Ennie.

Aucuns Poetes vestus en Corbeilles.

Diuision de ce 1. Volume.

A MONSEIGNEVR.

fection, & liberté, qui excita iadis les habitantz de Corinthe d'enuoyer le don de Bourgeoyſie en leur Ville au Grand Alexandre, ores que ce fut au milieu de ſes triomphes, & conqueſtes: ie m'ayde auſſi de ceſte hardieſſe qui eſmeut aucunement leurs Ambaſſadeurs, lors que voyantz le peu de cas qu'il faiſoit de leur offre, ilz luy dirent haut, & clair. Ne repute noſtre preſent à temerité, ou folie: car il ne ſe trouuera de memoire d'homme que noz deuançiers ayent offert le droit & priuilege de Bourgeoyſie, qu'à Hercule, & à toy. Ce Prince esbahy ayant mieus conçeu leur propos, fut adonc treſ-contant d'accepter le preſent des Corinthiens: & n'eut plus eſgard à ſa qualité, mais à leur ſincere intention. Ainſi dy-ie, Monſeigneur, en vous conſacrant ces Liures ie confeſſeray ingenuement que ie n'ay voulu faire ceſt honneur ſinon à vous, qui eſtes noſtre ſecond Hercule Gauloys: ſur l'appuy duquel non autrement qu'vn foible Atlas, attenué de long trauail, ie deſcharge vne partie de mon onereus fardeau. Toutesfois i'eſtime peu cecy, & ce qui en depend: i'entendz au prix de ce que i'eſpere vn iour effectuër pour l'amour de vous, attandu l'ouuerture qu'il vous pleut m'en faire dernierement. Ie ſuis encores en la fleur de mon age, & ne me ſentiray iamais ſi bien diſpoſé à vous continuër ces ſeruices. L'affection eſt tres-bonne, i'ay les outilz neceſſaires en main, & me fourniray auec le temps de fertiles matieres conuenables à ce deſſeing, & de nouuelles inuentions toutes miennes. Brief il ne tiendra qu'à vous, Monſeigneur, que la poſterité ne liſe aprez nous quelque beau Poëme Latin, ou Françoys,

Les Corinthiës enuoyerent le don de Bourgeoyſie à Alexandre.

Parolles hardies de leurs Ambaſſadeurs.

Hercule nom premier de Monſeigneur.

EPISTRE.

enrichi & orné des faitz Heroïques de FRANÇOYS DE FRANCE. Quand voſtre bon vouloir ſera (puis qu'il nous a pleu deia me le promettre) de me faire du bien en effait, & à bon-eſcient: vous cognoiſtrez aſſez toſt que voſtre faueur, & liberalité, eſt le ſeul, & puiſſant enthuſiaſme, qui reſueillera mes ſens: la docte Muſe, qui enflera mon ſtile: & le vray Phœbus, qui animera mon eſprit à oſer & entreprendre heureuſement vn ouurage digne & de voz merites, & de ma diligence. Tandis voicy de mes auant-jeus, & coupz-d'eſſay: ou pluſtot des flammes qui teſmoignent d'vn plus grand feu auenir, ſil n'eſt eſtouffé par les empechementz de quelque oubly, ou meſcognoiſſance.

Le vray aiguillon des Poetes.

MONSEIGNEVR, ie ſupplieray le Createur aſſeoir continuellement pieté & iuſtice en voz actions, grace & verité en voz parolles, honneſteté en voz mœurs, meure prudence & proſperité en voz entrepriſes: & aprez le cours de ceſte vie, ottroyer à voſtre ame la felicité eternelle.   D'Anuers, ce xx. Decembre. CIƆ. IƆ. LXXXII.

Voſtre tres-humble & fidelle
Serviteur,

LA IESSEE.

LES
IEVNESSES
DE IEAN DE LA
IESSEE.

TOME PREMIER.

· AN · ÆTA · XXXI ·

DE APOLLINE,
ET
FRANCISCO FRANCIÆ.

FORTE Poëtarum meditabar fata, vicésq;:
    Quos fuga, quos studium, quos tulit atra dies.
Atque ita: si nocuit celebri sors peior Homero,
    Tótque eadem Vates perdidit: ecquid agam?
Sic ego, sic faciles (olim mea Numina) Musæ:
    Parce queri! luctum cur moderêris, habes.
Spes ale, dum surgat FRANCISCVS Apolline maior:
    Consulit hic famæ, consulet ille fami.

LE PREMIER LIVRE
DES IEVNESSES
DE IEAN DE LA
IESSE'E.

FERAY-ie voir au iour mes escritz pleins
    d'enfance?
Si ie le fay, l'Enuie à son nez me pendra:
Ne le faisant aussi, pour oysif me tiendra:
Donques ie le feray, si ie ne fais offance.

  Faire offance, nenny! ie feray bien outrance
Aus ans ainsy deffaitz, & la Mort qui viendra:
Ie m'en voy donc le faire, he! qui me reprendra,
Si ie fay ce qu'on fait contre l'orde ignorance?

  Le face qui voudra, ie ne le feray pas:
Si ie le fay, c'est fait! ie m'expose aus plus bas:
Mais ne le faisant point, ie le doy pourtant faire.

  Ie doute en le faisant, ne le faisant i'ay tort:
Quoy donc? ie le feray, le faisant pour deffaire
L'Enuie, la Paresse, & le Temps, & la Mort.

A

Si noz tardifz Nepueus lisent ce ieune ouurage,
Ou parfois la Satyre enfielle mon aigreur:
S'ilz sentent l'aiguillon de ma brusque fureur,
Témoing de mes ennuis, & des mœurs de nostr'age.
 S'l'ire & le desdaing, qui m'espoind le courage,
Leur propose les maus d'vn siecle massacreur:
S'ilz taxent la fierté, la malice, & l'erreur,
Qui pardonne aus méchans, & les simples outrage:
 Qu'ilz m'oyent librement discourir en ces vers,
Et de mes tristes soingz, & d'vn tempz si diuers:
Cueillant de noz malheurs vne moisson vtile.
 Ainsi void-on souuent les fillettes du Ciel
Des plus ameres fleurs confire vn plus dous miel,
Et faire leur proffit d'vne peine fertile.

 LE Gregeoys vantera du grand filz de Pelée
La proüesse, l'audace, & le superbe los:
Meslant en ses escris la gloire de Pylos,
Ce Nestor auisé, race du vieil Nelée.
 Par les fameus Latins sera renouuelée
La vertu des Cæsars, que la fiere Atropos
Ne fit choir au cercueil, de mesme que leurs os:
Et sera leur hautesse aus siecles reuelée.
 Moy voyant ce que France a peu iusqu'au-iourd'huy,
Ie diray que mesme heur, mesme bruit, mesme appuy,
Conduit, orne, maintient, cette terre feconde.
 Si nous n'eussions iamais contre nous entrepris,
Qui nous ostoit aussi l'effort, l'honneur, le prix,
De vaincre vn iour la Grece, & Rome, ains tout le monde.

VILLERAY, (car ie veux plus à plein te cognoistre,
Et me cognoistre aussi, peut-estre, tu voudras:)
Ie fuy, deteste, hay, la ruse, l'heur, le bras,
Courant, aisant, aydant, l'homme feint, lache, & traistre.

L'vn se fait à la fin par ses fraudes paroistre,
L'autre obtient sans trauail ce qu'il ne gaigne pas:
Et le tiers, qu'on diroit ministre du trespas,
Par le méchef d'autruy ses méchefz vient acroistre.

Bien que ces vices-là soyent propres à ces trois,
Villeray, ie n'en puis exempter le François:
I'entens François-bastard, que l'estranger embouche.

Ie le veus, & ne puis, veu noz comportemens:
Comment tairay-ie aussi cela qu'à tous momens
L'art monstre, le sens craint, l'œil void, & la main touche?

A tes sacz, & procez, mon Liure i'acompare,
Bien qu'ilz soyent (Secondat) sans grand comparaison:
Tes titres ont pour eux le droit, & la raison,
De droit, ni de raison, ma rime ne s'esgare.

Tu querelles par force, & hays ce temps barbare,
I'aboye aprez les mœurs d'vne infame saison:
Tu laisses ta maison, pour garder ta maison,
Loing des miens, pour les miens, la Muse me separe.

Tu hantes Conseilliers, Procureurs, Aduocás,
Ie frequente Apollon, & ses Sœurs, & Pallas:
Tu cerches le repos, i'ayme la solitude.

Tu debourses parfois, ie ne rembourse rien:
Nous sommes donc esgaus, n'est qu'ayant plus de bien
Tu viurois sans procez, ie mourroy sans l'estude.

A 2

PVGEOS, bien que tu sois si sage, & si acort,
Qu'en te prisant ie prise & ton Maistre, & mon Maistre:
Si voudroy-ie cognu te faire à tous cognoistre
Où bruit, soit, erre, & court, l'Est, le Su, l'Oest, le Nort.

Maugré le Sort, le Temps, & l'Enuie, & la Mort,
Libre ie te loüroys : n'vsant pour mieus paroistre
D'art meteur, d'esprit caut, de cœur double, et d'œil traistre:
Sugetz de Mort, d'Enuie, & du Temps, & du Sort.

Mais quoy? lisant cecy tu ris ia ce me semble,
Moquant, blasmant, taxant, plume, ouurier, œuure ensemble!
Ne t'esmerueille donc si ie suis moins hardy.

Ou si sans m'excuser ie surcharge au contraire
Auec ce que i'oy dire, & ce que ie voy faire,
Ce que ie fay moy-mesme, & ce qu'encor ie dy.

SOIT qu'vn dous souuenir, ou naturel soucy,
T'inuite desormais au seiour de ton Isle:
Soit que le Turc barbare, assiegeur de ta Ville,
Pour defendre ses murs te retire d'icy.

Soit que France t'arreste, & t'aye ia choisy
Pour suyure quelque guerre ou monarque, ou ciuille:
N'oublye quoy qu'il soit, n'oublye (mon Ioinuille)
Mon nom, mon amitié, ni mes Muses aussi.

Pour vn gage certain ces vers ie te presante:
A fin que si parfois les tiens, ou toy ie chante,
Tu voyes d'vn bon œil le Chantre, & la chanson.

Ainsi le champ de Malte, honneur de ta naissance,
Ainsi (Ioinuille) ainsi ta nourriciere France,
Prisent l'vn son enfant, l'autre son nourrisson.

DES IEVNESSES.

HA! Peintres vous mentez, & dementez encore
Auec mon iugement, vostre ouurage vsité!
Qui peignantz la Fortune en sa mobilité,
Faites que l'homme vain la redoute, & l'honore.
　Quand d'vn autre pinçeau ie la tire, & colore,
Luy derobant le vol, & la diuersité:
Ie dy que sa nature, & sa stabilité,
Demeure tousiours vne au mal que ie deplore.
　Dés long temps ie cognoy son pouuoir euidant!
Æles, & boule, & voyle, & bandage, & Tridant,
Qu'elle a receu de vous, ne la rendent instable.
　Pour mieux donc la pourtraire, esbauchez mon malheur!
Il vous peut bien seruir de patron, & coleur,
Puis que si ferme il fait ceste Liçe immüable.

QVE Mars s'en voyse au loing grondant, & furieus:
Que le choc des assaus, que les fieres alarmes,
Ni le fer craquetant, ni l'horreur des gendarmes,
Ne rameinent iamais leur temps iniurieus.
　Que l'amiable Paix, mignonne des hautz Cieus,
Nous face detester les noyses, & les armes:
Que les meurdres, les cris, les frayeurs, & les larmes,
N'acroissent plus icy noz mechefz odieus.
　Qu'on s'esgaye à l'enuy! que tout par tout se change,
L'infortune en bonheur, & l'opprobre en louange:
Bref qu'on ne voye plus regner l'impieté.
　C'est ore que la Foy, qu'on a chassé grand' erre
Par ruse, par fureur, & par mechanceté,
Pour ne plus s'éloigner reuiendra sur la terre!

A 3

HENRY filz de Henry qui fit voler sa gloire
Parmy toute l'Europe, ains par tout l'Vniuers:
Effrayoit ia desia tous ces peuples diuers
Qui suiuent les erreurs d'vne loy proditoire.
    Il eust tranché du fer, comme enfant de Victoire,
Le rebelle Tartare, & Vualake peruers:
Il eust en foudre ælé couru tout au trauers
Du Camp des Turcs Payens, estaignant leur memoire.
    S'il eust taché plus outre en bataille marcher,
Il eust froissé le bras du Moscouite Archer:
Et de Palme, & Laurier, ses temples seroyent ceintes.
    Mais estant deus fois Roy, trop plus craint il sera:
Qu'a-t'il affaire aussi de ces guerres contraintes?
Le Chesne, & l'Oliuier, trop mieus l'honnorera.

    IE me ry quelquefois voyant si descriez
Ces bons escornifleurs de repas, & d'Offices:
Ausquelz souuent on fauche, au cours de telz seruices,
L'espoir sous l'asseurance, & l'herbe sous les piez.
    Ie deprise encor ceus qui se sont dediez
D'eus mesmes à seruir, ainsi qu'humbles nouices,
Et marchent en auant, comme les Escreuices:
Tant ilz sont au seruage & captifz, & liez.
    Ie m'esmerueille aussi de ceus qui tant s'auancent,
Soit qu'on les recompance, ou qu'ilz se recompancent:
Toutesfois i'ay pitié d'vn tas de poures sots,
    Qui pour couuer tousiours, ne peuuent iamais pondre:
Qui s'oublient eus-mesme, & qui se laissent tondre
Comme simples brebis, la laine sur le dos!

MON Prince, qui peut estre ayant vaqué long temps
Au facheus maniment des choses d'importance,
En Gascoigne liras ce que i'escris en France:
Ne dedaigne ces vers, faitz pour ton passetemps.

Iadis vn braue Achille, honneur des combatans,
Ne déployoit tousiours sa force, & sa vaillance:
Ains de ces mesmes doigz qui brandissoyent sa lance,
Pinçoit souuent sa Lyre, au gré des assistans.

Ta charge aussi parfois, laissant ce qu'elle embrasse,
Te lairra du loysir à la paume, à la chasse:
Ou mes chantz, s'il te semble, esbatront tes espris.

Tousiours à ses plaisirs l'homme ne s'abandonne,
Tousiours tousiours aussi du soing on ne se donne:
Le plaisir moderé ne peut estre repris.

SI pour estre poussé de vaine ambition,
Si pour bien s'affubler du masque de feintise,
Si pour sentir le feu d'humaine conuoitise,
Et couurir d'vn beau fard sa superstition.

Si pour aymer le cours d'vne sedition,
Si pour taxer les bons de simplesse, ou sottise,
Si pour couuer au cœur l'orgueil, & neantise,
On s'auance en credit: i'en perdz l'affection.

Mais si pour estre sobre à l'esbat, à la table,
Si pour estre loyal, entier, & veritable,
Si pour hayr le vice, on se met en auant:

I'espere estre quelcun, & veus suiure ma vnte:
Mais las! ce qui m'estonne, & qui plus me degoute,
C'est que pour vn vray bien, ie ne prens que du vent.

A 4

Qv'est-ce que ie n'ay veu des ma tendre ieunesse?
I'ay veu plonger la France en son propre malheur,
I'ay veu que l'Estranger denigroit sa valeur,
Combatoit l'innocence, & prisoit la finesse.

Ie vy sa folle gent se plaire en sa destresse,
Rebelle ie la vy se priuer de son heur,
Ie vy de tous costez alterer son honneur,
Ie vy de ses scadrons & la presse, & l'oppresse.

Ie vy gresler sur eus les coupz de coutelas,
Les lances tronçonner en mille & mille esclas,
Leurs forces affoiblir, & souiller leur victoire.

Bref i'ay deja tant veu, que i'aimeroy trop mieus
N'estre nay de ce siecle, ou d'estre nay sans yeus:
Mais aussi ie voudroy n'auoir si grand memoire!

L'homme est bien malheureus qui s'empeche le dos
Du faix, & de l'esmoy, du facheus Mariage!
Dans vne mer de maus il va faire naufrage,
Et certe' en peu de chair il trouue beaucoup d'os!

L'Ocean mutiné regorge moins de flos,
Au souflement des ventz, messagers de l'orage:
Que son cœur agité de soingz, d'ire, & de rage,
Luy fera soûpirer de plaintes, & sanglos.

Soit belle ou layde, riche ou pouure sa compaigne,
Insertille ou feconde, en vain il s'acompaigne:
Car seul il participe à mille & mille ennuis.

Se plonge qui voudra dans cest abyme infame!
Quand à toy tout petit, & libre que ie suis,
I'ayme mieus espouser vne mort, qu'vne feme.

DES IEVNESSES.

AINS que Semiramis obtint le Diademe
Du Prince Aſſyrien, chambriere elle ſeruoit
Vn ſimple Courtiſan: & c'eſt l'heur qu'elle auoit,
Auant qu'vn Roy ſi ſot l'aymat d'amour extreme.

Il la colloqua donc en ce degré ſupreme,
La priſant, l'honorant: & ſi bien l'eſmouuoit
Cette fauſſe Putain, qui ſon Maiſtre eſclauoit,
Que rien ne luy plaiſoit qui ne luy pleut de méme.

Qu'auint-il de cela? ce Roy luy permettant
De commander vn iour, fut ſurpris à l'inſtant,
Voire occis à l'auœu de ſa beſte coiffée.

Par femmes, par ſugetz, qu'on void ſi haut loger,
La maiſtriſe des grandz eſt ſouuent eſtouffée:
Qui regne ſous autruy, ne regne qu'en danger.

FIERE Rebellion, qui l'Europe ruines!
Nous qui ſommes Chreſtiens, nous charpantons noz maus,
Trahiſſantz, maſſacrantz: & pires qu'animaus
Surpaſſons les Payens en meurdres, & rapines.

Encor le Turc eſt maiſtre! & ſes guerres mutines,
Ses Vaſtadours, ſes Camps, ſes Báchas generaus,
Teſmoignent ſon pouuoir: & meſme ſes ſerraus,
Pleins d'Eunuques choiſis, & belles Concubines.

Le iour de leur Sabat, ſa garde, & ſes Seigneurs,
Le ſuyuent par la ville, & luy font mille honneurs:
Le bo. du conte c'eſt quand il leur mande à dire

(Pour le moindre ſoupçon qui le vient tranſporter)
Qu'ilz luy portent leur teſte, ou luy facent porter:
Et preſſez ſur le champ, n'oſeroyent contredire.

A 5

SOIT Destin, ou hazard, Fortune ou Sort, qu'on nomme,
Ce qui de plus sinistre auient communement,
Pour nous donner esmoy, trauail, estonnement:
Ie l'appelle Tyran, geineur, & fleau de l'homme.
   Encor ceus que la mort d'vn bras hydeus assomme
Par age, par supplice, ou par forcenement,
Sont libres de tous maus : & le premier tourment
Est aussi le dernier, qui leurs tourmentz consomme.
   Toutesfois ou la mort fait viure les ennuis,
Comme en moy, souffrant plus que souffrir ie ne puis,
Et ne puis, & ne doy : la douleur est plus forte.
   O Ciel iniuste Ciel, plein de malignité!
Ce qui te iuge au moins, & qui me reconforte,
C'est que i'endure plus que ie n'ay merité!

CE Mignon agraffé, qui fait le suffisant,
Et montre à mauuais ieu (comme on dit) bonne mine:
Ayme fort qu'aprez luy volontiers on chemine,
Que chascun le bonette, & l'aille courtisant.
   Vous diriez à l'ouyr que c'est le mieus disant,
Il cherit les vertus, le vice il abomine:
Et plus que peste hait ceste infame vermine
De Muguetz acrestez, & les va méprisant.
   Or' soy-mesme il s'esgaye, or' soy-mesme il se fasche:
Et frisant de ses doigz l'vne & l'autre moustache,
Ou ses leures mordant, tesmoigne son ennuy.
   Cela passe sans plus! mais si ie l'ose dire,
Tel ne s'est chatouillé que pour se faire rire,
Qui void souuentesfois que l'on se rid de luy.

QVICONQVE veut sçauoir qu'est ce que viure au Monde,
Des Princes, & Seigneurs, luy faut suiure la Court:
Là du bien, & du mal, volontiers on discourt,
Comme au lieu plus certain où bien, & mal abonde.

Là tient le siege haut l'ambition feconde,
Là maint heur, maint peril, & maint desastre court:
Là suiuis d'vn espoir ore long, ore court,
Courent les Courtisans, & quiconque s'y fonde.

Là Fortune, & Enuie, ose dresser le front,
Là ie ne vy iamais vn vouloir franc, & rond:
Là disgrace, & faueur, communement s'assemble.

Ie ne m'estonne donc si les Roys glorieus
Lient tant à leurs Courtz le Monde ambicieus:
Que peut-on ioindre mieus, que ce qui se ressemble?

CEPENDANT que les vns à luxure adonnez,
Cà & là par la ville esbattent leur ieunesse:
Que les autres portez sur l'Ignorance Asnesse,
Méprisent la doctrine, & les espritz bien-nez.

Cependant que plusieurs au dol abandonnez,
Pratiquent les trahisons, l'vsure, & la finesse:
Et que les ieus, la dance, & la main larronesse,
Donnent moins de mal-aise aus plus desordonnez.

Bref pendant que le peuple en vices se deborde,
Que l'vn cherche la paix, que l'autre ayme discorde:
Icy triste, & pensif, ie chante en m'éplorant.

Icy plaignant mon sort, i'entame ma querelle,
Tel que sur l'arbre sec gemit la Tourterelle:
Ou qu'aus bordz de Cayftre on oyt l'Oyseau mourant.

L'HOMME est vn Demidieu, qui ne cede à la race
De ceus dont le merite, & sagesse, & vertu,
S'acquiert par vn sentier non-suspet, ni tortu,
Et des Princes l'oreille, & du peuple la grace.
　　L'vn a cest auantage, & par diuerse trace
L'autre veut apparoir de iustice vestu,
Secourant l'affligé à ses piez abatu:
L'autre fuit l'ignorance, & les lettres embrasse.
　　A toy, mon cher Huraud, i'ordonne ces honneurs,
A toy, mon Cheuerny, l'vn de mes bons Seigneurs:
Qui sans t'insinuer par faueur, ou par ruse,
　　(Tel qu'vn rare Phenix, admiré d'vn chascun)
Sers, aydes, entretiens, & cheris en commun,
Les Roys, la Republique, & le Droit, & la Muse.

　　DAME Fortune icy nous exerce à ses jeus,
Où le moindre faquin ioüe son personnage:
Où chacun de soy-mesme aporte tesmoignage,
S'esgayant, se flatant, d'vn espoir courageus.
　　Icy l'orgueil, la hayne, & le vice outrageus,
Noz cœurs, noz volontez, & noz ames engage:
Si que parfois l'erreur d'vn facheus nauigage
Single en mer nostre Nef, sous vn bruit orageus.
　　L'auarice y voudroit serrer tout en sa dextre:
Le poursuiuant y fait & l'acort, & l'adextre,
Et l'homme sans soucy conçoit l'ambition.
　　Ce qui rend moins la farce aus spectateurs plaisante,
C'est la pompe excessiue, & la presomption,
Non moins commune aus grandz, qu'aus petitz mal-seante.

LA Gaule, ainsi que Romme, auec l'effort des armes
Auoit iadis couru les terres, & les eaus,
Ores armant ses Camps, ore ses gros Vaisseaus:
Bref saisissant le monde & d'horreurs, & d'alarmes.
 Alors noz fiers exploitz, noz assautz, noz vacarmes,
L'exerçoyent brauement à ces guerriers trauaus:
Et le Soleil porté de ses feu-piez cheuaus,
Ne voyoit icy bas de plus nobles gendarmes.
 Depuis la pieté de noz deuotz Ayeus
Chrestiennement acquit le Royaume des Cieus:
Ore, à fin que Pluton nous cede aussi sa gloire,
 Noz subgetz traistres vont aus abymes ouuers:
De sorte qu'au-iourd'huy nous auons la victoire
De la Terre, de l'Eau, du Ciel, & des Enfers.

Nous sommes iournaliers, & l'humaine puissance
S'oppose vainement à la Diuinité:
Pource il faut (Vauluysant) que nostre humanité
Luy cede volontiers, & preste obeïssance!
 Assez vrayment & trop i'ay cette cognoissance!
Mais vn maudit espoir, vne aspre indignité,
Me fait suyure, & gouter, la mesme vanité
D'vn qui cerche és metaus la vraye quint-essance.
 Ie semble à l'Alchimiste, & comme si les Dieus
Me rendoyent & Vulcan, & Mercure odieus:
Ilz tournent contre moy leur force, & mon attante.
 I'ay beau remettre en ieu mon art Mercurien,
Doublant & peine, & temps, mon tout s'escoule en rien:
Et pour vn gaing cerché la perte m'est contante.

HEVREVS & plus qu'heureus, si tu voulois cognoistre
Morel, en voyant peu, le comble de ton heur!
L'age, ou plutot l'estude, auteur de cest honneur,
Entre les clair-voyants te fait mieus apparoistre.
　Si le bon Abderite eut ainsi veu decroistre
Sa veüe par les ans, son aueugle fureur
Ne l'eust onc aueuglé d'une aueuglante erreur:
Et discret, comme toy, n'eust peu se mécognoistre.
　Tel estant tu ne vois mille maus qui se font,
Tu ne t'arrestes point aus gestes, ni au front,
Des hommes d'auiourd'huy: mais par raisons aisees
　Discernes de leurs mœurs, plein d'vn meur iugement:
Et par les yeus subtilz d'vn vif entendement,
Vois, & sondes noz cœurs, & lis dans leurs pensees.

　　IE ne courtise plus comme ie souloy faire
Les Filles de Memoire, & les Sœurs d'Apollin:
Vn espoir, vn dedaing, vn soucy trop malin,
Attachent mes espritz à plus vrgent affaire.
　Las! il me faut icy le Prothé contrefaire,
A quoy mon naturel ne fut iamais enclin!
Ore ie suis laissé, comme vn ieune orfelin,
Or' le Sort deffait tout, quand ie suis au parfaire.
　De là vient que souuent ie m'altere si fort,
De là comme imparfait ie r'entre en déconfort:
Suiuy, pressé, attaint, du soing qui me talonne.
　Ie ne suis trop constant, ni trop fragile aussi:
Mais qui ne sent le mal, quand le mal l'aiguillonne?
Nul n'est exempt de vice, & chacun a son si.

D'vn Dieu seul, de deus Roys, & d'vne terre außi,
Depend ma foy, ma loy, mon humblesse, & naissance:
D'autres libre, & sans fard, ie n'ay point cognoissance:
En parle qui voudra, contant ie vis ainsi.

En Dieu, pour mon salut, i'ay fiché mon souci:
Au Prince souuerain ie dois obeissance,
Mon Seigneur naturel a sur moy grand' puissance,
Mon cher pays encor m'oblige auec ceux-ci.

Le cafard me deplait, ie hay l'homme hypocrite,
Et si ne foule autruy, pour hausser mon merite:
Au reste ie ne suis espion, ni traistreus.

Ie ne veus qu'vn bon-heur en ces liens m'empestre:
Qui donc s'estonnera si ie suis malheureus,
Quand (plustot que flechir) malheureus ie veus estre?

PLVS sordide, & laßif, qu'vn Heliogabale,
Plus bauard que Thersite, & pire compaignon
Qu'vn Perpenne assasin: plus traistre que Sinon,
Et plus desesperé qu'vn malheureux Bubale.

Plus rusé que Sysiphe, & plus farouche, & pale,
Qu'vn Oreste agité: plus goulu biberon
Qu'vn Antoine yure-saoul, plus méchant que Neron,
Et plus effeminé qu'vn mol Sardanapale:

Estoit, est, & sera, celuy qui m'a deceu
En pipeur effronté: mais bien qu'il aye sçeu
Sa coulpe, & ma vertu, dessus luy ie ne tacke

(Ores qu'il fut en moy,) pareil malheur assoir:
Non non, ie ne voudroy luy faire vn tour si lache:
Ie criroy bien sur luy du matin iusqu'au soir.

C'est donques à present, ô Gascoigne fameuse,
Que tu deurois hausser la teste iusqu'aus cieus :
Puis que ce grand du Faur par ses vers studieus
Esleue ton renom, celebré par sa Muse.

Tu peus bien te vanter heureuse & plus qu'heureuse,
Ayant gouté d'ailleurs ses escritz glorieus :
Deux de Foix, vn Monluc, doctes & curieus,
Eternisent encor ta gloire valeureuse.

De bien loing aprez eus, comme vn tardif gleneur
Qui suit craintiuement les pas du moissoneur,
Ie feray que ma terre, & mon naistre on n'ignore.

S'ilz t'ornent de leur nom, ie ne m'en esbäys :
Car ce n'est le pays qui ses Enfantz honnore,
Mais l'honneur des Enfantz honnore leur päys.

La mutine Discorde, & la flamme, & le sang,
Frapant, brulant, souillant, toute la France armée :
Void iustement reprendre à mainte horrible Armée
Le fer cinq fois tourné contre son propre flanc.

Le cruel Dieu bellique est remis en son rang,
L'aspre Enyon le suit : & Megere animée
Pressure és cœurs guerriers sa rage enuenimee :
Mesmes la Mort se baigne au fond d'vn rouge estang.

Quelque sot esperdu detestera les armes,
Moy comme desirant la fin de tant d'alarmes,
Hardy i'iray me ioindre à noz scadrons espais.

Sans eus l'aise, & repos, n'asseure nostre terre !
Vienne donques la guerre, & lors viendra la Paix :
Pour-autant que la Paix est fille de la Guerre.

TRAÇANT *en ce papier la nouuelle peinture*
De mes premiers escritz, ie ne craigni iamais
(Comme aussi, mon Plessys, ie ne crain desormais)
L'abboy des Enuieus, ni leur fiere pointure.

Non que ie symbolise à la sotte nature
D'vn Poëte orgueilleus, ou qu'en ce que ie fais
Ie ne soy corrigible auec les imparfais:
Ou m'esleue si haut, qu'on fuye ma lecture.

Pluftot à mon aduis i'ay si peu de sçauoir,
Et suis en mes discours si ridicule à voir:
Qu'à peine ay-ie cognu les Sœurs de Calliope.

Nul donc (ainsi que toy) studieus, & sçauant,
Ne reprendra les vers que ie metz en auant:
Hé! Plessys, voudroit-on lauer vn Æthiope?

LES *Dieus vendent le bien aus hommes auec peine,*
Comme dit Hesiode : & la peine a pouuoir
D'en offrir, d'en chercher, d'en prendre, & d'en auoir:
Bref la peine peut tout, alors qu'elle se peine.

D'elle prit vn surnom le braue Filz d'Alcmeine:
Mesmes ces Preux hardis si grandz se firent voir,
Poussez, conduitz par elle : & son noble deuoir
Au ciel deïfia les deus Freres d'Heleine.

Quel malheur donques fait qu'en me peinant si fort,
Ie profite si peu? quel Destin, quel effort,
Loing des biens, prez des maus, mon trauail ne seconde?

Le Sort vrayment ingrat si desastré me rend,
Ou plus mon cœur est ferme, & ma sueur abonde:
Comme vn qui tousiours chasse, & rien iamais ne prend.

B

MAVDITE Ambition, combien nous coustes-tu!
Et n'est-ce pas assez que tes guerres contreres
Ayent perdu noz biens, noz parantz, & noz freres:
Sans qu'oysifz nous suiuions vn chemin si tortu?

J'ay honte d'en parler, voyant ore abbatu
Par nostre orgueil pompeus, l'orgueil des aduerseres:
Ou plusieurs d'entre nous couurent sans ces miseres
D'infameté l'honneur, de vice la vertu.

Ce que ie moque plus, c'est leur vaine parade:
Et plus m'estonne encor ceste fausse algarade,
Qui fait qu'à Suruiuance (estrange inuention!)

Ilz briguent les Estatz par ruse, & par enuie,
De ceus qui vont trainant vne trop longue vie:
Dont las! eus-mesme n'ont que la fruition.

SI Fortune, & Faueur, hantent ces braues Cours
Des Princes, & des Roys, pour y nuire, ou complaire:
Ce m'est tout vn! ie suis trop bas, & populaire,
Et ne voudrois m'attandre à si douteus secours.

Ie ne dy pas (Seigneur) qu'aspirant où tu cours,
Empoupé d'vn bon vent ie n'asse à distraire
Ma route, & mon Vaisseau, d'vn courant si contraire:
Quand ie t'aurois pour Phare, & pour guide, & recours.

Ce qui plus resiouyt, ce qui plus encourage,
Les chetifz Mariniers, au milieu de l'orage:
C'est ce propice feu qui vient luire sur eus.

Fay donc luire sur moy le serain de ta face!
Tu peus sauuer ma Nef, me rendant plus heureus:
Et peus la perdre aussi, me deniant ta grace.

QVE ne reuient encor le bel age doré?
Doré, pource que l'or n'auoit nulle puiſſance,
Et que tant de metaus, ore mis en vſance,
Le temps de noz Ayeus n'auoyent deshonoré!

On n'abhorroit les mœurs d'vn ſiecle deploré,
La franchiſe auoit lieu, tout n'eſtoit qu'innocence:
Bref & grandz, & petitz, auoyent meſme licence:
Auſſi le bon Saturne eſtoit lors adoré.

Depuis ſon Filz aiſné s'empara de l'Empire,
L'enchaina de cent fers, changea ſon mieus au pire:
Et l'exila, captif, au creux Plutonien.

I'aurois dequoy flater mon ſort rude, & ſeuere,
Ayant pour compaignon vn Dieu plein de miſere:
Mais le trauail d'autruy n'allege point le mien.

SVR ce Theatre icy chaſcun ioüe ſon rolle,
Et de s'emanciper à chaſcun eſt permis:
A leur exemple donc i'acquerray des Amis,
Si ce n'eſt par effait, ce ſera de parolle.

La promeſſe, & la foy, des hommes eſt friuolle:
Ie veus donc m'y fier non plus qu'aus ennemis:
De l'humble enuers les grandz, du grand vers les demis
Ie feray deſormais, ſoit qu'on m'ayde, ou m'affolle.

Ie veus comme vn Seignor marcher d'vn graue pas,
Faire le reſolu, diſcourir par compas,
Forcer mon naturel, & ne perdre ma peine.

Ie veus encor ſçauoir ce que ce ſuis, & ſuy,
Mais las! ie ne ſçauroy (comme aucuns d'au-iourd'huy)
Sous vne fainte amour couuer vne grand' haine.

B 2

Si mes ieunes escritz ont gaigné quelque los,
Et s'il leur est rendu, bien que peu ie l'estime:
Faut il que pour cela quelque gros veau de dime
Me nomme vn Mulet propre à se froter le dos?

S'il sçauoit ce qu'aporte vn affairé repos,
Combien cher est vendu ce guerdon legitime,
Comment le corps s'astraint, comment l'esprit se lime:
Et quant d'occasions ie perdz à tous propos.

S'il sçauoit, mon Dorat, (comme il est bien à croire)
Quantesfois i'ay quitté le manger, & le boire,
Tenu de iour la chambre, & veillé toute nuit.

Tant s'en faut qu'il m'ostat si maigre recompense:
Que plustot il diroit, ainsi comme ie pense,
Que pour trauail si grand le gaing est trop petit.

Qv'vn docte Simonide, auec son art notoire,
Ne me souhaitte point vn esprit Mineruin:
I'aimeroy trop mieus estre vn Messale Coruin,
Auquel son propre nom escheut de la memoire.

Vn braue Themistocle, orné d'heur, & de gloire,
Méprisa de ce Grec l'artifice diuin:
Et bien qu'il fauorit les Sœurs du Dieu deuin,
Ne voulut s'en ayder en pareil accessoire.

Quand studieux ie refuse aus ennuis que ie sens,
Ie ne voudrois auoir yeus, oreilles, ni sens:
Miserables tesmoings de ma melancolie!

Que ne puis-ie puiser toute l'eau de Lethé,
Pour ne comprendre ainsi ma triste anxieté?
I'aprens, ce que ie hay : ce que i'ayme, i'oublie.

FRISOTTER ses cheueus haussez à la fortune,
Se peigner, s'atiffer, en ieune Damoyseau:
Surpasser inconstant le flot, & le roseau,
Et suiure vn fol Chorebe en sa rage commune.

Estre facheus à tous, & tenir de la Lune,
Auoir transi le cœur, & vuide le cerueau,
S'attandre pour du vent à maint desseing nouueau,
Et taxer les plus grandz d'vne langue importune.

En clerc-d'armes parler des guerres, & combas,
S'exalter de parolle, & d'effait estre bas,
Aller de table en table: & pour viure à sa guise

Estre bon Ruffien du matin, iusqu'au soir:
Ce sont les qualitez qu'vn chascun peut assoir
En ce lache Poltron, pour qui ie poltronise.

QVICONQVE en ses escritz le nom d'vn autre couche
Sans l'auoir merité, celuy peut bien donner
A quelque Asne de bast, vn Lut pour fredonner:
Ou d'vn chapeau de fleurs orner vn Bouc farouche.

Aus sçauantz Escriuains il ferme ainsi la bouche,
Qui n'osant aus meilleurs mesme los ordonner,
Pour rien parfois d'vn rien se voyent guerdonner:
Si qu'aus bons, & mauuais, le pas d'honneur il bousche.

C'est pourquoy ie voudrois (mon tres-docte Belleau)
N'offrir à quelque aueugle vn coloré tableau,
Ou bien haper ainsi l'ignorant à la gorge.

Sçais-tu pas qu'vne fois le sot Faisan trouua
Vne Perle au fumier, qu'à l'heure il reprouua?
Et n'en sçachant l'vsage, aymoit mieus vn grain d'orge?

NE voyant rien qu'erreur, & folle abusion,
Qui troublent noz cerueaus, disposez à leur guise:
Ne voyant rien qu'orgueil, que hayne, & que feintise,
Que tout va par desordre, & par confusion.

Qu'vne brigue, vn long Schisme, vne diuision,
Suit nous, & noz citez, voire toute l'Eglise:
Et que la Vertu mesme en vice se deguise,
Bref que ce siecle n'est que trouble & faction.

Que puis-ie presumer, si i'ay sens pour comprendre,
Yeus pour aperçeuoir, oreilles pour entendre,
Esprit pour discourir, raison pour conseiller:

Sinon que cest Estat peu à peu s'acommode
A voir, sentir, souffrir, son dernier periode?
Et s'en dessus dessous toutes choses brouiller?

QVE feray-ie, Chrestien, à fin que ie me voye
Depestré du soucy qui m'espoind nuit, & iour?
Dois-ie encor à Paris faire quelque seiour?
Ou tenir, comme toy, vne plus seure voye?

Dy-le moy, ie te pry, toy qu'vn bonheur conuoye,
Sans te laisser corrompre à ces ruses de Cour,
Où ie profite moins, plus ie m'auance, & cour':
Sans qu'ainsi comme toy nostre Prince m'employe!

Pendant tu poliras tes œuures d'vn grand soing,
Ou chantant mes ennuis, ie suiuray d'assez loing
Tes vers heureus tesmoingz de sa largesse grande.

Ie ne merite aussi que la bonté d'vn Roy
D'humble, & bas que ie suis, m'esleue comme toy:
Mais ie merite bien que ma fortune amande.

Ie me fache en ce lieu plus qu'en tous autres lieus,
Ne voyant que debatz, pompes, & piperies:
Ains pures vanitez, & vrayes menteries,
Assasinatz nouueaus, & gestes odieus.
　Ie me fache d'y voir l'honneur ambicieus
Enuié des petitz : & les vertus peries
Faire place aus faueurs, rapportz, & vanteries:
Et ceder à l'affront des hommes vicieus.
　Ie me fache d'y estre assisté de la Muse,
Et de ce qu'vn espoir sans esperer m'amuse:
Croissant, & prolongeant, mes soingz, & mes trauaus.
　Ce qui me fache plus, auec telz equipages,
Ce sont les faus mouchardz, les coches, les cheuaus,
L'audace des Laquays, & folie des Pages.

Nous ne sommes pas nez pour nous tant seulement,
Dit le sage Platon: à ceus qui nous font naistre,
Au Pays, à l'Amy non simulé, ni traistre,
Nous deuons assistance, ayde, & soulagement.
　Cestuy-là neaumoins s'abuse follement
Qui presume en faisant & le rustre, & le maistre,
Que pour luy ie m'oublie, ou que son dol m'empestre:
Il est ainsi pourtant, voire à mon detriment!
　Comme l'Oyseau pour soy n'apreste la nichée,
Comme le Bœuf pour soy la terre n'a tranchée,
Comme vn Forçat pour soy ne souffre de l'ennuy.
　Comme pour soy l'Oüaille au dos ne porte laine,
Comme l'Auette n'a pour soy la ruche pleine:
Ainsi i'ay du trauail, pour le profit d'autruy.

QVI *pour fuyr deformais ces alarmes charnelles*
Dont parfois ie treſſaus, mes flancz emplumera?
Quel vent, quel roide vol, par l'air m'emportera?
Qui faira que i'aſpire aus choſes eternelles?

Quel Dedale ramant à courſes bien-iſnelles,
D'vn branle auantureus ore me guidera?
Qui libre comme moy ce monde abhorrera,
Cerchant, priſant, aymant, les beautez ſupernelles?

Qu'ay-ie? que dy-ie? où ſuis-ie? ô trop freſle deſir!
Bride vn peu noſtre eſpoir, & ne vueille choiſir
Vn ſi facheus deſſeing, qui les plus fiers deterre.

C'eſt comme vn fol Icaire oſer trop haut aller,
Ains comme vn foible Icaire au plus bas deualler:
Et pour digne tombeau n'auoir ni ciel, ni terre!

IVPIN *fut alaitté de ſa Cheure Amaltée,*
Telephe d'vne Biche eut ſon nourriſſement,
Les deus Romains beſſons auoyent pris aliment
D'vne Louue, qui vid leur enfance exaltée.

Paris non loing de Troye vne Ourſe auoit tetée,
La Royne des Volſcoys vne belle Iument:
Vne Chienne eſleua Cyre au commancement,
Et fut par des Oyſeaus Semirame apaſtée.

Meſchant, tu n'eus l'honneur d'auoir pour nourriſſier
L'vn de ces animaus! tu naſquis en Enfer,
Et Pluton te conçeut au ventre de Megere.

Ie ne m'eſtonne plus de ces Enfantz nourris
D'vne brute façon, & les damnez Eſpris
S'eſtonnent moins à voir ton nourriſſier Cerbere.

ET sans l'exprimenter i'auois auant-pensé
Le meschef, & l'esmoy, qui maintenant m'acable!
Et sans l'auant-penser mon sort irreuocable
Auoit bien sur mon chef ces malheurs balancé!
  Au lieu de m'auancer il m'a desauancé,
Sa force me poursuit, & sa rigueur durable
Me rend du tout en tout (peu s'en faut) miserable:
Aussi pour m'espargner il n'auoit commancé!
  Si verray-ie la fin, & ne perdray courage:
Les Nochers plus hardis s'arment contre l'orage,
Et le vaillant Soldat les assautz va tenter!
  Que sçay-ie si Fortune, esmeüe à me complaire,
Voudra changer ma perte en plus riche salaire?
Bien-souuent on recule, à fin de mieus sauter.

C'EST ores voyrement que le Filz de Cyprine
Agrandit son Empire, & se rend glorieus!
Ores plus que iamais il est victorieus,
Et pour vn trait plombé cent fleches d'or affine.
  Tout est plein de sa ruse, & sa folle doctrine
Occupe mesmement les espritz studieus:
Qui le faisantz vainqueur des hommes, & des Dieus,
Portent sa flamme aus yeus, sa rage en la poitrine.
  Et vrayment ainsi qu'eus ie me suis veu donté,
Bien que ie n'aye au iour mes plaintes esuanté!
Assez, voire trop tost, ses fautes on publie.
  Ie ne condamne ceus qui se font lire à tous:
Ie dy bien celluy sage, & comme mi-absous,
Ou plus il peut cacher sa honte, & sa folie.

D'vn ris, & baise-main, à chascun faire feste,
Se trouuer au repas des Princes, & du Roy:
Ne rougir point de honte, & ne pallir d'effroy,
Pour vn mauuais recueil, ou quelque embuche preste.

Mettre tel en haut prix, qui n'est qu'vne grand' beste,
Pour les broquardz d'vn sot n'entrer point en esmoy,
Ne faire cas de ceus qui n'en fairont de moy,
Enuers les moins courtoys se montrer plus honeste.

Discourir sobrement des affaires d'Estat,
Voir souuent l'Atheïste aueques l'Apostat,
Et sur tout se garder d'vn traistre, & d'vn Bizoigne.

Voyla meshuy voyla ce qu'à la Cour i'aprens
Dés que ieune, & peu-caut, ie quittay ma Gascoigne:
Pour reprendre ce fil que sans fin ie reprens.

HA! ie sçay desormais qu'à l'essueil de son huis
Iupiter a là sus vn muy d'estrange sorte,
Qu'il vuide incessament de sa dextre main forte:
Versant dessus noz chefz les maus, & les ennuis.

Ie le sçay desormais, fortuné que ie suis!
Et croy que c'est abus que d'vn autre muy sorte
Le bien chichement pris, que chichement il porte,
Et qu'en vain ie desire, & qu'auoir ie ne puis.

Non non, il n'en est point! ou bien s'il en fut onques,
Ceus-la qu'il enrichit l'espuiserent adonques:
Mais encor il ne m'a chastié d'vn seul fleau.

A tous mes Enuieus ie me voy mis en proye:
Et comme si i'estoy quelque Chien qui se noye,
Chascun à qui meus mieus me fait boyre de l'eau!

QVE te semble, Rebou, de ce beau sermonneur
Qui dit quand il n'auroit que la cape, & l'espée,
Qu'il se fairoit paroistre, & sa femme trompée
Le trompe cependant, au prix de son honneur?
  Il l'ignore, & le sçait! ores en blasonneur
Il va deçà delà, pour auoir sa lipée:
Ores des moins rusez est pris à la pipée,
Ore en vain s'esiouyt de son premier bonheur.
  Il cuide estre quelcun, iamais il ne s'abaisse,
Iamais il ne perd tempz: & pense bien qu'il laisse
A plusieurs de soy-mesme vne æmulation.
  Ie te diray, Rebou, ce que i'en conieƈture:
Il se croit faus niays, par simulation,
Et ie l'estime vn sot, par la clef de nature.

POVR fuyr la pouureté qui desia m'acompaigne,
Ie ne desire point le fecond reuenu
Du vignoble Angeuin, ni le grain prouenu
Des heureuses moissons de Beausse, ou de Champaigne.
  Quelque Riche vilain en ces aises se baigne,
Ie voudroy seulement me voir entretenu
Auec moyen estat, iusqu'en l'age chenu:
Si ce point iusqu'alors sur moy-mesme ie gaigne.
  Quand ie pourrois ainsi corrompre mon destin,
Le Coyon, le Putier, le Gueus, & Libertin,
Moquez, hays, chassez, ne seroyent de ma bande.
  Plustot aus bons espritz ie seruiroy d'appuy:
Mais comme le pouuoir manque à telz auiourd'huy,
Le vouloir est petit où la puissance est grande.

O remarquable Fol, heureus en ta folie,
Si tu sçauois cognoistre & ton aise, & ton bien!
Si tu sçauois helas! comme ie le sçay bien,
Que vaut causer sa peine, & sa melancolie!
 L'espoir, ni le soucy, dans ses las ne te lie,
Tu vis à ton plaisir, tu n'apprehendes rien:
L'honneur, la pompe, l'or, ni l'orgueil terrien,
Ne rongent ton cerueau, qui toute chose oublie.
 Tu n'as peur comme nous de quelque desarroy,
Tu te gausses, & ris, des Seigneurs, & du Roy:
Libres sont tes façons, ioyeus est ton visage.
 Vn chascun te caresse, vn chascun te sousrit,
Qui t'ayme, qui te donne, & qui te fauourit:
Que ne suis-ie ainsi fol, puis qu'vn fol est si sage?

IE ne puis qu'irrité ie ne porte à l'enuy
Le cœur plein de souspirs, & la bouche d'iniures:
Pensant au long pourchas de ces Tyrans pariures
Qui son aise, & son heur, à la France ont rauy.
 Morte gist l'equité, le peuple est asseruy,
Ilz fondent leur Empire à toutes auantures:
Par meurdres, par traisons, par fausses coniectures,
D'vn spectacle maudit au monde ilz ont seruy.
 Mais les cruelz assautz, & les faitz sanguinaires
De ces Assasineurs, nouueaus Catilinaires,
N'estoyent-ilz suffisantz, pour leur tordre vn cordeau:
 Si veu l'esclandre fier, & le feu qui domine,
(N'en pouuant amortir la flamme à force d'eau)
Leurs mains ne l'estaignoyent par la seule ruine?

DES IEVNESSES.

Qv'on me huche Alexis, huche-le mon Derci:
Qu'il monte, & qu'il m'habille, & dans ma chambre close
M'apreste ancre, & papier: à fin que ie compose
Cinq ou six beaus Sonnetz, ains que partir d'ici.

Ie veus sans deplacer peindre encor mon souci
Dans ces tableaus parlans, où mes ennuis i'expose:
Aussi me rendz-ie lent presque à toute autre chose,
Et ne suis que trop pront à ceste tache-ci.

Non non! il ne me faut ni fueilletter, ni lire,
Les ouurages d'autruy, pour maint subiect eslire:
I'ay que choisir en moy, pour bien Poëtiser!

Que si ma brusque ardeur en ce point on excuse,
Ie m'accuse pourtant, au lieu de m'excuser:
Mais l'accusation me sert encor d'excuse.

Aussi tost qu'entre nous la Paix sera refaitte,
Paix qui doit entre nous si longuement durer:
A noz dépens helas! nous deurions n'endurer
Qu'elle fut si souuent reffaitte, & redeffaitte.

Se haste l'vnion d'amitié si parfaitte,
Et regne le repos qu'elle doit procurer:
Elle ne sera point, si ie l'ose asurer,
Boyteuse, mal-assise, aueugle, ou contrefaitte.

Caligule aus Romains ne souhaittoit qu'vn chef,
Pour l'oster d'vn seul coup: & pour fuir son mechef,
Ie desire le mesme à la Ciuille-Guerre.

Pour mieus donc à iamais la bannir en Enfer,
Soit ceste Paix nouuelle aussi dure que fer:
Non, comme la derniere, aussi fresle que verre.

SI quelque autre plongé dans vn gouffre d'ennuis
Sentoit, ainsi que moy, dix mille facheries:
Si sans fraude il souffroit cent & cent piperies,
S'il hayoit le repos & les iours, & les nuis.

S'il estoit sans support, ainsi comme ie suis,
S'il se passionnoit, veu noz coyonneries,
S'il detestoit aussi les meurdres, & furies,
Si pouuant il n'osoit ce que ie n'ose, & puis.

Si trauaillant en vain, il trauailloit sa vie,
Si doubteus il craignoit & l'affront, & l'enuie:
Bref s'il aymoit non plus vn siecle si peruers:

Triste, pensif, songeard, & se troublant soy-méme,
A ton aduis (Morel) ayant vn si beau theme,
Pourroit-il comme moy faire encore des vers?

QVE dois-ie faire au monde, où tant de maus foisonnent?
Quand le rouge Senat est assis au Palais,
Les soliueaus dorez retentissent de plais:
De querelles, & bruitz, Villes, & champz resonnent.

Les Roys ambitieus rien qu'armes ne raisonnent,
Dans la terre qu'on trouble aussi ie me deplais:
L'onde encor, & les ventz, que l'air a pour balais,
Font que les Nautonniers de male peur frissonnent.

I'ay beau fuyr, voyager, courir, ou demeurer:
Ie ne rencontre lieu qui me puisse asseurer
Aprez mille trauaus, contre le vice infame.

Ie trouue à la parfin, ayant tout bien conté,
Trois choses mesmement fort rares en bonté:
Vne Mule, vne Cheure, & sur tout vne Feme.

QVE ne suis-ie grossier, comme vn vilain champestre?
Que n'ay-ie des rochers mon origine pris?
Pourquoy las! ay-ie ainsi les sciences apris
Presque seul de moy-mesme, & sans ayde, & sans Maistre?
 Que t'ay-ie fait Nature, ains Maratre au cœur traistre,
Que tu n'ayes en moy l'heur d'vn autre compris?
D'vn autre, ou d'vn millier de lourdz, & sotz espris,
Qu'vn bon Astre, vn bon Ciel, vn bon Sort a fait naistre?
 Puis qu'iniuste en ce point tu priues donc les vns
Des biens, qui deuroyent estre égallement communs:
Soit aumoins tant Fortune equitable Princesse,
 Qu'elle repare en moy ton excessif effort:
Pour moindre deuenir, trop foible est ma bassesse,
Et pour estre plus grand, ie me sens assez fort!

C'EST donques au-iourd'huy qu'on void l'Equité serue,
Que l'auarice est viue, & morte la vertu!
Au-iourd'huy croist l'audace, & le vice testu,
Et le salle Porçeau veut enseigner Minerue.
 L'impudique Venus ieunes, & vieus enerue,
Le vray bien, & l'honneur, gist à terre abatu:
Bref tout le monde suit le grand chemin batu,
Et le pouure innocent, à peine se conserue.
 Encor les ieus, la danse, & la pompe, & l'erreur,
Semblent tenter noz cœurs, animez de fureur:
Pour mieus bouleuerser cest Estat qui decline.
 O Dieu tourne à ce coup & la chançe, & l'esmoy!
Sans ton ayde, & faueur, desormais ie preuoy
L'exil des iustes Loyx, des grandz Roys la ruine!

QVAND le Destin forcé par le vouloir des Dieux
De misere, & d'horreur, affranchira la France:
Et que son Roy n'orra son dueil, ni sa souffrance,
Imitant la valeur de ses braues Aïeus.

Quand son nom ia trois fois engraué dans les cieus,
Montrera sa grandeur: & qu'aus coupz de sa lance
Brusque il foudroyera l'Espaignolle vaillance,
Ou l'Ost des Ottomans en guerre audacieus.

Quand noz Princes vnis, & noz peuples encore,
Feront vanter le Lis de l'Angloys iusqu'au More,
More, qui tient le Pole appuyé sur son dos:

Quel sera le renom, l'heur, & le territoire,
Qui puisse egaliser nostre Françoyse gloire?
Combattre son effort? ou comprendre son los?

SI l'homme terre-né retourne mort en terre,
Et s'angoisse parfois en sa calamité:
Ay-ie tort de me plaindre en mon aduersité,
Qui flechiroit vn cœur & d'acier, & de pierre?

Iadis ce grand Auguste, inuincible à la guerre,
Par le mechef d'vn Vare, & sa temerité,
Vid alterer le cours de sa prosperité:
Maugreant sa fortune, & lesmoy qui l'aterre.

Nous qui sommes de chair, collez de nerfz, & d'os,
D'ennuys (mon du-Haillan) portons chargé le dos:
Et ne peut y pouruoir l'humaine sapiance.

Ne me reproche donc mes pertes, ni doleurs:
Void-on pas que ie suis la mesme patiance,
Tant bien ie patiante au fort de mes malheurs?

IE

IE deuoy me tenir pour heureus, & contant,
Si mon aise, & mon heur, i'eusse bien sceu cognoistre,
Ne bougeant de chez moy: pour languir, & paroistre,
Semblable à c'il qui va ses espoirs dementant!
    Comme ce fol Rustique en vain se tormentant
Des qu'il tüa sa Poule, & vid alors decroistre
Sa rente des œufz d'or, cuidant son gaing acroistre:
Le pire i'ay choisy, trop tard me repentant.
    Ainsi le sot Veneur par bois, mont, & campaigne,
Pour suiure vn Cerf fuytif, le Lieure veu desdaigne,
Et ne prend l'vn ni l'autre : ainsi le Fauconier
    Laisse vn petit Oyseau, pour la Perdrix questée:
Ainsi pour rien n'auoir, erre le Marinier:
Faisant tous, comme moy, vne perte acquestée.

    QVAND le docte Maron fut prest à rendre l'ame,
Il pria qu'on brulat son ouurage admiré
Des Latins suruiuantz: mais estant expiré,
Tucce, & Vare, affranchit son Liure de ce blame.
    Moy trop moindre que luy, i'exposay dans la flame
De mes plus ieunes vers le grand tas adiré:
Puis en ay tant perdu, voire tant dechiré,
Que peu m'en doit rester pour fuir la dure lame.
    Et toutesfois, Iamin, alors que tu verras
Mes Volumes entiers, peut estre tu diras
Que tout ce qu'onc i'ay fait s'y peut lire, & comprendre.
    Voy donques le contraire où tant d'escritz meslez
S'efforçent à l'enuy de ceus que i'ay bruslez,
(Comme d'vn vieil Phœnix) renaistre de leur cendre.

C

TOVT le peuple Gauloys par brigades espais,
Peuple, qui t'a pour guide à son besoing eslüe,
Tenant l'Oliue au poing humblement te saliie
O saincte, debonnaire, & souhaitable Paix!

Puis que ton age heureus retourne desormais,
Trois voire quatre fois tu sois la bien-venüe!
Ainsi renaisse, & viue, à ta douce venüe,
Ce plaisant siecle d'or, adoré pour iamais.

O des Princes la garde! en main les clefz tu portes
Des pays, & citez : tu desermes leurs portes,
Et toute la Commune au labeur fais ranger.

Telle estant, vy long temps! mais si tu viens sur terre
Pour te bannir encore, & nous mettre en danger:
Paix fuy-t'en de bonne heure, & reuienne la guerre.

QVICONQVE se plaindra des plaintes si plaintiues
Qu'icy parfois ie couche, en me desennuyant:
Face qu'enflant mon stile, & mes pleurs essuyant,
I'estoupe le canal de mes destresses viues.

Alors ie borneray ces plaintes excessiues,
Ie suiuray mon bonheur : & d'vn vers mieus bruyant
Traittant vn beau subiect, & mes soucis fuyant,
Gaillard rappelleray mes liesses fuytiues.

Dirons-nous qu'vne terre abondante en moissons,
Sterile ne produit que ronces, & buissons?
Ou qu'vn champ, mis en friche, est preignant & fertile?

Non! sa propre Cerez tesmoigne de son grain:
Et quand ie monstre aussi ma tristesse inutile,
Ie tire de mon sac cela dont il est plein.

QVI fait vn bon semblant d'honorer tes amis,
Qui pour vraye te vend sa volonté traistresse,
Qui courtois en tous lieus te rid, & te caresse,
Qui iure tes hayneus estre ses ennemis.
   Qui manque volontiers à ce qu'il a promis,
Qui remplit de beaus motz sa bouche menteresse,
Qui oingt d'vn fieleus miel sa langue flateresse,
Qui rusé se permet cela qui n'est permis.
   Qui lors que chez le Roy, ou qu'ailleurs il te treuue,
De bayes, de sermentz, de nouuelles t'abreuue:
Bref qui plein de finesse, en subtil artisan,
   Faint tout, dit tout, fait tout: quoy que de prime face
Tel il se dissimule, ou qu'il die, ou qu'il face:
Ne le croy pas, Belleau: car il est Courtisan.

   ENTRE tant de perilz qui menacent ma teste,
Me brassant mille assaus & de prez, & de loing:
Hardy i'esprouueray mon cœur à ce besoing,
Affrontant ma constance au meschef qui s'apreste.
   Tombent sur moy les cieus, la foudre, & la tempeste,
Que l'on me coure sus, qu'on n'ayt de moy nul soing:
Tout foible que ie suis, de mes maus seur témoing,
I'attendray de pié coy le malheur qui m'arreste.
   L'immobile Raison mes sens ramassera,
A ma rebelle chair l'esprit s'opposera:
Et ma foy ne craindra le monde, ni sa gloire.
   Heureus qui sans flechir bride ainsi ses plaisirs,
Heureus qui domte ainsi soy-mesme, & ses desirs:
Est-il plus grand combat, ou plus belle victoire?

C 2

LAISSE moy, faus Espoir, ou voy ce que tu fais,
Me faisant suyure icy ceste iniuste Deesse
Si douce, & rude ensemble, en douçeur, & rudesse:
Pour fuir de pouureté la recharge, & le faix.

Tu me combles d'ennuys, & de trauaus espais,
I'aprens à mettre en ieu l'audace, & la finesse:
Entre le bien, & mal, i'exerçe ma ieunesse,
Et n'ose m'asseurer de guerre, ni de paix.

Tu fais qu'icy ie voy la despence, & la pompe,
Des pouures, & petis : que trompé ie me trompe,
Et qu'en vain ie m'oppose à noz vices hardis.

Permetz donc, faus Espoir, que ces Monstres i'attache:
Lors que faché ie suis, ainsi ie me defache,
Et ne sçauroy mieus dire, en voyant faire pis.

APREZ auoir sonné sur l'vne & l'autre Lyre
En diuerses façons, la gloire & les honneurs
De la maison de France, & de noz preux Seigneurs:
Ie veus à mes soucis vn autre chant eslire.

Ie veus quand on viendra fueilletter, ou relire,
Mes plaintz icy couchez, ou plustot mes malheurs:
Qu'on pardonne à l'ennuy de mes tristes doleurs,
Disant cela de moy que d'elles ie veus dire.

Ces regretz que i'entame, & ces vers que i'escris,
N'auront donques le nom de chansons, mais de cris:
Tesmoignant ma voix fresle, & ma destresse forte.

Brief ramenant le dueil que ie fis en maint lieu,
Pendant que i'attendoy l'assistance de Dieu:
Et que i'oyoi fraper les Diables à ma porte.

QVAND le Cygne se meurt aus riues de Meandre,
D'vne plus douce voix il degoise ses chantz:
Comme s'il dédaignoit la pasture des champz,
Et les retz du Veneur qui le pourroit surprandre.

Ainsi maugré l'esmoy ie vien ores épandre
Vn bruit melodieus, sous mes cris plus tranchantz :
Gaillard ie fuy l'embuche, & l'abboy des meschantz,
Ains le piege trompeur que l'on m'a voulu tandre.

Courage, franc esprit, bien qu'hoste d'vn serf corpz!
Sur l'æle, & sur le vent, de si plaisantz acordz,
De reuoller au ciel hardiment ne redoute.

Aussi bien ie t'y pousse, & m'oppose au malheur :
Ie ne m'angoisse pas, mais seulement i'adioute
Complainte sur complainte, à doleur sur doleur!

RONSARD, i'ay veu le tempz que ta iuste censure
Trouua peu que redire en mes escritz nouueaus :
N'estoit qu'aus plus sçauantz, & moins doctes cerueaus,
Ie faisois sans respet vne esgalle mesure.

De cela, mon Ronsard, la verité m'asseure :
Et certes ie iettoy des perles aus porçeaus,
Perles qu'on vid rouiller par les bourbeus monçeaus,
Perdant leur prix, leur grace, & leur embellisseure.

Ie sçay ce que ie dis, & non ce qu'on dira :
Tant y a qu'vn Corbeau par moy ne blanchira,
Et le Cygne iamais ne prendra noir plumage.

Plus que peste ie hay le Poete amadoüeur :
Aussi ce los qui vient d'vn loüable loüeur,
A qui l'offre, & le prend, ottroye double homage.

C 3

J'AYME le dous repos, & suis tousiours en peine,
Ie cherche allegement, & trouue la doleur,
I'euite vn soing ouuert, & sens vn soing voleur,
Ie dechasse la crainte, & mon ame en est pleine.

I'erre sans deplaçer où le Sort me pourmeine,
Ie tache à m'esiouyr, & triste est ma paleur,
I'espie le bonheur, & ne voy que malheur,
Ie veus suiure la paix, & la guerre m'emmeine.

I'aspire à la franchise, & captif on me tient,
I'abhorre mon hayneus, & ma grace il obtient,
Ie suis trop clair-oyant, & r'entre en ma sourdesse.

Plus i'esuente mon mal, plus grand deuient l'esmoy,
Plus ie flate l'orgueil, plus acroist la rudesse :
Est-il homme en ce monde aussi chetif que moy ?

DE Vabres, entre ceus que maintes vanitez
D'vn extreme desir extremement abusent,
Ces extremes Amantz qui le ioug ne refusent,
Encourent à mon gré dix mille indignitez.

Leurs beaus termes de Court, leurs grandes raritez,
Leurs gestes plus acortz, qui leur excuse accusent,
D'extremes pensementz leur fol espoir amusent :
Tant extremes ilz sont en leurs extremitez.

Tout cela passe encor, & n'y a que redire!
Mais aussi quand fachez ilz viennent à maudire
Leur amour, leur poursuite, & leur calamité.

Quand destruitz, endebtez, ilz s'en veulent eus-méme:
C'est lors, Vabres, c'est lors qu'vn malheur tresextréme
Les a reduitz au point d'extreme extrémité.

BELLEFOREST, ie semble aus taciturnes Glis
Que durant l'aspre Hyuer vn long, & morne somme,
Cachez dans leur musette aueuglement assomme:
Pareilz, iusqu'au Printempz, aus corpz enseuelis.

Telz sont mes vers cellez, que fort peu i'embellis :
Non que ie soy tardif, les formant ainsi comme
L'Ourse forme son fan : mais pource que ie chomme,
Sans leur donner carriere, ou les rendre polis.

Pour l'heur que Milciade acquit en la victoire
Des champz de Marathon, vrays tesmoingz de sa gloire,
Le Prince Athenien ne pouuoit reposer.

Vn moindre soing d'honneur veut bien que ie sommeille :
Vray est qu'oyant parfois l'vn & l'autre priser,
Ie ne dors si haut iour que l'Aube ne m'esueille!

QVAND parfois ie m'esgaye en esmoy si felon,
Ie n'esteintz pour cela mon aspre felonie :
Vn souspir Castillan, vn ris de Sardonie,
Me laisse dedans l'ame vn poignant aiguillon.

Or comme au Camp des Grecz vn vangeur Apollon
Tousiours ne dechargeoit sa trousse bien-fournie,
Mon ire moindre en force, & lasse, & desgarnie,
Ne peut aussi combatre au plus fier Aquilon.

Sans fin le Ciel grondant n'horrible son orage,
Ni la mer ses abboys : & d'vn trouble courage
Ie n'arrache tousiours les sanglotz de mon flanc.

Helas, si fay par trop! de querelle en querelle
En me riant de l'homme, auec le bon Aurelle,
Mon cœur triste au dedans pleure goutes de sang!

C 4

PRINCE *heureus, & bien-né, ie te veus maçonner*
Tout nouueau que ie suis, vn immortel ouurage :
I'entens si ton support m'assiste, & m'encourage,
Et m'ottroye le tempz pour le bien façonner.

Commance seulement ! tu verras t'estreiner
D'vn illustre renom, pour te seruir de gage :
Il ne tiendra qu'à toy qu'on n'oye mon langage,
Et qu'il ne puisse aussi plus beau los te donner.

Si donc pour imiter & l'exemple, & la vie,
Des Roys tes Peres vieus, il te prend vne enuie
D'agrandir ta grandeur, & gaigner plus haut lieu :

D'vn neant, comme moy, fay quelque chose insine !
A ce chef-d'œuure seul tu sembleras à Dieu,
Qui d'vn rien fit ainsi toute ceste machine.

MADAME, *s'il auient que le Roy vostre Frere*
Lise aucuns de mes vers, qui le chantent icy,
Et mesme s'il auient que vous lisiez ceus-cy :
Excusez pour ce coup ma fortune contrere.

Lors que ie me verray par ses faueurs attraire,
Ou que vous-mesme aurez de moy quelque soucy :
Braue i'opposeray contre l'age endurcy
Ces tableaus où i'ay peu voz merites pourtraire.

Là ie depeins trop mieus ses vertus, & bontez,
Là reluisent encor voz graces, & beautez :
Et là vostre grandeur aus yeus de tous i'expose.

Bref ie cultiue vn Arbre où croissent voz valeurs :
Mais aussi pour le fruit vous n'aurez que les fleurs,
Si d'vn soing liberal vostre main ne l'arrose.

QVAND pourray-ie reuoir aprez dix mille ennuis
Mon cher Mauuefinois? mon petit heritage?
Mes Amys contr'-aymez? ceus de mon parantage?
Ceus (di-ie) en qui ie penſe & les iours, & les nuis?

I'y penſe voyrement, tout faché que ie ſuis!
Et (comme à l'Ithaquois, loing de ſon vieil meſnage)
Plus me plait mon pays, & me rid dauantage,
Que nul autre ſeiour où m'aymer ie ne puis.

Ainſi, bien qu'eſloignez de leurs creuz ilz ſeiournent,
Les Tygres, & les Ours, à leur giſte retournent:
Quoy? ſi meſme ſoucy nous eſpoind de nouueau?

Puiſſe-ie donc vieillir au giron de ma terre!
Afin qu'aprez la mort ce petit coing m'enſerre
Qui ieune m'a ſeruy de nid, & de berçeau.

POSTEL, mon grand Poſtel, dont les diſcours i'admire,
Et qui tout Philoſophe aus Princes fais ſçauoir
Que vaut la liberté, compaigne du ſçauoir:
Tu merites qu'en toy l'homme docte ſe mire.

Tel que ie ſuis pourtant, auec toy ie ſouſpire,
Voyant cheoir l'orgueilleus, les ruſez deceuoir,
Et hauſſer les petis, n'aguere abietz à voir:
Changementz fort à craindre à l'Eſtat d'vn Empire.

D'où vient cela, Poſtel? toy qui ſondes, & ſçays,
Les cauſes de ce monde, & qui noz brigues hays!
Seroit-ce que Dieu veut nous monſtrer ſa puiſſance,

Oſtant au plus hautains l'heur, la force, & le lieu?
Aus plus cautz la ſageſſe? aus plus bas l'impuiſſance?
Ou bien que l'homme n'eſt que fable deuant Dieu?

LORS que le sombre amas d'vne facheuse nüe
Desplaist, s'oppose, & nuit, au Soleil radieus :
Le beau iour s'obscurcit, & la terre & les cieus
Sont priuez à regret de sa face cognüe.

 Ainsi ma defortune, & ma perte auenüe,
Alterant, & troublant, mon repos gracieus :
Aueugloit mon esprit, & mes sens ocieus,
Esbahys, transportez, de ma desconuenüe.

 Or comme on void trop mieus rayonner le Soleil,
Perçant ce sombre amas d'vn regard nompareil :
Ainsi ie me remetz, & commance à reuiure.

 Qui peut dire ie vis, & suis libre d'ennuy,
Quand l'homme meurt sans cesse, & n'est iamais deliure ?
L'heu^r nous fuyra demain, s'il nous suit auiourd'huy.

DE blasphemes, & cris, ta bouche tousiours pleine,
Ton volage cerueau, ton cœur exercité
Au courrous, à l'orgueil, à la temerité :
Ont mis ton corpz aus cepz, & ton ame à la geine.

 Seul pour te desacher tu metz plusieurs en peine,
Ton audace est notoire : & ta peruersité
Seroit plus aspre encor, si mon vers inuité
Parfois ne te flatoit, pour te donner haleine.

 Ainsi le fier Lyon oyant le Coq chanter,
S'espouuante, & s'enfuyt : mais pour nous tormanter,
Ta rage tost aprez t'espoind, & te tempeste.

 L'humblesse, & la douçeur, flate bien les Lions :
Quand donc ell' n'ont pouuoir sur tes affections,
C'est signe que tu es trop pire qu'vne beste.

IL se vante beaucoup, & veut comme ie croy
Que de tout ce qu'il dit, fermement on le croye :
A l'ouyr il s'est mis souuentesfois en proye,
Soustenant le party de l'Eglise, & du Roy.

Il s'est batu cent fois sans doubte & sans effroy,
Bien qu'il soit decrié comme vieille monnoye :
Et bien qu'il sente au cœur plus d'ennuy, que de ioye,
Sous vn visage gay cache son triste esmoy.

Ainsi son port, sa taille, & physiognomie,
Dement tous ces beaus faitz : & de sa preud'hdomie
Nous asseure meshuy le malheureus Breton.

Aussi quand de plus prez ses façons i'examine,
Ie trouue desormais qu'il a plustot la mine
D'vn petit Estaffier, ou bien d'vn faus teston.

SI nous estions nourris sans peine, & sans danger,
Comme au Desert de Sin ce grand Dieu des batailles
Nourrissoit Israël & de Man, & de cailles :
Et trouuions ainsi prest le boyre, & le manger.

Si nous, & noz habitz, sans vieillir, ou changer,
Trompions le mauuais tempz : l'assaut que tu nous bailles
Seroit vain, ô Malheur ! mais quoy ? tu nous trauailles,
Monstrant bien qu'il nous faut sous autre ioug ranger.

Las ! d'vn siecle si bon la saison est passee :
Et faut mettre la main à la bourse espuisee,
Si l'on veut viure icy sans trauaus, & soucis.

C'est pourquoy si souuent malheureus, & Poëte,
(Comme vn Simonidez) ie maudy ma boëte,
Pleine d'vn vent commun, qu'on nomme grandz-mercis.

PENDANT, mon Peletier, que ta docte Vranie
Te guinde iusqu'au ciel, d'un vol non-usité :
Et que l'air de Bordeaus, assez belle Cité,
D'un tranquille seiour la douçeur ne te nie.

Icy voyant l'enfleure, & la presse infinie
Des pompeus Courtisans, ie ry l'indignité
Des plus defauoris : & hay la grauité
De tel qui tout nouueau toutes choses manie.

Icy donc, Peletier, ainsi comme tu vois,
L'image de Mercure est faicte de tout bois :
Mais ie m'estonne encor du subtil artifice

De celuy qui s'auance, & ne sçait-on comment :
Et du malheur de tel qui perd en un moment
Pour un verre cassé, vingt bons ans de seruice !

LA main a plusieurs doigtz, & toutesfois n'est qu'une :
Nous qui sommes beaucoup, diuisez & moins fortz,
Serions de mesme unis : sans les traistres effortz
D'un aueugle soupçon, de hayne, & de rancune.

Hippocrate disoit que la santé commune
Est d'autant plus à craindre, aus plus alegres corpz :
La France aussi prospere, auant noz fiers discordz,
De mille & mille maus à present n'est immune.

Iadis un Meroüee aus guerres indonté
Dans les Gaules receut Empire, & Maiesté :
Nous ore y reçeuons perte, honte, iniustice.

A bien considerer cest Estat debatu,
Il eust pour l'establir & Fortune, & Vertu :
Nous pour l'abatre auons le Malheur, & le Vice.

SONGEANT *au dous trauail dont l'œuure me recree,*
I'ay fait (qui le croyra!) mille vers ceste nuit!
Ceste nuit en dormant mille vers i'ay produit,
Qui eussent contanté la Neufaine sacree.

Ainsi poussé d'vne ame aus Muses consacree,
Resuant en ceste sorte, à ces termes reduit,
Iadis en plein sommeil fut porté, voire instruit,
Sur les tertres iumeaus, le Villageoys d'Ascree.

Pour tout confort, Morel, (certes ie n'en mentz point!)
Au milieu de mes soingz ie suis tousiours épont
De l'ardeur qui rauit ce bon Vieillard champestre.

Il songea qu'il estoit Poëte deuenu,
Le songe par effait Poëte me dit estre:
Lequel de nous te semble auoir plus obtenu?

TOY *qui deça delà courant tout l'Vniuers*
Comme vne autre Thetis as costoyé la terre,
Comme vn autre Soleil as veu ce qu'elle enserre
Haut, & bas, prez, & loing, de costé, de trauers.

Qui mesme as prattiqué cent Royaumes diuers
En air, en sit, en force, en police, & en guerre:
Et qui sans crainte as peu la cognoissance acquerre
Des peuples inhumains, barbares, & peruers.

Qui ramentois les mœurs de tant de gens diuerses,
Qui te souuiens (Theuet) de si longues trauerses:
As-tu veu, comme on void en France desormais,

Vn peuple tant ingrat? qui moins ses hommes prise?
Qui plus les asseruisse, & serfz les crüellise?
Non! ie croy (mon Theuet) que tu n'en vis iamais.

O qu'à iuste raison le sage Pythagore
Songe auoir veu là bas tormenter les Espris
D'Homere, & d'Hesiode : exilez du pourpris
Où le rare troupeau des Bien-heureus s'essore!

 Ilz souffrent le trauail qui les bourrelle encore,
Pour auoir transferé l'excellence, & le prix,
Des grandz Dieus prophanez, aus humains mal-apris:
Leur ostant le parfait qui leurs graces decore.

 Voyla voyla dequoy les vers ont profité
A ceus qui parmy nous ont plus d'autorité:
Laissantz vn pire exemple à c'il qui les embrasse!

 Que donques ie m'abuse, & me nuise d'autant,
Aprez vn tel mestier? vous ne valez pas tant
Phœbus, ni vous ses Sœurs, ni tout vostre Parnasse!

 I'ESTIME le Soldat qui peut suiure la guerre
Sans se voir aus combas mort, ou pris, ou blessé:
I'ayme l'Auanturier qui sans peur a laissé
Pour illustrer son nom, les bornes de sa terre.

 L'homme riche me plait qui son tresor n'enterre,
Ains de ses facultez subuient à l'oppressé:
I'admire vn Courtisan que le dard repoussé
D'enuie, ou de traison, couuertement n'enferre.

 I'honore vn Magistrat de sagesse pourueu,
I'escoute l'Estranger qui maintz peuples a veu,
Ie vante és gentz de lettre vne gloire immortelle.

 I'approuue en son desastre vn grand cœur affermy,
Ie loüe es vrays parantz vne foy sans cautelle:
Mais plus que tous ceus-la ie prise vn bon Amy.

LAISSONS (Amy) laiſſons ce vain meſtier des vers,
Qui rapporte moins d'heur à qui plus s'y haſarde:
Laiſſons ce double mont, & la Muſe muſarde,
Et l'honneur ſans profit des Lauriers touſiours-vers!
　Lors qu'vn grand Alexandre, horreur de l'Vniuers,
Eut vaincu le Roy Daire, & ſa ſuyte fuyarde:
Il mit dans ſon coffret, (Ioyeau de chere garde)
D'vn ſçauant Smyrnæan les Poëmes diuers.
　Le meſme dit heureus Achille ſur ſa lame,
Pour auoir eu tel Chantre : ore helas! on nous blame,
Meſme les grandz n'ont ſoing de leur renom petit.
　Pour eſcouter noz vers, ilz n'oyent deja goute,
Pour les gouſter encor, ilz ſont ſans appetit:
Et pour les guerdonner, ilz ont aus mains la goute.

VIARD, à voir parfois mes ſens icy preſſez
De hayne, & déplaiſir, contre vn Gueus deshoneſte,
Qui de fuyr cautement les traiſtres m'admoneſte:
Tu dirois que ces chantz pour luy ſeul i'ay dreſſez.
　Ilz ſont telz en partie, & partie oppreſſez
D'autres affections, mes eſpritz on tempeſte:
Les Aloüettes ont leur hupe ſur la teſte,
Et de leurs paſsions tous hommes ſont pouſſez.
　Cuides-tu quand Cæſar vid la teſte coupée
(Eſtrange cruauté!) de ſon gendre Pompée,
Qu'il pleurat (comme on dit) & des yeux, & du cueur?
　Non! il n'en eut iamais ni regret, ni deſtreſſe:
Ou s'il gemit, ce fut en terrible Vainqueur,
De peu de los acquis, ou de trop d'alegreſſe!

IE veus en quinze iours faire trois Tragedies,
Sur trois braues subiectz : la premiere sera
Du fort Nazarien, qui vaillant poussera
Contre les Philistins, ses embusches hardies.
  La seconde bruyant les folles vanteries
D'vn prophane Holoferne, à son dam haussera
La valeur de Iudith, qui le decolera :
La troisiesme acroistra les Payennes furies.
  Là ie degorgeray mille plaintz, & regrez,
Ne cedant aus tançons des vieus Tragiques Grez :
Et si de ces Heros me rendray l'homicide.
  Chascun, rempli d'orgueil, horriblera ses cris :
Mais pour tüer ce Monstre, il faut que mes escris
Facent renaistre en moy le furieus Alcide.

NE te fache, Seigneur, ornement de la France,
Si ta foy, ton merite, & ton rare sçauoir,
Encor encor n'ont peu leur guerdon receuoir :
Et si nostre age ingrat fraude ton esperance !
  L'heur des moins suffisantz, ni la graue apparance
D'vn tas de piaffeurs, ne te doit esmouuoir :
A l'homme de valeur, qui tache mieus auoir,
Il n'est plus seur degré que la perseuerance.
  Tel d'entre le vulgaire est viuant auiourd'huy,
Auquel sa grand vertu donne beaucoup d'ennuy :
Pour luy faire à la fin vn digne loyer prendre.
  Et tel porte à son cou le bel Ordre Royal,
Dont le vice, & l'orgueil, & le bras desloyal,
Luy filent tous les iours vn cordeau pour le pendre !

CEDE

CEDE au repos le trouble, & se change en Oliue
L'Arbre qui fut n'aguere vn triomphant Laurier :
Et cela qui n'estoit qu'vn estendard guerrier,
Embrasse aussi l'honneur de ceste plante viue.
 Soit ouy nostre acord de l'vne à l'autre riue,
Où Phœbus borne, & prend, son chemin coustumier :
Si qu'aus boutz de la terre & le renom premier
De noz Roys belliqueus, & l'heur de France arriue.
 Sur l'ire, & le deffy, la guerre, & ses hasars,
Puissent regner la Paix, l'asseurance, & les ars :
Et soyent en faulx, & socz, noz lames retrempees.
 Ainsi ie le presage, en voyant parmi l'ær
Deus Cygnes d'Apollon à senestre voler :
Puis on n'oyt plus icy ces Cæsars, ni Pompees.

SORCIERE des espritz que ta lime remord,
Changeant l'amour en hayne, en cris la conferance,
En regret le soulas, en crainte l'asseurance :
O Colere maudite, & pire que la mort !
 En dure affliction plus dur est ton effort,
L'heur, & l'aise d'autruy, rengregent ta soufrance :
Et rien ne sert priere, humblesse, ou remonstrance,
Quand ton bandeau charmé nous aueugle si fort.
 Nous apriuoysons bien les Ours, & les Tigresses,
Aus fans d'vn fier Lyon faisons mille caresses,
Et flechissons l'orgueil des furieus Sangliers.
 Par toy seule Erinnys, des cœurs humains meurdriere,
Nous mesmes (seulz bourreaus) nous déchassons arriere
Noz enfantz, noz Amys, & noz plus familiers !

D

ENTRÉ tant de trauaus qui troublent mes espris,
Trauaus qui troubleroyent la Muse plus sçauante:
La Burte, penses-tu que ces vers que i'esuante
Bastent pour me complaire, ou me mettre en haut prix?

Non non! ie ne suis tant de ma valeur épris,
Qu'en Singe amadoüeur rien rien ne m'espouuante,
Aymant trop mes enfantz : ores que ie me vante
D'acomplir mieus vn iour tout ce qu'onc i'entrepris.

Ie conçoy plus grand' œuure, & m'attandz la parfaire:
Si ce Roy nostre Maistre au moins tasche de faire
Ce dur meschef qui m'oste en mes desseings meilleurs.

Parmy la gloire, & l'heur, l'espoir, & le courage,
D'ourdir, & patronner, icy ce bel ouurage,
Qui pourroit l'honnorer, en m'honnorant d'ailleurs.

LORS que la folle audace, & la meschanceté,
De hayne, de licence, & de mespris suiuie:
Lors que les trahisons, les pompes, & l'enuie,
Assaillent vn Royaume à sa malheureté:

Lors qu'vne Opinion, fille d'impieté,
Des petis, & des grandz, assaut la fantasie:
Bref que sa gent pariure est vne fois saisie
D'orgueil, d'ambition, d'ire, & de lacheté.

Ni son plus ferme Estat, ni ses Loyx plus entieres,
Ses plus beaus Parlementz, ses Citez les plus fieres,
Ses Fortz, ni ses Chasteaus, formillantz en soudars.

Ni le dos esleué des plus hautes montaignes,
Ni le ventre abaissé des plus humbles campaignes,
Ne la garantiront dès vacarmes de Mars.

DES IEVNESSES.

QVE toutes noz foretz à ce iourd'huy blondoyent
De mainte belle orange, & citron meurissant :
Que toute Arabe odeur soit noz champz remplissant,
Qu'en blez couuers d'espicz noz campaignes iaunoyent.

Que de lait sauoureus noz riuages ondoyent,
Des vieus Chesnes suäntz soit le rous miel issant,
Renaisse vn gay Printempz noz prez embellissant :
Brief que plaines, & vaus, pleins de manne rosoyent.

Pleuuent les Cieus benins des parfums, & des fleurs,
Tiennent leurs bras oysifz les borgnes Marteleurs,
Dorme calme la Mer, Æol ses Ventz enserre.

Puis qu'auec ce beau iour on void naistre icy bas
Ce noble enfant Royal, qui doit en grand soulas
Seruir d'espoir au Ciel, d'ornement sur la terre!

DV Bartas, si quelqu'vn ayant veu l'Italie,
L'Espaigne, ou l'Angleterre, ou le braue Germain,
Te discourt de ce siecle, ou du Sort inhumain :
Dy qu'il ne sçait que c'est de l'humaine folie.

Le monde n'est plus munde, & pourtant il s'oublie,
Bien qu'il ayt voyagé du iour au lendemain :
C'il qui remarque à l'œil, ou qui touche à la main,
Ce qu'vn faus Bruit ælé diuersement publie.

C'il qui sans loing courir en moins d'vn moys a veu
Changer & mœurs, & loyx : surprendre au dépourueu,
Meurdrir, & sacager, par la fiere Commune,

Ceus qui viuantz faisoyent toute France trembler :
C'est celuy (du Bartas) qui peut vrayment parler
Des effaitz de ce monde, & des tours de Fortune.

D 2

CE vieil Chantre Thebain, à grand peine imité,
Et ce Latin Harpeur, voire aucuns de nostre age,
Sans honte ont quelquefois parsemé leur ouurage
D'vne louange propre à leur esgalité.

J'approuue, & ne dementz, leur renom merité :
Mais tout ainsi (Boyssol) qu'ilz me donnent courage
De les contr'-esgaller, cest Escriuain m'outrage
Qui se promet autant de son indignité.

Quand à moy si parfois mon nom ie ne déprise,
Et me ioüe à mes vers : pourtant ie n'autorise
L'enfleure, ni l'orgueil, qu'à tort i'affecteroys.

Ie ne suis conuoyteus d'vn gaing si deshoneste,
Et ne me loüe point : seulement ie me preste
Ce que plus volontiers aus autres ie donroys.

IE ne m'estonne plus ni du mal, ni du bien,
Que la Deesse aueugle, & fausse de nature,
Ensuyuant son vouloir oste, & donne à tout'heure :
Guerdonnant peu ceus-là qui le meritent bien.

Ses presentz, & sa foy, iointz d'vn mesme lien,
Tesmoignent de sa forçe, ains de sa forfaiture :
N'eussions-nous pour miroir que l'estrange auanture
Qui fit pedantiser le Roy Sicilien.

Lestonac, i'ay veu tel esleué comme vn Prince,
Cheoir d'vne mort honteuse aus yeus de sa Prouince :
Seruant de fable au monde, aus Corbeaus de repas.

Et marcher à l'esgal des hautesses plus fieres
Celuy de qui le Pere, & le nom fust n'aguieres
Incognu, voire abiect, parmy le peuple bas !

DE Brach, qui mariant aus Muses ton Bartole,
Sçais ioindre à leur bel art les serieuses loys:
Ie me fache, & rougis, quand ce peuple Gauloys
Auec si peu d'honneur les gentz lettrez accole.

Il faira plus de cas d'vne chanson friuole,
D'vn Pasquil, d'vne farçe, à ce que i'aperçois:
Que des braues escritz de noz hommes François,
Bien que leur nom elé parmy le monde vole.

Nous exposons noz vers au iugement de tous,
Nous faisons qu'en public on se ioüe de nous:
Et n'auons pour loyer qu'vne vaine memoire.

La faute vient des grandz, & de nous-mesme aussi!
Car sommes-nous pas sotz de nous tüer ainsi?
Et ramoindrir nostre heur, pour acroistre leur gloire?

TOY qui fier, & hautain, des petis ne fais conte,
Apren d'eus, & de moy, tant sois-tu bien apris,
A n'auoir (desdaigneus) les moindres en mépris:
Et suy ce bel exemple, & n'oublie mon conte.

Comme vn troupeau de Ratz dessus l'eschine monte
D'vn Lyon qui dormoit, vn d'entr'-eus fut surpris
Si tost qu'il s'esueilla: mais quoy? de gloire épris
Soudain le laisse aller, & de l'occire a honte.

Voyez que peut à tempz la prudence, & l'honneur!
Depuis cest animal, pris és laqz du Veneur,
Par le Rat (qui les ronge) eust pronte deliurance.

Icy Roys, & Seigneurs, desormais aprendront
A n'esleuer trop haut ni le cœur, ni le front:
La douceur est tousiours des plus grandz l'asseurance.

D 3

IE voy l'air empesté de puantes Harpies,
Deuorant le repas du vieil Phiné Gauloys:
Et troublant son repos, sa franchise, & ses Loyx,
Resueillent à l'enuy noz guerres assoupies.
 Ore en Loupz rauisseurs, ore en iazardes Pies,
Ie les entens crier, & courir à la fois:
Ainsi les fiers assautz, & les iappantes voix,
Ne retiennent iamais ces Chiennes acroupies.
 Elles rodent autour, mesmes leur bec felon
Desdaigne (engloutisseur) les Iumeaus d'Aquilon:
Et nous viuons encor parmy ces bestes ordes!
 O Pere Iupiter, qui nostre orgueil abas,
Ne verrons-nous iamais ces Harpyes à bas?
Ces Harpyes, qui sont noz fatalles discordes?

 CEPENDANT que la France, & que ton Prince humain,
Dechargeoit sa grandeur sur ta vertu choisie:
Et que tu regaignoys l'ame, & la fantasie,
Du barbare Polake, ou du braue Germain:
 Icy goustant les vers labourez de ta main,
Ore enrichis d'Histoire, & douce Poësie,
Ore pleins d'elegance, & de Philosophie:
I'en tournay quelques vns en vulgaire Romain.
 Moins libre ce faisant (Pibrac) i'eus double peine,
Non qu'à toy ie m'esgalle, ou mon stile à ta veine:
Mais l'estude aggrauoit l'ennuy que ie sentoy.
 Le tien donc se fait mien, non pas de mesme estophe:
Qui suffiroit aussi, s'il n'estoit comme toy
Poëte, Historien, Orateur, Philosophe?

DES IEVNESSES.

PRINCE, qui vas portant le beau nom de Mercur,
C'eſt vn preſage heureus à ta ieuneſſe ſage,
Meſmes à ta vertu c'eſt vn heureus preſage :
Te promettant vn los qui ne peuſt eſtre obſcur.

Ce Dieu qui des paſſantz eſt guide, & protecteur,
Heraut de Iupiter, amy du nauigage,
Support des bons eſpritz, honneur du beau langage :
En ſe ſeruant de toy, ſera ton ſeruiteur.

Tu dois (ou ie me trompe) en defrichant la trace
Non des vices communs, mais de ta haute race,
Voir ta gloire, & tes ans, par le monde eſtimer.

Vy donques, voire acroy ce bruit qu'on te procure :
Eſtant double en renom, il faira renommer,
Mercure par Mercur, & Mercur par Mercure.

IOYEVSE, ſçais-tu bien ce qu'en penſant à toy
Ie trouue à celebrer en mainte & mainte ſorte ?
Ce n'eſt ceſte valeur qui t'anime, & t'emporte,
Par le choc des combatz, franc de crainte, & d'eſmoy.

Ce n'eſt ton geſte humain, ta prudence, ou ta foy,
Ni ce qu'on priſe en toy d'vne façon acorte
L'eſprit bon, le cœur grand, l'heur rare, & la main forte :
Cheris du Roy ton Maiſtre, & mon Maiſtre, & mon Roy.

Ce qui m'inuite plus à loüer ton merite,
C'eſt l'amour, & faueur, qu'vn tel Prince d'eſlite
Porte à ta vertu meſme, aydant à t'eſleuer.

Et ce ie ne ſçay quoy, que ie ne puis bien dire :
Qui m'oſtant à moy-meſme, à toy du tout m'attire,
Comme la Calamite attire à ſoy le fer.

D 4

L'HOMME qui meurt sans hoirs ne s'attriste si fort,
Alors qu'à l'estranger il laisse vn beau partage:
Qu'ayant perdu mes vers, mon plus cher heritage,
Ie me plonge en regret, en plainte, & desconfort.

 Celuy vrayment est ferme, & magnanime, & fort,
Qui s'oppose à ses maus, d'vn genereus courage:
Mais peril sur peril, naufrage sur naufrage,
Ne sçauroit amoindrir vn malheureus effort.

 Icy faché ie ploye à l'angoisse excessiue,
Là maintz escritz vollez esueillent ma mort viue:
Et maintz papiers aussi me sont pris à mes yeus.

 Au pis ie pourray dire auec ce preux Sertoire,
(Lors qu'il perdit vn œil) que ce m'est quelque gloire
D'auoir ainsi semé ma despouille en tous lieus!

FIN DV PREMIER
Liure des Ieunesses.

LE
SECOND LIVRE
DES IEVNESSES.

INGRAT à mes labeurs, & contraire à
 moymesme,
Ie m'estoys resolu d'enseuelir mes vers
Au tombeau dont mes os seroyent vn iour
 couuers :
N'affectant plus ce los de vaincre la Mort blesme.
 Faut-il (disoy-ie lors) qu'incessament ie seme
Vn champ maigre, & desert ? mes trauaus si diuers
Seront-ilz sans nul fruit ? & moy mis à l'enuers ?
Sentiray-ie tousiours vn desplaisir extreme ?
 Ainsi ie me plaignoy, quand la Muse amusant
Ailleurs mes pensementz, me tance en s'excusant
Dequoy l'heur ne suiuoit l'honneur des Sœurs compaignes.
 Ne t'en fache, dit-elle : encore vaut-il mieus
Monstrer à tes escritz la clarté de noz cieus,
Que les donner en proye aus souriz, & aus Taignes !

D 5

SI les trauaus du vaillant filz d'Alcmeine
N'euſſent iadis ſon corpz exercité,
Ses faitz, ſon los, ſa magnanimité,
Euſſent ſuiuy la Mort qui tout emmeine.
 Si l'Ithaquois que Fortune pourmeine
Ore par terre, or' ſur mer agité,
N'euſt tant ſouffert : ſa grand dexterité
N'euſt anobly ſa valeur, ni ſa peine.
 Auſſi dequoy ſe peut l'homme vanter,
Si les perilz n'ont peu l'exprimenter ?
Ou ſi parfois le malheur ne le touche ?
 S'il eſt ainſi, vrayment ie ſuis heureux !
La Vertu ferme, & le cœur genereux,
S'eſprouue au mal, comme l'or à la Touche.

IE n'ayme point choquer parmi les fiers Gendarmes,
M'achettant aus combatz ce ſignal glorieus
Dont la fueille enuironne vn front victorieus,
Qui depite la mort, & baſpre eſmoy des armes.
 Ie n'ayme point eſpandre vn deluge de larmes,
Couſtume, & vray loyer, d'vn Amant ſoucieus :
Ni que l'aueugle Archer, Archer malicieus,
S'empare de mon cœur en ſi douces alarmes.
 Encore ayme-ie moins ſuiure le peuple bas,
Ou m'exerçer folatre à mille vains esbas :
Et ſuis non plus amy de pompe, ni de gloire.
 Qu'eſt-ce que i'ayme donc ? certes ie n'ayme rien,
Qu'à laiſſer deſormais ce manteau terrien,
Pour auoir ſur le monde, & ſur moy la victoire.

DIEVS, *que nostre age a bien l'ame bastarde!*
Tout n'est que vice, & le vice eshonté
Par le vice a le vice surmonté :
Et le seul vice au vice est mis en garde.

   Le vice pront au vice se hazarde,
Le vice aussi vainc nostre volonté :
Par vice encor le vice est affronté,
Et rien que vice icy ie ne regarde.

   Vice de vice est l'adresse, & l'appuy,
Le vice au vice assiste ce-iourd'huy :
L'ombrage seul de la Vertu nous reste,

    Qui suit les bons : ô trop estrange cas!
Cela perit qui est ferme, & celeste,
Et ce qui meurt resiste à son trespas.

TV verras sans proffit escouler ta ieunesse,
Faisant le Philosophe, & peignant dans les cieus :
Tu fouilleras en vain vn Seneque ennuyeus,
Vn seuere Aristote, ou sourcilleus Boësse.

   Que sert ce Labyrint, ou l'obscure promesse
D'vn si confus sçauoir, esblouyssant voz yeus?
Suy donc nostre conseil, & veuille studieus
Goûter (non ce bel art!) noz liqueurs de Permesse.

   Ainsi me dit vn iour l'honnorable troupeau
Qui tient les taillis d'Heme, & le double coupeau :
Me trouuant par les champz que l'eau de mon Ras baigne.

   Fisse-ie bien, ou mal, deslors i'abandonnay
Ces Stoïques discours, & aus vers m'adonnay :
Et des ce tempz aussi la Muse m'acompaigne.

SECOND LIVRE

LE Marinier qui plus agité n'erre
Parmy les flotz, ses longz perilz dira :
Le vieil Gendarme en repos deduira
L'ire, & les maus, d'vne effroyable guerre.
 Celuy qui fend d'vn soc aigu la terre
A bœufz couplez, des champz deuisera :
De ses Toreaus, & Brebis parlera,
C'il qui les garde, & repeus les enserre.
 Moy qui ne suis, en courant ce danger,
Pilot, Soldat, Laboureur, ni Berger,
Mon seul esmoy plaintiuement ie chante.
 Sur chascun d'eus ie gaigne encor ce fruit :
Car, en chantant, sous mes chansons i'enchante
L'ennuy que i'ay pour l'aise qui me fuit.

I'AYME bien à loüer celuy qui le merite :
Mais i'ay l'honneur moy-mesme en opprobre, & mépris,
Quand vn sot, vn faquin, digne d'estre repris,
Lit parfois sa louange en noz papiers escrite.
 Ie ne sçay tant flater, ni faire l'hypocrite,
Et deprise ceus-la qui ne sont d'aucun prix :
Dittes-moy, qu'est-ce aussi qu'à des porcz mal-apris
Faire vn rare present de quelque Marguerite ?
 Tel goulu chez soy vit en Epicurien,
Qui rusé fait ailleurs le sobre Curien :
Tant le vice effronté d'vn beau masque s'habille !
 Le vray diffame est propre à l'homme diffamé,
Et c'est c'il qui pourtant ne veut estre blamé :
Car vn Cheual roigneus n'ayma iamais l'estrille.

QVI veut sçauoir tout le sçauoir du monde,
C'est vn abus, vne douce poison,
Vn trac d'erreurs, vne obscure prison,
Vn champ pierreus, vne cloaque immonde.

C'est vne source en passions feconde,
Vne fureur sans terme, ni raison,
Vn fleuue en pleurs espanchez à foison,
Vne mer trouble où tout peril abonde.

En longz trauaus c'est vn bois espineus,
En grandz doleurs c'est vn tempz Autonneus,
Vne sottise aus humains delectable.

C'est vn vif soing, qui noz ames espoint:
Ou bien plustot ce monde n'est qu'vn Poinct,
Ains vn faus bien, & vn mal veritable.

PLVS que ie ne cuidoy i'ay des hayneus couuers,
Tesmoing leur vain caquet, & commune impudance!
Mais sans honte, sans gloire, & sans outrecuidance,
Ie veus en y pensant m'eslancer au trauers.

Ie veus en y pensant culbuter à l'enuers
Le penser pourpensé de leur double arrogance!
Leur babil n'est si plein d'enfleure, ou d'elegance,
Qu'vn plus sain ne s'oppose à ce iargon peruers.

Pour te respondre mieus desormais ie destine
Et ma Muse Gallique, & ma Muse Latine,
A toy, qui le premier monstreras ton effort.

Quand ie t'ose affronter, ie fay moins qu'il ne semble:
Tu n'es pas vn Hercule, Hercule encor le fort
Ne combatit iamais deus Ennemys ensemble!

De ce Sinon qui s'efforce à me nuire,
Ainçois me nuit de parolle, & defait
Le cœur de roche, ou d'acier est refait,
Voulant ainsi l'homme destrait destruire.

   Sa fierté vainq la superbe Tomire,
Qui reuancha par vn pire forfait
Son ieune enfant, pris en guerre, & deffait,
Au grand meschef du miserable Cire.

   C'il qui sanglant autour de Troye encor
Trois fois traina la charoigne d'Hector,
Fut moins poussé de rage, & violance.

   Ceus-cy, cruelz, s'estoyent veus outrager :
Plus fiere donc est l'ire, & l'insolance,
Qui s'ose ainsi sur l'innocent vanger.

Aganiprides Sœurs, Neufaine chanteresse,
Aprez qui iour, & nuit, quatre ans i'ay dependu :
Pour vn si beau trauail ce gaing m'est donc rendu ?
Et ie n'en receuray qu'amertume, & destresse ?

   Ie veus plustot ie veus me tirer de la presse
De ceus qui comme moy, pour vn los pretendu,
Ont aussi franchement leur franchise vendu :
Deceus, pipez, trahis, d'vne voix charmeresse.

   Plus ne m'allecheront voz pouures Nourrissons,
Voz desseingz énolez, ni voz maigres chansons :
Aussi le bien certain ne cede à l'espoir traistre.

   Iadis l'Oyseau de proye, en vain ainsi prié,
Le petit Rossignol acrocha de son pié :
Et mesprisant ses chantz, du corps voulut se paistre.

Fortvne apreste vne eschelle facile
A telz qui moins s'attendent à cest heur:
Daire l'a veu, bien qu'il fust seruiteur,
Et ce Potier, iadis Roy de Sicile.
  Tamberlan fut, de Porcher inutile,
Roy des Scythois: Basse premier douteur
Des Parthes cautz, de Tribun & Preteur
Deuint Pontife, & Consul bien habile.
  Par contre-sort maintz aussi sont venus
En grand misere, apouuris, voire nus:
Voyez comment ceste Lice aueuglée.
  Est sans raison d'ceus qu'elle haussera,
Seront abietz: ceus qu'elle abaissera,
Seront hautains: tant elle est desreglée!

Qvi m'eust dit, & iuré, que ton malin courage
Fust alaitté d'orgueil, de hayne, & de rancueur,
Couuant vn vray desdaing sous vn faus creue-cueur:
Encor n'eusse-ie peu conçeuoir telle rage.
  Ie te pensoy modeste, acort, paisible, & sage,
Et bien qu'on t'estimat vn badin, & moqueur,
I'estimoy neaumoins qu'vn si terrible cueur
Ne cachoit si grandz maus, sous vn si bon visage.
  Ie te croyois Amy non de feinte, ou d'acquit,
Mais tel qu'vn franc Damon vn Pythias s'acquit:
Bref, tes faitz vicieus n'entroyent en ma memoire.
  Ores à mon malheur ie sçay, remarque, & voy,
Ta meschance, ton dol, & ta pariure foy:
Helas! sans l'essayer ie le pouuoy bien croire.

PLVSTOT *en paix viuront par grand' merueille*
Serpentz, & Cerfz: plustot s'acorderont
Limiers, & Dains: & plustot s'ayderont
L'Aigle, & Dragon, la Grenouille, & l'Abeille.

Plustot seront en amitié pareille
Loupz, & Brebis, & se caresseront
Cygne, & Renard: plustot s'entr'aymeront
Corbeau, Milan, & Mustelle, & Corneille.

Plustot encor d'vn courage peu-fin
Iront ensemble & Baleine, & Daufin,
Le Limaçon auec la Salamendre.

Qu'autre meschef, tant soit-il plein d'horreur,
Puisse amortir ma hayne, & ma fureur :
L'homme assailly se doit-il pas defendre?

NON, il ne sera dit qu'encores ie m'arreste
Dans ceste Court facheuse, où les moins suffisans
Emportent bien-souuent cela qu'aus mieus-disans
Le merite, l'honneur, & la raison apreste!

Non, il ne sera dit qu'on menace ma teste
D'vne iniuste fureur! plustot mes traitz nuisans
A ces monopoleurs, à ces beaus partisans,
Aportent vne crainte, & rabaissent la creste.

Ie ne suiuray iamais l'erreur qui m'a pipé,
Ie n'ahurteray plus ce cep où i'ay chopé:
Et garanti fuyray les ventz, l'onde, & l'orage.

Ainsi les sages Grecz, de la flotte esgarez,
Ramoyent en nauiguant loing des bancz Capharez:
Sonder tant de perilz, c'est chercher son naufrage.

I'ay

J'ay dit ces motz à la Muse cent fois:
Sœur d'Apollon, ma Compaigne fidelle,
Ie te supply desnoüer la cordelle
Qui serf m'attache aus acordz de ta voix.
　Mais plus oyant qu'ouyr ie ne deuois,
Sa douce flame enflamoit ma ceruelle:
Et si tousiours, d'vne ardeur plus nouuelle,
(Pront à la suiure) eschaufé ie me vois.
　Que diray plus? soit que ie n'aye à faire,
Soit qu'empeché i'embrasse quelque affaire,
Matin, & soir, elle m'empechera.
　Donques faut-il qu'ennemy ie l'exile?
Non, mais prisant son amitié facile,
Mon cœur aussi s'en amourachera!

SI quelquefois on vient ou fueilletter, ou lire,
Ces œuures que ie peintz d'inesgalles coleurs:
On n'y verra meshuy ces roses, ni ces fleurs,
Qu'vn tas d'imitateurs se peinent bien d'eslire.
　Quand sur quelque subiect ilz pretendent escrire,
Ilz sortent de chez eus, pour se fournir ailleurs:
Ilz dérobent le sens, voire les traitz meilleurs,
Moins pour nous enseigner, que pour nous faire rire.
　Quand i'vse donc icy de mes inuentions,
Et fuy ce nom d'empruntz, & d'imitations:
Ce n'est faute de lire, ou faute de comprendre.
　C'est que libre ie veus n'estre à nul attenu:
C'il qui n'a rien à soy, pour trop pouure est tenu,
Et qui ne prend aussi, n'est point suget à rendre.

E

BIENHEVRE´ fut le Tyran Polycrate,
(Si l'homme vil est tel en son viuant!)
Que nul meschef onc n'alla deceuant,
Ains que la mort luy fut vrayment ingrate.

Saoul du plaisir qui les plus aisez flate,
Pour estre aumoins quelque angoisse esprouuant
Dedans la mer il ietta bien-auant
Son riche aneau, dont vn poisson s'apate.

Voyez quel heur! luy-mesmes sans soupson
Trouua la Bague au ventre du poisson
Qu'on luy donna, trompant lors son enuie.

Si noz souhaitz ne se dementoyent pas,
Ie voudroy bien luy sembler en sa vie:
Mais ie voudroy n'esgaller son trépas!

ORE qu'on void renaistre & la rage, & la guerre,
Que le fer, que le sang, & les feus rallumez,
Menassent ia deja noz peuples animez:
Il me plait esloigner nostre Gauloyse terre.

Ie veus (en m'exilant) ailleurs ma seurté querre,
Ie veus laisser ces champz au mal acoustumez:
Et deusse-ie imiter les Oyseaus emplumez,
Ie vay d'vn cours hardy me retirer grand' erre.

Ie ne voy que discorde, ou vice, ou mauuaitié,
Loing d'honneur, & de foy, de Iustice, & pitié:
Et i'y retraine encor vne honteuse vie?

Plustot l'ire, & l'effroy, l'audace, & la fureur,
Et tout ce qui ressent sa Martialle horreur,
D'y retourner iamais ne me donnent enuie!

VINGT & cinq ans ont ja borné mon age,
Suiuant sa course, ains mes maus destinez :
Dessous lesquelz, non encor terminez,
D'vn pire sort ie donne tesmoignage.
　Ma tendre enfance a bien trouué bornage,
Non mes soucis, qui roulent obstinez
Ainsi que flos, bouillantz & mutinez :
Par vne mer d'ennuis aussi ie nage.
　Qui s'aymeroit en ce monde felon,
S'il sonde vn peu le dire de Solon?
Qui se plairoit au ioug qui l'encheuestre?
　Veu le destin qui nous est ordonné,
Il vaudroit mieus à l'homme iamais n'estre :
Ou de mourir, aussi tost qu'il est né.

ORES que ce Mignon qui me faict bonne mine,
Qui sur moy tant soit peu n'a iamais eniambé,
Qui brusquement colere a l'œil tout enflambé,
Qui d'vn front effronté si fierement chemine.
　Qui fait tant le preud'homme, & qui tousiours rumine
Ie ne sçay quoy de vain : qui foible a succombé
Sous mille iugementz, & dont le teint plombé
Tesmoigne assez le soing qui le mine, & remine.
　C'il qui faisant parfois le froid, & l'endormy,
Lit maigrement mes vers : & se flate en amy,
Bruyant ses sotz escritz, prononcez d'vn son graue.
　Bref c'il qui tant s'estime, & fait le glorieus
Entre ses compaignons : fut-il encor plus braue,
Me sçauroit-il loüer, puis qu'il m'est enuieus?

E 2

HEVREVX cent fois qui peut vser sa vie
Loing de la Cour des Princes, & Seigneurs!
Qui soucieus n'aspire aus grandz honeurs,
Et qui ne craint la Fortune, & l'Enuie!
 Il ne vend point sa franchise asseruie,
Il fuit l'affront d'vn tas de flagorneurs
Qui prez des Roys, des Roys les ruineurs,
Meurent en fin d'vne mort desseruie.
 Son toit de chaume, esloigné des citez,
Humble ne cede aus Palais habitez:
Son petit champ luy sert encor de Ville.
 Qui d'autres biens n'est iamais desireus,
Et rend non plus sa liberté seruille:
Celuy vrayment n'est moins sage, qu'heureus!

 IE prise l'Escriuain qui n'a moins merité
(En bien loüant autruy) qu'on l'estime, & le vante:
Celuy seul me desplait qui l'vn & l'autre chante
Et sans discretion, & par esgalité.
 Aus hommes vicieus il preste charité
A leurs coustz, & despens: ou iaçoit qu'il ne mente,
Le bruit des vertueus flateusement esuente:
Mais nul masque ne peut farder la verité.
 Quand ie loüe quelcun, ie le pense loüable:
Mais ce los que ie donne en loüeur auoüable,
Aus indignes me fait garder vn entre-deus.
 Si leur tasche dement les honneurs qu'on leur baille,
Ne voyent-ilz pas bien que l'on se moque d'eus
Veu leur indignité, ne loüant rien qui vaille?

DES IEVNESSES.

LE Dieu Cyprin m'auoit ia saisy l'ame,
Ia son brandon mes moüelles humoit,
Et les humant ma force consumoit
Par sa vertu, qui les plus froidz enflame.
 I'auoy deja pour Maistresse vne Dame,
Dont l'œil mignard de mille atraitz s'armoit:
Et ia sa grace, & beauté me charmoit,
Iusqu'à chanter ses valeurs, & ma flame.
 Alors Discorde en France on vid courir,
Rompre noz loyx, noz Citoyens mourir:
Et lors, faché, i'en eus vn dueil extresme.
 Ainsi de moy ce desir s'estrangea,
Mon dous repos en trauail se changea:
Et mon amour en hayne de moy-mesme.

TOVS ceus qui par destin supportent à l'enuy
Perte de biens, d'amys, & de parantz encore:
Ceux qui rongez du soing qui les pique, & deuore,
De se plaindre, ou facher, n'ont le cœur assouuy.
 Ceus qui plus molestez qu'ilz n'auoyent desseruy,
Nous enseignent comment vn malheureus s'éplore:
Bref ceus dont le regret incessament deplore
La misere, ou le ioug, qui leur aise a rauy.
 Viennent icy leur peine esgaller à la mienne!
Leur grande malheurté, tant soit-elle ancienne,
Ne sera rien au prix de mes maus asseurez.
 C'est pour quoy maintesfois si triste on me rencontre,
Qu'adonc ie passionne: ains à l'heure me montre
Et des moins douloureux, & des plus desastrez.

E 3

EN vain helas! ie m'aueugle au malheur
Que m'a liuré ceste aueugle Deesse:
Sa douceur rude, & sa douce rudesse,
En vain helas! reflatte ma doleur.
 Dequoy me sert la plainte, ni le pleur,
Qu'à rengreger mon dueil, & ma destresse?
Dequoy le soing qui m'affolle, & m'oppresse,
Qu'à ramener vn desespoir voleur?
 Ie sçay vrayment ie sçay comme Fortune
Est inconstante, & retient de la Lune:
Pource i'excuse vn cœur si vicieus.
 Elle est volage, & pour ne voir ce blame
Se va coiffant en indiscrette feme:
Et porte encor vn voyle sur les yeus.

 BIEN que mon dueil soit vain, & ma peine euidante,
Si ne veus-ie pourtant me filer vn licou,
(Ieu des desesperez) & l'estraindre à mon cou:
Ou d'vn gosier hardy prendre la braise ardante.
 Encore veus-ie moins d'vne erreur impudante
Eterniser mon nom, comme ce Maistre fou,
Qui iadis tout vestu s'eslança dans le trou
De l'horrible montaigne en flammes abondante.
 Le venin aualé mon meurdrier ne sera,
Vn fier Aspic mordant mon sang ne suçera:
Et si le feu vangeur n'ardra ma main coupable.
 Ie veus estre plus sage, & triomphant du mal
Vaincray Lycamb', Porcie, Empedocle, Hannibal,
Cleopatre, Sceuole; & l'esmoy qui m'acable.

Dv tempz heureus que ma Royne viuoit,
Royne de nom, de fait, & de merite:
Deia ma Muse estoit sa fauorite,
Et le sainct Chœur volontiers me suiuoit.
 Mieus peint de fleurs vn Printempz ne se voit,
Qu'en mes papiers sa valeur fut décrite:
Bref la Françoyse, & Romaine Charite,
Pour son Mignon deia choisy m'auoit.
 Mais las! depuis que la Parque traistresse
Eust enleué ma Royne, & ma Maistresse,
Ces doctes Sœurs ne me caressent plus.
 D'où vient cela? qui m'oste à leur sequelle?
Ie croy vrayment que mortes auecqu'elle,
Mesme tombeau serre leurs corpz reclus!

Le dangereus Lyon vne fois maladoit,
Chasque animant le plaint, le void, & le visite:
Seul est le caut Renard qui sa taniere euite,
Et s'excuse à son Roy qui tousiours le mandoit.
 Requis, voire pressé, tousiours il respondoit
Qu'il prioit bien les Dieus pour sa santé subite,
Mais que le trac suspet à le fuyr l'inuite:
Et pour ceste raison il ne se hazardoit.
 Bien que plusieurs (dit-il) tiennent ce chemin large,
Nul pourtant n'en reuient ni chargé, ny sans charge:
Et c'est pourquoy ie crains vn lache, & mauuais tour.
 Ainsi quiconque a peur du Lyon tant à craindre,
Prenne exemple au Renard, & ne se laisse attaindre:
Souuent on est surpris, sans espoir de retour.

E 4

VOVS qui tenez le throne d'excellance,
Throne admirable, & reueré de tous:
Iugez-nous bien, mais pluſtot iugez-vous,
Peſantz le droit d'vne eſgalle balance.
  Ce Iuge acquis par riche violance,
D'vn fier Cambyſe eſchaufant le courrous,
Vid (eſcorché) ſa peau miſe à gros clous
Deſſus ſon ſiege: en ſigne d'inſolance.
  Iugement rude à l'homme ſera fait,
Qui ſans mercy punira le meſfait:
Ou qui, ſans foy, ſe rendra ſi traitable.
  L'vn (trop ſeuere) encourt l'ire des Dieus,
L'autre (facile) eſt non moins odieus:
Le Iuge bon eſt le Iuge equitable.

  VOYEZ, dira quelc'un en m'uſant de brauade,
Comme en lumiere il a ceſte maſſe expoſé,
Ceſte maſſe d'eſcritz qu'il auoit compoſé
Pour mieus les publier, qu'à la deſeſperade!
  Amy, ne t'en eſtonne! vn aċueil, vne œillade,
M'auoit ſi gayement épris, & diſpoſé:
Qu'il me ſembloit deja que mon Liure arroſé
De quelque pluye d'or, auroit plus grand' parade.
  I'eſtois d'haleine bonne, & d'vn ſang aſſez chaud,
Pour ſuiure ma carriere, & pour tonner plus haut:
Quand Fortune, & diſgrace, auillit ma baſſeſſe.
  Ma Clion deuint morne, & me laiſſant à part,
D'enceinte qu'elle eſtoit, auorta d'vn beau part:
Comme la femme attainte auorte en ſa groſſeſſe.

RESIOVY toy, Brigade chantereſſe,
Qui flates l'air ſous tes nombreuſes loys!
Voicy venir le grand Roy des Gauloys,
Pour t'eſcouter au milieu de la preſſe.
 Vne Seraine, ainçois vne Deeſſe,
Que beaucoup moins celebrer tu ſouloys,
Ne tenant rien des filles d'Acheloys,
Fait qu'il franchit la Seine iazereſſe.
 Il ne s'amuſe à la voix de ces Sœurs,
Franc de leur charme, & des flotz rauiſſeurs:
Il oyt pluſtot ceſte heureuſe Cecile,
 Qui l'arrachant d'vne mer de ſoucis
Par la vertu de ſes chantz adoucis,
Le tire à bord, & le rend plus docile.

TROVPEAV, ſ'il eſt ainſi qu'homme ne puiſſe entendre
(Tant ſoit-il clair-oyant) la muſique des Cieus:
Et que, ſ'il l'entendoit, ſes tons melodieus
D'aiſe, & de pamoyſon, luy feroyent l'ame rendre.
 S'il eſt vray qu'Vlyſſez ne voulut iadis tendre
L'ouye au ſon pipeur, voire pernicieus,
Des Monſtres de Sicile: & qu'errant par ces lieus,
Son oreille il boucha de miel, & cire tendre:
 D'où vient (Troupeau chàteur) qu'on peut viure, & gouter,
Ces chantz plus enchanteurs, qui ſe font eſcouter
Non ſeulement de nous, que leurs voix nompareilles
 Enchantent en chantant, ſous diſcordantz acors:
Mais des muëtz, & ſourdz, qui deſirent alors
Cent langues pour chanter, pour ouyr cent oreilles?

E 5

L'AN mil cinq centz & treze aprez soixante
Vn mal pareil à quelque fier Vautour,
Rongeant mon cœur, & rodant à l'entour,
M'acompaigna d'vne fieure cuisante.
 Ah! quelle angoisse outrément vehemante,
Quel vif soucy m'affoloit nuit, & iour!
Peu s'en fallut qu'au tenebreus seiour
N'allasse voir la Court de Rhadamante.
 Mon sain esprit, hoste du foible corps,
M'aydoit en vain au fort de ces effors:
Tant ie plaignoy ma proche Adolescance,
M'estant à peine icy bas presanté:
Double mal a, qui languit en santé,
Et double mort, qui meurt sur sa naissance.

 MVSE, tu me fais tort! pour estre si hastiue,
On ne t'excuse pas: alente vn peu ton train,
Tu sembles au Cheual qui galope sans frain,
Au desseing trop soudaine, au labeur trop actiue.
 Ton style est assez bon, ta nature est naïue:
Mais quoy? tu n'as repos, & moins ton Escriuain:
Quoy qu'il s'amuse ailleurs, l'amusement est vain,
Car ainsi que tu vas, ainsi faut qu'il te suiue.
 Qui n'aura donc esgard à si brusque fureur,
Nous laisse ainsi brosser, & taxe mon erreur:
De moy ie ne pourrois detraquer ta carriere.
 L'arc, & Lut trop tendus, & le fleuue coulant,
Perdent eus leur roideur, luy son cours violant:
Mais nous serons plus fortz qu'arc, ni Lut, ni riuiere.

BIEN fut marry ce Monarque homicide
De tant de gens, en courant l'Vniuers,
Quand il borna ses combatz si diuers
Par les chemins de Bacchus, & d'Alcide!
　La seule Mort, qui sur l'homme preside,
Auant ces iours mit ce Duc à l'enuers:
Non satisfait (ô desir trop peruers!)
De maistriser la Grece, & la Perside.
　Tout magnanime, & guerrier qu'il estoit,
L'ambition ce grand donteur dontoit:
Chetif, qui laisse vn mauuais tesmoignage
　De son pouuoir! ce m'est vn creuecœur
D'estre si foible, & toutesfois mon cœur
Maistre du mal, n'est si bas que mon age!

IE trauaille sans peine, & traçant la peinture
De mes tableaus parlans, ie ne sçay tant songer
A les polir d'vn lustre, ou d'vn fard mensonger:
Et ne geine les traitz de ma simple escriture.
　Mon Ame grosse enfante au plaisir de Nature,
Et ne suis-ie forcé pour vn vers allonger
D'espuiser ma ceruelle, ou mes ongles ronger:
I'escris, & couche aussi ma verue à l'auanture.
　C'est pourquoy souspirant ces souspirs souspirez,
I'enchante quelquefois mes regretz empirez:
Et que ie mesle icy cent noms non-perissables.
　Tousiours l'horrible Mer ne tempeste, & ne bruit:
Tousiours le Ciel ne tonne, & vangeur ne destruit
La malice, ou l'orgueil, des hommes punissables.

LA Mouche peinte est marque d'impudance,
Le deuant seul du Lyon, c'est pouuoir:
Son corps pourtrait, la fureur nous fait voir:
Et le Formy sagesse, & prouidance.
　　Vn Ciel d'où chet rosée en abondance,
D'art, & science, entr'-ouure le miroir:
Le Pelican fait la fraude apparoir,
La Perdris met l'iniure en euidance.
　　La Cicoigne est l'amitié des parans,
L'ingratitude és Colombes ie prans,
La Cheure encor l'homme oyant nous enseigne.
　　Moy ie veus prendre vne propre coleur:
Et pour montrer ma playe, & mon malheur,
Vn noir Corbeau me seruira d'enseigne.

HEVREVS qui s'esloignant de la Cour, & des villes,
Ne voudroit eschanger son seiour vsité
Aus plaisirs de la Court, ou de quelque Cité:
Et moins ses franches mœurs en mœurs vrayment seruilles?
　　L'vne trompe souuent l'espoir des plus habilles,
Pleine d'orgueil, de fard, de ruse, & vanité:
L'autre qui ne luy cede en mesme dignité,
Foisonne en mille abus, & querelles ciuilles.
　　Seul est l'homme rural qui n'a cure, ni soing,
Des pompes, & faueurs: il ne s'estend plus loing
Que de son champ natal, ou sa case de chaume.
　　Sa famille est sa suite, il mesnage sous soy
Sa rente, ains son domaine: est-ce pas estre Roy,
Que d'auoir grand' maistrise en si petit Royaume?

Dure Fortune, infame, & piperesse,
Cruëlle aus bons, & propice aus meschantz!
Las! donne trefue à mes soucis tranchantz,
Et tourne ailleurs ton embuche traistresse!
Ie t'auoüray pour Royne, & donteresse,
De tout le monde: & mes celebres chantz
Iront tes faitz, & ton los recherchantz,
Te renommant Emperiere, & Maistresse.
   Ha, desloyalle! & donques tu ne veus
Ouyr mes cris, ni receuoir mes vœus?
Soyent pour iamais tes mains d'outrage pleines!
   Ma grand' constance au pis apparoistra,
Et dans mes vers ta malice croistra:
I'ay pour subiect tes rigueurs, & mes peines!

   Celvy qui donne tost, donne deus fois ensemble,
Comme dit volontiers vn prouerbe Romain:
Et ne faire auiourd'huy pour attandre à demain,
Puis à demain encor, c'est abus ce me semble.
   C'est au vain Courtisan, ou c'il qui luy ressemble,
D'auoir la bouche ouuerte, & ouuerte la main:
Non au vray prometeur, qui d'vn courage humain
Son candide parler au iuste effait assemble.
   Quiconque donc tu sois qui me prometz beaucoup,
C'est peu, si tu ne tiens: car tenir vn seul coup,
Sert plus au suppliant, que mille fois promettre.
   Le bien qui tost se fait, double se va nommant:
Veus-tu donc en effait ta promesse ainsi mettre?
Fay tost, & tu feras deus biens ensemblement.

Toy qui peut estre auiourd'huy t'esmerueilles
Dequoy, muët, si souuent ie n'escris
Qu'au tempz premier de mes premiers escris:
Cesse tes plaintz, & tes vaines merueilles.

I'escris vrayment, & si mes voix pareilles
N'ont deuancé noz Sonneurs mieus apris:
Phœbus pourtant, & maintz doctes espris,
A mes chansons prestent bien les oreilles.

Ie suis ouy du François, & Latin:
Mais quoy? i'en veus à mon ingrat destin,
Qui par malheur aus vers me laisse plaire.

De là me vient ce trop libre desir,
De là ma peine, ainçois tout mon plaisir:
Le plaisir donc en sera le salaire.

LESCALDE, d'où vient-il que ceus qui tant courtisent,
Vieillissant és maisons des grandz Roys, & Seigneurs:
Soyent larges de caresse, & prodigues d'honneurs,
Vers ceus que bien-souuent par derriere ilz deprisent?

D'où vient que peu à peu (rusez) ilz s'autorisent,
Compaignons de leur maistre, amys, & gouuerneurs!
Qu'ilz se donnent eus-mesme aus plus libres donneurs?
Qu'en gestes, & propos, leur nature ilz déguisent?

I'ignore tout cela! toutesfois ie voy bien
Que le ioug leur est propre, & malheureus le bien:
Et si voy leurs plaisirs confitz en amertumes.

Mais pour m'instruire mieus, dy moy leurs autres mœurs:
Dy, Lescalde, dy moy leurs contraires humeurs,
Si tu sçais, & cognois, leurs façons, & coustumes.

EN quelz Amys dois-ie aſſoir ma fiance?
Sous bonne foy l'vn ſçaura mon ſecret,
Pour me trahir: & ſot, voire indiſcret,
L'autre à l'inſtant rompra ſon alliance.

Ceſtui-cy feint, ſans front, ſans conſciance,
Veut ſ'auancer à mon grand intereſt:
Veu mon bonheur, l'autre eſt Amy de preſt,
Veu mon deſaſtre, eſt Amy d'oubliance.

Comme vn Dauphin ſuit le Vaiſſeau flotant
Iuſqu'au riuage, ainſi leur cœur flatant
Suiura mon heur, & fuyra ma miſere.

De celuy donc ie recherche l'appuy
Qui moins ſe montre en l'aiſe, qu'en l'ennuy:
Veut-on amour plus ferme, ou neceſſere?

SI ce qu'a dit Platon eſt choſe veritable,
Ie veus mon vray Genie, & non l'art exprimer:
Celuy (dit-il) ne doit Poëte ſ'eſtimer,
Qui pretend auec l'art ſe rendre plus metable.

Rien ne ſe fait ainſi de beau, ni memorable:
Pourtant ce haut Pindare oſa bien ſe nommer
Poëte naturel, & vainqueur deprimer
Ses hayneus aſſiſtez du ſeul art miſerable.

Ainſi voyant des leurs differer ſes chantz beaus,
Se donna le nom d'Aigle, & les nomma Corbeaus:
Comme ſ'ilz croäſſoyent par la ſcience apriſe.

Puiſſe vn inſtint nayf m'ayder heureuſement!
L'Aigle i'imiteray, non le croäſſement
De ceus-la que ſi peu Nature fauoriſe.

 O lache cœur! ô personne mauuaise!
Ioüet à vent, leger comme vn François:
Qui ma simplesse effrontément deçois
Troubles ma ioye, & nourris mon mal-ayse!
 Soit que ma peine, ou mon bien te deplaise,
De mon trauail vn repos tu conçois:
Par toy (pipeur) mille ennuys ie reçois,
Ains comme l'or m'esprouue à la fournaise.
 Icy pourtant il semble qu'à t'oüyr
Mon grief meschef ne te peut esioüyr,
Mon soing t'espoind, mon dueil te desconforte.
 Et moy pour mieus tes faitz salariser,
Sans tant offrir, promettre, ny causer,
Ie prie Dieu que le Diable t'emporte!

 BIEN que mon libre honneur de ton ioug se desgage,
Si veus-ie t'aborder encor si sagement
Que tu diras que i'ay & sens, & iugement:
Et qu'à tort tu m'as peint d'vn bigarré langage.
 Ie suis ce que ie suis, la raison & l'vsage
M'enseigne à repliquer sur ton faus argument:
I'en baille à poix de marc, mais sçais-tu bien comment?
C'est pour t'oster meshuy le masque du visage!
 Quand si lache, & rusé, tu metz en ieu mon nom:
Vilain, penserois-tu denigrer mon renom?
Refrains donques ta langue, & ta rage meurdriere.
 Ne parle ainsi de moy, si ie ne suis present:
Iamais homme de cœur ne blasonne vn absent,
Les traistres Chiens coühardz mordent bien par derriere.
TOVT

DES IEVNESSES.

Tovt impuissant, & triste que ie suis,
Ia dedaigné dedaigneus ie dedaigne
Ce monde vil: soit que ie perde, ou gaigne,
Ce qui me fuyt, & ce que ie poursuis.
   Quand ie resonne à l'escart mes ennuis,
Nul fors la Muse escouter ne me daigne:
Mais la pouurette en tous lieus m'acompaigne,
Me consolant & les iours, & les nuis.
   Que diroit-on si aus plus sourdz riuages,
Aus rocz plus durs, aus antres plus sauuages,
(Nouueau Timon) i'ay mesmes fait pitié?
   Nouueau Timon i'abhorre donc les hommes,
Abhorrer non! ains montre que nous sommes
Eus pleins de hayne, & moy plein d'amitié!

Ha trompeuse riuiere, & sugette au danger!
Est-ce le beau guerdon que tu m'as voulu rendre,
A moy qui par mes chantz osay tant entreprendre,
Que de te preferer mesme au Gange estranger?
   Tu cherchois donc ma vie au trespas eschanger?
Et lors que ie pensois legerement aprendre
A nager dans ton sein, tu me voulus surprendre,
Et sous ton giste creus taschois bien me ranger?
   Ialouse sur mes ans fis-tu cela, Crüelle,
Pour prendre vn nouueau nom de ma cheute nouuelle:
En lieu de t'appeller Seine comme deuant?
   Ie sçay vrayment que c'est! la seule experiance
(Fleuue pire que Styx) m'aprit en t'esprouuant
Qu'en l'eau, traistre animal! n'y a point de fiance.

F

LE feu de nuit beaucoup mieus eſtincelle,
Que ceſtuy-la qui brule en plein Midy:
Et l'homme ſage, & non abaſtardy,
Au fort des maus ſa conſtance decelle.

Sans craindre en rien vne crainte charnelle
Sceuole vit, par l'honneur que ie dy:
Regule vit, à ſon dam enhardy,
Et Caton plein d'aſſeurance eternelle.

Eſtre vn peu ferme en ſon aduerſité,
C'eſt faire teſte à la calamité:
Mais ſans ſoucy voir ſa perte, & ſon blame,

C'eſt comme vn ladre eſtre ſans ſentiment:
Ou bien pluſtot c'eſt eſtre proprement
Vn tronc de bois, ou quelque corpz ſans ame.

MILLE attaintes de mort, mille coupz de poignard,
Me ſeroyent trop plus dous que ces ſecrettes playes
Dont, ô Malheur ingrat, mes ouurages tu payes:
Qui las! ſeruent de priſe à quelque faus Renard.

Ou ſont mes chantz tracez d'vn ſtyle ſi mignard?
Mon premier ieu Tragiq? mes Amourettes gayes?
Et tant d'œuures encor qu'à m'oſter tu t'eſgayes
A l'aueu d'vn naquet, d'vn fat, ou d'vn caignard?

Tout eſt pris, ou perdu! mon tempz, mes vers, ma peine:
Bref cela qu'en Françoys, & qu'en langue Romaine,
I'auoy conçeu ſi ieune, eſt preſque tout peri!

Terence en cas pareil euſt de mourir enuie,
Et par le ſeul treſpas mon mal ſera gueri:
Qui ſuruit ſon meſchef, vit vne morte vie.

QVE me vaudroit sembler à la Cygalle,
Qui tout l'Esté s'enrouë de son bruit:
Quand mesnager le bon Formy construit
Son magazin, d'vne peine inegalle?
  Elle se paist de liqueur matinalle,
Et ne preuoid la Brume qui la suit:
Quand l'autre s'arme & de iour, & de nuit,
Pour fuyr hardi la disette Hyuernalle.
  Certes mieux vaut moins dire, & faire plus,
Pour n'esprouuer mille ennuis superflus:
Mais si faut-il s'ayder soy-mesme encore.
  Ainsi iadis le porte-masse Dieu
Dit au Charton, surpris en bourbeus lieu:
Pendant qu'oysif son secours il implore.

SI Nature qui est si sage, & si feconde,
Logeoit esgallement d'vne prodigue main
Ses graces, & tresors, dans chasque esprit humain:
Sans dueil, sans soing, sans peine, on viuroit en ce monde.
  L'orgueil fier, l'espoir vain, le dol facheus qui fonde
Les simples cœurs trahis, auroyent serré le frain:
Et la sainte Raison, cher present souuerain,
Aprez dix mille abus ne courroit vagabonde.
  Les Cieus, l'aspre Fortune, & mesmes les Mortelz,
Nous rauissent l'honneur de benefices telz:
Et pourtant il nous faut estre ce que nous sommes.
  Ce qui m'estonne plus c'est de voir les mieus nez
Plustot des Dieus, du Sort, du monde abandonnez:
Nature est-elle mere, ou marastre à telz hommes?

F 2

Si iusques-ja quelcun me fauorise,
Qu'il puisse heureus de ce sort m'exanter:
Ie me prometz dignement le chanter,
Eternisant sa fatalle entreprise.

C'il que la Grece honnore, louë, & prise,
Pour ses labeurs, s'aperçeut moins vanter:
Et ne pourra sur son los attanter
Enuie, tempz, hayne, mort, ny surprise.

Du braue Ægyde il estaindra l'honneur,
Et foulera par grace, & par bonheur,
Le Deliureur d'Andromede esplorée.

Du filz du Glauque encor il passera
L'exploit hautain, & si ne cedera
Au Conquereur de la toison dorée.

Lors que vrayment attaint ie souloy trop aymer,
Ie nommois or' ma Dame inconstante, & rebelle:
Ore ie l'appellois ma chere Colombelle,
N'osant plus de fierté son cœur chaste blamer.

Ie venois en pleurant sa mercy reclamer,
Et n'estoys plus celuy qui s'arme, & se rebelle,
Pour fuyr le ioug si dous de Maistresse si belle,
Qu'vn chascun l'auoüoit pour fille de la mer.

Ore l'Archer volant, ny sa mere Cyprine,
De feu, ny de garrot, n'entament ma poitrine:
Estaint est le brandon, & vain le trait doré.

Mesmes changeant de mal, ie change aussi de vie:
Et prest à me hayr, me porte plus d'enuie,
Que ie n'aimay l'obiect que i'ay tant adoré.

Assez vrayment cesté amoureuse graine
Croissant en herbe, auoit mon cœur gaté,
Sans qu'à l'enuy ie fusse retaté
D'vne meschante ordinaire Migraine.
 De son costé la sourdesse m'entraine,
Du sien l'estude, ains mon malheur haté,
M'a par les vers si doucement flaté,
Qu'en tel acquest gist perte souueraine.
 O vif esprit, vainement curieus!
O, pour se nuire, Ouurier industrieus!
Subiect de peine, & bute de misere!
 Mieus à leur gré viuent les animaus,
Francz de chagrin, de soing, & d'impropere:
L'homme seul est charpentier de ses maus.

Ce facond Orateur, ce Pére d'eloquance,
Qui dans vn petit Bourg sa naissance auoit pris,
Fut entre les Romains la fleur des bons espris:
Vanté, prisé de tous, pour sa graue elegance.
 De mesme vn grand du Faur, des François l'esperance,
Qui les sciences a dés sa ieunesse apris:
Nay dedans son Pibrac, se montre dans Paris,
Où docte il foule aus piedz la Romaine arrogance.
 L'vn iadis illustra son langage Latin,
L'autre (bien qu'esleué d'vn moins heureus destin)
Et l'vne & l'autre langue, & ce Palais decore.
 S'il ne l'orne donc moins que l'autre son Senat,
Que France ait son du Faur, Romme son Arpinat:
Toutesfois vn du Faur & France, & Romme honore.

F 3

O saint mestier, ô loüable doctrine,
Que la Poesie, auec tous ses beaus vers!
Vn rameau triple enceint noz chefz couuers,
Voyla nostre heur, ains nostre erreur diuine!
 Soyent ton esprit, ton cœur, & ta poitrine,
Pleins de ce Dieu plein d'vn sçauoir diuers,
Et soit ton front cerné de Lauriers vers:
Tu ployeras sous l'Enuie chagrine!
 Encor à peine auras-tu cest honneur,
Si tu ne sçais en hardy blasonneur
Flater, mentir, changer vn Diable en Ange.
 Ce n'est pas tout! vn nom m'est plus honteus,
Nom de fantasque, ou bizarre, ou quinteus:
Ne voyla pas vne belle loüange?

 Ni l'esmeute, & l'abay, d'vn mutin populaire,
Ni la hayne, ou fureur, des hommes esuantez,
Ni mes ieunes escritz ingrattement chantez,
Ni ce rien si leger que i'en ay pour salaire.
 Ni l'affront de Fortune encline à me desplaire,
Ni l'esmoy s'opposant à mes soingz enchantez,
Ni la vaine faueur de maintz Seigneurs hantez,
Ni l'œil des enuieus qui de si prez m'esclaire.
 Ni tous les desplaisirs que ie puis receuoir,
Ni tous les pensementz que ie puis conceuoir,
Ni tous les faus rapportz d'vn flagourneur seuere,
 Ne perdront ma constance! & ce dur encombrier
N'abatra mon courage: heureus qui perseuere!
La fin en fin coronne & l'ouurage, & l'ouurier.

TIGE d'erreur, ministre de souffrance,
Source d'ennuis, & nic de pensementz:
Pleine d'effroys, pleine d'eslancementz,
Folle, maudite, & peruerse Esperance!
   Qui ne ressent au monde ton outrance?
Quelz n'ont troublé tes facheus troublementz?
Qui n'est recreu de tes affollementz?
Et qui se fonde en ta fresle asseurance?
   Va tromperesse, en vain tousiours refuant!
Tu te repais de songes, & de vant:
Tu ne m'auras iamais en ta cordelle.
   Ie ne veus plus te reloger chez moy!
Tu es pipeuse, & sans cœur, & sans foy:
Et ie suis ferme, & candide, & fidelle.

   Q'VEN dépit du Bastard, & de la Chienne infame
Qui chaude en tapinois presta son hastelier
Peut estre à quelque Moyne, ou vilain Bastelier:
Anoblissant ainsi sa race, & son diffame!
   Il n'est seul, le Meschant! & participe au blame
De ces meres de nom, vn long & long milier
D'enfantz tous putatifz: & leur est familier
Aussi bien le deduyt, que la paillarde flame.
   Ilz sont si genereus, si fiers, & si hardis,
Que la terre, & le Ciel, en sont abastardis:
Tant Ilz ont obtenu sur les Dieus, & les hommes.
   Mais ce lasche Bastard, noz Bastardz dementant,
C'est le Chien qui me fait chiennetter tant & tant,
Que de souffrir ce Chien pires que Chiens nous sommes!

F 4

D'AVTANT que l'heur dit au Roy de Lydie,
Par la vertu de sa pierre de prix:
D'autant celuy de meschef fut surpris
Qui vid en soy sa race abastardie.

Ce filz-mary de sa mere estourdie,
Fut parricide, & de ses yeus épris:
Et peurent bien leurs enfantz mal-apris
S'entre-tuer d'vne main enhardie.

Si la Deesse aueugle en tous ses faitz,
N'eust de ces deus rengregé les forfaitz,
Ce fin Berger Monarque deuoit naistre.

Et ce Thebain, qui tant de fois meffit,
En lieu de Prince vn Pasteur deuoit estre:
Ainsi Fortune eust causé leur proffit.

VILLE qui n'as d'esgalle en ce monde habité,
Fier Monstre à plusieurs chefz, ouuriere d'iniustice,
Hydre repullulante en chasque malefice,
Nic d'vsure, & d'orgueil, & d'infidelité.

Mere d'ambition, fille d'iniquité,
Marastre à tes enfantz, nourriciere de vice,
Fusil d'esmotion, abysme d'auarice,
Rempar des assasins, & peste d'equité.

Orpheline d'honneur, ennemie de gloire,
Des hommes de renom l'homicide notoire,
Tygresse en cruauté, maudit gouffre d'horreur.

Tu cheris les meschantz, ton audace est brutalle,
Tu dépites le Ciel, & t'armes de fureur:
Aussi es-tu sans pair, & n'as point qui t'esgalle!

SI mon repos est vrayment angoisseus,
Si sans appuy foible est mon asseurance,
Mon dueil sans ris, mon ioug sans deliurance,
Prontz mes desirs, mon trauail paresseus.

Si mon langage est follement oyseus,
Dur mon torment, vaine mon esperance,
Fainte ma ioye, & vraye ma souffrance:
Ainsi vit-on dans ce monde noyseus.

En tel esmoy sont ceus-la qui habitent
Ce val terrestre : or' fachez ilz s'irritent,
Ore ioyeus ilz s'ayment en ce lieu.

Mais qui seroit que triste, & miserable,
S'il sonde aumoins son estat deplorable?
Ou si plustot il ne s'enuolle à Dieu?

PVIS que les Cieus, le Droit, & la Nature sage,
Font qu'en heur, en pouuoir, & grandesse tu crois,
Dessus ton cher Puisné: facent, Sire, ces trois
Respondre en vostre amour le courage au visage.

Les Roys enfantz de Dieu ont la terre en partage,
Dieu de son huyle sainte oingt, & sacre les Rois,
Sa grand' main les coronne, & forge leurs harnois:
Telle est sa volonté, tel est leur auantage.

Ie vous souhaitte un sort, comme à Freres germains,
Non c'il de ceus de Thebe, ou des premiers Romains:
Noz debatz sous tel Astre à l'enuy nous affligent.

Mais qu'en vous ralliant de cœur, d'ame, & de corps,
Il te rende cela (pour chasser tous discors)
A quoy le Ciel, le Droit, & Nature l'obligent.

F 5

POVRQVOY, mal-caut, ne suis-ie bon pour estre
Vn sac à Diable? expert à bien cacher
Mes passions? tardif à me fascher?
Ou morne, & lourd, & grossier, & champestre?

L'heur qui m'esloigne, & l'esmoy qui m'empestre,
Me font ainsi quelquefois delacher
Ces traitz mordantz: & ne puis detacher
Hors de mon cou, cest onereus cheuestre.

On me dira qu'vn Toscan plus discret,
Sobre à parler, cele mieus son secret:
Il est certain, mais la foy simulée

Onc ne m'a pleu: soyons donc vn peu coys,
Faignons, mon Cœur! on baise ainsi parfoys
La mesme main qu'on voudroit voir brulée.

PVIS que le fier malheur m'est si fort ennuyeus,
Que loing de mes Amys, & de ma propre terre,
L'angoisse, & le regret, m'aiguillone, & m'enferre:
Iusques à me bannir du monde vicieus.

Puis que mon ame est triste, & mon cœur soucieus,
Que mortelle est ma paix, immortelle ma guerre,
Et que le Ciel malin (encore vif) m'enterre:
Puisse finir ma vie, ains ma mort, en ces lieus!

Dés ore i'abandonne au feu mes Poësies!
Les voicy, ie les ay pour la flamme choysies:
Ie deteste l'erreur des Muses, & des ars.

Et quoy Fortune, quoy? suiuray-ie ma colere?
Non, ie n'exposeray mon bien à telz hasars!
Si ferme est ta rigueur, müable est ma misere.

TOVSIOVRS le Dieu qui son tonerre gette,
N'attaint les montz d'Epire au long sourcy:
Pour se vanger sans respit, ou mercy,
Phœbus encor les Gregeoys ne sagette.

Courbant son arc, & laschant sa sagette,
Diane aussi l'amour, & le soucy,
De ses foretz, au tempz mesme adoucy
N'est à chasser incessament sugette.

Donques pourquoy mon desastre, & mon soing,
De mal en pis tousiours s'estend plus loing?
Qui peut causer sa rage, & felonie?

C'est mon Destin, qui prolixe & subtil,
De mes trauaus allonge ainsi le fil:
Et moins i'ay d'heur, & plus d'aise me nie!

FRANCE, seiour de Mars, ceus qui sairont l'Histoire
Des Princes tes Heros, & du peuple Gauloys:
Te chanteront heureuse, alors que tu souloys
Auoir de ton costé l'Honneur, & la Victoire.

Publiront que l'Itale, & l'Espaignolle gloire,
Les Nourrissons du Rhin, & l'Escosse, & l'Angloys,
Ont souuent esprouué ton courage, & tes Loys:
Et sacreront ton nom à l'antique Memoire.

Moy deplorant tes maus, & ta ciuille horreur,
Ie diray que tes filz transportez de fureur
T'ont mise en tel estat, & dans ton sang souillée.

Plus grand est le danger, ou plus on monte haut,
Et lors qu'on tombe aussi, plus horrible est le saut:
Ainsi las! tu es cheute, & des tiens despouillée.

LE dous present qui s'escoule des Cieus
Pour enchanter & le soing qui nous ronge,
Et le trauail qui noz peines allonge,
Dedans mon lict auoit ia clos mes yeus.
  Alors flatant mon ennuy soucieus,
Ie me paissoy d'vne vraye mensonge:
Quand i'entr'-ouys vne voix en plein songe,
Tançant ma vie, & mon dueil ocieus.
  Que dois-ie faire en ce val de misere?
Vy seurement, (me dit elle) & n'altere
Par ces regretz, ton meschef limité.
  Le bien, & mal, s'entre-suit comme l'onde:
Heureus cent fois qui volle en l'autre monde,
Ce monde aussi n'est rien que vanité!

FIN DV SECOND
Liure des Ieunesses.

LE
TROISIEME LIVRE
DES IEVNESSES.

CEST enfantement ma Muse acouchera
D'vn part, qui sans trauail doit sortir en lumiere:
D'enfanter de la sorte elle est si coustu-
  miere,
Qu'aus fruitz qu'elle produit on la remarquera.
  Vn plus songeard que moy ses vers relimera,
Geinant, & contraignant, son stile, & sa carriere:
Libre est le cours, & l'eau, d'vne nette riuiere,
Mon style aussi sans peine, & sans fard coulera.
  Ie ne sçay tant polir, ny repolir mes œuures,
Laissant ce soing facheus aus plus tardifz manœuures:
Aussi pour si bien faire on n'auroit iamais fait.
  Et pensons-nous Mortelz auoir l'ame si caute,
Que rien rien ne nous manque, ou face choir en faute?
L'homme erre volontiers, & Dieu seul est parfait.

Au Roy Charles IX.

IL est vray, mon grand Roy, la foudre és mains tu portes,
Pour sacager l'orgueil du Vulgaire mutin:
Mais tu dois (comme humain) raffermir par destin
Iustice & Pieté, tes deus Colonnes fortes.

La Victoire à ce bruit prend des æles acortes,
Tes contraires subietz te donnant pour butin:
Ou la Paix reioindra d'vn lien aimantin
Noz peuples debandez, & liguez en cent sortes.

Ce regne ainsi comblé du comble de ton heur,
Effroyera l'Europe, & t'ornera d'honeur:
Acompaignant tes faitz d'vne illustre memoire.

He! que diray-ie plus, si ta benignité
M'appelle au Temple saint de l'Immortalité?
Ie sacreray, deuot, cent Hymnes à ta gloire?

Sur l'Entrée du Roy de Poloigne, à Paris.

C'EST trop chanté de Mars, & de l'horrible guerre,
Qui malheureusement redoubloit noz doleurs,
Qui doloreusement redoubloit noz malheurs:
Brisant vn si fort Sceptre, & perdant nostre terre.

Que donc l'aspre Discord soit dechassé grand' erre,
Que le beau Lis fleurisse, & viuent ses trois fleurs:
Cede au repos la noyse, à la ioye noz pleurs,
Et qu'vn nouueau Printempz ses verdz tresors desserre.

Entrent pompeusement dans si braue Cité
Noz Princes, & Seigneurs: & que l'heur suscité
Soulage desormais la France desastrée.

Io! voicy le iour qu'en magnifique arroy
Vn Monarque reçoit son Frere, nouueau Roy:
Ainçois la Paix compaigne, auec la belle Astrée!

Sur son Election, & Depart.

QVICONQVE parlera du seiour Polonoys,
Qui iadis fut nommé Royaume des Lechites:
Des pays ses voysins bornera ses limites,
Agrandis par ses gens, en vestant le harnoys.

Dira comme assaillant or' les braues Hongroys,
Ore Prusse, ore Saxe, or' les fiers Moscouites,
Plus outre il demarqua ses boutieres petites:
Affrontant sa puissance aus plus superbes Roys.

Il chantera les mœurs, les Estatz, & les modes,
Baillifz, & Castellans, Palatins, ou Vaiuodes,
Fleuues, Citez, & biens, d'vn peuple sans effroy.

Moy qui pour moins hausser & mon vol, & ma plume,
En m'essayant ne tente vn si facheus volume:
I'escriray seulement d'vn HENRY son grand Roy.

A luy-mesme.

CE peuple fort qui t'a pris à Seigneur,
Souloit iadis en sa rude simplesse
Arbres, feu, foudre, adorer par humblesse:
Faute d'auoir vn Chrestien enseigneur.

Depuis le Ciel, tresliberal donneur,
L'orna vrayment de sa sainte largesse:
Si que la Foy, le Sçauoir, la Sagesse,
Luy decouurit vn plus diuin honneur.

Puis l'asseurant contre les durs Barbares,
Moskz, Hongres, Turcz, Vualakes, & Tartares:
Fit de luy comme vn rempar des Chrestiens.
 Or' ne voyant vn Prince sur la terre
Qui t'esgallat fust en paix, fust en guerre,
Chrestien te l'offre, & Chrestien tu l'obtiens.

Pour luy encore.

AINSI que l'Ost Gregeoys auec mille Vaisseaus
Attandit longuement au sein du port d'Aulide
(Ains que s'ennauirer) ce valeureus Pelide,
Cher enfant de Thetis, la Deesse des eaus.
 Et comme elle cachoit la fleur des Iouuançeaus
Sous l'habit feminin, ce vaillant Æacide,
Dont l'effort, & le choc, & la hache homicide,
Deuoit tost faire choir les Troyens à monçeaus.
 De mesme en long espoir, ô magnanime Prince,
Le Polake ioyeus attand en ta Prouince
Son Achille François, vangeur de ses haineus.
 Et France qui voudroit te retenir encore,
Le feroit volontiers d'artifice soigneus:
Mais le Destin ne veut que rien te deshonore.

A Monsieur, lors Duc d'Alençon.

LAS! ie m'attriste, & si ne l'ose dire!
Ce qu'ay promis, à mon regret ie tiens:
Ie m'en tormente, & m'en deulz, & maintiens
Que si i'osois, ie voudrois m'en dédire.

Donques

Donques faut-il qu'vn estranger Empire
Me vole ainsi le bonheur que i'obtiens?
Et que l'amour de ceus que i'entretiens
Dans mon giron, en vefue ie souspire?

De telz regretz (Prince de grand vertu)
France estant pleine, eust le cœur abatu:
Lors que Henry pratiquoit son absence.

Il faut pourtant que cela passe ainsy:
Voire & ne doit se tormanter icy,
Puis qu'à souhait tu luy rendz sa presence.

Au Roy mesme.

PRINCE comblé d'honneur, que i'honnore, & cheris:
On dit qu'à ieune fol il n'est rien impossible!
Mais i'ay beau desseigner, & te croire accessible,
Ie voy tous mes desseingz l'vn par l'autre peris.

Ie voy deuant mes yeus vn gouffre de perils,
Dont le Malheur m'assaut d'vne force indicible:
M'assaut, m'attaint, me nuit, comme vn Tigre inuincible:
Et des coupz qu'il me iette encor ie ne gueris.

l'embrassois au premier tes larges courtoisies,
Quand ton heur, & vaillance, ornoyent mes Poësies:
Y luisant comme és cieus quelque iour tu luiras.

Pour nous attraire, ainsi l'on nous promet sans cesse,
Mais i'ose preferer l'effait à la promesse:
Qui n'ayme mieus vn Tien, que mille Tu-l'auras?

G

Des Françoys, & Polakz.

QVAND i'aperçoy ces Seigneurs Polonoys
Armez, vestus, d'vne estrange maniere,
Et n'estre nez d'vne ame casaniere :
Mais endurcis à porter le harnoys.

Puis quand ie voy les bizarres Françoys
Prontz à changer (ô façon coustumiere!)
De mœurs, d'habitz, ains leur bonté premiere :
Ie ne sçay quoy de mauuais ie conçoys.

Ceus-la grossiers cerchent vn bon eschange,
Car le suget fuyuant son Roy se range :
Comme ilz fairont, sous Prince si gentil.

Ceus-cy molletz se gastent, voire empirent :
Tant peut leur mode, & l'esprit trop subtil
Aus nouueautez, où tousiours ilz aspirent.

De Poloigne.

CE Royaume borné d'vn si superbe fleuue
Qu'est son large Vistule, errant en maint endroit
Iusqu'à l'eau Borystene : & depuis le destroit
De Venise, aus terroirs que l'onde Euxine abreuue.

Ce Royaume qui riche en minieres se treuue,
Qui foisonne en Cheuaus, & qui fameus acroit
En armes, en grandeur, en police, & en droit :
Et sous vn vieil Senat ses Loix iustes espreuue.

Ce Royaume qui void pour ses proches voysins
Les Tartares cruelz, Mosques, & Sarrasins :
C'est celuy que Henry s'est acquis par eslite.

Son peuple cuida bien choyſir vn autre Roy:
Mais pour ne le frauder, ou ſe mettre en effroy,
Plus ſage il recourut à ſon ayde, & merite.

Des Roys Piaſt, Vieciſlaus, & Henry.

LE bon Pyaſt, Pyaſt filz de Coſſiſe,
Fuſt bas d'eſtat : & viuottant de miel,
En luy premier ſous la faueur du ciel
La Royauté des Polakz fut aſſiſe.
 Pluſieurs depuis la meſme charge ont priſe,
De pere en filz : mais le nom parennel
D'vn Vieciſlas, vainqueur du tempz iſnel,
Fait qu'auiourdhuy ſes proüeſſes on priſe.
 L'vn fuſt eſleu pour bien viure en repos,
L'autre pour eſtre aus armes bien diſpos,
Bornant touſiours plus outre ſes Prouinces.
 Ore vn guerrier, & vertüeus Henry,
Ne foule moins l'heur, & los de ces Princes:
Qu'il eſt deſia plus braue, & mieus nourry.

A Monſieur de Guyſe.

PRINCE aymé de noz Roys, n'agueres en plein ſonge
(Compaignon du ſommeil) vne Nymphe i'ay veu,
Qui par champz, & foretz, erroit à l'impourueu
Tandis qu'en telz ſouſpirs ſa complainte s'allonge.
 O malice des Cieus ! & faut-il qu'on me plonge
Dans vn gouffre d'ennuis, & de malheurs pourueu ?
Faut-il que ie m'affole, & m'attriſte à l'auœu
De ceus qui vont cauſant l'angoiſſe qui me ronge ?

G 2

O regretté Depart! ô seuere Destin!
N'estoit-ce pas assez qu'vn long debat mutin
Fit sourcer de mes yeus vne large fontaine?
 N'estoit-ce pas assez qu'on nourrit mon discord:
Si ce facheus Adieu, les Parques, & le Sort,
N'eussent ratifié ma mort ore certaine?

Aus Seigneurs de Poloigne.

LE puissant Roy de la terre Gauloyse
Par deuers vous trois Seigneurs a transmis,
Pour trois effaitz deleguez, & commis:
Representantz la Maiesté Valoyse.
 Par l'vn il veut que la gent Polonoyse
Ayt à iamais noz peuples pour amis,
Par l'autre il a nouuellement promis
De vous ayder soit en paix, soit en noyse.
 Par le dernier il cherche qu'ayez soing
De son grand Frere, eslisant au besoing
Pour vostre Roy, ce magnanime Prince.
 Les deux premiers sont à vostre repos:
Le tiers redonde au proffit, voire au los,
De l'vne & l'autre inuincible Prouince.

Fantasie.

QVAND Henry changera nostre France à Poloigne,
Ains nostre ioye en dueil; ie veus roc deuenir:
N'ayant oreilles, yeus, ni sens, ni souuenir,
Pour regretter ce Roy qui des Gaules s'esloigne.

Si (nouueau roc) mon zele assez ie ne tesmoigne,
Tel qu'vn leger Oyseau puisse-ie là venir,
Quittant mon cher pays: & prenne à l'auenir
Le pennage, & la voix, d'vn Cygne de Gascoigne.
 Lors guindé parmy l'air, & volant si dispos,
Dous Chantre çà & là i'espandray son beau los:
Los qui racontera ses hautz faitz, & sa vie.
 Mais non! me transformer en eus ie ne pourroy:
C'est pourquoy ia mes pleurs, mes pleurs & mon esmoy,
L'accompaignent (en fleuue) au port de Crakouie.

A Monsieur le Duc de Montpensier.

CHANTANT l'honneur, & la maison de France,
Prince, ce m'est vn trauail dous, & bon,
De celebrer noz Seigneurs de Bourbon :
Son grand support, & sa ferme asseurance.
 Bien qu'elle soit en extreme souffrance,
Pour l'vn des Filz de sa grande Iunon,
Qui l'abandonne : il ne reste sinon
Qu'on la nourrisse en sa longue esperance.
 Pource entre tous, comme leur deuancier,
Elle cherit vn Duc de Montpançier :
Vray zelateur de la foy Catholique.
 Et r.oy i'annonçe à noz hommes Françoys
Qu'elle est heureuse en l'heur que tu reçoys,
Comme patron de sa Chose-publique.

G 3

Des premiers Roys Chrestiens de Poloigne.

LE premier Roy Chrestien du pays de Poloigne
Qui pour son pere eut Lesk, fut dit Ziemomislas:
Et ia vieil eust vn filz, appellé Miecislas,
Dont l'histoire auiourd'huy les prouesses tesmoigne.
   Son Pere en le voyant, voyoit à sa vergoigne
C'il qui ne voyant rien estoit sans nul soulas:
Quand Dieu qui se descouure aus plus grandz, & plus bas,
De ce vieillard Payen le Paganisme esloigne:
   Sept ans ce Miecislas aueugle se trouua,
Lors que, prenant la foy, clarté double esprouua:
Reglant ainsi le peuple à sa mode Chrestienne.
   O glaiue de l'Esprit! ce n'est vrayment à tort
Que les peuples, & Roys, te redoutent si fort:
Quelle puissance aussi se compare à la tienne?

Aus Polonois.

SI la fureur qui les Monarques pousse
Poussa Conrad, iadis Roy des Romains,
Pour mettre à chef ses combatz inhumains:
Troublant ton aise à faute de recousse.
   Si par malheur Frederic Barberousse
Te fit sentir ses outrageuses mains,
Pour mettre en paix les deus freres Germains:
Et t'esbranla d'vne horrible secousse.
   Si mille tortz, pertes, noyses, assaus,
Si Slese encor, & ses Ducz faitz vassaus
De la Boheme, ont enaigry tes playes.
   Prens cœur pourtant, ô race des Polons!
Puis qu'vn Henry veut qu'à Seigneur tu l'ayes,
Ie voy trembler tes Voysins plus felons.

A Monſ. le Cardinal d'Eſt.

PRELAT du ſang de France, il faut que ie te chante,
Comme Horace chantoit ſon Mecene Romain :
Fay donques, & permetz, ô mon Prelat humain,
Que ton François Horace à bon droit ie me vante.

L'orgueil ne me poſſede, & l'erreur ne m'enchante,
Quand ie t'aborde ainſi : car ſi ta large main
M'exempte, ou m'afranchit, du Malheur inhumain,
I'acableray ſous toy ma fortune meſchante.

Sous toy ie donteroy mon ſort, & mon deſtin :
Et ſoit qu'adonc ie fuſſe ou François, ou Latin,
Ie pourroy quelque iour plus haut ſubiect eſlire.

Vy tandis, & reſonne, ô Lut Mauueſinoys,
Peu à peu t'eſleuant ! puis qu'vn Roy Polonoys,
Noz Princes, & les ſiens, mes œuures daignent lire.

Du Roy de Poloigne.

POVR rechanter auec plus forte haleine
Ses geſtes beaus, & ſa forçe, & ſon heur :
Puiſſe venir quelque braue Sonneur,
Tonnant, bruyant, ſon los à bouche pleine.

Ie le fairay compagnon de ma peine !
Et ſi noz chantz trouuent leur guerdonneur,
Nous le mettrons au grand Palais d'Honneur :
Hauſſantz ſon nom d'vne plus noble veine.

Que ſert choyſir ces argumentz ſi vieus,
Moyſis par l'age, & cachez à noz yeus ?
Laiſſe, Konſard, laiſſe ta Franciade !

Prenons les faitz (oculaires teſmoins)
D'vn Prince tel, qui ne merite moins
Que l'œuure entier d'vne Poloniade.

G 4

Sur son Retour en France.

CE qu'on dit, est certain! nostre Roy s'est rendu
Dans Vienne en Austriche, esloignant Crakouie:
Sous la faueur du Ciel, qui bienheure sa vie,
Puissions-nous recouurer celuy qu'auions perdu.

Haste toy, mon cher PRINCE! ainsi volle espandu
En tant d'endroitz mon chant, qui noz Gauloys conuie:
Que maint Prince, & maint Duc, a desormais enuie
De reuoir c'il qu'on a si long tempz attandu.

Aprez auoir tant veu sous vn facheus voyage,
Reuenant plein d'honneur, de raison, & d'vsage,
Tu changes nostre dueil en vn confort soudain.

Tu resiouys ton peuple, & ta Mere la France:
T'en retournant, ainsi qu'aprez ce cours mondain,
L'Ame heureuse retourne au lieu de sa naissance.

Du Roy de Poloigne.

SIRE, quand maugré moy, voire maugré la France,
Fait Roy d'vn nouueau Sceptre, & d'vn peuple estranger,
Il vous fallut sa terre à leur terre changer:
Enuie, & Malheurté, m'outrerent à outrance.

Ia l'vne me faisoit vous suiure en asseurance,
Et ne craindre pour vous ni meschef, ni danger,
Quand l'autre m'arresta: si que sans m'estranger,
I'ay depuis eu pour guide vne bonne Esperance.

Ore donc ayant sceu vostre ioyeus retour,
I'ay quitté mon estude, & Paris, & la Cour:
Afin de voir plustot mon Prince, que i'admire.

Pour vous en faire aller aus champz de ces Polons,
Le Regret me retint : & pour vous reconduire,
Le Desir m'attacha des æles aus talons.

Sur le Sacre, & Aduenement, de Henry III. Roy de France, & de Poloigne.

HENRY, France, Poloigne, aymé, paisible, heureuse,
Regnant, s'humiliant, entretenant son heur,
Maistrise, refleurit, honnore son Seigneur,
En triomphe, en renom, en ioye desireuse.

Deia ses faitz, son los, sa Prouince ioyeuse,
A ce Sacre, à ce regne, à ce tresgrand honneur,
Iouyssent de la pompe, hautesse, gouuerneur,
Qui la suit, la maintient, la rend ambicieuse.

Son merite, son droit, sa franche Election,
De sa vertu, nature, honneste affection,
Donne asseurance à tous, s'esleue, ne s'esloigne.

Sans mécontantement, sans trouble, sans fierté,
Puisse donc en douçeur, en paix, en liberté,
Regner, viure, obeyr, Henry, France, Poloigne.

Sur le Mariage du Roy, & de Loyse de Lorraine.

VOICY le iour heureus auquel ce grand Henry
Digne encor de porter és mains la Pomme ronde,
Espouse vne Deesse, vne Venus seconde :
Qu'en liesse, & bonheur, les Graces ont nourry.

Ma France, esiouy toy ! ce Monarque chery,
Non moins que redouté de tous peuples du monde :
D'honneurs, & de Lauriers, te rendra si feconde,
Qu'il foulera le nom d'vn Cæsar aguerry.

Tandis voy d'vn bon œil & la Nopçe, & la Feste,
De la Couple amoureuse : & plus gaye t'apreste,
Pour recueillir ta Royne en pompeus appareil.

Braue, & ieune, elle sort du giron de son Pere,
Pour monstrer son beau lustre, ainsi qu'vne Aube clere:
Et ce Prince la suit, comme vn nouueau Soleil!

*

CE Roy qui mieus qu'Vlysse a fait vn beau voyage,
Ce Roy qui plus qu'Achille a tenté de combas:
Ce Roy qui comme Auguste, aprez si longz debas,
Doit redorer son tempz de l'or du premier age.
   Ce Roy qui remettra les lettres en vsage,
Maintiendra la Iustice, & suyura pas à pas
Celle qui loing du vice abhorre ses apas:
Est de ses propres faitz la trompe, & le message.
   En fin ayant deffait, pratiqué, veu, tenu,
Noyses, mœurs, nations, double Sceptre obtenu:
Ceste Dame eust le prix de son amour aisee.
   Vne seule Cypris se vouloit presenter:
Mais craignant lors d'en estre indigné, ou refusée,
Moins pudique elle fut contrainte s'absenter.

*

HOMERE sçachant bien la Royalle excellance,
Nomma Pasteurs les Roys: & d'vn nom precieus
I'ose les appeller en terre Vice-Dieus,
Portantz au front les traitz de leur viue semblance.
   Ce qui d'heur, & de los, de grace, & de puissance,
Flate, & rauit noz sens, sous la hauteur des Cieus,
Decore leur grandesse: & leurs faitz glorieus
Sont suyuis de loüange, & de magnifiçance.

En face de mortel ce Henry plein d'honeur,
Depart à son Espouse vn si rare bonheur :
En quoy, Fortune, aussi ta force tu decœuures.

   Quand haussant son merite, elle obtient si beau lieu,
C'est signe que ce Prince est vrayment quelque Dieu :
Puis que plus grand qu'vn homme il paroist à ses œuures.

*

Ie rendz graces au Ciel dequoy ma ieune Muse
Peut celebrer mon Prince, auec iuste raison :
Mon Prince, qui sa France a choisy pour maison,
Maison, qui de loger sa grandeur ne refuse.

   D'orgueil, ni de mespris, son throne ie n'acuse :
Il est dous, & courtoys, & d'or est la saison
Qui de son gré l'appelle à ceste liaison,
Que pour estat plus bas sa faueur ne recuse.

   Est-il rien de plus haut, ou parfait, que les Dieus ?
Est-il rien plus abiect, que l'homme vicieus ?
Ilz luy donnent pourtant leur grace, & cognoissance !

   Quand donques vn Henry se rend humble enuers tous,
Ou que de moindre Dame il veut estre l'Espous :
Ce n'est point s'abaisser, c'est acroistre en puissance.

*

TELLE qu'est entre mille vne Perle de choys,
Telle qu'en vn iardin la Rose qui flamboye,
Telle qu'au point du iour l'Aurore qui rousoye :
Tel apparoit ce Prince entre les autres Roys.

Iuste, & fort, il tiendra le monde sous ses loys,
Si loysir, age, & tempz, la Parque luy ottroye :
C'est luy qui reffaira les Pergames de Troye,
Et mettra dans les Cieus le renom des Gauloys.

Plus qu'heureuse auiourd'huy celle se peut bien dire
Qui l'ayant pour Espous, espouse vn tel Empire :
Vrayment elle s'acquiert vn nompareil tresor !

Adieu, mere d'Amours ! puis qu'elle s'en empare,
N'espere desormais gaigner Ioyeau si rare :
C'est assez d'auoir eu iadis la Pomme d'or.

DES ventz sur mer on ne fait ce qu'on veut,
Dit le Vulgaire : helas ! ie l'experimente
Au choc des ventz, au cours de la tormente
Qui de meschefz mon enfance pourueut.

Or veu l'espoir qui depuis me receut
A compaignon, & pour neant augmante :
Ie tasche aussi, tel qu'vn rusé Timante,
L'entre-uoyler du bien qui me deceut.

Ce nonobstant ie te vante, & reuere !
Aussi ma Muse, & ton los perseuere :
Si faute y a, le desir nous absout.

Voyla pourquoy, mon Prince que i'honore,
Prisant tes faitz i'ayme trop mieus encore
En dire peu, que me taire du tout.

SONNETZ CHRESTIENS.

'VN humble cœur t'inuoque ta puissance,
O Pere, ô Maistre, ô Seigneur souuerain!
Monstre moy donc ton visage serain,
Et de tes faitz donne moy cognoissance.

Que ta grandeur, ta bonté, ta clemence,
M'assiste, m'ayde, & me tende la main :
Or que le vent, & l'orage inhumain,
Soufflent ma Nef d'vne aspre vehemence.

De tous costez me fuyt le front du port!
Haste toy donc, ô mon Dieu, mon support :
Et des perilz ma Barque, & moy dégage.

I'erre agité, comme vn chetif Nocher :
Mais si ie puis de ta grace aprocher,
I'aborde au Phare où tend mon nauigage!

CE monde n'est le but, l'aise, ni l'heritage,
Des Esleus de ce Dieu dont toute bonté sort :
Ilz ont meilleure adresse, & meilleur est l'abord
Qui leur fait posseder les hautz Cieus en partage.

Pour auoir cest accez, pour vaincre tout outrage,
Il nous faut remparer d'vn cœur & ferme, & fort :
Et des communs dangers ne redouter l'effort,
Sous l'amour, & la foy, l'espoir, & le courage.

Aussi quand l'homme entier, & fidelle, & Chrestien,
S'arreste à ce solide, & loüable soustien :
Il tend au vray chemin de la gloire immortelle.

Il monte (dy-ie) au Ciel ayant aueques soy,
Le courage, l'espoir, & l'amour, & la foy :
Y pourroit-on monter auec plus seure eschelle?

COMME un Euripe, ondeus en sa carriere,
Reua, reuient, s'entre-fuit, s'entre-suit :
Ainsi douteus, & plein d'ire, & de bruit,
Ie sens errer mon Ame auanturiere.

 Le filz rusé, filz d'Agar la Chambriere,
Semond Isac, le recherche, & seduit :
Et sous un ieu qui la noyse conduit,
Contre l'Esprit arme la Chair meurtriere.

 O Roy d'enhaut, qui guides tes guerriers :
Pour me vanger de tous ces encombriers,
Adresse, force, & courage me donne !

 Fay que dans moy ie defende Israël,
Fay que dans moy ie rembarre Ismaël :
Et que iamais Sara ne m'abandonne.

 ASSISTE moy, Seigneur, & maugré l'esperance
De mes fiers enhemys, preserue ton Seruant :
Quand tu seras ainsi ton Seruant preseruant,
Tien en sera l'honneur, & mienne l'asseurance.

 Ie sçay que la vertu, la force, & l'excellance,
Est vaine (sans ton ayde) en tout homme viuant :
Et sçay que le Chrestien, ta saincte Loy suiuant,
Surmonte ainsi Sathan, & sa grand violance.

 Du gozier des Lyons, Daniel tu sauuas :
Du feu, les trois Enfantz : du gros poisson, Ionas :
Des faus Iuges, Susanne : & mille autres encore.

 Comme à ceus-cy, Seigneur, accrois ma viue foy !
Et comme ta bonté qu'incessament i'implore,
Fust iadis auec eus, sois tousiours auec moy.

EST-il pas tempz qu'en Dieu ie me repose,
Ayant passé mille perilz diuers ?
Est-il pas tempz qu'à tant d'ethniques vers
Qu'on seme icy, ces saintz escritz i'oppose ?
 Heureus qui l'ayme, & qui sur toute chose
N'a le cœur feint, ni l'ame de trauers !
Il loüe, & sert, l'Ouurier de l'Vniuers,
Où sa puissance est enclose, & desclose.
 Rare est pourtant rare ce zele empraint
Vers vn tel Maistre, à toute force craint :
Et l'homme abiect encontre luy s'esleue.
 Las ! veu l'orgueil dont nous sommes tachez,
Ie m'esbahy que la terre ne creue :
Pour nous confondre, & punir noz pechez.

 QVE les petis Enfantz on laisse à moy venir,
(Disoit nostre Sauueur) & qu'on ne les engarde :
Mon Pere qui de telz prend le soing, & la garde,
Leur reserue sa gloire, & les veut maintenir.
 Sçachez en verité qu'il vous faut deuenir
Pareilz à ces petitz, à fin qu'il vous regarde :
Que donc l'ambition ne vous nuise, ou retarde,
Montant où ces Enfantz il faira paruenir.
 Quiconque ne leur semble est deceu, s'il espere
S'orner, & s'enrichir, des tresors de mon Pere :
Tresors, qu'il vous prepare au celeste repos.
 Il est deceu vrayment, s'il croit qu'il le recueille !
Et ne peut y entrer, non plus qu'vn cable gros
Entreroit dans le trou d'vne petite aigueille.

O Deité des beautez la plus belle !
O Foy constante, ô vierge Verité,
O seur Espoir, ô sainte Charité,
O ioug plaisant à l'esprit non-rebelle.

O vertu libre, ô faueur sans cautelle,
O dous repos, ô grande humilité
Qui des plus hautz abbatz l'autorité:
O souuenir de grace non-mortelle !

Las ! maintenant que vous m'auez épris
De vostre amour, où tout aise est compris :
Si ie suis tel, & si vous estes telles,

He ! qui m'empeche ore ore de voler
Tout droit à vous ? ains me paistre, & souler,
De l'heur si propre aus Ames immortelles ?

VERRAY-ie violer la fille de Sion ?
Du sang de ses aymez souiller son Sanctuaire ?
Luy verray-ie porter vn flambeau mortuaire,
Aprez auoir parté le ioug d'oppression ?

L'horreur de ses meschefz, son dueil, sa passion,
Lairront-ilz bien meurdrir sa face debonaire ?
Et n'aura desormais la troupe sanguinaire
De ses crüelz trauaus quelque compassion ?

Osera-t'on sans peur, sans mal, sans vitupere,
Assaillir, escheller, le throne de son Pere ?
Voudra-t'on abolir sa gloire, & son renom ?

Esleue toy, Seigneur ! & foudroye les testes
De ces voleurs, meurdriers, & Tyrans deshonestes :
Ilz forçent ton Eglise, & prophanent ton Nom !

PIPE'

PIPE´ d'erreur, de menace, & de crainte,
J'ay succombé comme chetif pecheur:
Cil qui iadis fut d'hommes vray Pescheur,
Flechit ainsi sous vne peur contrainte.

J'ay donc failly contre ta bonté sainte,
O Pere, ô Dieu, mon Maistre, & cher Seigneur!
Et ne me reste en ce fait suborneur,
Qu'vn vif remors, & tristesse non-fainte.

A toy pourtant i'ose bien recourir
O Souuerain, sans qui viure est mourir:
Reçoy moy donc en ton parc, & me serre.

Entens mes cris, & m'adresse & remetz
Au droit chemin: & meshuy ne permetz
Que ta brebis sans Pasteur long tempz erre!

DEVANT que Dieu posat les fondementz du monde,
Pour le rendre logeable, & d'hommes habité:
Il nous esleut en luy par sa benignité,
Où la sourçe, & tresor, des richesses abonde.

Sa grandeur, son pouuoir, & sa grace profonde,
Inuitent à douceur, & pure integrité,
Ceus qui sont eschauffez de sainte Charité:
Vray pilier sur lequel sa Parole se fonde.

O vous Riches eschars, riches non, ains peris!
Vous estes desastrez, voire plus qu'apouuris,
Si cest obiect si beau d'aymer ne vous conuie!

Ne vueillez donc laisser pour vn bien terrien,
Le repos, l'aise, & l'heur, d'vne eternelle vie:
Auec elle on a tout, & sans elle on n'a rien.

H

QVI nombrera le sablon de la mer?
Les goutes d'eau, quand il pleut sur la terre?
Les iours du siecle? & qui pourra grand'erre
Et terre, & Ciel, au compas exprimer?
    Qui peut assez dignement estimer
La Sapience, où l'aprendre, & l'acquerre?
Qui la cognoit? qui ses tresors enserre?
Et qui se fait par elle renommer?
    Ainsi disoit iadis l'Ecclesiastique,
Plein d'vn esprit deuin, & Prophetique:
Hardy taxant les hommes de son tempz.
    En nous aussi manque la Sapience:
Mais en Dieu seul, rempli de prescience,
Elle fleurit comme vn nouueau Printempz.

VOICY l'heureuse Nuit qui vrayment estincelle,
Nuit qui fait honte à l'Aube, & mesme au clair Soleil!
Voicy la Nuit, ainçois le beau iour non-pareil,
Qui vid naistre l'Enfant de la Mere-pucelle!
    Enfant non esleué de semence charnelle,
Qui prit chair toutesfois: & par diuin conseil
Mourut pour nous sauuer, puis franchit le cercueil:
Nous frayant vne trace à la gloire eternelle.
    O toy vnique Filz du Pere de nous tous,
Si d'Enfer, & de Mort, ton trespas m'a recous,
Puis si vif tu m'ouuris le chemin pour te suiure:
    Ne permetz qu'oubliant ta grace, & ton bonheur,
Ie viue icy captif: brise plustot, Seigneur,
La prison de mon corpz, & prens l'Ame deliure

CE puissant Dieu qui iadis conserua
Le iuste Isaac, au point du sacrifice:
Qui repoussant l'audace, & malefice,
D'onze germains, l'humble Ioseph sauua.

Qui tant de fois le bon Iob esprouua,
Qui de Saül dissipant l'artifice,
Maintint Dauid: & par grand benefice
Des fiers Lyons Daniel preserua.

Qui garantit contre l'ardante braise
Les trois Hebrieux iettez en la fournaise,
Iudith, Susanne, & mille autres aussy.

C'est ce grand Dieu qui de sa grace sainte
M'a retiré de peril, & de crainte:
Doibz-ie pas donc l'en mercier icy?

AFIN que par le sang de ton Filz precieux
Ie sois net, & purgé, de toute coulpe immonde:
Que ie vainque Sathan, & la chair, & le monde,
Et que ton Saint-Esprit illumine mes yeux.

A fin de fuyr encor les mœurs des vicieux,
Flater mon grief regret, & ma peine seconde,
Et paruenir en fin à la vie seconde:
C'est à toy que ie crie, ô vray Pere des Cieux.

O Dieu seul, ainsi dit vnique en trois personnes,
Puis que lent à courrous, en grace tu foisonnes,
Tu le feras, Seigneur! car ie sçay bien aussy

Que tu es plus enclin enuers nous fresles hommes
A douceur, & pitié: qu'adonnez nous ne sommes
A faire repentance, & te crier mercy.

H 2

POVR auoir teu la remonstrançe, & l'ire,
De l'Eternel, contre Niniue iré:
Filz d'Amathi, iadis tu fus tiré
Par les Nochers, de l'errante Nauire.

Le vent, le flot, qui l'assaut, qui la vire,
Bruyant, choquant, sous l'orage empiré:
S'apaisa lors que le Monstre admiré
T'engoula vif, & sous l'eau te retire.

Moy tout petit, & ieune que ie suys,
(Loüant mon Dieu) sa face ie ne fuys:
Et ne ressens moins d'aise, & de liesse,

Me trouuant libre en si gaye saison:
Que tu fus aise oyant sa voix expresse,
Et franchissant la gueule du Poisson.

CHARITÉ qui as nette, & pure conscience,
Charité qui ça bas rendz l'homme bienheureus,
Charité qui depars tes moyens planteureus,
Charité qui te plais en humble patience.

Charité qui n'eus onc le pouure en oubliance,
Charité qui remetz les chetifz langoureus,
Charité qui cheris tes loyaus Amoureus,
Charité qui là-sus accrois ton alliance.

Charité qui tousiours portes les yeus ouuers,
Charité qui iamais ne marches de trauers,
Charité qui soustiens ce qui plus te moleste.

Charité qui l'orgueil, & l'iniustice hais:
Las! puis que tu le peus, foys telle à mes souhais,
Que i'herite auec toy du beau thresor celeste.

IE sçauoy bien que l'Ouurier de ce monde
Mit Israël au Royaume promis,
Et que Moyse à l'œil des Ennemis
Franchit la mer, qui les noya sous l'onde.
  Ie sçauoy bien que sa grace feconde
Ayda souuent à ses peuples amis:
Tesmoing Iuda, tesmoingz ses Chefz remis,
Et c'il qui fit si beau coup de sa fonde.
  Ie sçauoy bien que les Roys, & Seigneurs,
Ont de luy seul Sceptres, Estatz, honneurs:
Bref qu'il se montre aus hommes commun Pere.
  Mais qu'il deut rendre, aprez l'ennuy receu,
Mon cœur sans tache, & moy sans vitupere:
En fin vrayment par essay ie l'ay sceu!

CELVY qui tout en tout comble de sa sagesse,
Semblable aus flotz heureus du Tigre, & de Phison:
Phison qui s'esgarant en la prime saison,
D'vn large, & gros debord, les champz d'autour engresse.
  Celuy qui seul abreuue vn cœur rempli d'humblesse,
Comme aus iours chaleureus de la iaune moisson
L'Euphrate, ou le Iordain, abreuuent à foison
L'Egypte qui se baigne en sa grand secheresse.
  Celuy qui fait reluire, ainsi qu'vn beau Soleil,
Le tresor de sa grace, à nul autre pareil:
Puissart, benin, ouuert, emplisse, arrose, enflame,
  D'vn rassis iugement, de force, de splendeur,
Sans fard, audace, orgueil, mon sens, mon cœur, mon ame:
Sondant, sçachant, suyuant, son bien, los, & grandeur.

POVR toy, Seigneur, nous sommes outragez,
Et pour ton Nom endurons mille peines:
De pouureté noz familles sont pleines,
Par feu, par fer, on nous a sacagez.
　　La peur, l'ennuy, tient noz cœurs engagez,
Priantz, cherchantz, tes graces souueraines,
Tant qu'apaisé ton front tu rasseraines:
Nous deliurant de ces maus enragez.
　　Noz passions, noz faitz, & noz pensées,
Ont tant helas! tes bontez offansées,
Que l'ire croist, la vangeance, & l'esmoy.
　　Pardon, Seigneur! nostre coulpe est bien grande:
Mais ce n'est rien, si tu reçois l'offrande
De ton cher Filz, & nostre viue Foy.

　　REIETTONS, mes Amys, ces infames richesses
Pour qui le mauuais Riche attaint, & tormenté,
Souhaite au feu d'Enfer sans cesse exprimenté
D'apaiser sa soif lente, & ses grieues oppresses.
　　Vne goute d'eau seule, au fort de ses destresses,
Refrechiroit sa langue, & son mal augmenté:
Mais quoy? l'ire, & l'arrest, de la haute bonté,
Commit à son forfait ces rigueurs vangeresses.
　　Admirons d'autrepart la Pouureté qui peut
Que le chetif Lazare obtienne ce qu'il veut,
Et des plus chers tresors le fit heureus, & riche.
　　L'vn est au fond d'Enfer, en trauail parennel,
L'autre au sein d'Abraham, en repos eternel:
O loyer deu au Poure! ô peine deüe au Chiche!

IE ne veus pas, ô Seigneur, pour mieus croire
En tes Editz, que ton bras si puissant
Change vne verge en Couleuure glissant:
Ou tourne en sang l'eau claire, & propre à boire.
　Ie ne veus pas d'vn miracle notoire
Mettre la main dans mon sein languissant,
Pour la reuoir de lepre blanchissant:
Et puis gaigner sur ces maus la victoire.
　Ie veus non plus en crainte, & en frisson,
Te voir brusler au milieu du buisson:
Oyant, craignant, ta voix qui nous renforce.
　Vien seulement, brise mon triste esmoy,
Et me remetz: à l'esgal de ta force
C'est peu, Seigneur: mais c'est beaucoup pour moy!

BIEN fut sage, & discret, le riche homme Zachée!
Lequel ayant receu chez soy nostre Seigneur,
Aus pouures se monstra liberal de son heur:
La moitié de ses biens ne leur estant cachée.
　Ceus que son auarice, & son ame entachée,
Auoit pipé iadis, virent ce guerdonneur
Leur estre du quadruple & payeur, & donneur:
Et depuis son attante au Ciel fut attachée.
　C'est là qu'à son exemple on doit thesauriser,
Où les riches heureus sont vrayment à priser:
Non ceus qui font amas des tresors de ce monde.
　Ceus-là montent là haut, ceus cy tombent à bas:
Et different autant en repos, & soulas,
Que la vie premiere à la vie seconde.

H 4

TA pouure Eglise, & tes Esleus timides,
Errent au gré de l'Ennemy donteur
Comme brebis esparses sans Pasteur:
Et tu le vois, ô Dieu des Abramides!

 Bien que l'orgueil de ces Israëlides
Idolatrat, malgré ton Seruiteur,
Le faus Serpent, ou le Veau d'or menteur:
Si sauuas-tu ce fol peuple, & ses guides.

 Ores aussi que nous sommes pressez,
Voire & comme eus sifflez, batus, chassez:
A noz meschefz vueille ta grace ioindre.

 Tu le fairas, aydant aus angoisseus!
Car ton pouuoir, ny ta bonté, n'est moindre
Ore enuers nous, que iadis enuers eus.

L'ESTOILE d'Orient qui guida les trois Sages
Es champz de Betlehem, en tel iour qu'au-iourd'huy
Borna leur grand voyage: & leur fit voir celuy
Qui nouueau-né, receut leurs presentz, & messages.

 Herode enflé de peurs, d'iniures, & de rages,
Couuoit vn traistre soing, meurtrier d'eus, & de luy:
Mais l'Ange qui s'oppose à leur douteus ennuy,
En trompant le trompeur rasseura leurs courages.

 Mille Courriers d'enhaut s'assemblerent au lieu
Où fust par des Bergers trouué le Filz de Dieu,
Que ces Princes loingtains, ne cognoissoyent encore.

 Puisse nostre HENRY, puisse nostre FRANÇOYS,
Regner aussi deuot, au gré du Roy des Roys:
Iusques à ce qu'au Ciel en presence il l'adore!

ENCOR le Roy d'Egypte au fier courage
Tasche noyer dans les flotz mutinez
Du large Nil, ces masles destinez
A ressentir l'horreur de ce naufrage.
 Herode encor poussé de mesme rage
En veut, meurdrier, aus enfantz nouueau-nez:
Et Madian, & ses gentz effrenez,
Vers Iezraël rameinent son orage.
 Ainsi Satan assisté de ces trois,
Pour mieus nous perdre acourt de tous endrois:
O Dieu, comba ces puissances maudites!
 T'ayant pour guide, ou pour Maistre, ou pour Roy,
Caut, ferme, entier, ie vancray sans effroy
Pharon, Herode, & noz Madianites.

PLVS vil qu'vn ver de terre, ou qu'vne ombre qui fuit,
Ie ne veus m'attacher au grand Dieu que i'adore:
Abiron, & Datan, & mille autres encore,
M'instruisent à leur dam, & m'ont tousiours instruit.
 De leur rebellion ie cueilliray ce fruit,
Cherchant, loüant, priant, sa bonté que i'honnore:
En ce faisant aussi mon vray Sauueur i'implore,
Et trouue mon salut en l'ayde qui me suit.
 Qui fait donc chançeller ma vertu coustumiere?
Qui m'oste mon support? combat ma foy premiere?
Voire à ce Roy des Roys liure assautz infinis?
 Pardonne moy, Seigneur, si la fierté barbare
Qui mesme à toy se prend, m'espouuante & m'esgare!
Qui frape le Pasteur, disperse les brebis.

H 5

FILLE du Temps, grande en force, & vertu:
Bien que l'abboy, l'erreur, & la malice,
Du monde fol, nous conduise au supplice:
Rabatz l'effort de ce Monstre testu.

Que si les ans ton corpz ont reuestu
Du fort harnois du pur, & vray seruice:
Toy qui poursuis l'Ignorance, & le Vice,
Fay moy quitter leur faus chemin tortu.

Descouure moy ton los, ton heur, ta grace:
Et si tes loyx, & ton appuy i'embrasse,
Là-sus au Ciel engraue c'est escrit.

CIL QVI M'AYMOIT ET D'AME, ET DE PENSEE,
FVST VN PECHEVR, ET PENITENT IESSEE:
QVI VIF MOVRVT, POVR MORT REVIVRE EN CHRIST.

I'ADORE ta grandeur, ô Dieu sur qui ie fonde
Mon espoir, mon secours, mon desir, & ma foy:
I'inuoque tes bontez, ô Pere, en qui ie croy:
Car en toy soye, paix, salut, & grace abonde.

I'ayme ton sacré Nom, & sa gloire profonde,
O Maistre des humains, qui n'as d'esgal à toy:
I'admire ton Empire, ô vray Monarque, & Roy:
Qui meurdris, foules, vaincz, la Mort, l'Enfer, le Monde.

Ie prise ta sagesse, & ses effaitz diuers,
Digne Ouurier, qui de rien as creé l'Vniuers:
Donne moy donc tousiours ce soing, & ce courage,

O Dieu, Pere, Seigneur, Souuerain, Createur!
A fin que ie te chante & de voix, & de cœur,
Tout grand, tout bon, tout saint, tout puissant, & tout sage.

DES IEVNESSES.   123

Noz Ayeux ont enaigri ta iustice,
Nous pires qu'eux, & la Posterité,
Auons deja ton ire suscité:
Pour te vanger de nostre malefice.
    Au iuste Loth tu fus iadis propice,
Le bon Noah tu n'as point reietté:
Et sauuas l'vn du brasier indonté,
L'autre de l'eau qui repurgea tout vice.
    Comme à ceus-cy, pour ton seul saint honneur,
Pardonne nous: & ne vueille, Seigneur,
Auoir esgard à nostre forfaiteure.
    Quand vn guerdon semblable nous aurions
A noz pechez: ô Pere, nous serions
Bruslez, noyez, cent foys en moins d'vne heure.

Pvis qu'il t'a pleu, Seigneur, que ie nasquisse au monde
Pour cognoistre ton Nom, te seruir, & t'aymer:
Vueille tousiours en moy ce desir allumer,
A fin que sur toy seul ma ferme foy se fonde.
    Ne permetz que Satan, ce Roy du monde immonde,
Puisse onc, en m'assaillant, ce saint feu consumer:
Plustot sois mon renfort, & vien moy renflamer
Du zele de ton Christ, où tout salut abonde.
    Dresse si bien mes pas, mes faitz, mes pensementz,
Que i'obserue à mon gré tes hautz Commandementz:
Ayant pour vray miroir ta Maiesté parfaitte.
    Puis quand il te plairra m'affranchir de ces lieus,
Pour m'apeller, Seigneur: ta volonté soit faitte,
Ie dy faitte en la terre, aussi bien comme aus Cieus.

Deux noms sacrez dans mon nom i'ay trouué,
O Seigneur Dieu quelle gloire promise!
Fay donques fay qu'elle soit ore mise
Dans ce tableau fidellement graué.
    Le Nom de c'il qui le monde a sauué,
Portant le faix de ma faute commise:
Et c'il aussi qui laissant son emprise
Fuyt en Tharsis, y est bien obserué.
    L'vn Filz de Dieu, l'autre son cher Profette,
Nous ont montré sa grace tresparfette:
L'vn fut de l'autre & obiect, & Heraut.
    A fin qu'vn nom à ces deux Noms responde,
O Souuerain: fay qu'en tes dons i'abonde,
Deux fois sauué par mon Sauueur d'enhaut.

    L'HORREVR de mes pechez, dont le nombre surpasse
L'arene de la mer, & les fueilles des bois,
Me confondroit, ô Dieu: si ta celeste voix
N'eust promis de m'ayder en ceste terre basse.
    Ore donc que la Mort de son dard me menasse,
Et que i'ay deuant moy la rigueur de tes loix:
Fay que la passion, le merite, & la croix,
De ton Filz mon recours, tous ces vices efface.
    Si ie ne t'ay serui, si ie ne t'ay cherché,
(Ainsi que tu requiers) d'vn cœur non-entaché:
Excuse moy, Seigneur! pardon ie te demande.
    I'inuoque tes bontez, & m'asseure au-iourd'huy
Qu'au lieu de m'acabler, tu seras mon appuy:
Mes forfaitz sont bien grandz, mais ta grace est plus grande.

FIN DV TROISIEME
Liure des Ieunesses.

LE QVATRIEME LIVRE
DES IEVNESSES.

IE n'ay point remaché le verd rameau
    Delfique,
(Loyer des frontz sçauantz) pour mieus
    Poëtiser:
Et pour me faire encor de Minerue priser,
Mō front n'affecte icy sa branche pacifique.
  C'est pourquoy ie ne veus d'vn nom plus magnifique
Sous vn titre d'honneur, mon Liure desguiser:
Discourir de mes soingz, de mes maus deuiser,
C'est l'aise, & le proffit, que ie cerche, & traffique.
  Quelque autre moins abiect, ou plus ambicieus,
A l'ouyr frapera de sa teste les Cieus:
C'est assez que ie couche icy mes fantasies.
  Elles excuseront mon style, & mes escris:
Aussi tout bien fondé ce sont plaintes, & cris,
Que ie deuroy plustot appeller frenesies.

O ieunes vers, ou ma peine gemie
Comprend mon dueil, ma plainte, & ma douleur!
Fuyez heureus, & dignes de valeur,
Si vous dontez ma destresse ennemie!
  Ie ne quiers pas comme Laodamie
Esprise encor d'amoureuse chaleur,
Cherir, & voir, l'obiect de mon malheur:
Comme elle fit, mesme estant endormie.
  L'ombrage seul de son mary ia mort,
(Qu'elle reuid) la transporta si fort:
Qu'en l'embrassant elle vint rendre l'ame.
  Vous au rebours en me laissant reclus,
Courez, volez: pour redonner sans blame
La vie à c'il qui deja ne vid plus!

  IE n'esgalle mes soingz au nombre de l'areine,
Aus fleurettes d'Auril, ny aus flotz de la mer:
Et moins aus clairs Ardantz que l'on void allumer
Là-sus parmi le Ciel, quand la nuit est seraine.
  Tant de comparaisons ne font rien à ma peine,
Elles seruent plustôt d'acroistre, & d'enflamer,
Le feu qui brusle trop, iusqu'à me consumer:
Rendant sans los mon œuure, & sans style ma veine.
  Il suffit qu'au menu i'esbauche icy ce fleau,
Comme vn Peintre subtil qui veut en son tableau
Representer d'vn Ost quelque grand' myriade,
  Nous monstre seulement les testes par le bout:
Aussi bien s'il falloit que i'escriuisse tout,
Ie feroy de mes maus vne grosse Iliade.

ENCORE helas! ie sanglotte, & souspire,
Et si ne puis ralenter ma langueur:
Oubly de tempz, destourbier, ny longueur,
N'engarde point que mon regret n'empire.
  Nature ingratte, & le celeste Empire,
Ne m'ont brassé si cruelle rigueur,
Que pour m'abatre, & matter ma vigueur:
Changeant ainsi tout mon meilleur au pire.
  Dittes-moy, Dieus, estes-vous honnorez
De rendre ainsi les humains esplorez?
Deuenez-vous riches de nostre perte?
  Grelez, tonnez, perdez-moy desormais!
Aussi bien suis-ie esperdu pour iamais:
N'en doubtez plus, ma perte est trop aperte.

PALLAS trouua les artz, & l'Oliue, & l'ouurage,
Mercure le premier sur la Lyre chanta:
Les triomphes Bacchus, & les vins inuanta,
Pan le flageol rural, Cerez son labourage.
  Le mary de Cypris le tonerre, & l'orage,
Phœbus la Medecine aus hommes apresta:
La terre pour Neptun le Cheual enfanta,
Mars s'arma d'vne lance, ains d'horreur & de rage.
  O combien plus gaillard, braue, subtil, adroit,
Hardy, propice, & fort, celuy me sembleroit,
Sous qui ie reprendroy mon aise, & ma franchise!
  Pallas, Mercure, Euan, cederont à ses ars,
Pan, Cerez, Mulciber, Phœbus, Neptune, & Mars:
Tel estoit Dieu iadys, qui moins s'immortalise.

Tv resuois bien, rassotté Pythagore,
Tu resuois bien, & le montras assez:
Disant iadis l'ame des trespassez
Fuyr, & reuiure, en autres corpz encore!
S'il estoit vray, qui desormais ignore
(Veu mes tormentz, & mes trauaus passez,)
Qu'aprez ma mort mes espritz si lassez
Ne fussent francz du soing qui me deuore?
Qui dessus moy son œil arrestera,
Ton sot aduis sur l'heure moquera:
Verifiant mon dire, & ta mensonge.
Qu'ainsi ne soit, deja muër ie vois
Mon corpz en poudre, & mes escritz en voix:
Non non, ie vy! mais ma vie est vn songe.

Tovt faché que ie suis ie tasche d'oublier
L'iniure qu'on ma fait, & l'esmoy qui me mine:
Ces Geantz nouueau-nez encore i'abomine
Qui voudroyent Ciel, & terre, à leurs forces lier.
Ie descouure mon cœur à l'Amy familier,
La meschance, & l'orgueil, mon ame ne domine:
Rond en mes actions rondement ie chemine,
Et n'offance personne en son particulier.
Pourquoy donques frapé d'vne angoisse si forte,
Rigueurs, indignitez, aussi bien ie supporte,
Que si i'auoy commis quelque horrible forfait?
Siecle iniuste, & peruers! de quelle aspre licence
Sera donc chastié le vice, & le meffait:
Puis que si viuement on punit l'innocence?

HEV-

HEVREVS *qui peut euiter le naufrage,*
Quand les Iumeaus ne daignent plus driller!
Et n'aperçoit son Vaisseau periller,
Moqué des flotz, des ventz, & de l'orage.

Heureus qui void la Martialle rage,
Affranchi d'elle: & qui sans batailler,
Bien loing des coupz regarde chamailler
Deus Campz hayneus, poussez d'vn fier courage.

Plus que ces deus me semble encor heureus
L'homme banni de ce lieu desastreus,
Où le malheur a fondé sa maistrise.

Ce fleau surpasse & tormante, & combas:
La seruitude est l'Enfer de là bas,
Et l'heur du monde est la seule franchise.

IE *mourroy de soucy, d'angoisse, & facherie,*
Attristé, malheureus, & plein de pensementz:
Ie redonrois la bride à mes gemissementz,
Hayssant, & fuyant, ma liberté cherie.

Ie remettrois en ieu l'infame tromperie,
Tromperie qui seule a brassé mes tormentz:
Tormentz qui vont causant mes regretz vehementz,
Regretz trop seurs tesmoingz de si grand' piperie.

En chetif Criminel ie me lamenterois,
En Iuge non-suspet ie me condamnerois:
Voire en bourreau cruel aigrirois mon iniure.

Si comme vn traditor mon faus accusateur
N'estoit chargé luy-mesme, & suspet, & menteur:
Ou si ie stois attaint, & coupable, & pariure.

I

LA bouche en plainte, & le cœur en sanglos,
I'annonçeray mon desastre, & ma peine :
Tandis qu'à tort vn grief soucy me geine,
Et que mon dueil est plus enclos, qu'esclos.

Mais à mon dam perdray-ie mon beau los ?
D'ennuis mordantz auray-ie l'ame pleine ?
Dois-ie expirer sans force, & sans haleine,
Clos, & funeste, en ce funeste clos ?

Ha ! c'est en vain qu'vne sotte esperance
Me faisoit viure, & flatoit ma souffrance :
C'est à present que ie tombe à l'enuers.

Ce qui m'asseure (helas ! ie le confesse)
Que ie suis mort, c'est qu'enclos on me laisse
Pourrir icy : & que ie fay des vers.

FAVT-il que sans espoir, sans ayde, & sans suport,
Triste, foible, acablé, chetiuement ie viue ?
Que dy-ie viure, helas ! mais faut-il que ie suiue
L'erreur de mes malheurs, pour vn maudit raport ?

Mourons plustot mourons d'vn angoisseus effort,
Puis qu'à nous assister tout le monde connuiue !
Puis que le Ciel ingrat de ses faueurs nous priue,
Mourons tost, sans attandre vne si longue mort !

Et vous, cruelles Sœurs, & vous Ombres peureuses,
Courez icy vers moy, montrez-vous plus affreuses :
Allongeant sur voz colz voz sifflantz Coleuureaus.

Troublez si fort mes yeus, mon sens, & mon courage :
Que l'horreur de mon sort, mon despit, & ma rage,
Me seruent par voz mains de geineurs, & bourreaus !

BIEN que ie sonne (ô malheureus Sonneur!)
Dix mille vers, compaignons de ma peine :
Plein d'vne ardeur plus diuine, qu'humaine,
Si veus-ie encor celebrer ton bonheur.

Pour neant donc vn traistre flagorneur
M'oste ce los, qui iusqu'aus Cieus m'emmeine :
Los dont ma Muse & Françoyse, & Romaine,
Se pare ainsi que d'vn manteau d'honneur.

C'est moy, mon Roy, qui prise ton merite,
Et courtisay l'vne & l'autre Charite :
Monstrant ta gloire, & ma fidelité.

Chascun le sçait, mais encores i'espere
Que mes hayneus croyront la verité
A mon grand heur, & leur grand vitupere.

TOVSIOVRS l'horrible mer n'enfle sa vehemence,
Et tousiours ce grand Dieu n'arme sa rouge main
Pour foudroyer l'orgueil d'vn fier peuple inhumain :
Et luy ressemblent ceus qui ayment la clemence.

Respecte donc, & voy, mon esclaue innocence!
Et me sois iusques-la courtoysement humain,
Que l'iniure du tempz, ou quelque long demain,
N'oppose à ma franchise vne indigne licence.

L'œil en pleurs, l'ame en dueil, l'estomac en sanglotz,
D'esperdu que i'estoy ie semble aus Matelotz
Qui tombent de Charybde en haboyante Scille.

C'est ainsi que le Ciel sur moy ses maus respand,
Pour à toy m'adresser : à toy, de qui despand
Ma playe, & ma santé, comme d'vn fort Achille.

I 2

O toy qui vois en pleine liberté
Le iour, la nuit, ses flambeaus ordinaires,
Le Ciel vouté, ses plus grandz Luminaires :
Et tout par tout son beau lustre escarté !
　Las ! tu ne sçais que c'est que de fierté,
Fierté suspette aus hommes debonaires :
Fierté commune aus hommes sanguinaires
En ce lieu triste, & banny de clarté.
　Lamente donc ma lamentable vie,
Au dueil, aus soingz, aus pensers asseruie :
Ou libre cede à mes maus assoupis.
　Ceste franchise, & ceste seruitude,
Me laisse encor sous telle solitude
Espoir de mieus, à toy crainte de pis.

Donc c'estoit dès Lyon iusques en ceste Ville
Que l'Enuie, & Fortune, ainsi me cheualloit ?
Dés lors mon faus desir ceste amorce aualloit ?
Et deuoy-ie perir en façon si seruille ?
　Helas, que nostre vie est caduque, & bien vile !
Hier tel hautain, & gay, presque heureus s'en alloit,
Qui ce-iourd'huy matin acablé deualloit
Parmy les plus abiectz de la tourbe inciuile.
　Le tempz qui change tout, se change bien aussi,
Dit le menteur Vulgaire : he ! s'il estoit ainsi,
Verroy-ie pas meshuy se changer ce sort mesme ?
　Non, certes il empire en ce lieu de torment !
Aussi contant ses iours, ie conte expressement
Le quatriesme de May, de mes maus le milliesme.

Ni l'air serain, agreable à noz yeus,
Ni les Zephyrs aus folastres halaines,
Ni la verdeur qui decore les plaines,
Ni la saison des moys plus gracieus.

Ni la clarté du Soleil radieus,
Ni de sa Sœur les cornes d'argent pleines,
Ni le dous feu des amoureuses peines,
Ni les esbas d'vn lieu delicieus.

Ni le plaisir d'Histoires bien choysies,
Ni les apas de mille Poësies :
N'ont dequoy plaire en ce funebre clos.

Aussi sa place, où l'homme pris s'esplore,
Semble au Vaisseau de l'infame Pandore,
Où tous les maus du monde sont enclos.

SEIGNEVR, qui vas portant le surnom d'Angouleme,
Et qui le nom Royal de ton Pere retiens :
Ne t'esbahy dequoy mes escritz, ainçois tiens,
Ont teu par long oubly ta louange supreme.

Ie me tay voyrement, ains m'oublie moy-méme!
De sorte qu'à moy-mesme à peine ie reuiens,
Pensant à ces malheurs dont trop ie me souuiens :
Mais au vent ma complainte, & mes regretz ie seme.

Ne t'en estonne, Henry! bien qu'asseruy ie soy,
Tel vit en liberté, qui est plus serf que moy :
Et me puis dire encor semblable à la coignee,

Qui moins s'vse à couper, plus son fer est batu,
Et s'endurcit aus coupz, plus est embesoignee :
Qui iamais, sans trauail, esprouua sa vertu ?

QVICONQVE soit ce critique Aristarque,
Qui sans esgard mordra mon nom estaint :
Il porte au front & la mine, & le taint,
D'vn Enuieus, si bien ie le remarque.

Non, il n'a point le sçauoir, ni la marque,
Pour esplucher vn escrit mal-empraint,
Comme celuy qui fut si docte, & craint :
Voire enseigna le filz de son Monarque.

Ce que ie chante est seulement à fin
Que si mes chantz ne trouuent quelque fin,
Ma peine aumoins en chantant ie defface.

Que si quelcun n'excuse mon esmoy,
Ni ma prison : vienne tenir ma place,
Pour essayer s'il faira mieus que moy.

LE Thracien occis par les Ciconnes fieres,
Auoit ia veu Pluton, & ses gouffres ouuers :
Luy qui traina iadis par l'effort de ses vers
(Auec leurs animaus) bois, & rocz, & riuieres.

Au Gregeoys si fameus, pour ses ruses guerrieres,
Furent ces creux manoirs aussi bien descouuers :
Et vid le Duc Troyen, non sans perilz diuers,
Des peuples de là bas les mœurs, & les manieres.

Il n'est permis aus mortz de reuoir nostre iour,
Et moins s'en retourner de leur mortel seiour :
Ayant comme ces trois leur premiere franchise.

Mais, des qu'au large mis d'icy ie sortiray,
En heur, ioye, repos, aisement ie vaincray
La race d'Oeagrus, de Laërte, & d'Anchise.

SI de courage, ou d'effait, ou de bouche,
Ie n'ay bleßé la Royalle grandeur :
Pourquoy si loing d'appuy, de gloire, & d'heur,
Fortune encor me dreße l'escarmouche ?
    I'entens r'entens ce qui mon los attouche !
C'est le rapport d'vn lache outrecuideur,
Qui dementant mon droit, & ma candeur,
Gronde aprez moy comme vn Mastin farouche.
    S'il est permis d'accuser vn chascun,
Si l'accusé chetif! ne trouue aucun
Qui preigne en main sa cause, & sa defence :
    Quelz feront ceus qui ne soyent accusez?
Quelz feront ceus qui ne soyent offensez ?
Et quelz pourront se purger de l'offence?

    QV'ON m'enferme au Toureau du Tyran Phalaris,
Qu'il fit mugir luy-mesme, auec l'auteur Perile :
Que tormenté ie sois en age non-virile
D'vn sanglant Diomede, ou d'vn fier Busyris.
    Qu'en vn tonneau cloüé mes membres soyent meurdris,
Comme ceus de Carthage enclaüerent Atile :
Qu'à deus Pins recourbez d'vne roideur subtile
Vn dur Scyne m'attache, & me deschire pris.
    Qu'on excogite encor plus d'vn nouueau supplice,
Qu'on vomiße sur moy la rage, & la malice :
Bref qu'on me face plaindre, & gemir, & crier.
    Tousiours ie seray tel, au fort de mon martire :
Tousiours semblable à moy, ferme, & sans varier,
Inuaincu ie vaincray la mort, l'audace, & l'ire!

PARDONNEZ moy, si ie semble farouche!
Morne est mon corpz, mon esprit endurcy :
Tant les ennuys, le dueil, & le souçy,
M'ont engourdy comme vne vieille souche!
   Le soing diuers qu'en ce papier ie couche,
Ride mon front, & rend mon teint noirçy :
Puis ce lieu sombre, & tousiours obscurçy,
Fait que si triste à mes malheurs ie touche.
   Lors que plus aise à l'aise ie viuois,
Dispos estoyent mes sens, mon cœur, ma voix :
Ore ilz sont vains dans cesle place close.
   Aussi ie suis vn Rien animé d'air !
Ou pour le moins, si ie suis quelque chose,
Ie ne suis plus qu'vn lourd fardeau de chair.

MAIS qui m'affranchira de ce ioug desolable,
Qu'à bon droit i'acompare à l'Enfer odieus ?
Humble ie luy voüray mon seruice en tous lieus,
Mon seruice, & ma foy, vrayment inuiolable.
   En clemence, & douceur, il n'aura de semblable,
Ses vertus reluiront comme estoilles aus Cieus :
Son bonheur froissera la dent des enuieus,
Et sera sa iustice à tous esmerueillable.
   Mais s'il n'a quelque esgard à l'indigne prison
Qui m'oste des long tempz l'esprit, & la raison :
Son oubly chassera l'espoir vain qui m'amuse.
   Sans m'obliger à luy, mon deuoir manquera :
Et sans force, & sans voix, ma Clion se taira,
Comme vuide, & sans vent, se taist la Cornemuse.

J'APPROVVE *bien ce dire de Platon,*
Que noſtre corpz eſt le tombeau de l'ame:
Mais ie maintiens ſans audace, & ſans blame,
Qu'elle n'a rien de commun à Pluton.
 Meſmes aprez que les Sœurs de Cloton
Aus iours de l'homme ont racourçy la trame,
L'amour, l'eſpoir, & l'humble fçy t'enflame:
Pour tendre au Ciel, & fuyr l'Enfer glouton.
 L'vn des malins eſt la proche ſouffrance,
L'autre des bons la fidelle aſſeurance,
Ie dy fidelle aus fidelles Eſlus.
 O Seigneur Dieu, puis qu'encor on m'enſerre,
Pren mon eſprit, & meshuy le deterre:
Pour touſiours viure, & ne l'enterrer plus!

EN *ce qu'incaut ie fus, on m'a çreu temeraire,*
En ce que ie n'ay ſceu, l'on preſume que ſi:
En ce que ie n'ay dit, on me repugne auſſi,
En ce que ie n'ay fait, on penſe le contraire.
 He! qui me defendra? qui voudra me diſtraire
De tant d'opinions, où l'on me plonge ainſi?
Vn bon Ange guidant mon deſſeing reüſſi,
A ce Monſtre teſtu me pourroit bien ſouſtraire!
 Le contraire au contraire aporte gueriſon,
Comme les Medecins affirment par raiſon:
Mais i'ignore la paix de ma hayneuſe guerre,
 Si pour digne loyer ſon auteur vicieus
Ne trebuche auſſi bas là bas deſſous la terre,
Que ſont haut-eleuez ſur la terre les Cieus!

I 5

LE plus souuent reclus dans mon estude,
On me trouuoit ayant l'oustil en main
Pour faire vn vers ou Françoys, ou Romain :
Ore on me trouue en triste solitude.
 L'ennuy me gaigne, auec la seruitude,
Troublantz mon aise, & mon labeur humain,
Ains tous mes sens : du iour au l'endemain
Prontement prontz à pronte promptitude.
 L'esprit heureus, abondant, & gentil,
Ressemble au champ fait plus gras, & fertil,
Lors qu'en repos vn tempz on le delaisse.
 Mais en l'Hyuer de mes plus durs ennuis,
Encor encor quelque fruit ie produis :
L'Esté rendroit ma moisson plus espaisse !

 MON Dieu que ie suis ieune, ayant esgard à l'age,
Et vieil, qui sonderoit mes soingz, & mon esmoy !
Rien, Morel, rien du tout n'est si ieune que moy :
Considerant mes ans, & mon ardeur volage !
 Ore aussi que i'apreste à Charon le naulage,
Ie vieilli pour me voir trop absenté de toy :
Non non, ie ne suis plus cestuy-là que i'estoy,
Et si le moindre espoir mes souçis ne soulage !
 Qui ne s'esbahyroit en pareil accident ?
Qui ne seroit changé, veu son mal euident ?
Certes s'il faut conter mes peines ramenées,
 Ie m'estonne qu'icy ie ne suis trespassé :
Veu qu'en soingz, & regretz, i'auray tantost passé
Vn an, mais bien plustot vn long siecle d'années !

DES IEVNESSES.

IE ne deuois en France reuenir,
Paſſant de Breſſe en la haute Sauoye !
Entre ſes rocz, ſur qui le Ciel enuoye
Ses traitz ardantz, ie deuois me tenir.

  Leurs dos creuſez propres à maintenir
Dans leurs cachotz, mainte Erige peu-coye,
Entre ſes mains me deuoit mettre en proye :
Perdant mon nom, voire mon ſouuenir.

  Leurs fiers torrentz me deuoyent là ſurprendre,
Le Rhone enflé deuoit ſur moy deſcendre,
Où franc ie fuſſe expiré ſans torment.

  Ou ſi mon ſort iuſque-là m'eſt contraire,
Qu'il vueille icy du monde me diſtraire :
Deuroy-ie aumoins languir ſi longuement ?

LIEV de freſles ſouhaitz, d'eſpoirs, & de ſanglos,
De peurs, de penſementz, & longues facheries !
Combien de paſſedroitz, combien de piperies,
Endurons-nous icy dans ta muraille enclos ?

  Nous ſommes voyrement priuez d'heur, & de los,
Trompeuſement trompez de mille tromperies :
Et ramenons en vain noz lieſſes peries,
Obiect des vieus plaiſirs dont nous ſommes forclos.

  Que donques nous viuions, nous qui mourons ſans vie ?
Que donques nous mourions, nous qui viuons d'enuie !
Non non ! ta demeurance eſt confitte en poiſons.

  Ceus qui me viennent voir à tort mettent en preuue
Ton ſeiour aſſez beau ! quand à moy ie ne treuue
Ni de laides amours, ni de belles priſons.

DES qu'au premier Enuie, & faus-raport,
M'eurent banny dans ce logis si sombre :
Ie me trouuay comme vne peureuse Ombre,
Qu'vn vieil Charon embarque sur son port.
   Depuis chetif ! ie lamente à ce bord,
Comblé d'ennuy, de trauail, & d'encombre :
Où tout reclus des mortz i'acroy le nombre,
Comme enterré sans ayde, & sans suport.
   Le grief seruage, & la ruse traistresse,
Me replongeoyent en si lente destresse :
Sans toy ma Muse, & Phœbus inuité.
   I'auoy deslors comme perdu la vie,
Ore qu'elle est beaucoup moins asseruie,
Vous me verriez deia resuscité !

IE cognois vn Seigneur plein d'armes, & sçauoir,
Qui ioint & l'vn & l'autre à la iuste Iustice :
Ie prie qu'à ses vœus le Ciel soit si propice,
Qu'il bien-heure ses faitz de gloire, & de pouuoir.
   Remply d'affection il me fait ia sçauoir
Qu'autant que la vertu luit belle sur le vice,
Ie luy dois plus qu'à tous d'honneur, & de seruice :
Obligeant mon humblesse à ce rare deuoir.
   Plus franc d'vn tel Amy ie ne fis onques preuue,
Ores à mon besoing si constant ie le treuue,
Qu'il pourchasse mon aise, & ma prosperité.
   Il s'oppose au desastre, & pour me mettre au large
(Ainsi qu'vn braue Aiax) me targue de sa targe :
Ne suis-ie pas heureus en mon aduersité ?

O Liberté, de mes ans la nourrisse !
O douce erreur des amoureuses loys,
O gays esbatz qu'eslire ie souloys,
Ou maintenant il faut que ie languisse !
　O beaus discours sans reproche, & sans vice,
O chers Amys, desquelz ie n'abusoys :
O priuauté dont vers les grandz i'vsoys,
Prest à leur faire & plaisir, & seruice.
　O nouueauté d'ouurages tous diuers,
O ma ieunesse, & vous mes libres vers :
Dea ! qui rompra la course de mes peines ?
　Qui m'ostera de ce seruage prest ?
Et qui debteur, me pay'ra l'interest
De cent plaisirs, dont voz graces sont pleines ?

I'ENDVRE mille ennuis, mille embuches secrettes,
Et mille durs assautz, dans ce lieu plein d'effroy :
Y serois-ie reclus (s'il est vray, ie le croy)
Ou de peur de la crotte, ou de peur des charrettes ?
　Soit pour ce qu'on voudra, les bouches les moins nettes
En iazeront à l'aise ! vn si grand desarroy
Au pis m'excusera vers mon Prince, & mon Roy :
I'emporte encor sur moy mille playes honnettes.
　Vn braue Capitaine auantureus, & fort,
N'est pas moins honnoré tenant bon dans vn Fort :
Que tout l'Ost qui le prend, bien qu'il semble imprenable.
　Mais ores qu'assiegé ie face mon deuoir :
Quel honneur, quel acquest, pourray-ie receuoir
D'vne place qui n'est ni libre, ni tenable ?

QVE n'ay-ie esleu sous l'eau ma sepulture,
Courant fortune, & nauigant sur mer?
Que ne m'ont peu les vagues abymer
Au gré des ventz, errant à l'auanture?
Que n'ay-ie esté des bestes la pasture,
Parmy les champz? ou quand ie vis armer
Noz fiers Gauloys, & leurs Campz animer,
Que ne me prit quelque mesauanture?
Tout bien sondé ne valoit-il pas mieus
Perir ainsi, par le vouloir des Dieus:
Que remourir d'vne mort immortelle?
I'entens languir sous vn si rude fleau,
Qu'onc les dangers sur la terre, & sur l'eau,
N'eurent en eus vne souffrance telle?

IEVNE d'ans, & d'esprit, de sçauoir, & d'adresse,
L'age, le troublement, l'ignorance, l'ennuy,
M'oste, me cause, m'offre, & m'aporte auiourdhuy,
Espoir, estonnement, impuissance, & destresse.
Parmy tant d'accidens, sources de ma tristesse,
Laquelle plus i'euite, & plus encor ie suy:
Senescay, mon recours, mon ayde, & mon appuy,
Haste toy d'affranchir ma serue petitesse.
Vn Dragon, voire deus, veillent en ce Iardin,
Ou gardé ie m'attandz à ton bras Herculin:
Que si ie n'y reçoy des pommes si prisees,
Qui l'or mesme effaçoyent: moins fertil est aussi
Ce Parterre, où l'on cueille au tempz plus adouci
Moins de lis, & d'œilletz, que Soucis, & Pensees.

RESPONDZ-moy Ciel, & toy Pere qui dardes
Deſſus mon chef, tant de malheurs diuers :
Si tu me veus du tout mettre à l'enuers,
D'où vient qu'encor mon treſpas tu retardes ?
　Pourquoy frapé de tes flames pillardes,
Ne voy-ie toſt les abymes ouuers ?
Pourquoy mortel, ainçois proye des vers,
Sens-ie la dent de peines ſi rongeardes ?
　Si c'eſt vn Aygle, effroyable animal,
He ! que n'acourt quelque Preux chaſſe-mal :
Qui monſtre encor ſa force ſouhaitée ?
　Qui pour m'oſter de ce lieu recaché,
S'en vienne à mont, où ie ſuis attaché
A clous d'Æmant, ainſi qu'vn Prometée?

POVSSE' de meſme vent, non de meſme tormente,
L'aiguillon de mes ſoingz (du Bellay) tu ſentois,
Quand ſur les bordz du Tybre à Romme tu chantois :
Et que les vers flatoyent ta doleur vehemente.
　Ainſi loing de ma terre ores ie me lamente,
Regrettant mes parantz, comme tu regrettois
Ton ſeiour Angeuin : & tandis reiettois
Sur tant d'heureus eſcritz, ton dueil qui deſaugmente.
　Encore, plus qu'à moy, te proffitoyent ces chants :
Auec l'air de la Ville, ayant la clef des chams,
Tu ſoul̈ageois aumoins ta deſtreſſe fatale.
　Au lieu que ſur la Seine, en ce logis reclus,
Reclus i'appete helas ! ce qui m'altere plus
Prez du bien qui me fuit, comme vn chetif Tantale.

PAREIL au feu, qui leger de nature
A traitz flambantz, vole toufiours en haut:
Mon ieune efprit alegre, vif, & chaut,
Ainfi guindé vaguoit à l'auanture.

Ore abatu par grand' mefauanture,
Tout maladif i'aggraue fon defaut:
L'efpoir me laiffe, & le fens me defaut,
Voyant ma fin, ainçois ma fepulture.

Las! ie me plaintz, non d'expirer icy
Où ie reffens plus d'angoiffe, & foucy:
Pour ne feruir mon Prince, ou ma Patrie.

Mais d'encourir le tort d'vn autre à tort:
Ayant porté, comme vn chetif Vrie,
(Sans y penfer) les lettres de ma mort!

LE Cerf qui remiroit fon ombre en la fontaine,
Ayant flaté fa foif d'vne part s'efgayoit,
Veu fon beau front ramu: de l'autre s'effrayoit,
Voyant fes piez ælez à la courfe certaine.

Tandis le fier Lyon qui fe monftre en la plaine,
Le void, le fuit, le preffe: & comme il fe frayoit
Vn chemin auffi long, pour neant s'effayoit
D'attaindre le fuyard, qui le met hors d'haleine.

Des champz où franc il erre, il tombe dans vn boys,
Où ferf par les haliers il rendit les aboys:
Car eftant pris au front, fon ennemy l'acable.

Helas! ie fuis le Cerf qui libre ne penfoy
Perir incautement, par ce que ie prifoy:
Ce qui nous femble bon, est parfois domageable.

QVAND

QVAND par defdain la Maraftre enragée
Fit fon Beau-filz, par le Pere, mourir :
On vid là-bas Diane en vain courir,
Pour defgager la belle Ame engagée.
 Quand Piritoys euft la vie abregée,
Bien qu'vn grand Roy vint pour le fecourir,
Si fuft-il pris : & ne peut recourir
Que pour neant, au noble filz d'Ægée.
 Si la Deeffe ainfi ditte trois foys,
Et fi ce Prince, amy de Piritoys,
N'ont peu forçer la Mort, ni fa demeure :
 Comment helas ! m'attandz-ie par clameurs
Fuyr ces Enfers, où captiué ie meurs
Cent foys le iour, fans que iamais ie meure ?

 BAYF, qui comme Ouide, à fon lache Enuieus
Sous l'Oyfeau que l'Ægypte antiquement honnore,
Comme Virgile au fien les Dires chante encore,
Voües à ton Maftin mille maus ennuïeus :
 Vien reuomir ton ire, & ton fiel odieus,
Sur ce double Maftin, par qui tant ie m'éplore :
Vien-t'en, & que ta plume à fon aife f'effore,
Peignant de fes coleurs ce Chien pernicieus.
 Faifons que de foy-mefme à l'œil de tous il femble
Delateur, criminel, iuge, & bourreau enfemble :
Execrable execré par mauditz maudiffons.
 Sus donc, & que mon nom d'vn tel Monftre fe vange !
Fidelle, & non ingrat, ie te rendray le change,
Si tu me rendz auffi vangé par tes blafons.

K

COMME un espoir, ou faueur oportune,
Soustient parfois nostre calamité:
Ou comme un aspre, & dure aduersité,
Suyt souuent l'autre, au vouloir de Fortune.

Ainsi l'angoisse, & le soing m'importune:
Si que Vaisseau ne fust plus agité
Des flotz esmeus, ou du Nort irrité,
Que mon cœur triste, & moy plein d'infortune.

Il n'est Thesé, portant comme ie fais
Sans nul secours, mesme dueil, mesme faix,
Qui rechapat ce tortu Labyrinte.

Mais qui cherroit sous un pareil ennuy,
Sans s'ennuyer? ou qui seroit celuy
Qui pris n'en prit & la cheure, & la quinte?

PVIS que semblable aus mortz on m'a priué du monde,
(Car ie m'apelle mort, estant tel que ie suis:)
Tu perdz & peine, & tempz, quiconque me poursuis,
Si tu ne veus poursuiure une ombre vagabonde.

I'ay veu changer ma ioye en tristesse profonde,
Mon repos en trauail, mes plaisirs en ennuis,
Mon bonheur en meschef, mes iours en sombres nuis:
Bref ie semblois une Hydre en miseres feconde.

Ore si tu me suis, ie ne fuiray tes pas,
Si fier tu me r'occis, ie ne remourray pas:
Si tu mesditz de moy, ie tairay ma defence.

Voy donc ce que tu fais! en m'outrageant à tort,
Tu declaires mon droit: he! d'un homme ia mort,
Et qui ne sent plus rien, veus-tu prendre vangence?

MENTEVR vrayment le Vulgaire, qui dit,
Tout vient à point à c'il qui peut attendre:
Helas! i'attendz, & mon age plus tendre
Tandis s'escoule, & i'y perdz mon credit.

Vous Poetes saintz, & qui sans contredit
Vostre beau los faittes au monde aprendre:
Mon triste sort faittes au monde entendre,
Sort monstrueus, execrable, & maudit.

Le soldat ayde au soldat à la guerre,
L'expert Nocher assiste à c'il qui erre:
Aydez-moy donc, venant par où ie vais.

Ie vous seconde! & si par grand' disgrace
Entre les bons meilleure n'est ma place,
Ie ne suis pas le pire des mauuais!

IE voudroy plustot choir entre les fiers Gelons,
Ou conuerser parmi les Scythes, & les Gettes,
Qui de venin mortel enfiellent leurs sagettes:
Ou pratiquer les Turcz, & Sarrasins felons.

I'aimeroy mieus partir auec les durs Polons,
Que durant l'an entier, Phœbus, tu ne sagettes
Que de tes rays moins chaudz: ou voir les gentz sugettes
(Loing de nostre Hemisphere) aus cruëlz Aquilons.

Bref plustot ie voudroy quitter ce territoire,
Que honnir mon honneur: pourueu qu'aussi ma gloire
Suyuit en m'esloignant, mon innocente foy.

Et vrayment sans ce point, ie seroy lors taxable!
L'homme accusé se rend & suspect, & coupable,
Qui s'absentant de peur, laisse vn soupçon de soy.

K 2

FILLES du Dieu, qui de son bras puissant
Darde les traitz de son rouge tonerre:
Honneur du ciel, & gloire de la terre,
On ira donc voz Mignons trahissant?

On ira donc voz Chantres aigrissant?
Et l'orde Enuie, & la hayne qui erre,
M'acableront sous vne iniuste guerre:
Ma liberté (pillardes) rauissant?

C'est moy qui ieune ay talonné voz traces!
I'ay celebré vostre los, & voz graces,
Non hayssable, & tousiours enuié.

Si comme vostre à voz Prestres ie semble,
Pour me vanger froissez donc sans pitié
Noz enuieus, & noz hayneus ensemble!

QVE pour vous ie me peine, & me tüe sans cesse,
Trauaillant nuit, & iour? que sans autre loyer
Ingrat à mes desseingz, ie reuienne employer
Mon tempz, & mon labeur, pour nuire à ma bassesse?

Que pour voz hautz sommetz de Pinde, & de Permesse,
Ou pour le gazouillis que l'on oyt ondoyer
En Pimple, ou Helicon, ie vous doiue ottroyer
Le meilleur, & plus beau, de ma gaye ieunesse?

Non non! vous auez trop enlaidy ma coleur:
Pour vn de voz plaisirs i'ay plus d'vne doleur,
Et pour vous ma franchise en seruage se change.

C'est pourquoy ie deprise & vous, & voz Lauriers!
Trop sot est le mestier qui donne à ses Ouuriers
Perte au lieu de proffit, & honte pour loüange.

SI l'homme serf n'est assisté des Cieus,
Et sonde vn peu sa peine, & sa misere:
C'il qui meurtrier deffit sa propre mere,
Onc n'esgalla ses regretz furieus.

Ce fort Thebain, admis entre les Dieus,
S'effroya moins voyant l'aspre Megere:
D'Agaue encor l'ire fut moins legere,
Quand elle occit son enfant odieus.

Tel mal n'éprint l'outrecuidé Marsie,
Et fut ce Prince en moindre frenesie
Qui de son fer le genou se coupa.

Et ne fut tel, pour le refus des armes,
C'il qui tuänt des porcz pour des Gendarmes,
Plus fier en fin soy-mesme se frapa.

COMME vn Zephyre dous fait ondoyer la plaine,
Riche des verdz presentz de la blonde Cerez:
Ainsi mes prontz desirs esuantantz vous serez
Les peines, & regretz, dont mon ame est si pleine.

Las! ie me laisse aller à l'angoisse inhumaine,
Foibles sont mes espritz, & mes sens alterez:
Le depit me martelle, & mes vers colerez
Suiuent à longz souspirs la fureur qui m'emmeine.

La nuit claire ne drille en tant de feus espars,
Et l'Africaine mer n'a point à ses remparts
Tant de sablon menu, qu'en passions i'abonde.

Qui n'a santé n'a rien, dit on communement:
Mais qui vit en seruage, est mal-sain doublement!
La franchise, & santé, sont les vrays biens du monde.

MON Dieu mon Dieu quand reuoirray-ie bien
Mes chers Amys, nourrißons de la Muse,
Ausquelz Phœbus ses tresors ne refuse:
Ains, comme à moy, leur offre de son bien!

   Soyent tousiours ceintz du noble rameau sien
Leurs doctes frontz, soit la science infuse
Dans leurs cerueaus : & leur trauail n'amuse
Sans quelque fruit, le Chœur Parnaßien.

   Aduienne außi que sans tarder il sorte
Courtoys, & gay, s'ilz frapent à sa porte:
Et soyent receus ainsi qu'enfantz de Dieu.

   Las! à regret leur brigade i'absente:
Et m'est osté par le tempz, & le lieu,
L'heur que le tempz, & le lieu leur presente.

   QVI comme vne Ariadne à son aymé Thesée,
(Pour fuyr ce Labyrint) vn fil me prestera?
Qui comme au fin Gregeoys l'herbe m'aportera,
Pour r'auoir (comme luy) ma raison delaißée?

   Qui comme vn pront Dauphin par la mer dispersée
De mes soingz ondoyantz, à bord me menera,
Ainsi qu'vn Arion? & qui m'empennera
Pour voler çà & là, comme vn æle Persée?

   Ni Homme mi-toreau, ni quelque Calypson,
Ni crüelz Mariniers, ni forfait ou soupson
De quelque autre Meduse, à cela ne m'apelle.

   Mais l'Ægyde, & ce Grec, le Harpeur, & Persé,
N'esgalleroyent en rien mon deßeing plus aisé
Sans filet, sans Moly, sans Poißon, & double ælle.

SI ie m'attriste en ce lieu plein d'affreur,
Si sans espoir ie me pay d'esperance,
Si seurement ie suis hors d'asseurance,
Si pour le vray ie n'embrasse qu'erreur.

Si ie refuy la clarté pour l'horreur,
Si captiué i'attandz ma deliurance,
Si ie flechis sous la perseuerance,
Si discret i'entre en nouuelle fureur.

Est-ce pourtant à dire que ie viue?
Non, ie suis mort! mais ma parole est viue,
Sortant d'vn corpz de son ame orphelin.

Ainsi d'Echo ie suis l'image, & l'ame:
Ainsi iadis du profond de sa lame
S'oyoit la voix du Prophete Merlin.

DONC à moy-mesme ingrat, ingrat & plein d'enuie,
Trahyssant mon honneur icy ie croupiray?
En someilleus oubly mes sens i'assoupiray?
Et causeray la mort à qui cause ma vie?

Sortez plustot mes vers! & si l'ire assouuie
Ne m'en veut dispenser, allez où ie n'iray
Si ce n'est de par vous: vous que seulz i'esliray
Pour deliureurs nouueaus de ma Muse asseruie.

Maintenant que ie suis en ce mortel seiour,
Plusieurs s'estonneront si ie retourne au iour:
Mais ce trespas me fraye vne carriere aisée.

Ainsi le Cheualier & magnanime, & fort,
D'vne estrange folie (& toutesfois prisée!)
S'efforce en plein combat de viure par la mort.

K 4

Qvand le Destin me bannit en ces lieus,
Où mille ennuis incessament i'endure:
Le beau Printempz, habillé de verdure,
Rioyt aus champz, & prez soulacieus.
   Depuis l'Esté plein d'vn chaud ocieus
Bëant de soif, fit la terre plus dure:
Aprez l'Auton, Courrier de la froidure,
Fit encor place à l'Hyuer soucieus.
   Las! nous entrons à l'autre Primevere,
Tout s'est changé: mon sort seul perseuere,
Ferme il demeure, & stable est sa rigueur.
   Ie suis treslong en ma peine encombreuse:
Et ia desia longueur si langoureuse
A transmüé ma longueur en langueur!

Ay-ie tort de gemir, me voyant absanté
De parantz, & d'amys, sans auoir cognoissance
En ce lieu malheureus, de la moindre plaisance?
En ce lieu familier au dueil exprimanté?
   Ore ie voy le cours de ma foible santé
Descroistre, & s'alterer, d'vne lente impuissance:
Ore vn morne regret, ore vne griefue absance,
Me trauaille, & me nuit, sans cesse tormanté.
   Las! bien qu'vn soing fatal m'attriste, & m'importune,
Console toy, mon Cœur, en despit de Fortune:
C'est ore que tu dois t'affermir de nouueau!
   Dequoy te sert l'ennuy? vy donques sans enuie!
L'vn est ayder soy-mesme, ou garantir sa vie:
Et l'autre, s'esgorger de son propre couteau.

NON sans raison la coustume des Perses
Souloit iadis, pour mieus les reünir,
L'ingratitude, & mensonge punir:
Comme deus maus causantz mille trauerses.

O si mon dueil, & mes peines diuerses,
Voioyent quelcun à mon ayde venir!
I'aimeroy mieus, ains qu'ingrat deuenir,
Choir abymé dessous les vagues perses.

Ie ne fairoy comme Hippomene fit,
Lors que Venus les deus Amantz deffit:
Ains tirerois vn gaing de leur domage.

Ie beniroy mon courtois Bienfaiteur:
I'entendz au lieu que priué de cest heur,
Mesmes aus Dieus i'oublie rendre homage.

D'VN espoir lent, & vain, i'auoy repeu ma vie,
Comme vn Cameleon qui ne vit que de l'air:
Iusqu'à ce iour heureus, heureus vrayment, & clair:
Car d'vn presage heureus sa lüeur est suiuie.

On ne void chascun an ceste Fere asseruie
A commun changement, si bien renoueller
Sa premiere coleur: que ie doy rapeller
Aprez ces longz ennuis, ma gayeté rauie.

Sus donc, mon Ame triste, il te faut esiouyr!
Il est vray que le bien dont tu pretendz iouyr,
Semble (comme incertain) suget à l'auanture.

Lors qu'en doubte on s'attand à quelque effait nouueau,
Ce n'est pas s'asseurer de la chose future:
C'est estre (comme on dit) entre enclume, & marteau.

DE ses douceurs la Muse qui suporte
Mes durs trauaus, n'auoit encor glüé
Mon ieune esprit: qu'vn soing non-pollüé
M'encouragea d'escrire en mainte sorte.
　Ie n'auoy pas seulement à la porte
Les doctes Sœurs guere bien salüé,
Qu'ardant, & pront, ie fus esuertüé
D'ouyr leur voix, & suiure leur escorte.
　Ore faché d'vn trop facheus soucy,
Oubliant tout ie me lamente icy:
Et metz en ieu mon angoisse fatale.
　Que fay-ie donc, sans me voir relacher?
Ie change ainsi que la fille à Tantale
Mon dueil en pleurs, & mon corpz en rocher?

J'AVOY cent fois trompé la Fortune volage,
Affrontant ma constance à sa peruersité:
Quand elle me brassa ceste captiuité,
Sans respecter les mœurs, l'innocence, ny l'age.
　Qui sera si grand d'heur, & plus grand de courage,
Qu'il me serue d'Alcide à ceste extremité?
Brise l'ǽle au silence? à ma calamité?
Et limite bien-tost ma course, & mon voyage?
　Ie suis plus agité sur terre, que sur l'eau,
Errant par les erreurs d'vn Labyrint nouueau:
Où ie voy tant perplex, que si sa force aisée
　Ne me donne vn filet, pour fuyr cent maus offers:
J'ay grand' peur qu'arriuant trop tard en ces Enfers,
Il n'en puisse tirer son malheureus Thesée!

AINS qu'asserui perir si lentement,
Pourquoy le Ciel, ou quelque bon Mercure,
De me tuër ne prit iadis la cure:
Comme vn Torquat, expiré vistement?
 Que n'ay-ie pris mesme trespassement
Qu'vn Roy Pontique, infamement pariure?
Ou bien pourquoy souffre-ie plus d'iniure,
Que c'il qui meurt sans nul languissement?
 Las! que ie charge & de hayne, & d'enuie,
Mon fier destin, qui n'acourçit ma vie:
Ainçois prolonge & ma peine, & mon sort!
 Veu le meschef qui m'angoisse, & m'aterre,
Ie m'esbahys qu'ore ore on ne m'enterre:
Que suis-ie aussi, que l'image d'vn mort?

PLVS faché l'on me fache, & m'enserre à l'estroit,
Plus esclaue on m'esclaue, & plus mal on me traitte:
D'autant plus desireus ie requiers, & souhaitte,
Ce qu'on m'oste, & defend, en cest obscur destroit.
 He! que ne suis-ie vn Aigle? ou que n'ay-ie orendroit
L'adresse qu'eust iadis la Colchide soustraitte,
Quand son Char parmy l'air courant à longue traitte
La rauit, l'entraina, d'vn galoper adroit?
 D'vn Amant trop leger, Amante trop-ialouse,
Elle brusla son Pere, & sa nouuelle Espouse,
Et son Palais trahy: pour trop mieus l'affoler.
 Mesmes leurs propres filz elle osa bien deffaire:
Hà! ie voudrois soudain comme elle m'enuoler,
Mais ie voudrois aussi, comme elle, ne forfaire!

EN ieus Tragicz mes dous esbatz i'eschange,
Mon ris ioyeus s'escoule en tristes pleurs,
Pour vn soulas ie sens mille doleurs,
De mon vieil heur mon frais meschef se vange.

En peu d'honneur se tourne ma louange,
Mon Renouueau fene en ses vertes fleurs,
Pour mon signal i'ay les noires coleurs,
Mesmes de moy mon amitié s'estrange.

Voyla comment ie vy dans ce recoing
Où le seruage, & l'espoir, & le soing,
Seruent de suite au Destin qui m'afflige.

Cruël Destin, & subtil larroneau!
Heureus pourtant, s'il me prestoit l'aneau
Si merueilleus, du merueillable Gige!

QVELQVE fin Courtisan, ou mondain affaicté,
Recerchera des Roys la faueur, & la grace,
Vantera ses grandeurs, & son antique race:
Pour estre d'vn chascun humblement respecté.

Moy qui fonde plus bas mon desseing proiecté,
Ie requiers seulement que le Ciel ore face
Que la mort, ny l'oubly, mes ieunes chantz n'efface:
Et que mon vœu ne soit des Muses reiecté.

Qui si ie n'ay des leurs plustot acreu le nombre,
Mon age encor naissant, & mon facheus encombre,
Peuuent fournir d'excuse à ma nouuelle ardeur.

Ie pouuoy bien vn iour à cela satisfaire,
Ore pourtant ie n'ose! ains perdz auec plus d'heur
Et le soing de bien dire, & l'espoir de mieus faire.

HE! qu'à bon droit ce grand Pyrrhe Epirote
(Ains qu'immoler au Temple de ses Dieus,)
Ne requeroit autre chose des Cieus
Que la santé, de noz maus l'antidote!
　Par vn tel heur ce Prince nous denote
Qu'Empire, Estat, ni regne glorieus,
Honneur, tresor, ni Camp victorieus,
N'est à chercher d'vne oraison deuote.
　Et certe' aussi i'affecteroy ce bien,
Pourueu qu'encor libre ie fusse-bien :
Mais que ne suis-ie aus Isles fortunées!
　Là sans languir on ne sent nul excez,
Là sans playder on n'a soing de procez,
Et là ne sont les vertus condamnées.

PVIS que l'ire, & le dueil, m'acable, & desconforte :
Adieu mon cher pays, où ie fus alaitté,
Adieu ma France adieu qui m'as si mal traitté,
Payant ma viue amour d'vne hayne aussi forte.
　Adieu mes chers parantz, adieu chere cohorte
De mes plus chers Amys : adieu fidelité
Chere en tempz de bonheur, chere en captiuité :
Adieu tout ce qu'on peut cherir en mainte sorte.
　Ie chery tout le monde, & seul me hayssant
Rien que le cher trespas ie ne vay cherissant :
Auance donc mes ans, ô chere Mort suiuie!
　Ni le soir, ni la nuit, ne vient mieus à propos
Clorre le iour chery : que la chere Atropos
Cherement finira mon seruage, & ma vie!

ESTRE premier en guerre, & en prouëſſe,
Conduire à chef maint haut, & noble fait,
Tenir le rang d'vn Orateur parfait,
Par bons moyens acquerir grand' richeſſe.

Viure icy bas plein d'honneur, & ſageſſe,
Eſtre au Senat vn Iuge qu'on ne hait,
Laiſſer des filz eſleuez à ſouhait,
Et s'illuſtrer dans ſa Ville maiſtreſſe.

Luce Metel à ces pointz aſpiroit,
Voire & paruint à ce qu'il deſiroit:
Moy ie ne quiers, veu le ſort qui m'acable,

Que fuyr ces lieus d'angoiſſe, & troublement:
Pour y entrer il ne faut ſeulement
Qu'vn petit fil, pour ſortir vn gros cable!

AINS que ce preux Iaſon, auec la fleur des Grecz,
Premier voguat ſur l'eau, dans la Nef du filz d'Arge:
Il fut tranſmis en Thrace, ayant expreſſe charge
D'emmener ſon vieil Chantre, & flater ſes regrez.

Ce Chantre luy contoit ſon deſſeing, & progrez,
Eſtant ia retourné d'Enfer au gouffre large:
Diſoit comment Pluton (en vain charmé) l'encharge
De rauoir Eurydice, & fuyr ſes creux ſegrez.

Il s'attriſtoit pourtant, deus fois l'ayant perduë:
Et cependant fraudoit ſa preſence attenduë
Des Minyens ancrez au Pegaſide port.

Que ſeulement en paix, libre, ie me reuoye!
Preſt à marcher plus loing ie ſeray tout en ioye,
Et feray plus qu'Orphé, laiſſant ce lict de mort.

ADIEV Phœbus, adieu Sœurs de Parnasse,
Mon verd Laurier, & mes ieunes Chansons:
Adieu mon Lut, adieu celebres sons,
Vostre Helicon, & tout l'heur qu'il embrasse.

Ny voz beaus chantz, ny ceste pláine basse
Ou iaze l'eau de voz tertres bessons,
Ny le iargon de voz saintz Nourrissons,
Ne feront plus qu'vn vain los ie pourchasse.

De tresbon cœur ie vous dis ore adieu,
Or' mesmement que i'expire en ce lieu,
Plein de regretz, de soingz, & fantasies.

Dittes pourtant dittes maugré mon sort:
Ce Chantre icy mourut vif dans vn Fort,
Et mort reuit dedans ses Poësies.

SI quelque espoir d'honneur peut bien donner la force
Aus corpz serfz, aus cœurs francz, & aus bons iugementz,
De mespriser dangers, troubles, & changementz,
Voire l'horrible Mort qui toute chose efforçe:

Combien plus l'honneur mesme obstinément renforçe
Ceus qui taschent donter sans nulz effrayementz
Le fer, le feu, la croix, les bestes, les tormentz:
Qui ne peuuent que nuire à la charnelle escorçe?

Puis donc qu'ore ie tiens ce bouclier en la main,
Remparé d'asseurance, & d'vn sens plus qu'humain,
A mon commun mestier i'esbatray ceste vie.

Le docte Anaxagore ainsi dans sa prison,
Ainsi ce grand Socrate, auallant sa poison,
Vaquoyent l'vn à son Cercle, & l'autre à sa Sophie.

C'est trop gemy, c'est trop son esmoy suiure!
Il faut en fin mes plaintes coronner:
Aussi vouloy-ie ourdir, non patronner,
L'ouurage entier que i'estale en ce Liure.

Helas bons Dieus! comment puis-ie encor viure,
Veu les tormentz qui pour esperonner
Mon lent trespas, & pour m'enuironner,
M'ont fait ma hayne, & mes regretz poursuiure?

Ay-ie bien peu tant d'ennuis encourir,
Sans succomber? ay-ie peu, sans mourir,
Estre incertain de ma perte certaine?

Veu le miroir où ie ly mes doleurs,
Ie m'esbahy que ie ne fondz en pleurs
Comme vn Narcisse, aus bordz de ma fontaine!

FIN DV QVATRIEME
Liure des Ieunesses.

LE

LE CINQVIEME LIVRE
DES IEVNESSES.
OV
LA FRANCE EPLOREE.

POVRRAS-tu bien sur ce Theatre voir
(Chetif Françoys!) les fieres Tragedies
De ta Discorde? ou mes fureurs hardies,
Bruyant, fuyant, ton foible-fort pouuoir?
    Si ie me deulz, excuse mon deuoir,
Ou pour mieus dire accuse tes folies,
Dont & la Terre, & la Mer sont remplies:
Faisant ta noyse aus Cieus mesme sçauoir.
    Iadis le monde a ployé sous tes armes,
Et toy ployant sous tes propres Gendarmes,
Tu brasses ore & ta honte, & ta mort.
    Escoute donc, & d'vne ire estourdie
Ne cuide estaindre ou ma plainte, ou ton sort:
Fol est qui fait, & pense qu'on ne die.

L

PERE, qui vas dardant & la foudre, & l'orage,
D'vn bras armé d'esclairs, sur les voysins coupeaus:
Toy seul Porte-Trident, Roy des marins troupeaus,
Et toy Prince des mortz, de silence, & d'outrage.

Toy Soleil, qui sous nous cedes au noir ombrage,
Quand la nuit tenebreuse allume ses flambeaus,
Puis rayonnes sur nous, beau sur les Astres beaus:
Et toy sa brune Sœur, qui suis mesme voyage.

Vous autres Deitez, vous Elementz des Cieus,
Toy Cahos, vous Destins, vous Espritz Stygieus:
Si i'implore vostre ayde au besoing desseruie.

Chassez ma triste guerre, & preseruez ces chams:
Sauuant ainsi les bons, & perdant les meschans,
Vous rendrez sa franchise à la France asseruie.

MA robe estoit richement parsemée
De beaus Lis d'or, & Croissantz reuoutez,
Lis, & Croissantz, fameus & redoutez:
Ore on la void en pieces entamée.

O Sceptre heureus, ô Coronne estimée,
Sous qui iadis cent peuples surmontez
Ont recognu mes subietz indontez,
Et francz encor d'vne hayne animée!

Las! maintenant qu'ilz s'osent bien armer,
Vn vent mutin & par terre, & par mer,
Ne me predit qu'vn esclandre, & naufrage!

Dieus immortelz, immortelz & clementz:
Veu ces fureurs, ces maus, ces troublementz,
Me lairrez-vous au plus fort de l'orage?

QVELLE horreur, quel esmoy, par montz, & par valées?
Quel effort me replonge en peines, & trauaus?
Quel bruit, mais quel effroy, de gentz, & de cheuaus,
De trompes, & Canons, à voix entre-meslées?

He! que du sang Françoys ie voy de mains souillées,
Sang qui rougit les champz, voire empourpre les eaus!
He! que d'hommes occis, massacrez à monçeaus!
Que de mortz Citoyens, & Villes dépouillées!

Que de murs abatus! que d'esbrechez rempars!
Que de Tours, & Chasteaus, razez de toutes pars!
Que de veufues maisons! que de meurdrieres flames!

Que de pillage acquis des Vainqueurs triomfantz!
Que de pleurs, & regretz, de Vieillardz, & d'enfantz!
Que de violementz de vierges, & de femes!

CE n'est pas moy qui d'vne estrange guerre
Soustint iadis par les champz Phlegreantz
L'ire, & l'affront, des rebelles Geantz:
Bien que mes filz à ma honte i'enterre.

Ce n'est pas moy, Pere lance-tonerre,
De qui la terre, & ses gouffres beantz,
Acrauantoyent les gendarmes cheantz:
Voire aterrez, sous l'horreur qui m'aterre.

Ie ne m'armay iamais contre les Dieus,
Et la fierté des Titans odieus
Onc n'irrita mon cœur, ny mon engence.

He! pourquoy donc n'ayant comme eus forfait,
Meur'-ie comme eus? ains esprouue de fait
En moindre faute, vne pire vangence?

L 2

AVANT que le Discord eust secoüé l'Empire
Par mille effortz nouueaus, du superbe Romain:
La grand Cité de Mars, son defendeur humain,
Maistrisoit ia le monde, où depuis elle aspire.

Mais quand l'aspre Destin, & sa fortune pire,
Luy fit contr'-imiter l'vn & l'autre germain:
Rebelle au sang des siens elle trempa sa main,
Et semble que sa cheute encor elle souspire.

Ainsi la France heureuse ore en guerre, ore en paix,
S'enrichissoit d'honneurs, & de Lauriers espais,
Prosperoit en grandeur, & n'auoit son égalle.

Qu'est-ce que n'ose vn peuple & cruel, & mutin?
Nous ne cedions vraymant à l'heur du nom Latin,
Mais las! par contre-sort l'vn à l'autre s'esgalle.

PLVSTOT que l'air n'est froissé de la vire,
Qu'vn pront Archer decoche habilement:
Plustot que l'onde, ou l'aigu sifflement
Des ventz mutins, n'agite la Nauire.

Mes propres Filz dedans mon propre Empire
Me font sentir vn fol affollement,
Mal sur malheur, trouble sur troublement:
Tant on me blesse, & ma blesseure empire.

Megere ainsi de son bras deloyal
A dechiré mon vestement Royal,
Rompu mon Sceptre, & renuersé mon throne.

Megere aussi desployant son sçauoir,
Leur sert d'escorte, agrandit son pouuoir:
Et dure, & fiere, en armes m'enuirone.

HA France, que n'as-tu l'heur, l'audace, & l'adreſſe,
De ces grandz Conquereurs, de ton Roy les Ayeus!
Sous vn ſecond Hector aus armes furieus,
Superbe tu ſuyurois la Troyenne alegreſſe!

Plus braue que ne fut la Grece vangereſſe,
Tu guiderois ton Oſt dans ſes champz planteureus:
Et ſous l'appuy d'vn Prince acort, & valeureus,
Tu ietterois le Turc deſſous le ioug d'oppreſſe.

De tant de ſerfz Chreſtiens les chaines tu romprois,
Grand' maiſtreſſe d'Aſie: & plus forte vaincrois
Les Ottomans deffaitz, à ta Loy tributaires.

Helas! i'enten au lieu que tu vas ſacageant
Tes pays, & Citez: cruelle t'outrageant
Au ſceu, voire au ſouhait, de ces Payens ſectaires.

AFFRANCHI-moy, rebelle Tourbe inique!
Et me rendant ma ſerue liberté,
Flechy ton cœur, ton ire, & ta fierté:
Et n'aigry plus ta rage tyrannique!

Permetz qu'ainſi la maiſon Plutonique
Tienne à cent fers le Diſcord garroté!
Mon aiſe m'eſt par cela denoté,
Ains mon repos, voire ma Paix vnique.

Que ſi tu viens reſueiller mes langueurs,
L'age futur maudira tes rigueurs,
Cryant ſur toy: De ceſte bande infame

Si peu coyment dorment les roides corpz,
Qu'elle entretient & par fer, & par flame,
La Gaule en crainte, & ſon peuple en diſcordz!

L 3

OEIL tout-voyant au monde, & toy Lune qui erres
Deſſous & deſſus nous, ore haut, ore bas:
Vous Cieus, air, terre, & mer, teſmoignerez-vous pas
L'outrage, & la fureur, de noz ſanglantes guerres?

En Tigres forcenez nous rauageons noz terres,
Nous-meſme nourriſſantz noz haynes, & debas:
Par nous ſ'eſpand l'horreur des aſſautz, & combas,
Quand les Canons bruyantz deſſerrent leurs tonnerres.

Chaſcun ſ'arme d'audace, & l'orgueil endurçy
Nous fait entre-tuër ſans pitié, ny mercy:
Au lieu de courir ſus à l'Eſtranger dontable.

Ce qui pourtant nous donte au gré des aſſaſins,
Helas! c'eſt la victoire (ô victoire moquable!)
Pernicieuſe à nous, vtile à noz Voyſins.

L'ASPRE Diſcorde, & vrayment mutüelle,
Forçe au-iourd'huy ma noble Royauté:
L'orgueil, la rage, & la deſloyauté,
Láchent le frain à la noyſe crüelle.

Cent mille maus ſ'eſpandent auequ'elle,
Les trahiſons, l'ire, & la cruauté:
Et ſ'affublant d'humbleſſe, & priuauté,
Les moins ruſez attire à leur ſequelle.

Par là ie voy deſtruittes mes Citez,
Vains mes Editz, mes champz inhabitez,
Mes biens perdus, occis mes Capitaines.

Cela n'eſt pas m'affranchir, ou vanger,
De l'Ennemy: c'eſt pluſtot eſchanger
Ma ioye en dueil, & mes yeus en fontaines!

QVAND ie penſe aus malheurs de ta ciuille rage,
France, ie te compare à l'Empire Romain:
Seul, & ſeur, il donta le monde ſous ſa main,
Toy ſeule & ſeure en terre as dardé ton orage.

Tous peuples eſprouuoyent ſa force, & ſon courage,
Le Gregeoys, & l'Egypte, & l'Inde, & le Germain:
Toy non moindre en renom, gloire, & pouuoir humain,
Tu vainquoys tes hayneus ſous vn pareil outrage.

Il ſ'arma contre ſoy, n'ayant plus d'ennemis,
Tes filz victorieus la guerre au ſein t'ont mis:
Il forgea ſon meſchef, toy ta felonne outrance.

Les Barbares en fin le vindrent depouiller,
Et par toy l'Eſtranger ſ'ingere à te piller:
Romme donc fuſt chetiue, & chetiue eſt la France!

IA ſeze fois la Deeſſe des blez
S'a fait d'eſpicz mainte coronne blonde,
Et ia Bacchus de vandange feconde
Par ſeze fois noz tonneaus a comblez.

Depuis ce tempz mes pays ſont troublez
D'vne fureur qui n'euſt onc de ſeconde:
Là tout ennuy, là toute hayne abonde:
Teſmoingz mes pleurs, & mes maus redoublez.

Mais quelz Voyſins, quelles eſtranges terres,
Ayant ſenti meſmes fleaus, meſmes guerres,
Ont bien ſouffert pareille affliction?

Leur ſort differe au trouble qui m'affolle
Autant ou plus, qu'au vray la fiction,
La nuit au iour, l'effait à la parolle.

L 4

CINQVIEME LIVRE
COMPLAINTE.

QVAND le froidureux Borée
D'horreur, & d'ire agité,
Sort de l'antre Hyperborée
Sur l'Ocean depité:
 Tel nombre d'ondes
 Ses eaus profondes
 Ne vont point degorgeant:
 Que d'aspres guerres
 Dedans mes terres
 Le Dieu Mars va logeant.
Et le sacageur Automne
Gros d'iniures, & d'aboys,
Si tumultüeus n'estonne
Le Pasteur dedans les boys,
 En moins de sortes
 Faisant cheoir mortes
 Les fueilles de leurs chefz:
 Que mille outrages
 Durant ses rages,
 M'acablent de mechefz.
Ma robe de Lis semée
Uoid leur beau lustre effacé:
Ma Coronne est entamée,
Mon beau Sceptre mi-cassé:
 Et mes grandz Princes
 Par noz Prouinces
 Si reuerez iadis,
 Voyent leur vie
 Ores rauie
 Par des Poltrons hardis.

Tantoſt l'horrible tonerre
Des grandz Canons foudroyantz,
Ses bouletz meurdriers deſerre,
Rempars, & Tours poudroyantz:
  Mes Fortz, mes Villes
  Tantoſt ſeruilles,
  Se voyent ſacager:
  Et les Furies
  Aus tuëries
  Les font encourager.
Là de carnage, & de flames,
Se rempliſſent noz maiſons:
Là ie voy forçer les femes,
Meurdrir les Vieillardz griſons!
  Ores on raſe,
  Ore on embraſe
  Chaſteaus, & murs dontez:
  Ainſi la foudre
  Froiſſe, & empoudre,
  Les rochers haut-montez.
I'oy le dur choc des batailles,
Et l'orage des combas:
Le fer ſe trempe aus entrailles,
Les naurez tombent à bas:
  Les tabours ſonnent,
  Les Cors reſonnent:
  D'aſſaillantz aſſaillis
  Mainte grand' troupe
  Se hache, & coupe,
  D'vn menu chamaillis.

L'esmoy des felons Gendarmes,
Les cris, le dueil, & les plaints,
Bruyantz au fort des alarmes
Comblent d'effroy montz, & plains:
    Quelles riuieres
    Ne roulent fieres,
    Rouges du sang des mortz?
    Sang qui rebaigne
    Mainte campaigne,
    Pleine d'armes, & corpz?
Ah! que d'aigres vituperes,
Soingz, & tormentz, mes bourreaus!
Las! ie ressemble aus Viperes,
Eus estantz les Vipereaus:
    Leur Mere ilz tuênt,
    Et sesuertüent
    A me nuire beaucoup:
    Comme ces bestes,
    Estant ia prestes
    De naistre tout à coup.
    Bellone est mon hosteliere,
Deserte ma nation:
Et la ruse familiere
Suit son indignation:
    Quelle misere!
    Quel impropere
    Sur mes peuples häys!
    Plus la Barbare
    De moy s'empare,
    Moins en sont esbäys!

Entre les gentz Italiques
Iadis portant ce flambeau,
Par les plaines Pharsaliques
Elle fonda leur tombeau,
 Quand le Beau-pere
 Preux, & prospere,
 Du Gendre fut Vainqueur:
 Et des qu'à Romme
 Cæsar cheut, comme
 Son hayneus Belliqueur.
Rabaisse vn peu ton courage
O fol, & foible Gauloys !
Poussé d'orgueil, & de rage,
Ne profane ainsi mes loys:
 Ne te mutine,
 Et ne t'obstine
 En tes propres malheurs:
 En gloire eschange
 Ton blame estrange,
 Tes haynes en valeurs.
Et toy Ciel, & vous fiers Astres,
Qui vostre ire ne celez,
Ains desastres par desastres
Sur ma teste amonçellez:
 Si la Iustice
 Douce, & propice,
 N'aigrit vostre courrous:
 Tirez la France
 Hors de souffrance,
 Et benins aydez-nous.

CINQVIEME LIVRE

REGRETZ.

N'estoit-ce assez que tant de fresches guerres
Eussent versé leur venin par mes terres?
N'estoit-ce assez que mon aise, & mon los,
Fussent estaintz par ligues, & complos?
 N'estoit-ce assez que i'eusse cognoissance
De mon pouuoir, ains de ma grand nuisance,
Sans perdre l'heur dont en vain ie me pais?
O Paix en guerre! ô guerre en fresle Paix!

 INNOCENTE en mon sang ça & là ie me baigne
Soit que ie tourne l'œil deuers les Bourbonois,
Vers les champz de Bourgoigne, ou les champz Lyonois,
Auuergne, Lymosin, & Touraine, & Champaigne.
 Prouence, & Languedoc, la Guyenne acompaigne,
L'Aniou, le Perigord, le Poitou, l'Angoumois:
Le Normand, le Picard, auec le Vandomois,
Apelle à ce degast la Marche, & la Bretaigne.
 Quel endroit de repos, quel lieu de seureté,
Me reste en mes pays? mais quelle impieté
Transporte ainsi mes filz, sous ces noyses mutines?
 Vous vous trompez, Françoys! pour ma gloire abolir,
Vous pretendez en vain mes Citez demolir:
Un iuge des grandeurs, à l'esgal des ruines.

O Terre, ô Mer, ô Ciel au large espars,
Et vous Demons, brigade vagabonde,
Qui ça qui là volez parmy le monde:
Voyez ma peine, & l'outrage de Mars!

Plus ie ressens la pointe de ses dars,
Plus ie m'attriste, & triste en maus abonde:
Et plus ma playe est mortelle, & profonde,
Me laissant serue au gré de mes soudars.

Que si l'orgueil de ces guerres horribles,
Si l'aspre esmoy de mes Enfantz terribles,
Si ma langueur ne vous peut esmouuoir:

Souffrez au-moins qu'Enyon, & sa rage,
Perde leur force, & leur felon courage:
Ou refrenez son effrené pouuoir.

Est-ce vn arrest fatal ainsi determiné
Par le veuil de Themis, la vieille Prophetesse:
Que mon Estat Royal, & ma braue hautesse,
Par les siens, non d'ailleurs, seroit exterminé?

Est ce ainsi qu'on verra mon malheur terminé?
Ay-ie doncques attaint le comble de tristesse,
Supportant les desseingz, l'audace, & la brutesse,
De ceus qui n'ont iamais droitement cheminé?

Ny le bruit, ny l'honneur, de mes vertus guerrieres,
Mes chers Princes Chrestiens, mes vœus, ni mes prieres,
Humbles ne flechiront le Ciel trop endurcy?

O Dieus, coleres Dieus! ô fiere Destinée!
Si la Gaule est sans vous si triste, & mastinée,
Que ne sent-elle donc vostre force, & mercy?

Pour tesmoigner le fort, & la disgrace,
Qui noz François amorcent en leur hain:
Il me faudroit vne trompe d'airain,
Cornant plus haut les chantz qu'icy ie trace.
   Il me faudroit imiter à la trace
Le Chantre aymé du vainqueur Africain,
Et marier aus fureurs d'vn Lucain
Les masles sont du Venusin Horace.
   Il me faudroit pour franchir ce hasard,
Le style enflé de mon docte Ronsard:
Et d'vn Aurat la plume encor dorée.
   Voyre & faudroit qu'vn Homere sur tous,
Et qu'auec luy ce Rommain graue-dous
Chantat la France en mes vers éplorée.

   Prince, que t'ayme, & prise, & dont le noble chef
S'orne d'vne si braue, & superbe Coronne!
Voy comme le François aus combatz s'esperonne,
Tournant sur ses boyeaus le fer nu derechef.
   Maudit soit à iamais & l'auteur, & le Chef,
Par qui mon peuple esmeu tant de trauaus se donne!
Or' le Pere à la mort son filz propre abandonne,
Or' le frere à son frere apreste ce meschef.
   Mes Citoyens liguez s'arment, & se mutinent,
Les Voysins fourrageurs mes biens rauis butinent:
Bref toute foy gist morte, & toute charité.
   Helas? nous sommes telz or' que ie t'ayme, & prise:
Vien donc, & desormais mes souhaitz fauorise!
De ta seule faueur depend ma sauueté.

O Paix fuytiue, ô guerre abominée,
O vain repos, ô debatz malheureus,
O Ciel peu dous, ô ioug trop rigoureus,
O dures loyx, ô forte Destinée.
　O faus acueil, ô malice obstinée,
O lache emprise, ô conseilz dangereus,
O court soulas, ô lieu malencontreus,
O foy sans force, ô gloire terminée.
　O fer vangeur, ô double mauuaitié,
O fresle espoir, ô couuerte amitié,
O fol orgueil, ô Villes d'horreur pleines.
　O traistre cœur, ô bon droit peruerti,
O beau Royaume en desertz conuerti:
Las! qui mettra quelque fin à mes peines?

　FRANCE, qui fus iadis si puissante Maistresse,
Qu'on n'eust assez prisé ta gloire, & ton grand heur:
Auec toy ie lamente, & ta noble grandeur
Ne peut, non plus que moy, se garentir d'oppresse.
　Ie perdz mes ieunes ans, toy ta braue alegresse:
Tu vois esuanouyr ton los, & ta splendeur,
On dement mon merite, & ma simple candeur:
Ie sers de bute aus soingz, tu languis en destresse.
　Tu pleures iustement tes Enfantz asseruis,
Ie regrette les miens, i'enten mes vers rauis:
Bref mesme esmoy nous donte, & mesme defortune.
　Nous differons pourtant, car ton desastre mien,
Ne pend de mon meschef, & iay que voir au tien:
Chascun perd volontiers, quand la perte est commune.

CIEL, as-tu peur que le hardy Gauloys,
Ayant comblé tout ce bas territoire
D'effroy, de los, d'honneur, & de victoire,
T'acable vn iour sous le ioug de ses loys?

 Tu fais helas! ce qu'onc le braue Angloys,
L'Espaigne fiere, ou la Germaine gloire,
N'ont desseigné: ta vangence est notoire,
Et grandz les maus qu'euiter ie souloys.

 Voyez que c'est des choses de ce monde!
N'ayant trouué d'esgalle, ny seconde,
Ie suis en proye à mon peuple mutin.

 De mesme Romme à Romme fut soumise:
Car des que Romme eust la terre conquise,
Romme seruit à Romme de butin.

N'AGVERES ie pensois que la France outragée
Par ses propres Enfantz aus guerres trop dispos,
Par ses propres Enfantz seroit mise en repos:
Et qu'ilz desaigriroyent leur malice enragée.

 Ore voyant combien elle s'est affligée,
Qu'elle esbauche sa perte, & son funebre clos,
Aneantit sa force, & denigre son los:
Ie pleure sa franchise, & sa gloire engagée.

 O cruauté des Cieus! ô mondain changement!
Qu'vn nouueau regne d'or se change estrangement
En ce siecle de fer, où vifz-mourantz nous sommes!

 Adieu donc adieu France, adieu peuple Françoys,
Qui sous mesme destin mesme peril reçois!
Ainsi meurt qui meurdrit & soy-mesme, & ses hommes.

QVE

Qve me sert-il d'ouyr souuent nommer
Iadis ma terre aus armes si puissante?
Terre fertille? aus lettres fleurissante?
Si ie n'oy plus ma gloire renommer?
   Que sert cela, si ie suis à blamer,
Ayant la main en mon sang rougissante?
Et que me sert auoir veu splendissante
Ma Royauté, mesmes outre la Mer?
   Mon Sceptre helas! qui iusques aus Barbares,
Perses, Turquoys, Mammelus, & Tartares,
Fut si fameus: est donté par les siens.
   Si ie poursuis ma fatalle auanture,
Las! est-ce ainsi que ma race future
Doit vaincre vn iour les peuples Asiens?

STANSES.

Me faut-il contre Mars renouueller mon ire?
Faut-il que tant de fois ie lamente, & souspire?
Qu'au front i'aye la honte, aus yeus le triste pleur?
Sus miserable, sus! qu'en dueil on te reuoye,
Qu'on sçache ta langueur, que tes regretz on oye:
La plainte, & le souspir, sont deus frains de doleur.

   C'est toy superbe Dieu, chasse-acord, ayme-guerre,
Contre qui ie m'altere, & que ma vefue terre
Ne cesse d'abhorrer, pour tes peruersitez:
Meurdrier tu m'as destruitte, & fierté si moleste
Dement ton origine, & ta race celeste:
Le Ciel est-il ouuert à telles Deitez?

M

Parfois tu viens flater ma peine, & mes destresses:
Mais helas! c'est à fin qu'aprez courtes liesses,
Plus grief me soit l'effort d'vn Tyran si trompeur:
Ainsi desesperant de la chose asseurée,
Ie me rasseure en vain de la desesperée:
Le doubte volontiers suyt l'espoir, & la peur.

Quiconque deduyra les querelles mutines,
Les meurdres, les frayeurs, les degastz, les ruines,
Dont helas! ie foisonne en ce siecle de fer:
Celuy contre les cris, les peines, les encombres,
Qui tormentent là bas les infernalles Ombres:
Où tu regnes aussi c'est vn regne d'Enfer.

Romme sur ses destins au moins ce point regaigne,
Qu'en pertes, & meschefz, la France l'acompaigne:
En pertes, & meschefz, dont les autres instruy!
L'homme est filz d'vne Louue, ou de l'aspre tormante,
Qui ne void le malheur qui m'affolle, & tormante:
Heureus qui deuient sage à l'exemple d'autruy.

Filz de Sedition, de hayne, & d'insolance,
Artisan de malice, auteur de violance,
Brasier d'esmotion, borreau plein de fureur:
Tu bouleuerses tout, & vray fusil de rage
Attraines aprez toy les maus, l'effroy, l'orage:
Tu es donc fleau du monde, & Prince de terreur.

Adieu faus Conseillier, Ennemy temeraire,
Assasineur de Paix, aus iustes loyx contraire,
Source d'ire, & d'orgueil, Tigre affamé de sang:
Va-t'en lache Apostat, double en tes artifices,
Ie t'exile à iamais pour tes grandz malefices:
Esclaue est ta maistrise, & mon Royaume est franc.

QVE lachement mes Enfantz me trahyſſent!
Ie croy qu'ilz ont proietté de nouueau
Ma triſte mort, & troublez de cerueau
Mon bien, ma ioye, & mon repos hayſſent!

Les Eſtrangers, piteus, s'en esbahyſſent!
Par eus auſſi ie deualle au tombeau:
Vn dueil pompeus, vn funeſte flambeau,
M'eſt apreſté de ceus qui m'enuahyſſent!

Si la faueur des Cieus ne fait pour moy,
Ie meurs, i'expire: & ſont ceus que i'aymoy
Liez, ſoubmis, à meſmes auantures.

Ainſi la France amerement pleuroit,
Auant la Trefue: & croyable aſſeuroit
Auant la Paix, ces malheurtez futures.

PASSANT, qui par la France eſmerueillé chemines,
La France n'eſt plus France: & ces champz depeuplez,
Ces Chaſteaus demolis, ces murs demantelez,
Sont encor frais teſmoingz de ſes voyſes mutines.

Tu vois ce que les gentz loingtaines, & voyſines,
Ne mirent onc à chef: ou ſes ſugetz troublez
Debellantz tout, ſe ſont à la fin debellez:
Ainſi l'heur des grandeurs cede au gaſt des ruines.

Le ſeul Françoys eſtoit ſon Seigneur, & ſon Roy,
Le ſeul Françoys eſtoit ſon exemple, & ſa Loy:
Il deuoit ſeul auſſi ſe braſſer ceſte guerre.

Car les Dieus ne vouloyent qu'autre pouuoir deffit
D'vn pouuoir non-pareil, c'il qui pareille fit
Sa hardieſſe au Ciel, & ſa force à la Terre.

VA desormais en exil eternel
O Dieu guerrier, Dieu de toute vangence!
Vray boute-feu, qui sans autre allegence
Vas horriblant ton foudre criminel!

L'Hyuer frilleus a son froid annuël,
Puis le Printempz s'oppose à son outrance:
Mais toy, Crüel, tu mastines la France
Tousiours tousiours d'vn fer continuël.

C'est toy, felon, qui reforges les armes!
Tu m'as soustrait la fleur de mes Gendarmes,
Par toy ie sers à mes filz de cercueil.

Que donc en toy la Deité se montre?
Plustot, Bourreau, tu me sembles vn Monstre,
Monstre montrant vn monstrüeus orgueil!

TANT que naistre on verra la rose sur l'espine,
Tant que l'air soustiendra les troupeaus esmaillez,
Tant que l'eau nourrira les squadrons escaillez,
Tant que les flotz chesnus blanchiront la marine.

Tant que les ventz bruyront, portez sur son eschine,
Ou souflettant es bois leurs cheueus garsouillez:
Tant que les Elementz ne seront point brouillez,
Et qu'on verra durer ceste grande machine.

Ny tes fiers attentatz, ô Peuple factieus,
Ni l'oubly du tombeau, ny la faulx des ans vieus,
Ne perdront le beau los de ma belle memoire.

Trahy-moy, poursuy-moy, volle-moy, tuë-moy:
La trahison, l'effort, & le vol, & l'esmoy,
Ne combatront helas! que tes faitz, & ta gloire.

VOICY l'apreſt d'autre guerre ciuille!
Ie ne voy rien que troupes, qu'eſtendardz,
Que faus deſſeingz, que ligues, que ſoudardz:
Preſtz à me rendre infamement ſeruile!

Seruile non, mais d'vne audace habile
Taſchent m'occire: & poltrons, & pillardz,
Mi-morte helas! m'outragent plus gaillardz,
Ainçois plus durs qu'vn rocher immobile.

Ie voy ie voy mille Aſſaſins repris,
Iureurs, cafardz, & turbulentz eſpris:
Voire adonnez à me nuire, & me batre.

Ce ſont les gentz au butin les premiers,
Ce ſont les gentz à l'aſſaut les derniers:
Peuple effronté, mais bien laſche à combatre!

HA France, heureuſe France! ains pouure nation
En ce tempz deſaſtré que l'horrible Diſcorde
Fraudant ton bien, ton aiſe, & ta ſainte concorde,
Produit ſon fiel, ſa rage, & ton affliction!

Par là tu ſuis ſa trace, & ſa tentation,
Par là de ta paix faitte elle deffait la corde,
Par là tu veſtz chetiue (& ton dueil ſ'y acorde!)
Le ſac honteus d'angoiſſe, & deſolation.

Par là tes filz mutins ſ'eſleuent, & querellent,
Voire en communs hayneus te naurent, & bourrellent:
Ains t'eſtouffent eus-meſme, eus-meſme ſ'eſtoufantz.

Par là tu perdz ton los, ton heur, & ton relache:
Par là court ta ruine, & leur rigueur trop lache:
L'outrage vient de Mars, le tort de tes Enfantz.

M 3

O lache effort, ò fausse renommée,
O ligue estrange, ò feinte priuauté,
O double affront, ò grand' desloyauté,
O loy suspette, ò traison consommée.
　　O noyse ardante, ò fureur enflamée,
O fer sanglant, ò libre cruauté,
O iuste dueil, ò serue Royauté,
O ioug facheus, ò Coronne entamée.
　　O fresle espoir, ò malheur poursuiuy,
O vain acord, ò dous aise rauy,
O durs Françoys, ò miserables terres.
　　O cautz forains, ò vous droitz violez,
O mes Citez, ò sugetz desolez :
Verray-ie point la fin de tant de guerres?

　　L'AVTRE nuit en dormant à mes yeus se montra
Sur les bornes de Gaule, vne Nymphe esplorée,
Iniuriant sa face, & sa tresse dorée :
Et par ces vifz regretz en ses plaintes entra.
　　Quel Astre insidieus fierement rencontra
Mon naistre desastré? faut-il qu'eslangorée
Et sans los, & sans heur, ie soys deshonorée
De mon los, de mon heur, qui les Cieus penetra?
　　Auoys-ie pas souffert assez & trop de peines,
Si mille assasinatz, mille effortz, mille haines,
Ne retranchoyent le fil de ma ferme vnion?
　　Si pour me poindre encor de plus rudes espinçes,
Ceus-là que i'ayme plus, mes Seigneurs, & mes Princes,
Ne m'estoyent enleuez par l'iniuste Enion?

DES IEVNESSES.

MAIS quant d'ennuis, mais quant de moistes larmes,
Quant de souspirs iray-ie bien formant,
Et de sanglotz, à ce nouueau tormant
Qui me raffolle au craquetis des armes?
 Bouchant l'oreille au bruit de tant d'alarmes,
A bras croisez, & iointz estroitement,
Ma veüe en bas ie fiche lentement:
Mere d'Enfantz, ou plustot fiers Gensdarmes!
 Et nonobstant ma plainte, & mon malheur,
Il faut qu'encor la perte, & la doleur,
Que i'ay des miens, cause ma fin supresme.
 Dieus, quel meschef! attainte par mes fils
Ie meurs sous eus, & sous eus desconfis
Les enterrant, ie m'enterre moy-mesme!

CELLE que si souuent tu poursuis, & trauailles,
O Peuple aueugle & fol en tes peruersitez,
C'est ta Mere-nourrice: & ses hautes Citez
T'ont serui de berçeau, dans leurs fortes murailles.
 Ton fer propre est souillé dans tes propres entrailles,
Tu t'exposes toy-mesme à mille aduersitez:
Et bref ta neantise, & tes calamitez,
Hastent ta mort prochaine, ainçois tes funerailles.
 Ingrat est doublement qui double bien reçoit,
Oubliant l'vn & l'autre: & tel on t'aperçoit,
Tu sors de ton deuoir, & dans toy ce vice entre.
 Naissance, & nourriture, à la France tu dois,
Tu l'occis neaumoins! que font pis à la fois
Les filz de la Vipere, au sortir de son ventre?

M 4

PVISSE arriuer la fatalle iournée
Que l'Oliuier en mes champz fleurira,
Et fleurissant en son fruit meurira:
Maugré la guerre en mes champz retournée.

Ie voy ma plainte à peu prez terminée,
Signe qu'en bref ma playe on guarira:
Et que l'aigreur de mes maus s'en ira,
Et que la mort fuyra ma Destinée.

En dous repos se change la fureur
De mes Enfantz, en seurté la terreur,
La honte en gloire, & la noyse en police.

Puis qu'au-iourd'huy la Trefue vient à moy,
Puis que la Paix doit chasser mon esmoy:
Et que mon PRINCE abhorre la malice!

IE retraçois à part ces ieunes Poësies,
Et ces chantz ramassez d'entre mes vieus escris:
Tant peurent mes regretz, mes larmes, & mes cris,
Oyant d'ire, & d'horreur, noz Gaules si saisies.

Ne verrons-nous iamais noz armeures moisies
Pendre aus fourchus crampons, & n'estre plus en prix?
A l'Espaigne, à l'Angloys, serons-nous en mespris?
Se riront-ilz tousiours de ces noyses choisies?

Quand l'Ennemy vainqueur sur Croese s'eslança,
Son filz (muët n'aguere) à parler commança:
Et sa brusque parole adonc sauua son pere.

Las! & triste, & plaintif, ie r'entre en ce defaut:
Voyant perir la France, (ô France, nostre mere!)
Le courage me laisse, & la voix me defaut!

FIN DV CINQVIEME
Liure des Ieunesses.

LE SIXIEME LIVRE DES IEVNESSES.

IE SVIS encor viuant, & mon ame estouffée
   Sous l'horreur, & le faix, du meschef qui me nuit,
Commance à s'esueiller de sa profonde nuit:
Malgré tant de malheurs brusquement rechauffée.
  Soit donc ioyeus mon front, & ma teste coiffee
Du verd Laurier fueillu, que le tempz ne destruit:
Que mon nom resuscite, & qu'vn honneste bruit
Dresse ores à ma terre vn superbe troffée!
  Compassant à mon Lut mille nombres diuers,
Du gay son de ses nerfz i'empliray l'Vniuers:
Ie chanteray la France, & ses grandeurs encore.
  I'embrasseray son los, & forçant le tombeau
Diray tout ce qu'elle a d'excellent, & de beau:
Qui doute qu'à la fin tant d'honneur ne m'honnore?

M 5

AV ROY HENRI III.

Svr mes vingt & trois ans, espoint d'honneste enuie,
Ie chantay vostre nom, que de los ie combloys :
Et nom & los fatal à noz Princes Valoys :
Et vous sacray deslors mes Muses, & ma vie.

D'vn bruit assez fameus ma peine fut suiuie,
Et ce bruit par les vers qu'esuanter ie souloys,
Et ces vers par l'honneur de noz hommes Gauloys :
Et cest honneur helas ! par l'attente asseruie.

Quelles difficultez n'ont embelli l'effait,
Quand par courtoys acueilz, maint present on m'a fait ?
Quel oubly n'a fraudé ma plume, & mon entante ?

C'est beaucoup d'acheuer, ayant bien commancé,
Mais c'est trop, pour bien courre, estre mal-auancé :
Si plusieurs ont fait l'vn, de l'autre ie me vante.

POVR LA ROYNE ELIZABETH.

Le Ciel pour rasseurer la France d'vne part,
Des cloistres Pyrenez l'emmura contre Espaigne :
De l'autre, par le Rhin separa l'Alemaigne,
Et de l'Angloyse mer borna l'autre rampart.

Du costé Piemontoys qui la Gaule depart
Du champ Ausonien, encor la ceindre il daigne
D'vn montueus renfort : bref comme vne campaigne
Close de tous endroitz, mit ce Royaume à part.

Or craignant de nouueau que l'aspre Germanie
Armat encontre nous sa puissance infinie,
MADAME, il vous choysit l'Espouse d'vn grand Roy.

Et ce pour nous monstrer que les montz ou riuieres,
Tant soyent-elles en force orgueilleuses, & fieres,
Ne pouuoyent (comme vous) nous affranchir d'effroy.

A LA ROYNE LOYSE.

TOVT cela qu'œil humain, oreille, esprit, & sens,
Peut contempler, ouyr, mediter, voire aprendre,
De beau, de gay, d'heureus, & louable à comprendre:
Fait admirer en vous Nature, & ses presens.
  Encor ses riches dons n'estoyent pas suffisantz
Pour vous combler de gloire, & parfaitte vous rendre:
Si ceste Royauté n'eust fait sur vous descendre
L'influance du Ciel, & des Astres puissantz.
  MADAME, l'on vous prise en ce qu'ouuriers si rares
De si chers ornementz ne vous furent auares:
N'en veuillez toutesfois plus fiere deuenir.
  Celles qui moindres sont, voyant grandeur si haute,
Pourroyent s'en plaindre à eus, pour d'eus les obtenir:
Car vous seule auez trop de ce que mille ont faute.

A MONSIEVR, FRERE DV ROY.

FRANÇOYS, quiconque dit que tu nasquis en terre
Seulement pour toy seul, sans grace, & sans esprit:
L'effait dement sa langue, & l'honneur qui t'aprit
A cherir l'humble paix, & suiure l'aspre guerre.
  Ore l'horrible Mars qui noz hayneus aterre,
De feu, de sang, d'esmoy, nostre Gaule remplit:
Mais ton heur, ta prouesse, & ta foy qu'on eslit,
Grandeur, victoire, & los, te font soudain acquerre.

L'ennemy domeſtique, & le Camp eſtranger,
L'vn deia mis en peur, l'autre mis en danger,
Rabaiſſe encor ſon front, & tes gloires eſleue.

Pourſuy donc, PRINCE heureus! te montrant noſtre chef,
Tu nous montres combien nous te deurons en bref:
Puis que deia pour nous tu n'as repos, ni tréue.

AV ROY DE NAVARRE.

QVAND ie ſonde à part moy ton cœur, & ta conſtance,
Mon Roy, ie t'acompare au verdoyant Palmier,
Qui tant plus eſt chargé, tant plus eſt couſtumier
A s'eſleuer en-haut par viue reſiſtance.

Tu perdis feu ton Pere, au cours de ton enfance:
Puis n'ataignant encor ton age printanier,
Tu vis clorre à ta Mere helas! ſon iour dernier:
Iour, dont le ſouuenir inceſſament m'offance.

Depuis en longz trauaus, plus que le ſable eſpais,
Imployable tu vis ore en guerre, ore en paix:
Recerchant la vertu qui t'apelle à ſon Temple.

Courage, PRINCE humain! frequente moy ce lieu:
Iadis par ce moyen Hercule ſe fit Dieu,
Et meſmes tes Ayeus t'en donnent ſeur exemple!

A LVY-MESME.

I'OSE bien aſſeurer que tes valeurs cognües,
Ton courtoys naturel, ta grace, & ta bonté,
Eſprendront tes ſugetz: comme elles ont donté
L'ardeur, l'ire, & l'eſmoy, des noyſes auenües.

DES IEVNESSES.

Outre ce ie diray que si tu continües,
Mattant le vice infame, & l'orgueil effronté:
Tu gaigneras le cœur, l'ame, & la volonté,
De maint Prince estranger, & des tourbes menües.

Mais croissant en bonheur que tu puisses auoir
Vn homme en foy plus ferme, ou plus docte en sçauoir,
Que ton sage Glatens: mon Henry, ie le nie.

Voys-tu comme vn Soleil darde plus de clartez,
Que tous les autres feus par le Ciel escartez?
Tel est vn seul Glatens par la troupe infinie!

A MADAME LA PRINCESSE,
sa Sœur.

LE *Ciel en vain marry pleure vostre depart,*
Et coniuré vous brasse vne nouuelle guerre:
Mesmes Phœbus retif ses rayons ne desserre,
Et le tempz anublé ses faueurs ne depart.

La Court encor vous plaint : vous seule d'autre part
Vous esgayez, Madame, allant voir vostre terre:
Vous desirez changer (& rien ne vous deterre)
Paris à vostre Pau, & la France à Beart.

Puis donc que voz souhaitz ailleurs ne daignent tendre,
Allez à la bonne heure! ainsi la saison tendre
Puisse fleurir soudain où vostre suite ira.

Ne craignez le tempz sombre ! auant que vous desplaire,
Les Cieus vous ayderont: le Soleil qui n'esclaire,
Luyra pour vous conduire, & l'air s'adoucira.

*

A MONSIEVR DE GVYSE,
Sur sa blessure.

IAÇOIT que la beauté de ta crespe iouuance
Ait receu ceste playe au lieu plus noble, & beau,
Ne t'en sache pourtant: maint Duc gist au tombeau
Qui n'eust onc tant d'honneur, pour l'honneur de la France.

Ce braue Scipion qui froissa l'insolance
D'vn pariure Annibal, s'honnora de nouueau,
Monstrant son corpz blessé, mais bien son bon cerueau:
Ains son grand cœur au peuple, au Senat sa vaillance.

Ainsi (Prince) on te void actif, loyal, & preux:
Mais encores estant plus enhardy, qu'heureux,
De ce ieune Africain tu combas la memoire.

Vien donques, & nauré sans honte comparoys!
En nous cachant ce coup, aussi tu cacheroys
Ton deuoir, & ta foy, ta valeur, & ta gloire.

POVR MADAME LA PRINCESSE
de Condé.

DOCTE sera la main, & l'Ouurier glorieus,
Qui te sçaura bien peindre, ô fleur de noz Princesses:
Sur le plus beau patron des plus belles Deesses
Il doit ficher alors son esprit, & ses yeux.

Mais pourroit-il tirer ces Astres radieus?
Ce large front d'Yuoire, & l'or fin de ces tresses?
Les apastz de ce ris? ces graces flateresses?
Et ce sein si mignard qui tenteroit les Dieus?

Non non, il ne sçauroit parfaittement les peindre!
Et certes c'est beaucoup s'il peut aumoins les feindre
Au prez du naturel, contr'-imitant le vif.

Auſſi pour mieus former ceſte rare facture,
L'Art n'eſt pas ſuffiſant, ſans l'ayde de Nature:
Ni la Nature encor, ſans le Ciel plus naïf.

A MONSIEVR DE LORRAINE.

S I ie n'ay iuſqu'icy dignement entrepris
D'illuſtrer ton Alteſſe, ô race de Lotaire,
Excuſe mon defaut! le cœur fut volontaire,
Mais ie fus par mon ſort plus d'vne fois repris.

De là donc vient ma coulpe, ains mon propre meſpris:
Si qu'au lieu d'embraſſer ta hauteur debonaire,
I'ay ſuiuy mes malheurs, & ma plainte ordinaire:
Subiectz vrayment facheus aus plus gaillardz eſpris.

Or bien que i'aye teu tes bontez, & merites,
Si ay-ie tes valeurs au cœur ſi bien eſcrites,
Que i'oſeroy les ioindre à celles de noz Roys.

Le ſang, le nom, l'honneur, recommandent ta gloire:
Et moy par vœu i'apandz ton los à la Memoire,
Chantant comme ie puis, non comme ie voudroys.

A MADAME LA PRINCESSE.

N O N, ce n'eſt ſans raiſon, ô nouuelle Minerue,
Que le Deſtin te monſtre à la Cour de noz Roys:
Tu ſemble' vne Deeſſe, & plus graue rendroys
Ta grandeur ſouueraine, & leur maiſtriſe ſerue.

Tout ce que deſormais es Dames on obſerue
De plus digne, plus cher, plus rare, & plus courtoys,
Se peut voir en toy ſeule: & ſi ie te vantoys,
Ie diroy que le Ciel ſes faueurs te reſerue.

Vy donques vy contante, & parmy ces clartez
Laisse espandre le ray de tes diuinitez:
Puis que ta grand' vertu sur les autres s'honnore.
 Ainsy l'obscure nuit, & le morne sommeil,
Cede à l'Astre du iour, qu'on appelle Phosphore:
Phosphore à l'Aube rouge, & l'Aube au clair Soleil.

A MADAME DE BRISSAC.

 Qvand la chaste Pallas voulut renaistre au monde,
Et hanter priuément les plus nobles espris:
Elle emprunta le corpz d'vne Nymphe de prix,
Et prit vne beauté à nulle autre seconde.
 Madame c'est vous-mesme, en qui vrayment abonde
La grace, & la vertu, qui flambe en voz escris:
Ce qui vous fait priser des Françoys mieus apris,
Comme en eus vous prisez l'vne & l'autre faconde.
 Si donc ie vous admire ainsi que ma Pallas,
Si ie dy que la Muse est vostre doux soulas:
Madame, excusez-moy! vous promettez encore
 Ie ne sçay quoy de beau, de rare, & de parfait:
Car outre le sçauoir qui sçauante vous fait,
Vous honnorez l'honneur, & l'honneur vous honnore.

A FRANÇOYS DE MOMMORANCY,
Mareschal de France.

 Ce Duc Athenien, Chef de sa Republique,
Ce braue Alcibiade, vn des foudres de Mars,
Qui guerroya pour elle en mille & mille pars:
Vid frauder laschement sa valeur Heroïque.
Le Perse

Le Perse auoit receu ce Capitaine Attique,
Quand banny de sa terre il guida ses soldars
Contre ses fiers hayneus : qui par la fuite espars
Acreurent (luy remis) son heur, & gloire antique.

Ore aussi, MONSEIGNEVR, que l'on te tend le bras,
Tu plais au lieu de nuire : & si retourneras
Non comme Alcibiade en exil volontaire,

Où traistrement il fut assasiné des siens :
Mais en tes dignitez, pour suruiure au contraire
Plus craint des Ennemys, & moins haÿ des tiens.

SVR LE MARIAGE DE MONSIEVR DE Mercur, & Ma^{elle} de Martigues.

LE Ciel qui fauorit l'vne & l'autre maison
De ceus de Luxembourg, & de ceus de Lorraine :
Monstrant plus que iamais sa vertu souueraine,
Au-iourd'huy vous appelle à ceste liaison.

Il veut que la presente, & plus tarde saison,
Admire voz grandeurs, & vostre amour certaine :
Et que vous parueniez, à gloire si hautaine,
Laissant vn beau lignage, & fecond à foison.

Les filz imiteront les vertus de leur Pere,
Les filles en beauté sembleront à leur Mere :
Et sera d'an en an leur tige planteureus.

Le Verger qui produit de differente sorte
Tant d'arbres, & de fruitz, à grand tort ce nom porte :
Quand à moy ie l'estime vn Paradis heureus.

N

A MADAME DE SAINT GERMAIN.

Ni de noz fiers debatz les tristes accidantz,
Ni l'Estat esploré de la chetiue France,
Ni de voz serfz voysins la plainte, & la souffrance,
Ni l'apprehension des perilz euidantz:
　　Ni le pariure aboy des blasonneurs mordantz,
Ni d'vn accord suspect la pipeuse esperance,
Ni des meurdres commis l'horreur, l'ire, & l'outrance,
Ni les feus sacageurs de toutes parts ardantz:
　　Ni du corpz feminin le naturel fragile,
Ni mille & mille assaus liurez à l'Euangile :
N'ont peu donc esbranler vostre cœur maste, & fort ?
　　O rare fermeté ! vous nous trompez, Madame :
Et plustost me semblez vn homme, qu'vne feme :
L'homme encor bien souuent fleschit sous moindre effort.

POVR LE ROY DE NAVARRE.

Navarre, Bear, France, esclaue, humble, courtoyse,
Prioit, vantoit, cerchoit, le Ciel, sa foy, ton heur :
Quand ton droit, ta naissance, & ton fatal honneur,
La mit, la vid, la tint, en doute, en soing, en noyse.
　　Le ioug, l'amour, le los, n'oste, ne perd, n'acoyse,
L'espoir, l'acquest, le prix, de ta ieune valeur :
Ains tente, esmeut, remplit, de peur, d'esmoy, de pleur,
L'hereditaire gent, Beartine, & Françoyse.
　　Dieu lors sçachant, voyant, & dontant leur courrous,
Leur promet, offre, cede, & iuste, & large, & dous,
En faitz, en mœurs, en loys, force, ayde, conferance.

Ainsi nay, nourry, creu, (PRINCE acort) puisses-tu
Triplant parmy ces trois en bien, grace, & vertu,
R'auoir, tenir, orner, Nauarre, Bear, France.

A MONS LE MARQVIS DE CONTY.

QVEL Poëte nouueau, quittant le gay Lyerre,
Pour le Myrthe, & Laurier, se presente à mes yeus?
Vous me direz ainsi, vous qui pour voz Ayeus
Auez eu tant de Roys de la Gauloyse terre.

Ie suis vrayment celluy qui chante pour acquerre
Non des riches tresors, mais vn bruict glorieus:
Affin qu'en m'honorant ie vous honore mieus,
Et qu'vne layde mort, vostre beau loz n'enterre.

Ie m'offre donc à vous, & ne suis trop hardy:
Et m'abuse non plus quand ie vous nomme, & dy,
Enfant du Pere aux Roys, moy du Pere aux Poëtes.

Les Princes, & Phœbus, viennent du grand Iupin,
Ilz sont donques germains: & par mesme destin
Vostre nepueu ie suis, & mon Oncle vous estes.

AV SEIGNEVR POLLET,
Ambassadeur d'Angleterre.

IE sçay bien, MONSEIGNEVR, quelz sont en apparance
Voz merites cognus, vostre honneur, & sçauoir:
Ie sçay que vous auez l'adresse, & le pouuoir,
De combatre le Sort, & la rude Ignorance.

Ie sçay combien vous doit l'Angleterre, & la France:
Ie sçay que l'vne & l'autre ore se plait à voir
Vostre foy, vostre zele, & vostre sain deuoir,
Acompaignez de gloire, & de perseuerance.

Ainsi donques ie sçay ce que ie n'auoy sçeu
Auant que vous m'eussiez courtoysement receu,
Et qu'encor ie vous sceusse à mon gré satisfaire.
  A mon gré, non, ie faus! car ie ne sçay comment
Ie sçauray m'acquitter d'vn si dous traitement:
Heureus si le sçachant, ie le pouuoy bien faire!

SVR LE POVRTRAIT
de Madame de Sauue.

CE Pourtrait ou le Ciel, les Astres, l'Art amant,
Les Graces, & Nature, ont assis leur merueille:
C'est l'image, & l'obiect, d'vne Beauté pareille
En douçeur, en amour, en prix, en ornement.
  Si ce qui n'est qu'ombrage, ou qu'vn esbauchement
De la vraye semblance, à celle se conseille
Qui tue les viuantz, & les mourantz esucille:
Iugez de sa presence à son esloignement.
  Le Peintre a donc failly! mais quoy? sa faute est telle
Que son pinçeau deuoit pourtraire vne Immortelle,
Pour mieus representer ses attraitz plus qu'humains.
  Ie l'excuse pourtant, & prise sa peinture!
Est-ce peu d'imiter par l'œuure de ses mains
Les Cieus, les Astres, l'Art, les Graces, & Nature?

A MONSIEVR DE CHEVERNI,
Garde-seaus de France.

IE cultiue, & nourris, vn Verger delectable:
Là fleurissent deia mille arbrisseaus plantez,
Tardifz, & non-tardifz, antez, & non-antez:
Mais ceste aspre saison leur est mal profitable.

Que n'ay-ie les Pommiers du Jardin admirable
Des Hesperides sœurs? leurs riches fruitz vantez
Te seroyent en leur place offertz, & presantez,
Esgallant par mes dons ton merite honnorable.
   Qui donc guerdonnera tes seruices entiers?
C'est la France, & ton Roy, non mes ieunes fruitiers :
Tien est aussi cest heur, & mienne l'impuissance!
   Si tu conduis pourtant leur fruit à meureté,
(Toy qui en plein Hyuer peus causer leur Esté)
L'honneur en sera tien, & mienne l'accroissance.

A GVILLAVME DE HAVTE-MER, Sieur de Feruaques.

SI mon stile trop bas enfloit sa douce veine,
FERVAQVES, i'oseroy ta valeur estimer :
Et ton surnom hautain, venu de Haute-mer,
Seroit plus d'vne fois honnoré de ma peine.
   Or ie n'ay ce bonheur! mon humble chant se traine,
Mesmes la sainte ardeur qui souloit m'animer,
Ne me permet icy ta louange exprimer :
De l'entreprendre donc ce seroit chose vaine.
   Au pis il me faudra gaigner plus de loysir,
Pour te chanter vn iour : lors ie pourray choysir
Ce qui redonde plus à ton los, & merite.
   Pour gage cependant ces vers ie t'offriray :
Car de comprendre icy ce qu'alors ie diray,
Pour vn si grand discours la carte est trop petite.

DE LA MAISON DE CANDALLE.

Povr voir ensemblement & l'heur, & la prouësse,
Heur & prouësse ornantz le beau tige de Foyx :
Tige qui fleurissoit si fecond autresfoys,
Fecond en los, en gloire, en pouuoir, & noblesse.
    Pour voir encor l'honneur conioint à la sagesse,
Graue honneur, & sagesse, illustre en mille endroys :
Mille endrois où maintz Ducz, maintz Empereurs, maintz Roys
Braues ont maintesfoys agrandi leur grandesse.
    Arreste icy, Passant, où la mesme Vertu
Te sert mesme d'escorte au mesme trac batu
De ce mesme Palais, qui mesme au sien s'esgalle.
    Et quoy ? l'oyant nommer, t'enquiers-tu de son nom ?
L'Europe, ains l'Vniuers, renommant son renom,
Te monstre tout par tout la maison de Candalle.

A MONSIEVR LE CONTE
de Saint-Aignan.

Seignevr, dont la vertu comme vn Astre reluit:
Ne vous esmerueillez si la Discorde, & l'ire,
Ont parfois esbranlé ce trespuissant Empire
Qu'aueques noz Françoys l'Estranger a destruit.
    Plustot estonnez-vous dequoy leur bras seduit
N'a deffait, & perdu, son Estat qui n'empire:
Quand le bien cede au mal, & le meilleur au pire,
C'est lors qu'vn Sceptre heureus par sa force se nuit.
    L'enfant de Telamon ainsi comblé de blame
Soy-mesme s'enferra de la Troyenne lame,
Qu'il eust en contre-don de son baudrier donné.

Ainsi de ce baudrier attaché fust encore
Ce Preux, qu'vn fier Achille en mourant deshonore:
Et qui deuant ses murs fut trois fois retrainé.

A MADAME DE LA BORDEZIERE.

SI parfois me plaignant vous auez regreté
(Comme on m'a dit icy) ma sinistre auanture:
MADAME, ie seroys d'vne ingratte nature,
Oubliant mon deuoir, & vostre honesteté.
 Vous diray-ie mon nom, mon titre, & qualité,
A vous qui n'ignorez d'où vient ceste escriture?
Vous le sçaurez vrayment à celle coniecture
Qui ramentoit ma peine, & mon aduersité.
 Ie suis donques celluy qui voz graces admire,
Qui cherit vostre honneur, qui vostre bien desire,
Qui loing de vous se paist de tristesse, & d'ennuy.
 Qui vous regrette absente, & d'esmoy se consomme:
Bref qui de vous (Madame) ore se souuient, comme
Vous eustes quelquefois souuenance de luy.

AV SEIGNEVR DE MIOSSANS.

IADIS vn braue Vlysse, ornement des Gregeoys,
Fut par eus delegué vers les Princes de Troye,
Pour recouurer Helene: auant qu'on mist en proye
La Cité de Priam, vieil tige de noz Roys.
 Ores vn autre Vlysse, ornement des Françoys,
Est venu dans Paris, àfin qu'on luy ottroye
Vne autre belle Helene, & qu'il la reconuoye
Iusqu'aus champz où l'attend son Espous Nauarroys.

SIXIEME LIVRE

Frustré de ses desseingz ce caut filz de Laërte
En Sparte retourna, portant la guerre ouuerte,
Que ceste Greque icy laissa regner dix ans.

Ou cestuy faisant ore vn plus noble ambassade,
Conduit pour nostre bien ceste Royne en parade :
Vn sage Vlysse est donc moindre que Miossans.

A MESSIEVRS DE PIENE.

CE que vous deuez faire, & cela qu'en espere
Chascun de voz parantz, & moy qui ne vous hais,
Ains voüe à vostre nom mes chantz, & mes souhais:
Vous font ia ressemblable à la mere, & au pere.

A vous, à eus, à moy, vous pouuez satisfaire,
Fuyant l'orgueil, le blame, & les vices infaitz :
Vostre honneur, vostre sang, & mes vœus tres-parfaitz,
Vous y poussent assez : si vous daignez le faire.

Vostre ieunesse semble aus ieunes arbres vertz,
Qui de fueille, ou de fleur, sont seulement couuertz:
Il faut donc qu'en croissant la Vertu vous instruise.

L'ayant pour vostre guide, heureus suyuez ainsy
Le deuoir, l'esperance, & l'extreme soucy,
De vous, de voz parantz, & de moy qui vous prise.

A MADAME DE ROHAN.

SI celle qui nasquit du cerueau de son pere,
Monstre les deus effaitz de sa Diuinité :
Chrestien ie m'en raporte à son antiquité,
Qui seule a pour tesmoing la Grece mensongere.

Si ces Vierges qui ont Mnemosyne pour mere,
Aydent aus Poetes saintz, i'en croy la verité :
MADAME voſtre eſprit, & voſtre dignité,
Valent bien que vous ſeule à toutes on prefere.

Ce qu'on dit de Pallas n'eſt que fable, & qu'abus,
Menteur eſt le recit des neuf Sœurs de Phœbus :
Mais quoy ? vous reſueillez vne plus grand' merueille.

Car tresbelle, & treſdoɔe, à l'enuy paroiſſant,
Aus voyantz, aus oyantz, vous allez rauiſſant
L'amitié par les yeus, & l'ame par l'oreille.

SVR LA VILLE
de Paris.

QVI cerche dans l'Europe & cent peuples diuers,
Et l'heur de cent pays, compris dedans vne Iſle,
Ainçois toute la terre en vne ſeule Ville :
Dedans vn ſeul Paris voye tout l'Vniuers.

Bien & mal ſuit icy les bons, & les peruers :
Fertil y eſt le vice, & la vertu fertille,
La grandeur, l'excellence, & le ſçauoir vtile :
Auſſi ſon bruit fameus paſſe ſes murs ouuers.

Paris eſt vne Afrique en nouueautez pareilles,
Vne Grece en faconde, vne Ægypte en merueilles,
Vne ſuperbe Aſie en biens de riche prix.

Toute choſe y floriſt, toute choſe y abonde :
Et comme tout le monde eſt ſeulement Paris,
Auſſi Paris ſans pair eſt le monde du monde.

*

AV SEIGNEVR DE BELLEGARDE.

O desir vehement! ô simple honesteté!
As-tu donc esloigné nostre terre Gasconne!
Donques ton naturel à pratiquer s'adonne
Le Françoys, si constant en sa legereté?

Icy l'orgueil, la pompe, & la varieté,
Hausse, & maintient les vns, les autres abandonne:
Icy le Courtisan aus ruses se façonne,
Et n'y regne que feinte, ou hayne, ou malheurté.

Voy donques, voy SEIGNEVR, l'infame Circe enorme,
Qui pires qu'en porceaus ses poursuiuantz transforme!
Mais pour mieus te garder, tant auisé sois-tu,

Pren ce Moly puissant: & ne crains qu'elle eschange
Caute, fiere, diuerse, en fard, loy, vice estrange,
Ton bon cœur, ta foy pure, & ta propre vertu!

A MADAME ROLAND.

VOSTRE braue surnom, qui d'vn braue Roland
Nous raporte auiourd'huy le nom, & la memoire,
S'honore mieus par vous, qu'il n'acroist vostre gloire:
Et par vostre excellence est trop plus excellant.

Vous semblez à Venus, & l'Archerot volant
Cache dedans voz yeus les traitz de sa victoire:
Vif est vostre beau teint, poly ce sein d'Yuoire,
Et crespes ces cheueus où l'or se va meslant.

Qui pourroit adiouster à si second merite?
Ie vous souhaitte donc non la folle poursuite
D'vn Roland, qu'Angelique embrasa furieus.

Mais vn qui de vous digne à vous seule defere
Tant de perfections, qui ont pouuoir de fere
Et la Terre celeste, & terrestres les Cieus.

A P. DE GARROS,
Poëte Gascon.

MVSE, dont le trauail, le bruit, & la venuë,
Sçait parmy la Güyenne en ton nom esmouuoir
Mille gentilz espritz, amoureus du sçauoir:
Pren ce Vœu que ie sacre à ta gloire auenuë.

Nostre Gasconne langue aus Françoys incognuë,
Leur monstre desormais ta grace, & ton pouuoir:
Et par voix, & par art, nous fait comprendre, & voir,
Et la source, & le cours, de ta veine cognuë.

Deia le vieil Tityre, enflant son chalumeau,
Prez de ses bœufz paissantz te chante sous l'ormeau:
Mesmes Dauid t'apelle à sa Harpe Chrestienne.

Et moy pour t'honnorer d'vn plus recent honneur,
(Comme venant aprez l'vne & l'autre Sonneur:)
A ta feste inuité ie t'inuite à la mienne.

AV SEIGNEVR DE RAIGNY.

IE ne suis si perclus de sens, ni de cerueau,
Que i'ignore (RAIGNY) tes valeurs immortelles:
I'admire leur renom, & sçay qu'elles sont telles
Qu'on les void mieus fleurir qu'vn ieune Renouueau.

Ie me perdz au milieu d'vn si nombreus troupeau:
Mais comme la Puçelle au tempz des fleurs nouuelles
Errant de pré en pré moissonne les plus belles,
Les ageance par ordre, & s'en fait vn chapeau.

Ainsi ma Calliope embrassant ta louange,
De toutes tes vertus deffaira le meslange:
Puis d'vn si noble chois enrichira mes vers.
   Chois comprenant tes faitz, ton heur, & ta prudance:
Car de coucher icy tes merites diuers,
Pour discours si petit trop grande est l'abondance.

A MONSIEVR DE SAVOYE.

NOBLE *Prince venu du noble sang de France,*
Esgallant à l'ennuy de tes braues Aïeus
Ton merite à la terre, & ton courage aus Cieus:
Vrays tesmoingz de ton los, & guerriere asseurance.
   Prince, qui peus vn iour par l'aigu de ta lance
Forçer, perdre, & fouler, d'vn combat glorieus,
L'effort, l'orgueil, le nom, du Turc iniurieus,
Qui bien-souuent des tiens a prouué la vaillance.
   Prince, dont le grand heur n'attaint à la vertu,
Tant soit-il agrandy: Prince, daigneras-tu
Rabaisser ta hauteur, pour voir ma petitesse?
   Prince, s'il est ainsi, prens ce present à gré:
Humble en mon humble estat ie n'ay si bas degré,
Que ie ne puisse encor exalter ton Altesse.

A MONS.^r LE CONTE
de la Suse.

DOCTE, *& preux, embrasser l'vne & l'autre Pallas,*
Ioindre l'humble entretien à la braue hautesse,
Le merite au bonheur, la grace à l'acortesse,
Et le graue discours à l'honeste soulas.

Fouler aus piez le Sort, & ses cruëlz debas,
Lier d'vn ferme nœu l'honneur, & la sagesse,
Marier les vertus aus titres de noblesse :
Ce sont tes faitz, LA-SVSE, exemptez du trespas.

 De tes Ayeus aussi la grandeur, les trophées,
Les armes, les valeurs, & gloires estophées :
Te font auec ton los doublement estimer.

 De ces ruisseaus enflez de leurs communes charges,
Ie voy naistre vn beau fleuue, ains deus riuieres larges :
Qui s'espandent, LA-SVSE, en vne grosse mer.

EXCVSE.

QVELQVE sot Enuieus me pourra bien reprendre,
M'ayant ouy parfois & plaindre, & lamanter :
S'il veut donc ses desirs, & son goust contanter,
Voyse vn meilleur repas en autre table prendre.

 Ie n'inuite ceus-là qui ne daignent m'entendre,
Il me plait leur deplaire : & chantant n'enchanter
Leur soing si peu soigneus, tentant pour attanter
Sur vn los bien loüé, voire apris pour aprendre.

 Iupiter qui la foudre eslançe de ses mains,
Ne peut mesmes tout faire au gré de tous humains :
Les vns veulent beau tempz, & les autres la pluye.

 A plus forte raison nous qui ne sommes Dieus,
Pensons-nous contanter ces Monstres odieus ?
Ilz nous ennuyent plus, où moins on les ennuye.

*

SONNET NON RIMÉ.

Il faut il faut que chascun voye vn iour
L'antre habité de la mere des Parques,
L'esgalle Mort aussi bien nous talonne,
Et comme vne ombre en cheminant nous suit.

Le Tempz qui volle, & retrace son cours,
Trompant, foulant, noz foibles esperances :
Bande son arc, qui tire sans relache
Noz iours suyuantz les renaissantes nuitz.

Ainsi sans fin ses fleches empannées,
Ainsi sans fin ses prises, & reprises,
Perdent noz ans qui ne reuiennent plus.

Aduisons donc à ne perdre noz ames :
Car tout ainsi qu'vn beau trespas est vie,
Bien peut mourir quiconque a bien vescu.

AV SIEVR DE NVILLY,
de la Rochefoucaut.

En me iouant icy, NVILLY, ie n'ay compris
Les discours fabuleus d'vne Greque Iliade,
Ni les traitz empruntez de nostre Franciade :
I'en laisse chargez ceus qui la charge en ont pris.

Iadis en vers Latins vne œuure i'entrepris,
Et du nom de Henry la nommant Henriade,
(Nom fatal à noz Roys, & parfait en triade:)
Pour le moins à leurs faitz ie donnay quelque prix.

Ore vn sot Repreneur plus enclin à mesdire,
Qu'à bien faire, ou parler : volontiers pourra dire,
Qu'à beaucoup ie dy peu : mais vaine est sa raison.

DES IEVNESSES.

Ces fleuues trop enflez ont leurs eaus esgarées,
Mesmes les plus gros bœufz ne font les grandz arées :
Et Dieu a grande part en petite maison.

DES TROYS FILLES DE FRANCE.

TROYS belles Sœurs, Deesses d'apparance,
Auoyent debat, quand le frere d'Hector
Leur Iuge esleu, baillant la Pomme d'or
A Venus seule, osta la differance.

Mais s'il eust veu ces troys Filles de France,
Troys autres Sœurs, dignes de ce tresor :
Elles auroyent la gloire, & l'offre encor,
Et Troye n'eust souffert tant de souffrance.

C'est donques vous, ô Nymphettes de prix,
Et non Iunon, ou Pallas, ou Cypris,
Qui meritiez la Pomme renommée.

He! que n'estoy-ie vn Paris entre nous ?
Plustot ie l'eusse en troys partz entamée,
Pour la donner à chascune de vous.

A MONSIEVR D'AVMALE.

S'IL te souuient de l'immortel Cercueil
Que mes escritz dresserent à ton Pere,
Vangeantz le tort, l'horreur, & l'impropere,
De son trespas : borne ce triste dueil.

Regarde-moy seulement d'vn bon œil,
C'est tout le gaing & l'heur que i'en espere !
Nul mieus que toy ne me faira prospere,
Nul mieus que moy ne dira ton recueil.

C'est peu d'auoir grand' suite, & grand'z richesses:
SEIGNEVR, il faut par faueurs, & largesses,
Faire vn tresor de fidelles Amis.
 Le bien perit, & telle amitié ferme
Ne craint la Parque: ains sans peur, & sans terme,
Plus se renforçe ou sa force elle a mis.

A MONS.^r DE BIRON,
Mareschal de France.

SOIT que la Paix, ou la Guerre defaille,
Tu vas dressant la gloire, & l'appareil,
De l'vne & l'autre: & ton bras nompareil
Vainc l'Ennemy, mesme auant qu'on l'assaille.
 Mars t'encourage au fort de la bataille,
Minerue instruit ta prudence au conseil,
Le Dieu facond t'auoüe son pareil:
Et c'est pourquoy ces titres ie te baille.
 Heureus BIRON! & plus heureus encor,
Si tu reffais en France vn siecle d'or!
Tu n'as assez d'vne double coronne.
 La Paix vrayment te doit son Oliuier!
A fin qu'ainsi la Palme, & le Laurier,
D'vn triple honneur tes temples enuironne.

A MONSIEVR DE PIENE.

BIEN que le fil des fleuues, & ruisseaus,
Traine en la Mer les riuieres cognuës:
Et bien qu'Iris attire à soy les nuës
De l'Ocean, viue source des eaus.

Pourtant

Pourtant, SEIGNEVR, le seiour des Vaisseaus
N'acroist iamais pour ces eaus suruenües:
Et ne void-on ses riues plus menuës
Au sombre amas de leurs nüeus monçeaus.

Ton bruit aussi qui deia ceint le monde,
(Comme la Mer,) n'amoindrit, & n'abonde:
Soit qu'on déroge, ou qu'on mette à ton los.

Que si mes vers n'adioustent à ta gloire,
I'ose pourtant costoyer ta memoire,
Comme Thetis la terre de ses flos.

AV SIEVR DE BONIVET.

IE prise ceus dont la bonne Fortune
Suyt le merite, & haste leur bonheur:
Mais ie hay ceus qui remportent l'honneur
Sur les meilleurs, sans differance aucune.

Bien que tousiours elle ne soit tout'vne,
Riant, pipant, d'vn visage flateur:
En son endroit si gaignes tu cest heur,
T'ouurant la voye à peu de gentz communs.

Ainsi contant (mon BONIVET) tu fuys
Et docte, & preux, le malheur où ie suys:
Tant il me presse, & m'acable, & m'aterre!

Ton sort me plait! & certes sans ce poinct,
Ie me plaindroy: criant qu'il n'y a point
Ni Dieu au Ciel, ni Iustice en la terre.

*

O

A I. D.

IE ne voudrois tes bienfaitz deceuoir,
Mais ta valeur abat ma suffisance:
Si par seruice, & pronte obeyssance,
Mon cœur, ma foy, n'acquittent mon deuoir.

Cesse (SEIGNEVR) de faire, & de pouuoir,
Si tu ne veus te payer d'impuissance:
Ma noble honte, & ma recognoissance,
A mes desirs ne peut ore pouruoir.

Ie te retrouue, alors que plus ie flotte,
Tel qu'vn beau Phare, esclairant au Pilotte:
Pour me sauuer d'vn perilleus effort.

Et plus ma Nef est lasse, & vagabonde,
Plus repoussant les ventz, l'orage, & l'onde,
Tu l'affranchis, & meines à bon port.

DIALOGVE, SVR LA
Iustice.

QVEL est ton nom, Princesse d'excellance?
Sainte Iustice: he! quel beau Sceptre as-tu?
C'est le nu glaiue, & tranchant, & pointu:
Qui punis-tu? le vice, & l'insolance.

Qui fait pancher ta doubteuse balance?
C'est ma faueur, & debile vertu:
Qui te fait suiure vn long chemin tortu?
C'est des humains l'astuce, & violance.

Mais n'as-tu plus vn bandeau sur le front?
C'est pour mieus plaire à ceus qui me plairont:
Las! tu deurois toy-mesme estre iugee,

Qui ton bon droit en tort as conuerti:
He! si vostre age est du tout peruerti,
Suis-ie à taxer pour estre vn peu changée?

ACROSTICHE.

LA Beauté, la Vertu, l'Honneur, & l'Acortesse,
Ont choisy dedans vous leur seiour gracieus:
Indigne en fust le Ciel, indignes ces bas lieus,
Si vous ne les combliez d'vne telle richesse.

En vous aussi, Madame, ainsi qu'en ma Deesse
Loge mon seul desir, mon espoir, & mon mieus:
Amour qui me rend vostre, & voz pudiques yeus,
Veulent que tel ie viue, & vous serue sans cesse.

Remarque vn peu la face, & le geste, & le port,
En celle que ie sers, toy qui doubtes si fort
Non de mes passions, mais de sa digne gloire.

Contemple ses valeurs, & lors tu la verras
Illustre de soy-mesme: & prisant sa memoire,
(Non plus que son loüeur) LOS NE LVI NIERAS.

SVR LA PAIX.

QVE tout par tout s'esgaye desormais!
Fuye Enyon, la guide des Gendarmes:
Que Mars nous laisse & sa gloire, & ses armes,
Chassé, fuytif, & banny pour iamais.

Qu'on s'entr'-acolle, & que le peuple espais
N'entende plus ni canons, ni vacarmes:
Que les assautz, les feus, les cris, les larmes,
Troublent non plus nostre aise, ni la Paix.

Qu'on pende au croc toutes sortes d'armeures,
Que les harnois rouillez dans noz demeures,
Ni les combatz, ne soyent plus de saison.
   Voyci la Foy, l'Honneur, & la Iustice,
Qui restablit en France la Police:
Aussi la France est leur vraye maison.

DES VRAYS AMYS.

L'OR espuré se purge à la fournaise,
L'occasion essaye les Amis:
Deus ne sont qu'vn, & leur vouloir promis
Ne fait iamais que telle foy deplaise.
   Peur, ni desastre, enuie, ni mal-aise,
Peril, ni mort, ne les rend ennemis:
Aussi sont-ilz l'vn à l'autre souzmis,
Soit la saison ou prospere, ou mauuaise.
   Tel m'est celuy qui m'assiste au besoing,
Entier, & franc: & qui mesmes a soing
De mes trauaus, & de mes facheries.
   Comme le nom d'vn Pylade fut mort
Sans vn Oreste, agité des Furies:
Sa gloire ainsi prend sourçe de mon sort.

A IEAN DORAT.

QVAND bien i'auroy la veine moins feconde,
Plus bas le stile, & plus morne l'ardeur:
Encor diroy-ie, ô DORAT, la grandeur
De ta doctrine, à nulle autre seconde.

Iadis la Grece estoit seule en faconde,
Quand le Rommain ialous de si grand heur
Orna son nom, sa langue, & sa splendeur:
Mais nostre France à present les seconde.

Las ! elle estoit vesue de ce beau prix,
Si les hautz Cieus n'eussent en toy compris
Leur double honneur, d'vne influance iuste.

Vn seul Maron ne cede aus vieus Gregeoys:
Et pour laisser mesme marque aus Françoys,
Dorat sans plus a besoing d'vn Auguste.

A PIERRE DE RONSARD.

Qv'vn grand RONSARD des ieunesse ait apris
A bien vser de l'oustil Poëtique,
Seul il n'en a l'adresse, & la pratique:
Elle est commune aus plus gentilz espris.

Que nostre langue aye rauy le prix
Par ses beaus vers, à l'arrogance Attique,
Voire à l'orgueil de Romme moins antique:
Plusieurs en Gaule ont mesme gloire pris.

Qu'encor l'honneur de la verte coronne
Son docte chef dignement enuironne,
C'est le guerdon de chasque bon Sonneur.

Mais qu'en dontant la Mort, l'Age, & l'Enuie,
D'vn triple los on iouysse en sa vie:
Seul à Ronsard est propre ce bonheur!

*

A I. ANTOINE DE BAYF.

IE ne diray, pour hausser ton merite,
L'inuention de tes vers mesurez:
Ni l'aspre effort de tes chantz assurez
Contre la Parque, & les eaus de Cocyte.

Ie ne diray comment ta voix excite
L'aise, & le ieu, des Comiques progrez,
L'ire, & l'aboy, des Tragiques regrez,
L'art, & l'esprit, de ta double Charite.

Mon cher BAYF, ie diray seulement
Que ce dur tempz qui noz espoirs dement,
Fraude ton los, & tes peines fertilles.

Voire & diray que ton bers, & renom,
N'illustrent moins deus grandz Citez de nom:
Qu'vn docte Grec illustra ses sept Villes.

DE ROBERT GARNIER.

AINS que la Mort pleine d'ire, & de ruse,
Eust attanté sur nostre Chœur sçauant:
Ie ne pensois que Tragic Escriuant
Deust mieus chanter, qu'vn graue-dous Peruse.

Depuis Iodelle inspirant à sa Muse
Vn masle acord, vn vif air, vn pront vant,
M'espouuanta: bruyant, poussant, mouuant,
Tôn, esprit, voix, hautain, alegre, infuse.

Ore ilz sont mortz, promettant beaucoup d'eus,
Sans le trespas: ou braue aprez ces deus
Tu sors, GARNIER, comme vne fresche Aurore

Laissant sa couche, & les flotz mariniers:
Ainsi parfois les premiers sont derniers,
Et les derniers se font premiers encore.

AV Sʀ. DE MONTEILZ.

CHASCVN n'a pas les Muses en partage:
Les Cieus comblez de gloire, & de pouuoir,
Ne daignent onc l'homme mal-né pouruoir
D'vn bien si cher, ni d'vn tel auantage.

Heureus ceus-là qui d'art, & de courage,
Au tempz forcé, leur sçauoir font sçauoir:
Aus vifz-mourantz, mortz-viuantz se font voir,
Dontant l'Oubly, la tombe, & son outrage!

Toy qui deia cest heur vas poursuiuant,
Tu ne rendz point (MONTEILZ) en escriuant
Ton nom obscur, ni ta veine incognuë.

Bien-tost luyras comme vn naissant Soleil,
Ton iour aproche: & mon nouueau resueil
Ainsi qu'vne Aube, annonçe ta venuë.

D'VN HERMITE AGE'
de LXVIII. ans.

IE porte enuie à ce grison Hermite
Qui prez Dijon, contre vn coutau pointu,
Vit à l'escart: & de gris reuestu,
Simple, & grossier, noz bons Ayeus imite!

Heureus Vieillard! aueques toy n'habite
L'impieté, ni ce Monstre testu
Qui lâche, & caut, fait du vice vertu:
Vertu qui loge en ta loge petite.

O 4

L'ire des grandz, ni la sedition,
L'or, ni l'orgueil, ni l'aspre ambition,
Ne te contraint cercher maison plus ample.
 Ton sort ne cede aus mieus habituez :
Et seul aussi dans ta case tu ez
Ton Roy, ta Cour, ta regle, & ton exemple !

DE SOY-MESME.

D'vn palle front, l'œil collé sur le Liure,
Et solitaire, & triste, & studieus,
Icy ie pense à mes maus odieus :
Viuant mi-mort, & mourant pour reuiure.
 Moins ie m'empestre, & moins suis-ie deliure,
Plus ie m'instruy, plus ie suis curieus :
Et si le sort (ò sort iniurieus !)
En tel repos vn pire assaut me liure.
 Las ! que ne suis-ie ou quelque heureus ioüeur,
Ou gay bouffon, ou fin amadoüeur ?
I'eschaperois le meschef qui me lie.
 Estre auiourd'huy plus rusé, que discret,
C'est des secretz le souuerain secret :
O monde fol ! ò mondaine folie !

FIN DES IEVNESSES
de Iean de la Iessée.

LES MESLANGES
DE IEAN DE LA IESSE'E.

TOME SECOND.

LE PREMIER LIVRE DES MESLANGES.

SONNET.

A-t'en, mon nouueau Liure, & ie te le per-
 mez :
Non, ne me laiffe pas fans plus grande li-
 cence !
Si fay, mais couure-toy de honte, & d'in-
 nocence :
Non, ne t'en couure pas, & point ne t'y foufmez !
 T'y foufmettre, nenny ! vien pluftot, & remez
Ton voyage fur moy, qui t'ay mis en effence :
C'eft à toy d'excufer ton pere en fon abfence,
C'eft à moy de tenir ce que ie te promez.
 Tu fçays comment ie hay la pareffe, & l'enuie,
Comment fans los, fans prix, ie t'ay prefté la vie :
Tendre, & petite fleur, qu'vn ieune arbre a porté.
 Va donc, & ne crains plus qu'on daigne te reprendre :
Quelle perfection peut-on auffi pretendre
D'vn fruit venant de naiftre, ains d'vn part auorté ?

PREMIER LIVRE
STANSES CHRESTIENNES.

C'EST trop suiuy les Princes, & Seigneurs:
C'est trop haußé leurs faitz, & leurs honneurs,
C'est trop escrit à la Payenne mode:
Instruy-moy donc, & souffre à ceste foys
Qu'à te chanter (ò puissant Roy des Roys)
Mon cœur, ma langue, & mon Lut s'acommode.

  Mes vers confitz en pure verité
Vont annonçant l'amour, & charité,
Que chascun doit à son frere, & son prochè:
L'homme charnel est aueugle en ce fait,
Et sans m'ouyr s'esloigne comme infait:
L'Esprit diuin seulement en aproche!

  Grandz & petitz, ont icy tous que voir:
I'appren au riche à faire son deuoir,
I'espoindz son zele, & son ame i'esueille:
Mesmes au pouure, abaißé dans ces lieus,
Ie luy fairay changer la terre aus Cieus:
Ælé de foy, d'espoir, & de merueille.

  Le droit sentier qui nous meine là haut,
C'est la bonne œuure, ou iamais ne defaut
Ceste fiance heüreusement modeste:
Prens-la pour guide, & pour ton seul obiect,
Toy qui m'entendz, & hay ce monde abiect:
C'est le chemin du Royaume celeste.

  Sois le refuge, & l'ayde, & le confort,
(Dit Salomon) du pouure, auant ta mort:
Car, n'estant plus, tu ne le pourras faire!
Les indigentz sont chers membres de Christ,
Et pource au Ciel noz bien-faitz il escrit:
Aussi le Ciel en est le vray salaire.

De l'autre mort celuy crainte n'a pas,
Qui libre va des son premier trespas
Auec Iesus eternellement viure:
De gloire, & d'heur, il prend le gay chapeau:
Car le Berger qui chasse le troupeau
Des Boucz vilains, de tous maus le deliure.

Ceus qui n'ont eu ni cure, ni pitié,
De leur prochain, ennemys d'amitié,
Seront bannis d'vn lieu si noble, & rare:
Pour nous payer la Grace, & la Rigueur,
Font ce qu'il veut: l'vne escheut en langueur
Au mauuais Riche, & l'autre au bon Lazare.

L'vn garanti, loge au sein d'Abraham,
L'autre damné, nous enseigne à son dam
Les vanitez qui noz ames dominent:
Bien-tost la poudre en l'air s'esuanouyt,
D'vn long Printempz l'herbage ne iouyt:
Plus fresles sont les biens qui nous ruinent.

L'vnique Filz du Pere souuerain
Qui Ciel, terre, eau, calme d'vn front serain,
S'est donc offert pour rachetter le monde:
Et l'auarice, abysme de tous maus,
Nous rend pareilz aus cruelz animaus:
Et nous rauit ceste vie seconde.

Il a souffert, à fin que franc d'ennuy
L'homme vescut, & creut tousiours en luy,
Aigneau benin, sans macule, & sans vice:
Predestiné dés le commancement
De l'Vniuers, pour nostre sauuement:
O saint depost! ó mort sans malefice!

Fable des Iuifz il dementit son rang,
Pour nous garder il opposa son flanc,
Et fumes-nous guaris par sa blesseure:
O Charité, qui lauas noz pechez
D'vn sang si cher ! tu nous as recerchez,
Pour rasseurer nostre race mal-seure.

Selon son œuure vn chascun receura,
Qui seme peu, fort peu recueillira,
Mais les moissons seront tres-abondantes
Au champ de ceus qui sement largement:
Las ! faisons donc faisons si sagement,
Que deuant Dieu noz lampes soyent ardentes!

Vous ne pouuez tousiours l'Esté choisir,
Faittes des nicz, pendant qu'auez loisir,
Disoit iadis le Poëte d'Ascrée:
Et moy ie dy, secourez l'indigent,
Et l'affligé: à fin qu'au tempz vrgent
D'vn contre-don vostre ame se recrée.

L'habit plus beau dont nous soyons vestus,
Est Charité, la Royne des Vertus,
Qui va couurant noz fautes d'innocence:
Les dix Statutz qu'Israël esbäy
Receut par Moyse, au mont de Sinäy,
En deus tableaus comprennent sa puissance.

Nous habitons ce large val mondain
Qui doit reprendre vn changement soudain,
Et neaumoins nous baignons en delices:
Bastir Chasteaus, piper les moins rusez,
Viure sans foy, moquer les abusez,
Sont auiourd'huy noz meilleurs exercices.

Est-ce peser au compas de raison
Noz actions ? veiller en oraison?
Ou pratiquer l'abstinance, & l'aumonne?
O Seigneur Dieu, qu'enormes sont noz faits!
Ie recognoy, moy-mesme qui forfais,
Qu'aus sourdz ie chante, & les peruers sermonne!
   Chetifz Humains, qui gouttez tant de fiel!
Voyez comment le Medecin du Ciel
Visite encor c'il qui l'honnore, & prie!
Oyez comment il nous appelle icy,
Et salutaire applique sa mercy:
Mattant, foulant, Satan, & sa furie.
   Par sa Parolle estantz si bien instruitz,
D'vn Arbre tel nous cueillirons telz fruitz,
Qu'on benira la racine, & la plante:
Si Dieu luy donne & l'accroissance, & l'heur,
Comme il nous donne & l'espoir, & la fleur:
Craindrons-nous bien la saison violante?

COMPLAINTE DE POLOIGNE.

TELLE qu'au bord humide
Où triste se mouroit
La seule Minoïde,
Qui son Thesé pleuroit:
Telle au dueil qui m'entame
I'encours mesmes malheurs,
Mesmes soingz, & doleurs,
Qui possedent mon ame:
Helas! ie perdz ce Roy,
Qui me met en effroy.

Massouuie, & Russie,
Toy Lituanien,
Et toy ma Sœur Prussie:
De ce Dardanien,
De ce filz Hectorée
Oyez l'esloignement,
Et l'ennuy vehement
De Poloigne esplorée:
Las! ce Roy m'est tollu,
Que nous auions eslu.

O ioyeuse entre-veüe!
O funeste depart!
D'aise elle fut pourueüe,
De luy tout esmoy part:
Lors que plus ie m'esgaye,
L'ayant peu recouurer,
Las! ie me sens naurer
D'vne aussi fresche playe:
De là venoit mon ris,
D'icy mes iustes cris.

Tu laisses ta Poloigne,
O genereus Henry:
Mais quoy? le corpz s'esloigne,
Non le cœur plus chery:
Noble heritier de France,
Tu t'en vas, mon Seigneur:
Mais où vas-tu mon heur,
Mon Chef, mon asseurance?
Ta presence me fuit,
Ton absence me suit.

Ia l'audace Scytique,
Et le cruël Gelon,
De ta gent Sarmatique
Craignant l'assaut felon,
Sous ta braue hautesse
Redoutoit son beau los :
Ou mes plaintz, & sanglos,
Bruyent or' ma tristesse :
Pour toy, mon cher desir,
I'ay ce grief deplaisir !

 Mais changeant ma demeure,
D'heur tu ne changeras :
Tienne donc ie demeure,
Mien tu demeureras :
Et c'est pourquoy i'espere,
Ne perdant tout secours :
Ains t'ayant à recours,
Reflatte ma misere :
Mais las ! i'arreste icy,
Et tu fuys, mon soucy.

 Adieu donc, mon dous Prince,
Seur appuy des Françoys :
Le Ciel, & ta Prouince,
Veut que plus grand tu soys :
Puisse la Pomme ronde
Tomber dedans ta main,
Puisse le genre humain
T'appeller Roy du monde :
Et toy tes faitz semer
De l'vne à l'autre Mer.

REGRETZ AMOVREVS.

HELAS ! felon Amour, seul Tyran de mon cueur,
Qui guerdonnes ma foy de peine, & de rancueur !
Doy-ie donc recognoistre (ô fiere cruauté !)
Pour Dame, & pour Maistresse, vne si grand' Beauté ?
Qui s'esgaye en mon dueil, ne pouuant l'echaufer ?
Et qui passe en durté les marbres, & le fer !
Le Soleil qui par tout iette ses rays si vifz,
Me void le plus chetif des Amantz plus chetifz,
Et le moindre aiguillon de mon mal doloureus,
Est le pire torment des autres Amoureus.

 Ore donc que ie pasme, ore ore que ie sens
Siller d'vn long nuage & mes yeus, & mes sens:
Madame, qui voyez mon lamentable sort,
Et m'exposez (cruelle) aus frayeurs de la mort:
Vous dy-ie qui pouuez m'affranchir du trespas,
Rebelle, au pis aller ne me refusez pas
Quelque petite œillade, ou bien vn dous souzris,
Qui sur l'heure esueillant mon ame, & mes espris,
Me peut resusciter : las ! vous serez ainsi
Mon Scorpion nuisible, & profitable aussi.

CHANT SVR LE RETOVR DV ROY.

AINSI qu'vne Fiancee
Brulant d'vn feu chaste, & dous,
Regrette dans sa pensee
L'absence de son Espous :
Son dueil empire,
Son cœur souspire,

Son œil fuit le plaisir:
Et la transporte
D'esgalle sorte
L'amour, & le desir.
　　La Gaule ainsi gemissante
Ne voyant son ieune Roy,
Est si triste, & languissante,
Qu'elle en frissonne d'effroy:
Ore elle pleure,
Ore attand l'heure
De son tardif retour:
Et que la ioye
Par mesme voye
La consolle à son tour.
　　Metz donc fin à sa querelle,
Et voy (Royal Iouuançeau)
Ta Prouince naturelle,
Ains ta mere, & ton berçeau:
Ceste Coronne
Qui t'enuironne
Le chef, de sa rondeur:
N'est assez grande,
Bien qu'elle rande
Son lustre à ta grandeur.
　　Celle que France t'apreste,
Est d'vn plus bel ornement:
Haste toy donc, Prince honneste,
Haste ton auenement:
Paris ta ville
En biens fertille,

P 2

N'admire que ton los :
Paris te vante,
Seine te chante
Au bruyre de ses flos.
 Ia les feus de ioye on dresse,
Ia flambent noz carrefours :
On n'oyt que Chantz de liesse,
Canons, fifres, & tabours :
De freches roses,
Et fleurs decloses,
Ta voye on va ioncher :
La Ville en armes
Void ses Gendarmes
En braue estat marcher.
 Bref les Cieus, la terre, & l'onde,
Desirantz icy te voir,
Verront la manne feconde
A ta venuë pleuuoir :
Pologne, & France
Ta demeurance,
Qui t'ont si bien chery :
Dieu pour toy prient,
Et iointes crient
VIVE LE ROY HENRY.

CHAPITRE.

PLVS abesty que les bestes des chams
Est c'il qui n'a de Dieu crainte, ni cure :
Telz ont esté les porçeaus d'Epicure,
Telz ore sont noz Libertins meschans.

Es-tu grand Chef, ou de maintz peuples Roy?
Tu dois sur tout tes paßions abatre:
Car pourras-tu tes Ennemys combatre,
Si seulement tu n'es maistre de toy?

Suiure le tempz, & n'estre partisan,
Tirer profit d'vn chascun à sa guise,
Brauer, flater, se couurir de feintise:
Sont les façons du subtil Courtisan.

Femme, Valet, Enfant, ni grand Amy,
(Si tu m'en crois) tes desseingz onc ne sçachent:
Es trois premiers les secretz mal se cachent,
Et le dernier te peut estre ennemy.

Quand ton malheur, ou l'infidelité
Des faus Amys, te donra quelque encombre:
Souuienne toy que l'homme n'est qu'vne ombre,
Et que tout change, horsmis l'Eternité.

Hay les apastz du ieune Idalien,
Craignant mal pire: & de peur de l'outrage,
Fuy (si tu peus) le ioug de Mariage:
L'vn sa mort traine, & l'autre son lien.

Ne t'orgueillis, eusses-tu l'heur au poing,
Au bon Amy ne prefere l'or mesme:
L'vn derobé, nous laisse en dueil extresme,
Et l'autre acquis, nous assiste au besoing.

L'homme esleué de cœur, & de propos,
A qui Fortune apreste vne algarade:
Semble à celuy qui s'en va choir malade,
Perdant à coup & repas, & repos.

Pour estre digne & d'honneur, & de nom,
(Quel que tu soys) trop de toy ne presume:

P 3

Et si iadis telle fut ta coustume,
Change de mœurs, pour changer de renom.
 Le foible corpz, & l'esprit glorieus,
Ensemble vifz, ont tousiours guerre ensemble :
Et bien qu'à Dieu chascun icy ressemble,
L'vn tombe en terre, & l'autre monte aus Cieus.
 Ie fantastique à part moy telz discours,
Estant parfois enclos dans mon estude :
Voire & postpose à telle solitude
L'heur du Vulgaire, & des Royalles Cours.

LA PRISON.

SI les biens, & Ioyeaus, es maisons recellez,
Sont beaucoup moins communs, & de plus chere garde,
Que ceus que le Vulgaire es boutiques regarde
A l'œil, voire au pouuoir, d'vn chascun estallez :
 Qui ne croira, ie vous suplie,
 (Si l'imprudence, & la folie,
 N'enchantent par trop ses espris:)
 Qu'il vaut mieus estre en asseurance
 Dans vne close demeurance,
 Que viure au large, & n'estre pris ?
Qui m'osera nier qu'vne forte prison
Ne soit encor plus douce, & plus auantageuse,
Que toute liberté : qui souuent outrageuse
Endommage le droit, & la franche raison ?
 Ce mot de chartre, serf, esclaue,
 Offance en vain l'enfleure graue
 De quelque titre, ou dignité :
 Amy, iusqu'à ce que tu meures

Tu n'es onc libre, mais demeures
Vray captif d'infelicité.
Voyla pourquoy Saint Paul crioyt à haute voix,
Qui me deliurera de ma prison mortelle?
Entendant les trauaus, la peur, & la cautelle,
Du corpz fresle, & charnel, asseruy sous ces loix :
 C'est vrayment vn monçeau de terre,
 Qui (comme vn tombeau) l'Ame enserre,
 Luy seruant de Fort, & rempart :
 Mais encores le malencontre
 Nous cerche, nous void, nous rencontre,
 Ains nous assaut en mainte part.
Ces Asniers ignorantz, ce peuple suborneur,
Detestant la Prison, & ses beaus priuileges :
La couurent (indiscretz) d'horribles sacrileges,
Luy vôlant sa vertu, sa gloire, & son honneur :
 En tant d'iniure elle n'abonde,
 Qu'elle n'ait esté dans ce monde
 Le seiour des Herautz de Dieu :
 Et qu'encor son filz, Dieu luy-mesme,
 Esgal à son Pere supresme,
 N'ait eu patience en ce lieu.
La Greque antiquité ne rebruyt-elle pas
Que Mars mesme fut pris des freres Aloïdes?
Et Romme nous vantant ses armes homicides,
Vid-elle point ses Chefz souuent cheutz en ce las?
 Entre plusieurs vn braue Maire,
 Et ce Cæsar aus Loyx contraire,
 Souffrit l'opprobre d'vn tel sort :
 Mais qui ne void en maintes sortes

De telz exemples à noz portes,
Sur noz vieus Roys, nostre renfort ?
Vn Iean pris des Anglois, vn Clotaire, vn Louys,
Resueillent leur desastre, & nostre esmoy notoire :
Mesme ce grand Françoys de tresbonne memoire,
Refrechit (prisonnier) tant de maus inouys :
    Mais quoy ? tel d'vne main plus rude
    Aprez le ioug de seruitude,
    Ses ennemys a terrassé :
    Et tel remontant sur son throne,
    Et reprenant Sceptre, & Corone,
    En los son Vainqueur a passé.
L'aduersité n'esbranle vn homme genereus :
Le seruage, les cepz, les chaisnes, les manottes,
Font seulement frayeur à ces personnes sottes
Pleines de lacheté, voire d'vn cœur peureus :
    La constance vainc toutes choses !
    Elle depite & places closes,
    Et perilz, & fiers Potentatz :
    Trop mieus par elle est rembarrée
    La rigueur de la Tour quarrée,
    Qu'au succez de mille attentatz.
L'horreur des Chasteletz elle va deprisant,
Les Scingues de Florence, & les cachotz de Monçe :
Aus troubles, aus complotz, enclose elle renonçe,
Et si n'oit, & ne void, bruit ni ieu mal plaisant :
    Elle desdaigne le martire,
    Et sa fermeté se retire
    Dans le toreau de Phalaris :
    Et penetre sans crainte nule

Le tonneau d'Attile Regule,
Forçant orgueil, & peine, & cris.
Elle est infatigable, & si ne tasche encor
Par ruses, ou presentz, la Iustice corrompre :
Bien qu'ilz puissent non moins son lien mesmes rompre,
Qu'vn Iupin efforça Danez en pluye d'or :
Bien qu'aussi la peste, ou les guerres,
Et telz fleaus, depeuplent noz terres,
Les siens viuent en seureté :
Ilz s'affranchissent des batailles,
Gastz, loüages, empruntz, & tailles :
Pleins d'humblesse, & sobrieté.
O maison redoutable aus cœurs presomptuëus,
Tu n'as point de pareille ! & sont plustot semblables
Au manoir de la Mort, aus Enfers desolables,
Ces Chasteaus lambrissez, & Palais somptuëus :
Ceus qui reclus dans toy seiournent,
Iamais iamais ne se destournent
De prier deuotz iour, & nuit :
L'ire des bourrelles Furies,
L'ennuy de noz chiquaneries,
Ni l'aguet du Sort, ne leur nuit.
Or bien que ton hydeur soit maistresse du mal,
Ne permetz neaumoins que la rage, & malice,
De ce siecle imposteur, m'entache de son vice :
Vice icy plus monstreus qu'vn monstreus animal !
Garenty-moy d'vn tel naufrage,
Et me laisse au fort de l'orage
Nager, comme vn liege, sur l'eau :
Ainsi sans outrage, & sans honte,

P 5

Tes effaitz qu'ore ie raconte
Viuent tousiours dans mon tableau.

LA CONTREPRISON.
STANSES.

I.

CONTRE mon gré, voire contre raison,
L'on me retient dedans ceste Prison,
Où ie ressens mille ennuis ordineres :
Encore on dit qu'elle a deus Paradis,
Le nom est faus ! & pource ie les dis
Deus vrays Enfers de peines, & miseres.

II.

Des roides ventz, des nuës, & des flotz,
Sont mes pensers, mes souspirs, & sanglotz,
Depuis qu'icy i'esprouue la maistrise :
Maistrise fiere, & pleine de rigueur,
Sous qui serré ie ne vy qu'en langueur :
La vie est morte où serue est la franchise.

III.

Qu'est-il aussi qui repugne le plus
Au naturel, que voir l'homme reclus,
Et rudoyé dans vne prison dure ?
Sortantz au iour, libres nous sommes nez :
Ces Chasteletz sont donques ordonnez
Contre les Loys du Ciel, & de Nature.

IIII.

C'est aus Lyons, aus Tigres, & aus Ours,
D'estre enfermez : encor libres au cours

Ilz ont les champz, & de nuit vont en queſte :
Mais ainſi clos nous ſommes pleins d'ennuis,
Facheus les iours, triſtes nous ſont les nuis :
O pire eſtat que l'eſtat d'vne beſte !

V.
On me dira que ſans telles maiſons
Tout ſeroit vice, & qu'en toutes ſaiſons
On encourroit mainte grand' violance :
C'il qui ne veut ſa charge profaner,
Face iuſtice : & ſans tant chiquaner,
Deſſus le champ tienne droit la balance.

VI.
Faiſant ainſi, tant d'actes, ni d'eſcris,
Ne s'enſuiuroyent : tant de plaintes, & cris,
Aus gentz du Roy ne romproyent les oreilles :
Tant de ſuppoſtz de maiſtre Chiquanous
Ne ſeroyent veus, ni bonettez de nous :
Et ceſſeroyent ces longueurs nompareilles.

VII.
Il n'eſt pays en la Chreſtienté,
Non celuy meſme où le Turc s'eſt planté,
Où la Iuſtice en tant d'excez abonde :
Les Françoys ſeulz noyſous, & plaidereaus,
De mille abus eſtonnent les barreaus :
La France donc eſt le Palais du monde.

VIII.
Ie ſuis marry de viure en ces bas lieus,
Sans y reuoir le tempz de noz Aïeus,
Leſquelz iamais en procez ne ſe mirent !
Ilz ne ſçauoyent que c'eſtoyent des Palais,

Rudes Senatz, Tours closes, ni delais :
Ni des forfaitz qui depuis se commirent.

IX.

Ore ceste Hydre a tant repullulé
En actions, & tant dissimulé
Es Parlementz, qu'elle foisonne en testes :
Chascun la void, nul Hercule pourtant
Ne se hasarde : à fin qu'en la dontant,
Son chef coupé ne dresse plus ses crestes.

X.

Vous qui surpris estes menez icy,
Ne vous laissez engloutir au soucy,
Si vous auez nette la conscience :
Mais toy qui sens ton dos chargé du faix,
Flate ton dueil, & de bonne heure fais
Prouision de longue patience.

XI.

Dés qu'on y entre, on n'en sort quand on veut :
L'aguet, la ruse, & l'effort qui tout peut,
Trompent sans fin vne attente si vaine :
Fresle est l'espoir du iour au l'endemain !
Ce que ie tiens seurement en la main,
Ne me deçoit, & n'allonge ma peine.

XII.

Ce traistre Espoir est tousiours mensonger,
Comme vn Vautour noz cœurs il vient ronger,
Et comme vn ver peu à peu les deuore :
C'est vn martel qui nous attaint souuent,
Vn faus obiect, vne ombre, vn flair, vn vent,
Qui reste enclos au vase de Pandore.

XIII.

Les malheureus se croyent soulagez,
Voyant plusieurs (ainsi qu'eus) affligez :
Mais dans ce lieu ie ne puis recognoistre
Mon compaignon, sans en auoir pitié :
Le mal d'autruy n'acroist mon amitié,
Et moins encor peut-il mon bien acroistre.

XIIII.

Dædale enta des ælles à son dos,
Pour euiter la fureur de Minos :
Et pour fuyr nostre fier Rhadamante,
Mille moyens (hardy) i'essayeroys :
Mais ie ne crains outrages, ni effroys :
L'homme innocent n'a peur qu'on le tormante.

XV.

Dure Prison ! là bas, comme chez toy,
Regne l'air sombre, & la rage, & l'esmoy :
Là, comme icy, iape vn triple Cerbere,
Gardant la porte : vn noir Diable en ce lieu,
Là Lucifer preside comme Dieu :
Maudit est donc l'vn & l'autre repere.

XVI.

I'estime fol cestuy-la qui me dit
Qu'il s'y conforte, affine, & enhardit,
Franc de peril, & ferme de courage :
En sa prison se plaise qui voudra,
Captiuité iamais ne me plaira :
Il n'est que d'estre vn Oyseau de boscage !

*

XVII.
Voyla pourquoy, ſi i'en ſors deſormais,
Ie ne veus point y retourner iamais,
Fuyant, blamant, ſa loge, & ſes retraittes:
Mal de ſes maus ſans ceſſe ie diray,
Et franchiſſant le Guichet, ie criray :
Adieu paniers, les vandanges ſont faittes.

REGRETZ D'VN CONTE.

FRANCE *ma mere, & ma douce nourriſſe,*
Toy Normandie, & vous champz Eſcoſſoys,
Nic de ma race : ores que pris ie ſoys,
Faut-il pourtant qu'en ce point ie periſſe?

Aprez auoir forcé ma Deſtinée,
Forcé la mer, les hommes, & les Dieus,
Rempli d'eſmoy les terres, & les Cieus :
Verray-ie ainſi ma vie terminée?

De Gentilhomme, & Cheualier, & Conte,
Honnoré, craint, & chery longuement :
I'encourray donc ce dur treſpaſſement
A mon deſaſtre? à ma hayne? à ma honte?

Las! quel ſpectacle, & quel nouueau Theatre
M'a-t'on dreſſé, dans ce publique lieu?
Quel eſchafaut occupe le milieu?
Faut-il qu'armé ie vienne icy combatre?

Qu'on m'oſte loing de ceſte populace,
Et qu'on me rende encor ma liberté:
Plein de valeur, de gloire, & de fierté,
D'ennemis mortz ie paueray la place!

Des que l'esclat de ma lance homicide
(Courant en lice) occit mon noble Roy,
Serf de meschef, ains d'affreur, & d'effroy,
Ie me nommay moy-mesmes parricide.

Deuant mes yeus s'offroyt l'ombre, & la fainte,
D'vn grief martire, & d'vne indigne mort :
Mais quoy ? le soing qui depuis me remord,
M'osta du cœur & l'espoir, & la crainte !

Voyla pourquoy des l'heure ie m'esgare,
Voyla pourquoy i'erroys si transporté,
Voyla pourquoy les armes i'ay porté,
Voyla pourquoy la mort on me prepare.

Tout ce qui vit, & prend naissance au monde,
De sa nature est suget au trespas :
Mais (ó malheur!) ie ne trespasse pas
Comme ceus-la qu'vn beau succez seconde.

O Ciel trop iuste, ò trop fatalle iniure,
Qui m'espargnas au ventre maternel !
Ie ne lairroys vn regret eternel
De ma fortune insolente, & pariure.

Las ! on me suit pour voir ma fin estrange,
La tourbe espaisse à grosse foule court :
Chascun m'attend, mesmes toute la Court
Vestuë en dueil, mon los en blame change.

Tel que ie suis (non las ! en l'estat mesme)
Ie suis celuy dont le bras inuancu
Tua ce Roy qui si preus a vescu,
Le Sceptre en main, au chef le Diademe.

Ie suis celuy dont la force hardie
A vaillament ça & là guerroyé,

Ains iusqu'au Ciel mes gestes enuoyé :
Vantant mon heur, voire ma Normandie.

Ie suis celuy que la Gascoigne basse
Iusqu'à Beart, & mon propre terroir,
Ont veu souuent paroistre, & disparoir,
Comme vn esclair qui les peuples menasse.

Ie suis celuy dont la proüesse adextre
A retenté mille assautz, & combas:
Et suis celuy dont Neptune là bas
A redouté les foudres, & la dextre.

Le port de Grace, & Roüen la Normande,
Auec Belle-Isle, & les bordz Rocheloys,
M'en sont tesmoingz : tesmoing m'en est l'Angloys,
Et mon Escosse, & la coste Flamande.

Et toutesfois aprez tant de faitz d'armes,
Aprez le choc de maint cruël assaut,
Fortune icy me culbute d'vn saut :
Me niant l'heur des plus simples Gendarmes.

Apren meshuy populeuse assemblée,
Vous fortz Guerriers, vous Dames, & Seigneurs :
Le bien, la gloire, & les mondains honneurs,
En vn moment nous sont pris à l'emblée.

Ie suis certain qu'homme vif n'est immune
De rendre vn coup à la Mort son tribut,
Peuples, & Roys, courent tous à ce but :
Mais las ! ie meurs d'vne mort non-commune.

Heureus iadis Sarpedon, & Troïle,
Patrocle Grec, & Turne Ausonien !
Les trois premiers au champ Dardanien,
L'autre en Itale, ont fuy la mort seruile.

Las !

Las! au contraire vn esclandre, vn orage,
Ore ore chet sur mon funeste chef:
Ainsi les flotz qui dissipent ma Nef,
Me reseruoyent à si piteus naufrage!

Aussi Clothon auoit ourdy ma trame,
Voulant ainsi son œuure coronner:
Le peuple donc ose en vain blasonner,
Taxant mon sort franc d'horreur, & de blame.

Si ie deuoys encor mourir, ou viure,
Celuy le sçait qui tient l'œil, & la main,
Sur la Iustice: au reste sens humain
N'a que penser sur mon ame deliure.

Pource l'exemple, & la façon diuerse
De mon trespas, d'angoisse ne m'espoint:
La cause seule atteste au dernier point
Si la fin est ou loüable, ou peruerse.

Quoy? pour-autant qu'Hector filz legitime
Du vieil Priam, fut aprez cent trauaus
Lié, trainé, par ses brusques cheuaus
Du fier Achille: est-il en moindre estime?

Et pour-autant que le Grand Alexandre,
Et c'il que fit massacrer Ptolomé
Dessus la riue, ont leurs iours consommé
Si pouurement: abhorre-t'on leur cendre?

Et toy, Cæsar, qui plus qu'autre m'esgayes
En ce malheur, sous vn trouble mutin:
Es-tu blamé pour auoir par destin
En plein Senat, receu vingt & trois playes?

Nenny! la Parque est en vain deceuante
A qui ne veut, ou ne peut l'euader:

Q

Pourueu qu'à tort il ne vienne frauder
L'aise, & l'espoir, de l'ame suruiuante.
  Ainsi dontant le tempz, l'ire, & l'enuie,
Qu'heureus, & caut, i'ay trompé iusqu'icy:
Puis que mon fait au monde est esclaircy,
Vienne ma mort, & s'en voyse ma vie!

SONNET.

N'ESTOIS-ie pas assez, fier Tyran Cupidon,
Attainte de tes dardz, & prise en ta cordelle:
Sans qu'vn faus Amoureus, ingrat, voire infidelle,
M'outrat plus que ton trait, ou ton nouueau brandon?
  Ainsi iadis Ariadne, & la pouure Didon,
L'vne pleine d'esmoy, l'autre d'ire mortelle,
Cheurent en ce malheur: & la mesme cautelle
Qui me comble d'ennuy, fut leur propre guerdon.
  Encor l'vne d'vn Dieu, l'autre de la Mort blesme,
Fut la proye derniere: & moy comme troysiesme,
Quel sort doibz-ie encourir, pour aymer beaucoup mieus?
  Les Amantz, pour nous prendre, ont le miel dans la bouche:
Mais las! pour abuser la plus caute, & farouche,
Ilz ont la glace au cœur, & le feu dans les yeus.

CHANSON.

  O Liberté, seul tresor de ce monde,
Qui t'esloigna de moy?
Qui m'a conduit en place si profonde,
Pour me saisir d'esmoy?
    Ie te supplie
    Vien, & deslie

De peine extreme
Celuy qui t'aime ,
Qui t'aime, honnore, & ne cerche que toy!
  Et vous mes yeus, pleurez ma seruitude,
Et mon sort odieus:
Or' que ce ioug m'est si grief, & si rude,
Pleurez mes tristes yeus!
    En prison dure
    Si fort i'endure,
      Que ceste angoisse
      M'acable, & froisse,
Pareille en force au torrent furieus.
  Las! ie me voy sur l'Auril de mon age
Captiuement surpris:
Franc de Franchise, au gré d'vn serf seruage,
Le desastre m'a pris:
      He! que i'implore
      Sa grace encore:
      Mon cœur fidelle
      N'a soing que d'elle:
Toute contrainte affolle noz espris.
  Seray-ie donc & la bute, & la proye,
D'vne estrange fierté?
Mourray-ie icy, sans que ie te reuoye,
O chere Liberté?
      C'est toy ma Dame,
      C'est toy mon ame,
      Toy ma Maistresse,
      Toy ma Deesse,
Qui peus m'oster de crainte, & malheurté!

Tel qu'vn grand feu qui murmure, & craquette,
Dans la fournaise enclos:
Tel est l'espoir qui d'vne ardeur secrette
Me cause ces sanglós:
  Mais quoy qu'il tonne,
  Rien ne m'estonne:
  Net ie me treuue,
  I'esgalle en preuue
L'or que l'Orfeuure espure sans repos.

  Noire Prison, si mon grief dueil rengrege,
Noye moy dans mes pleurs:
Haste mes iours, ou mon malheur allege
Au fort de mes malheurs:
  I'aimoy bien viure,
  Estant deliure:
  Mais ceste vie
  Perd ceste enuie!
Franchise, ou mort, peut finir mes doleurs.

MAY.

  Ore que ce moys de May
   Ieune, & gay,
L'age des ans renouuelle:
Ie veus sa ioye gouster,
  Voire oster
Tout chagrin de ma ceruelle.
  L'humeur du tempz doucelet
   De son lait
Enfle le sein de la Terre,
Qui s'esgaye en ses coleurs,
  Peint ses fleurs,
Et ses chers tresors desserre.

Pleine d'esmail, & d'odeur,
Sa verdeur
Luy sert d'vne robe neuue:
Et sont ainsi diaprez
Les beaus prez,
La riue, & la forest veuue.
Le Ciel d'vn germe parfait
La reffait
Plus heureuse, & plus feconde:
Et si les tiedes souspirs
Des Zephirs,
Empoupent la Nef sur l'onde.
Le nic de l'Oyseau maçon
Prend façon
De l'artisan, qui l'agence:
Et d'vn mignard cliquetis
Aus petis
Fait naistre vn soing de vangence.
Soing qu'vn Rossignol gentil
Pour Itil
Resueille contre Terée:
Et se plaint du Rauisseur
De sa Sœur,
Sœur triste, & desesperée.
Haues sur l'arbre mi-sec
Bec à bec
Les Colombes s'entre-baisent:
Les Tourtres, & les Ramiers,
Des premiers
Au mesme plaisir se plaisent.

Q 3

L'Auette suçe au matin
  Et le Tin,
Et les fleurs encor frechettes :
Puis ceste manne du Ciel
  Tourne en miel,
Tout confy dans ses ruchettes.
Icy s'emplissent le pis
  Les brebis,
Tondant les plaines herbuës:
Là vont les Cheureaus sautant,
  Ou broutant,
Aprez leurs meres barbuës.
 Icy les Toureaus muglantz,
  Bataillantz
S'escornent pour la Genisse:
Et là courent par les plains
  Les Poulains,
Quoy que la Poutre hennisse.
 Le Chœur des champestres Dieus
  Soucieus,
Suit les fuytiues Dryades:
Ou craignant peu leurs piez tordz,
  A leurs bordz
Dançent les moites Naiades.
 Dedans ce nouueau pourpris
  Vient Cypris,
Le Ieu, l'Amour, & les Graces:
Ilz ventellent parmi nous
  Leur feu dous,
Et font adorer leurs traces.

Ia les fruitiers verdeletz,
Tendreletz,
Laiſſent leur feuillage épandre:
Et ſemblent ia leurs preſentz
Treſplaiſantz
Boutonner, meurir, & pendre.
L'Arbriſſeau du verd raiſin
Qui voyſin
Rempe à l'Orme qu'il embraſſe,
Montre les Indes vaincus
Sous Bacchus:
Et de pampre s'entre-laſſe.
Mais comme ce bois tortu
Est veſtu
De ſes grappes Autonnieres,
Auſſi les bletiers guerez
De Cerez,
Ont leurs treſſes printannieres.
Là ſe creſtent les poilz blons
Des ſillons,
Creſpant leur molle friſure,
Non moins qu'à ſon bord emply
Ply ſur ply
L'onde en flottant ſe meſure.
Tandis l'Aube au frais menton,
De Thiton
Quitte la couche odieuſe:
Et pour ſon Cephale voir,
Veut auoir
La face vn peu radieuſe.

Mesmes le Soleil riant
    D'Oriant
Tire sa Coche dorée :
Son crin d'or, ses vifz regars,
    Sont espars
Sur la terre colorée.
    Voyla que peut le bonheur,
    Et l'honneur
De la Primeuere gaye :
Sur qui ce moys de bonheur
    A l'honneur,
Par arrest du filz de Maye.
    Bref ore que tout nous rit,
    Tout fleurit,
Fors toy miserable France!
France chetiue, qui fais
    Les forfais
De ta rage, & ta souffrance.
    Le tempz, & l'heure viendra,
    Qu'on plaindra
(Mais en vain) tant de preux hommes
Que ta ruse, & ton effort,
    Met à mort
En ce dur siecle où nous sommes.
    Quand la Grüe à son voler
    Coupe l'er,
D'vne æle fuyant arriere :
Quand l'Araigne, se cachant,
    Va tranchant
Le fil de sa iambe ouuriere.

Ou quand à peine le feu
Peu à peu
S'esprend aus cendres esprises:
Lors d'vn signe non-trompeur
On a peur
Des orageuses surprises.
 Mais voyant, pour te noyer,
Ondoyer
Vne grand' mer de Discorde,
Ains cent perilz menassans:
Tu ne sens
Ton gast, ni ta fureur orde.
 Las! moy qui vanter souloys
Et tes loys,
Et l'heur de tes nobles terres:
Maintenant ie n'oy sinon
Le Canon,
Et l'aspre esmoy de tes guerres.
 Tel aussi qu'vn sombre amas
De frimas,
Gros de nuës, & d'orage,
En desrobant à noz yeus
Iour, & Cieus,
Aus fruitz laisse son outrage.
 Folle ainsi tu te maintiens
Chiche aus tiens,
Mortz par tes mains inhumaines:
Et n'esprouuent rien tes filz
Desconfis,
Qu'effroys, que maus, & que haines!

PREMIER LIVRE
CARTEL POVR L'AMOVR.

Pvis que l'Amour des Dieus le plus grand Dieu,
S'est reserué ce Chant, ce tempz, ce lieu,
Ie veus montrer sa force en euidance:
Ie veus bannir en sa vieille prison
Mars, & sa hayne: & remettre en saison
L'Amour, les ieus, les Tournoys, & la dance!

Auec moy sont trois Cheualiers tenantz,
Qui ouurirons le pas aus suruenantz,
Pour exploitter ceste noble entreprise:
Au reste Amour ses vassaus soustiendra,
Et qui noz noms ignorer ne voudra,
Voye armes, suite, equipage, & Deuise.

Amour nous guide, & le Maistre des Cieus
Trouue son Maistre en ce Maistre des Dieus,
Vainqueur au Ciel, aus Enfers, & en terre:
La Mer le craint, les animaus des champz,
Et les Oyseaus qui degoysent leurs chantz:
Mesme aus humains il fait pareille guerre.

Rien ne se fait d'honneste, ni de beau,
Si son adresse, & son heureus flambeau,
Ne nous conduit à la chose esperée:
Rien rien aussi ne resiste à son feu!
Et qu'ainsi soit, quelle vaillance a peu
Fouler iamais l'Enfant de Cytherée?

Comme indontable il brandit en son poing
Son feu de prez, & ses fleches de loing,
Pour tesmoigner sa puissance, & sa gloire:

Aus plus brutaus il donne entendement,
Aus plus subtilz, oste le iugement,
Et des plus fiers remporte la victoire.
  Qui n'aymeroit vne rare Beauté
Lors que sans vice, & sans deloyauté,
Elle retient noz cœurs en sa cordelle!
Ce seul desir Amour m'a departi,
Mesmes à ceus qui tiennent mon parti
Rien n'est si cher qu'vne amitié fidelle!
  Amour est donc le Chef que nous suiuons,
C'est par Amour qu'au monde nous viuons,
Et bref Amour seul Seigneur se peut dire:
Or qui voudra le contraire affirmer,
Ie me prometz le vaincre, & desarmer,
S'il se presente, & ne se veut desdire.

METAMORPHOSE DE LA NYMPHE FVGERES, ditte Fugueros: lez Bordeaus.

FONTAINE, *dont l'onde viue*
Me r'appelle sur ta riue,
Peinte de gaye verdeur:
Il faut qu'ore ie te chante,
Ore qu'en chantant i'enchante
Ma destresse, & mon ardeur.
  Le filz ælé de Cyprine
Allege vn peu ma poitrine,
Aussi Phœbus qui lachoit
Ses traitz sifflantz par la voye,
Tousiours aus Grecz deuant Troye
La peste ne descochoit.

Pource ta iazarde courſe,
Ton dous grauoys, & ta ſource,
Ton azur, & ton criſtal:
Meritent bien que ie die
Deſſus ma Lyre esbaudie
Ton ſort, & ton heur fatal.

On orra faire grand' feſte
Des vins de plus grand' requeſte
A leurs vieus maiſtres beuueurs:
Moy, que l'onde ſeule abreuue,
Des eaus ie feray la preuue:
Iuge expert en leurs ſaueurs.

Les Muſes qui ſi bien chantent
Touſiours ayment, touſiours hantent,
Les fontaines, & ruiſſeaus:
Qui ſera donc ceſt yuroigne,
Qui blamera ſans vergoigne
Un Poëte amy des eaus?

Que donc ton ſurgeon notoire
Prodigue me verſe à boire,
Et m'eſiouyſſe en ce lieu:
Toy qui les Mi-boucz contantes,
Saine à mon gré tu me tantes:
Suis-ie plus qu'vn Demidieu?

Quantesfois par ces campaignes
Ore les Nymphes compaignes,
Ore les fous Cheurepiez,
Ont-ilz foulé de gambades
Tes bordz, oyant les aubades
Des Bergers aſſociez?

Au fraix de l'Aube, & la Lune,
De matin, & ſous la brune,
Ilz te coronnent ſans peur:
Fuyant au reſte l'outrage,
Le vol, la ſuite, & la rage,
Du brigand lache, & trompeur.

Seulement tu ne recrées
Tant de brigades ſacrées,
Ou les Paſteurs ſ'esbatans,
Ou les Bergeres acortes:
Mais les gens de toutes ſortes
Te viſitent en tout tans:

Voyla pourquoy de ta grace
Coulant d'vne vague trace,
Tu fendz le chemin batu:
A fin que le Paſſant ſçache
Que dans ton giron ſe cache
Vne auſſi rare vertu.

On dit que voſtre bleu Pere
Vid vn iour ce port Lunére,
Et les hautz murs de Bordeaus:
Puis frapant les terres proches
De ſon dur Sceptre aus dentz croches,
Fit ſourdre vn gros debord d'eaus.

Suiuy d'vne longue troupe,
Voire preſſant l'humble croupe
De ſes Dauphins aſſurez:
Il pouſſa l'onde ſalée
Par la prochaine valée,
Porté des flotz azurez.

Vn Triton qui son char guide
Par ce nouueau champ liquide,
Les Dieus marins attiroit :
Qui s'escarte, qui s'esgaye
Par mainte humide saussaye,
Et qui dans la mer se croit.

Ainsi le train se debande,
Quand le Chef qui leur commande
Eust veu la Ville, & son tour :
Regaignant le Haure courbe,
Huchant l'escumiere tourbe,
Et rebastant son retour.

Lors comme elle estoit venuë
Par ceste plaine chenuë,
Ses traces elle reprend :
Le fleuue qui ses eaus verse
Par diuers lieus, qu'il trauerse,
Tout-en-vn ainsi se rend.

Helas ! tu fus la derniere
Nymphe encor non-fontainiere,
Qui te separas si loing :
Quand tes Sœurs moins vagabondes,
Auec le secours des ondes,
Te manquerent au besoing.

C'estoit au point que l'Aurore
Bigarre, empourpre, & colore,
L'Orient d'vn riche esmail :
Qu'au labeur on s'appareille,
Que tout le monde s'esueille,
Hommes, Oyseaus, & bestail.

DES MESLANGES.

Qu'eusses-tu fait d'auanture,
Te voyant comme en pasture
Aus Ours, & Loupz affamez?
Tu maudissois ta fortune,
Et la rigueur importune
Des Dieus en vain reclamez.

Tes tresses d'or habillées
Se ioüoyent esparpillées
Aus Zephyrs, qui s'enrétoyent:
Ta double pomme Albastrine,
Voire & ta blanche poitrine,
Haletantes ba-batoyent.

Comme vne brebis errante
Ore foible, ore pleurante,
Sans repoſer ton corpz las,
Tu trainois la freſche playe:
A tant qu'auprez d'vne haye,
Mi-morte ainſi tu parlas.

O moy pouure infortunée!
O cruelle Deſtinée!
O Ciel vrayment inhumain!
Donc loing des aymez riuages
Paiſtray-ie en ces lieus ſauuages
Les beſtes palles de fain?

Pluſtot, ò mere Amphitrite,
A compaſſion incite
Mon cher Seigneur, ton Eſpous:
Auant qu'ainſi ie periſſe,
Faittes qu'en ruiſſeau ie gliſſe,
Et qu'aumoins ie ſois à vous!

Iufqu'icy ta voix contrainte
En longueur tiroit fa plainte,
Quand le gaillard Cuiſſe-né
Du prochain vignoble eſlance
Son corps alegre, & ſa lance
De verd pampre enraiſiné.

 Amour qui ſes os furette,
Fait qu'en t'oyant il te guette:
Semblable au fin Eſperuier
Qui beant, & ſans mot dire,
Cheualle, empiette, déchire,
Sa proye, & ſon frais gibier.

 Il te deſcouuroit à peine,
Quand ceſte ardeur le pourmeine
Fol de cœur, d'ame, & de ſens:
Et ia, comme aus bords de Die
Il prit Ariadne eſtourdie,
Par luy rauir tu te ſens.

 Mais fraudant l'Amy volage,
Tu ſauuas ton puçelage
D'vne pronte euaſion:
L'homme eſt bien ſot d'entreprendre,
S'il ne ſçait aus cheueus prendre
L'oportune Ocaſion.

 Pour ioüyr du corpz pudique
Tu deuois, ô Prince Indique,
Changer d'attraitz, & façons!
Il falloit gaigner ſon ame:
Long tempz y a que ma Dame
Par cœur m'aprend ces leçons.

        Soudain

Soudain elle entre en defance,
Et tu flates sa constance :
L'Amour, ni l'effort plus fort,
Iamais des femmes n'efforçe
L'esprit, la foy, ni la forçe :
Si ce n'est de leur acord.

Mais quel soucy me destourne ?
Vers toy donques ie retourne
O Fugeres, qui te vis
Pour vn peu seure, & deliure,
De c'il qui n'ose poursuiure
Ta faueur, ni ses deuis.

Bien qu'vn chaud venin le tüe,
Ses desirs il perpetüe :
Et ta fuite deuançant
Contre vn halier va t'attendre,
Où plus fort le va reprendre
Ton œil, son ame enfonçant.

Brulé de chaleur extrême,
Ore il s'inuite soy-mesme
Au plaisant ieu de Venus :
Ore craint, or' se hasarde,
Et ia deia trop luy tarde
Qu'il ne presse tes flancz nus.

Ton port diuin le transporte,
Et ta rudesse plus forte :
Il admire en general
Tes poilz qu'vn dous vent secouë,
Et les roses de ta iouë,
Et tes leures de coral.

R

Il taste ia ce luy semble
Ton sein enflé, qui ressemble
Vn pourpris de fleurs vestu :
Ia ton ventre rond l'amuse,
Et ce beau petit, ha Muse !
Ma Folatre, que dis-tu ?

Or comme Amour l'aiguillonne,
Tu passes, il te talonne,
Et crie en suyuant tes pas :
Vierge, qu'à mon gré ie nomme,
Tu ne fuis vn mortel homme :
Non, homme ie ne suis pas !

Attandz donc, & ne dedaigne
Vn Dieu seruiteur, qui daigne
Luy-mesmes à toy s'offrir :
Mainte Nymphe en vain piteuse,
D'vn tel heur est conuoyteuse :
Et tu ne le veus souffrir ?

I'ay ce grand Iupin pour mere,
Pour Oncle vostre ondeus Pere,
La terre escoute mes loys :
Et par mon plus noble eschange
Se vid muër en vandange
Le breuuage d'Acheloys.

L'Inde est par moy surmontée,
Le fier Lycurge, & Pentée,
Les Paysans, les rogues Sœurs :
Bref l'honneur de mes mysteres,
De mes forçes volonteres
Sont les tesmoignages seurs.

O ma seconde Gnoside,
Ie ne suis vn traistre Ægide,
Pour te laisser en effroy :
I'ay peur qu'vn autre te trompe !
Attandz donc, voicy ma pompe,
Vien, & monte en mon charroy.

A tant luy faut la parolle,
Non la doleur qui l'affolle,
Et ia deia t'ataignoit :
Puis voulant trier la rose
De ta ieunesse desclose,
A bras serrez t'estraignoit.

Le Roy que la Mer adore
Oyant tes plaintes encore,
Fust lors propice à tes cris :
Et des piez iusqu'à la teste
(Selon ta iuste requeste)
Ton corpz d'humeur fut surpris.

Tant y a que chaste, & belle,
Tu frustras ce Dieu rebelle :
Et postposas son bonheur,
Ses offres, & ses caresses,
(Ainsi qu'vn tas de Maistresses)
A ie ne sçay quel honneur !

La race Semelienne
Te voyant ia non plus sienne,
Reduitte en eau peu à peu :
Tomboit chetiue en mal pire,
Si pour flater son martire,
Ainsi te plaindre n'eust peu.

O douce Beauté perie,
Que vrayment i'ay plus cherie
Que mon cœur, ni mes deus yeus!
Certé afin que tu n'ignores
Combien vœuf ie t'ayme encores,
Tu le ſçauras beaucoup mieus.

Toy Fontaine ſouſterraine,
Des Fontaines ſouueraine,
Prez mes vignes tu courras:
Ton bruit ne ſe pourra taire,
Ton eau ſera ſalutaire,
Et morte onc tu ne mourras.

Meſme à fin qu'on te baſtiſſe
Quelque iour vn edifice,
I'oſteray mes arbriſſeaus,
Qui voyſins plus d'aiſe aportent
Aus merueilles qui ia ſortent
De ta veine, & de tes eaus.

Son Port, & ſes Palais amples,
Ses Pointes, & ſes beaus Temples,
Bordeaus nous vantera bien:
Mais tes puiſſances humides
(Plus que ces grandz Pyramides)
Auront de los, & de bien.

A toy ne pourra combatre
Ce large, & deſert Theatre,
Qui s'orne d'vn vieil renom:
Ni la maiſon immortelle
Qui de l'antique Tutelle
Porte encor l'antique nom.

Adieu donques, ma Fugeres,
Mienne non! mais qui n'agueres
Fus l'espoir de mon repos :
Ou malgré ta Parque, & l'age,
Tu seras en ceste plage
La Fontaine à Fugueros.
  Ainsi dit le Dieu qui erre
Sur son Char paré de Lierre,
Que deus fiers Tigres menoyent :
Son Silene, & ses Bacchantes,
Rebruyrent à voix frequantes
Tes ondes qui surjonnoyent.
  Ie saluë, & ressaluë,
O claire Nymphe impolluë
Ton pays, & tes liqueurs !
Si i'ay bien sonné ta gloire,
Solennise ma memoire,
Maistresse des ans vainqueurs.
  Ainsi iamais ne te souille
Brebis, Toreau, ni Grenouille,
Poisons, Crapaus, ni Lezardz :
Ainsi l'aspre Canicule
N'offance, ou tarisse, ou brule,
Ton sein, ni tes bordz iazardz.

EPISTRE,
Au Seigneur de Souuray.

IL me deplaist, SOVVRAY, de mouler mon ouurage
Sur le patron d'autruy, comme aucuns de nostr'age,
Qui d'vn Cygne empruntantz le seul plumage beau,
Imitent bien-souuent l'Oyson, ou le Corbeau :

Quand à moy i'ayme mieus viure honestement pouure,
Que si quelque larcin ma pouureté descouure :
Et sans rien mendier, tenant ce mesme ranc,
Veus estre en mes discours & veritable, & franc :
Pource entre ces Harpeurs qui le moins se desguisent,
Et qui s'eternisantz les autres eternisent,
(I'vse à mon grand regret de ces superbes mots)
Ie diray sans cercher vn mercenaire los,
Non plus qu'vne moisson, ou qu'vne faulx estrange,
Que mon champ me promet quelque peu de louange :
Et bien que la foison des fruitz qu'il a produit
Abonde plus en heur, que ce merite en bruit,
Si say-ie voir icy qu'vn sïeur ne desdaigne
D'employer sa faucille en fertile campaigne.

   Quand ie songe parfois combien i'en ay perdu,
(I'enten des vers robez, qu'on ne m'a point rendu :)
Et de combien encor i'ay fait sans autre blame,
Maint & maint sacrifice à Vulcan dans sa flame :
Ie m'estonne, Souuray, non sans quelque pitié
(Car c'estoyent mes enfantz, moy pere d'amitié :)
Que ceus dont i'ay depuis ma maison assortie,
Ne sont apetissez de la plus grand' partie :
Et crains que ce que i'ay chanté par passetempz,
Ains tout cela que i'ay reffait en peu de tempz,
Face estimer de moy ce qu'attendre ie n'ose,
N'ose, ne veus, ne puis, alors que ie compose :
Car des que ie commance à traçer mon papier,
Ie voudroy tout soudain venir au vers dernier.

   Ie m'esbahy d'aucuns qui le Parnasse hantent,
Et lentz à conceuoir, à peine à peine enfantent :

Ie voudroy quelquefois leur reſſembler, à fin
De voir ſi ie fairoy quelque œuure plus diuin,
Mais ce Demon qui m'ayde en ma viue alegreſſe,
M'allume trop l'eſprit d'ardeur, & de ieuneſſe :
Et c'eſt pourquoy ie ſuis moy-meſme eſmerueillé
Comment aprez auoir ſi peu de moys veillé,
Ma plume ſ'eſgaliſe aus deuancieres plumes,
Par la maſſe, & groſſeur, de mes nombreus volumes :
C'eſt bien loing de ce Chantre auquel de main en main
On defere l'honneur du Poëme Romain,
Mais qui, bien qu'aſſiſté du Chœur Aganippide,
A deſpendu quinze ans aprez ſon Æneïde :
Oeuure vrayment loüable, & fort laborieus,
Mais vn terme ſi long eſtoit trop ſpacieus :
Et croy-ie que ſon Prince, aprez le ſac de Troye,
N'euſt onc tant de loyſir en pourſuiuant la voye
De ſes tardes erreurs & par terre, & par mer :
Qu'il en a peu luy-meſme en chantant conſumer.

Ie ne ſçay tant refuer pour mes ſonges eſcrire,
Ie te confeſſe bien que ie ſuis beaucoup pire
En ſon ſtile Latin : mais i'ajouſte à cecy
Qu'il euſt vn bon Auguſte, & vn Mecene auſſi :
Et voudroys-tu douter qu'en ſaiſon ſi fertile
Ayant de telz fauteurs, on n'euſt pas vn Virgile ?

Donc ſoit qu'vn Enuieus ou rogue, ou peu benin,
Reuomiſſe ſur moy quelque ſalle venin :
Ou ſoit qu'à la bonne heure on voye, & fauoriſe,
Mes ouurages nouueaus : ie defendz qu'on me priſe
Pour auoir tant eſcrit en la premiere fleur
De mon Adoleſcence, eſclaue de malheur:

R 4

Ie defendz qu'on pardonne à ceste promptitude
Qui brusquement m'exerçe à si sterile estude,
Ou qu'on pense de moy que ie produy mes vers
Comme faisoit celluy d'vn naturel diuers,
Qui iadis s'arrestant au milieu de la course,
Formoit les siens lechez comme l'Ourseau par l'Ourse :
Car quand ie brideroys ainsi mon vif desir,
De beaucoup de labeur i'auroys peu de plaisir :
Mais ie veus bien qu'on sçache (& de mon veuil modeste
A ce siecle bastard ie tesmoigne, & proteste:)
Que si le moindre appuy supportoit mon esprit
Qui de ce vain mestier trop ardamment s'éprit,
Et ressentoit aumoins la faueur allechante
De ceus qu'à mon honneur ingrattement ie chante :
Ie me parforçerois, inuaincu du trauail,
A peindre mes papiers d'vn aussi bel esmail,
Propre, & non coquiné, que tel d'entre la trope
Qui reuest parmy nous la Corneille d'Æsope :
Auquel si l'on ostoit les plumes qu'il a pris
Des Oyseaus depouillez, & par fraude surpris,
Cuides-tu qu'en perdant vn si riche pennage,
Il osat bragarder entre ceus de son age ?

 Ceste Liçe à l'œil traistre, & qui brasse l'ennuy,
Ains se rid de l'opprobre, & du meschef d'autruy,
N'eust iamais place en moy : car i'ayme, & prise, & loüe,
Quiconque le merite, & qui du Sort se ioüe :
Mais pire qu'vn Dragon plein d'audace, & de fiel,
I'abhorre l'homme indigne & des graces du Ciel,
Et des biens de la terre : & neaumoins le vice
Est si autorisé par sa mere Iniustice,

Qu'vn vilain, vn Coyon, voire vn gros animal,
Ne sçaura point que c'est d'infortune, & de mal :
Ou le cœur valeureus qui les Destins implore,
Soy-mesme se meurdrit, soy-mesme se deuore,
Et (des autres vray iuge) est son propre bourreau.

 Mon Souuray, si i'estoy quelque faus pipereau,
Faisant d'vn Monstre vn Dieu : ie ne viendroy sans crainte
Donner à noz Françoys vne si dure attainte :
Ie parle aus deprauez, qui n'ont, & qui n'auront,
Ni bonté dans le cœur, ni honte sur le front :
Mais ie m'adresse à toy qui cheris, & qui prises,
Auec l'humble vertu les neuf Sœurs bien-aprises :
Et c'est à celle fin qu'en lisant quelquefoys
Mes escritz loüangeurs des Princes, & des Roys,
Parmi tant de beaus noms qui mes Liures decorent,
Parmi tant de beaus noms que mes Liures honnorent,
Tu remarques le tien, qui reluira trop mieus
En faueur icy bas, en gloire dans les Cieus :
Que si te poussant-là d'vne fuite eslancée,
Ie faisoys or' de toy quelque estoilé Persée,
Ou terrible Orion : qui n'est si bien armé,
Que tu seras peut estre encor plus renommé
Par la voix de celluy qui des ore te donne
(Aueques ce present) son cœur, & sa personne.

GENETHLIAQVE,
SVR LA NAISSANCE DE
Marie du Prat.

LES PARQVES, MERCVRE, ET LES GRACES.
LE POETE.

LA propice Lucine
Bienheuroit la gesine
D'ANNE DE BRABANSON,
Lors que sa Couche mesme,
(Chaste Couche troisiesme)
Honnora ma Chanson.
 On dit que les Deesses
Amyes, & Maistresses,
Du seuere Destin :
Ayderent l'Acouchée,
Des que mainte tranchée
Hasta son part voysin.
 Le Ciel est la demeure
Où trauaille, & demeure,
Ce troupeau voyant-tout :
Il hante, & ne desdaigne
Le Tempz qui l'acompaigne,
Ore assis, or' debout.
 A ceste Couche tierse
Leur face, vn peu diuerse,
Plus gaye se maintint :
Et la chambre non-vuide

Du fil qu'on y deuide,
Ses Ouurieres retint.

 Clothon qui ia besoigne,
Lors sa quenouille empoigne,
Et se rassied aussy :
Puis d'vne main non-lasse
Ageance sa filasse,
Et soudain parle ainsy.

CLOTHON.

Sors, tendre Enfant ! & pour voir nostre iour
Les flancz chargez de ta Mere descharge :
Pour toy deia pour toy ie fay ma charge,
Et pour seiour t'apreste vn beau seiour.
 Donne, heureuse Fusée,
 Donne vne vie aisée.

Sors, tendre Enfant ! & puis que la saison
T'inuite à naistre, & nous semond encore :
Fay que le mal ta Mere n'eslangore,
Et d'vn gay ris esgaye sa maison.
 Donne, heureuse Fusée,
 Donne vne vie aisée.

Sors, tendre Enfant ! & sans peine, & doleur,
Vuide soudain l'enfleure de son ventre :
Sors doucement, sors, & desormais entre
Dedans ce monde où l'heur suyt le malheur.
 Donne, heureuse Fusée,
 Donne vne vie aisée.

LE POETE.

D'VNE voix qui dous-sonne
Ainsi la Parque bonne
Son œuure commança :
Lors qu'ourdissant l'enfance
Tost aprez la naissance,
Lachesis s'auança.

 Le pront fuseau qui rouë
Sous le doigt qui se iouë,
Attendant le retour,
Court, vire, & piroüette :
Quand ceste Sœur prophette
Va respondre à son tour.

LACHESIS.

 Croys, ieune Vierge ! & des ceste heure icy
Façent Dione, & l'Amour, en toy croistre
Mille beautez : & puisses-tu paroistre
De luy la guide, & d'elle le soucy.
 Donne, heureuse Fusée,
 Donne vne vie aisée.
 Croys, ieune Vierge ! & pour tromper l'affront
Des vices faus, à tes parentz ressemble :
Leur ressemblant, tu porteras ensemble
La vertu mesme & au cœur, & au front.
 Donne, heureuse Fusée,
 Donne vne vie aisée.
 Croys, ieune Vierge ! & mesle sans esmoy
La gaillardise à tes graces naïfues :

Certes à fin qu'en tel estat tu viues,
Il ne tiendra à mes Sœurs, ni à moy.
  Donne, heureuse Fusée,
  Donne vne vie aisée.

  LE POETE.

AINSI dit l'autre Parque
Qui suit, sonde, & remarque,
Noz ans, noz faitz, noz pas :
Filant de main habile
Les vies qu'elle file,
Par mesure, & compas.
 Adonques la derniere
Atropos, la plus fiere,
A s'adoucir aprit :
Et comme vn qui s'expose,
Ouurant sa bouche close
La parole reprit.

  ATROPOS.

Vy, chaste Fille! & puisse à l'auenir
Vn braue Adon si bien de toy s'esprendre,
Que sienne estant, tien il daigne se rendre :
Et puisse Amour voz cœurs fermes vnir.
  Donne, heureuse Fusée,
  Donne vne vie aisée.
Vy, chaste Fille! & comme vn bon fruitier
Dont les beaus dons parent le riche Autonne,
Porte maint fruit : fruit qui sous toy foisonne,
Pour estre à tous agreable, & entier.

Donne, heureuse Fusée,
Donne vne vie aisée.
Vy, chaste Fille! & que les iours suyuantz
Loing de ton chef esloignent toute enuie:
Passant ainsy, passe en heur, & en vie,
Et Pere, & Mere, heureusement viuantz.
Donne, heureuse Fusée,
Donne vne vie aisée.

LE POETE.

Ainsi les Parques dirent,
Ainsi les Parques firent,
Pour fortuner le tempz
De ceste Fille chere:
Qui ia croist sous sa Mere,
Comme vn ieune Printempz.
Alors Cypris la belle
Oyant ceste nouuelle,
Aus Graces commanda
De voller iusqu'en France,
Pour benir la naissance
Qu'elle mesmes ayda.
Soudain s'offre pour guide
Le Courrier Atlantide,
Et sous l'espais manteau
D'vne nuë hardie,
Les meine en Picardie,
Dans vn braue Chasteau.
Ainsi bornant leurs peines,
Ilz viennent à Vareines,

Où recueillis estoyent
Et ceus qui les deuançent,
Et celles qui ne pensent
Aus Nymphes qui entroyent.
 Si tost qu'elles arriuent,
Les Amours, qui les suiuent,
Les suiuent iusqu'au lit
Où la tourbe espanchée
Autour de l'Acouchée,
De beautez s'embellit.
 Chascun à voir sa face
S'esiouyt, & fait place
A la Diuinité :
Aussi la troupe esluë
Les bienueigne, & saluë,
D'vne humble priuauté.
 Lors elle se presente
A la Dame gisante,
Et d'vn courtoys parler
L'aborde, la consolle,
L'entretient, & l'acolle :
Auant que s'en aller.
 De là, voyant que l'heure
Pressoit ia son alleure,
Trespronte elle reua
Où l'Oyseau de Mœnale
Qui les Zephyrs esgale,
Pour voler se trouua.
 Comme ces lieus ilz laissent,
Vne autre course ilz dressent,

Tendantz à mesme fin :
Inuisibles suruindrent,
Inuisibles reprindrent
Mesme aduis, & chemin.
 Ramant sous le nüage,
Ilz hastent leur voyage
Iusques à Nantoillet :
Là fust à tempz idoine
Ce sage-acort Antoine,
Qui monstre quel il est.
 La Fortune, & l'Enuie,
Ont cheuallé sa vie
En mille & mille endroitz :
Mais sa vertu constante
A trompé leur attante,
Et leurs faus passedroitz.
 En fin l'orde malice
De l'vne & l'autre Lice,
Leur mort viendra couuer :
Ainsi void-on la mine
Qu'on sonde, & contre-mine,
Sous ses Bescheurs creuer.
 Iamais la docte Muse
Sa faueur ne refuse
Aus honnestes Seigneurs!
Et moy, qui les embrasse,
Ie plante sur Parnasse
Le May de leurs honneurs.
 Pource icy ie te loüe,
Et cest Hymne te voüe,

       Illustre

Illustre sang DV-PRAT:
Et comme tu m'inuites
I'inuite noz Charites,
Et ne leur suis ingrat.

  Ce ne sont ces neuf Filles,
Neuf Vierges bien gentilles
Qui cent foys rauy m'ont:
I'enten ces Damoyselles,
Ces trois fois trois Pucelles
Qui logent sur un mont.

  Pour la triple triade,
Ceste triple brigade
A bien daigné quiter
La Cyprine, & sa flame,
Pour voir ta chaste Dame:
Et puis te visiter.

  Mais quelle nüe espaisse
Vient, s'auance, & s'abaisse?
Quel vent la pousse icy?
Ha! i'auise à cest'heure
Sous humaine vesteure
Les Graces que voicy.

  A voir la Capeline,
A voir la manteline,
Et la baguette encor:
C'est la race de Maye
Qui les guide, & s'esgaye,
Prenant icy l'essor.

  Vien, Seigneur, & voy donques
(Si tu ne les vis onques)

S

Trois celestes grandeurs:
Par l'air où leur parole
S'entend, & coule, & vole,
S'espandent mille odeurs.

LES GRACES, ET MERCVRE
iouant de la Lyre.
STANSES.

EN faueur de trois Sœurs, trois Nymphettes petites,
Trois ieunes autres Sœurs, trois diuines Charites,
A toy seul trois fois pere, ont voulu s'adresser:
En passant leur chemin, gayes, elles s'atandent
Que tu leur ottroyras vn don qu'elles demandent:
L'homme courtoys ne doit les Dames refuser.

Ce don icy (Seigneur) qu'ores on te demande,
C'est d'ouyr, & gouster, ce que Venus te mande,
Venus nostre Maistresse, & son filz triomfant:
Tu reueres son nom, tu sçais sa grand' puissance,
Et mesmes de l'Amour n'as moindre cognoissance:
Qui ne cognoit aussi Venus, & son enfant?

Elle donques te mande, & par nous te conseille,
De voir ta chere Espouse, & de ioye pareille
Combler ton cœur pensif, & triste dans ce lieu:
Si comme tu voudroys l'Espoir ne te contente,
Sois contant neaumoins du bien qui se presente:
Le Sage prend en gré ce qui luy vient de Dieu.

En lieu d'vn tres-beau filz vne tres-belle fille
A desormais acreu ta race, & ta famille,
Et quelque iour aussi viendra le masle fruit:
Tandis le Tempz le cache, à fin que tu embrasses
Trois Graces en trois Sœurs, & trois Sœurs en trois Graces:
N'abaisse donc ce sexe, ou l'honneur qui nous suit.

Femmes estoyent iadis les Sibylles tresbonnes,
Femmes se renommoyent les braues Amazonnes,
Aus Disciplines mesme a pleu ce nom benin :
Et s'il faut passer outre, & suiure noz brisées,
Quand tu regarderas aus Vertus si prisées
Les Vertus ont le rang, & l'habit feminin.

   Si nous parlons aussi des Vierges de Memoire,
Reciproques tesmoingz de nostre propre gloire,
Ne doubte qu'en valeur nous vous cedons ça bas :
Par elles & doctrine, & louange choysie,
Par nous & bienseance, & douce courtoysie,
Ornent mieus les humains, qu'ilz ne nous ornent pas.

   Le vice est bien commun, mais si l'honneste honte,
Ou l'humble verité qui les plus fiers surmonte,
Nous permet de courir aus antiques escris :
Pour vne Semirame, ou Cleopatre folle,
Nous te proposerons vn grand nombre, vn long rolle,
D'hommes tous corrompus, & de mauuais maris.

   Laissant donques à part ces lassifz Caligules,
Et ces monstreus Nerons, dignes de cent Hercules :
Quel homme onc surpassa sans blame, & sans rancœur,
En coniugale ardeur vne mourante Alceste ?
Vne grand' Penelope en loyauté modeste ?
Vne pure Lucrece en inuincible cœur ?

   Celle-cy ne pouuant à l'Adultere nuire,
Courageuse, & sans tache, encor osa s'occire :
L'autre, attandit vingt ans son cher Vlysse absent :
Et les Dieus, veu l'amour d'Alceste ainsi rauie,
Voulurent non-ingratz luy redonner la vie :
Eussent-ilz peu luy faire vn plus riche present ?

S 2

  Acroiſſez en bonheur, ò genereuſes Ames,
Puis qu'auec tant de los vous excitez les Dames
A ſi ſainte vnion, qui n'a d'eſgalle à ſoy :
Celluy vrayment ſouſpire & l'horreur, & la rage,
Qui nomme vn ioug facheus le chaſte Mariage :
Eſt-il plus dous lien que d'amour, & de foy ?
  On compare la Fille à la Roſe vermeille,
La Femme eſt vn Verger qui rapporte à merueille,
La Veſue ſemble vn champ deſert, voire infertil :
Mais quoy ? l'aſpre Roſier de ſes fleurs ne nous priue,
Et le Verger produit, ayant qui le cultiue :
Le ſeul Veſuage helas ! eſt le plus inutil.
  L'heur change, l'or moyſit, l'homme meurt, le tempz coule :
Pource maugré le Sort qui brouille, tourne, & roule,
Faittes qu'vn tel lien du tout vous rende ſiens :
Comme eſprit, corpz, & biens, ornent voſtre louange,
Souffrez, veuillez, taſchez, d'vn loyal contre-change,
Que voſtre louange orne eſprit, & corpz, & biens.
  Telz qu'vne exquiſe bague, & qu'vn Rubys d'eſlite,
S'honnorent à l'enuy : ceſte foy vous inuite
A vous entr'honnorer, ſous vn amour ſi beau :
Amour qui ſe depart, pour mieus en vous ſ'acquerre :
Auſſi cela n'eſt pas oſter l'or à la pierre,
C'eſt pluſtot enchaſſer la pierre dans l'aneau.
  Sus donc, entr'aymez-vous ! ceus qui l'Amour n'appellent
Qu'vn deſir de Beauté, comme imparfaitz n'excellent
En telle affection, qui deus ames eſpoind :
Il faut que ce deſir pareillement enflame
La feme du mary, le mary de la feme :
Sçais-tu pas que l'Amour ſans frere ne croiſt point ?

LE POETE.

A tant elles parlerent,
Et ce Seigneur laisserent,
Qui ia les recueilloit :
Tant l'œuure des Abeilles
De leurs bouches vermeilles
Soüefue distilloit!

Adonc fuyuant Mercure,
Se brasse vne ombre obscure :
Et ia comme estrangez
Les couure, emporte, & meine,
Dans l'estoilé domaine,
Où les Dieus sont logez.

A toy donc ie retourne,
Puis qu'auec toy seiourne
Le Chœur Aonien :
Et tandis pour te plaire
ANTOINE, ie fay taire
Mon Lut Ausonien.

Et toy pour qui de méme
Ce los icy ie seme,
D'vn bon œil souzry-moy :
Et si ie ne prophanne
Le nom sacré d'vne ANNE,
Et Chantre, & Chant reçoy.

Bien tost comme i'espere
Toy d'vn filz estant Mere,
Et moy digne Sonneur :

S 3

Plus haut ie feray bruyre
Aus langues de ma Lyre
Ta race, & ton honneur.

CHAPITRE.

ARRIERE Enuie, arriere Mesdisance:
De voz broquardz ie me gausse, & me ris:
Mais quand moins triste, & malgré vous i'escris,
Vostre est la hayne, & mienne la plaisance.

I'attandz le iour qui gracieus m'aporte
(Aprez l'encombre) ou l'aise, ou le repos:
Pendant qu'icy ie me flate à propos
D'vn beau desir, ou d'vne ioye morte.

Ma foy, mon sort, ma franchise contrainte,
Perdant son droit, son attante, son prix:
Aus moins-courtois, peu-rusez, mal-apris,
Sert de pitié, d'exemplaire, & de crainte.

La guerre ailleurs tandis se renouuelle,
D'horribles maus vn gros fleuue espanchant:
Mesme Enyon noz peuples va fauchant,
Comme vn Sïeur fauche l'herbe nouuelle.

Dieus, permettez que Iustice s'obserue,
Et que mon mal, ains noz maus prennent fin:
Que le moins caut retrompe le plus fin,
Et que Mars cede à la sage Minerue.

Ainsi mon Lut fredonne vostre gloire
D'vn graue ton, ainsi soye l'honneur
De noz Heros, au cry d'vn tel Sonneur:
Et viue encor leur Chantre, & leur memoire.

STANSES, AV ROY.

Qve ne suis-ie aussi franc d'effait, que de vouloir?
Pourquoy ne puis-ie encor à tes piez me douloir,
Ore qu'on me resserre, & que mon dueil empire?
I'iroy, mon PRINCE heureus, à toy me presenter!
Mais ne pouuant d'icy mes regretz te conter,
Ce que la bouche tait la plume ose l'escrire.

 Entendz ma iuste plainte, ò grand Roy des François,
Inuincible HENRY, qui n'agueres portoys
L'antique nom fameus du Monarque Alexandre:
Entendz, & voy ma peine ! ayder l'homme affligé,
Maintenir l'innocent, & vanger l'outragé,
C'est s'esgaller aus Dieus: ains Dieu mesme se rendre.

 S'il te plait donc sçauoir qui s'attriste, & se deut,
Et qu'alleger sans toy l'on ne veut, ou ne peut:
C'est celluy qui maugré la ruse, & la malice,
Du menteur Enuieus, a tousiours mis pour toy
Sa plume, ses escritz, son deuoir, & sa foy:
Veus-tu gages plus seurs de son humble seruice?

 Il a sonné ton los, ta force, & tes combas:
Son chant tesmoigne encor comment tu marias
La Coronne Polake au Sceptre de la France:
Comme épris de ta gloire il t'admire, & tu luis
Comme vn bel Astre clair par le serain des nuis,
Ou comme le Croissant qui sa rondeur auance.

 Or pour auoir cent fois celebré ta valeur,
A ce coup il te cerche au fort de son malheur,
Comme son rameau d'or, sa Sibylle, & son guide:
Aussi sans ce confort, il maudiroit ces lieus,
Lieus qui le vont guidant au noir fleuue Oublieus,
Comme vne Ombre qui erre au bord Acherontide.

De vergoigne, ou de peur,(quoy qu'on l'ose assaillir)
La coulpe ne le fait ni rougir, ni pallir:
Et simplesse, & candeur, sont sa vraye defence:
Le Criminel chargé doit cercher le pardon,
Mais l'innocence aussi n'affecte point ce don:
Qui ne sçayt que la grace est nulle sans l'offance?

  Iadis vn preux Cæsar acort, humain, & dous,
Fut prisé d'vn chascun: mais l'outrage, & courrous,
D'Auguste son Nepueu, les plus hautains deterre:
Ouide il fit bannir, pour ne sçay quelle erreur:
Las! vn moindre soupçon, plein d'estrange fureur,
Trop pire m'interdit l'ær, & l'onde, & la terre.

  Ce qui m'angoisse plus en ma captiuité,
C'est de souffrir le mal que ie n'ay merité,
Et d'vn crime incognu faire la penitence:
Bien-souuent les chetifz se voyent secourir,
On iuge le coupable, auant que de mourir:
Las! ie reçoy la mort, plustot que la sentence.

  Cil que le Sort malin culbute d'vn beau ranc,
Ou perd & pere, & mere: ou qui dessus le banc
Frape l'eau de sa rame, ou qu'aus cepz on esclaue,
N'esgallent mes trauaus: & i'irois affirmant
Que ie passe en desastre, esmoy, danger, tormant,
L'Oppressé, l'Orphelin, le Pilot, & l'Esclaue.

  Au gré d'vn Geolier rude asseruir son pouuoir,
N'esperer rien qu'effroy, qu'iniure, & desespoir,
Estre faché, reclus, encourir maint dommage:
A son traistre Ennemy malgré soy pardonner,
Se voir rauir à tort ce qu'on ne peut donner:
Est-ce pas supporter vn plus cruël seruage?

Le Forçat a plus d'aife, ayant la chaine aus piez!
Au moins il void la mer, & ses flotz repliez,
L'ær, la terre, & le Ciel, de toutes choses pere:
C'il qui les Nauiguantz mit au nombre des mortz,
Se trompa lourdement: nous qui d'ame, & de corpz,
Sommes serfz, & geinez, sentons plus grand' misere.

Autant qu'on peut conter de minutes au iour,
Autant qu'il est d'arene au Libyque seiour,
Autant qu'vn Hyuer a de glaçons, & bruines:
Tout autant de soucis nous bourrellent icy,
Les pensers sont à nous, & les soupirs aussy:
Sent-on moindres plaisirs, ni plus grandes ruines?

Les iambes, & les piez, nous seruent pour marcher,
Et les yeus, & les mains, pour voir, & pour toucher,
Ilz sont vains toutesfois dans vne prison dure!
I'aymerois donc mieus estre vn sauuage animal,
Au pis ie gouterois plus d'aise, & moins de mal:
La Marastre de l'homme est sa propre nature.

Comme à l'esgal des bons on cognoist les meschantz,
En ceus qui par raison leur salut vont cerchantz
Volontiers plus d'angoisse, & d'infortune abonde:
Mais quoy? libres ilz ont ces infelicitez,
Et n'esgallent aussi noz grand'z aduersitez:
La prison, & le ioug, sont l'Enfer de ce monde.

Ha, ne viuent heureus ceus-la de mon mestier!
Chafcun void leurs escritz, leur ouurage est entier,
Moy ie meurs sans renom, ma Muse erre esgarée!
Si ie haste mon cours, c'est par esloignement,
Ie voy presque ma fin, des le commancement:
Et la nuit de mon iour deuançe sa soirée!

S s   Sire,

SIRE, quand i'oseroy l'asseurer par mes vers,
Plus qu'il ne t'est aduis en ma perte tu perds,
Si l'Estranger s'esleue enflé d'escritz, & d'armes :
Ce n'est tout que le glaiue, ou le nombre des gentz !
Il faut, en suscitant des ouuriers diligentz,
Le batre du baston duquel tu me desarmes.

Ces œuures que ie fis en mon plus ieune feu,
C'estoyent petitz esclairs qu'on vid reluire vn peu,
Menassantz ia les Chefz d'vn punisseur naufrage :
Mais ore qu'obstinez ilz voguent sans repos,
Au milieu du peril, de la route, & des flós,
Dessus tous (s'il te plaist) ie verseray l'orage.

Ie seray le Vulcan qui les traitz forgeray,
Martellant, açerant, bœuure que ie feray :
Puis comme vn Iupiter, i'acableray leur teste :
Commande seulement ! si ie m'entendz hucher,
Sur eus, & leurs aydantz, ie feray trebucher
Le bruit, l'esclat, le choc, la foudre, & la tempeste.

Plus haut ilz sont montez, ilz bruncheroyent plus bas :
Mesmes aus plus hardis ie ne cederoy pas,
Ains me rüroys sur eus d'vne terrible attainte :
Comblant, enflant, paissant, armant, n'ayant liez,
(Au plus fort de l'assaut) cœur, bouche, yeux, dextre, piez,
D'ire, de cris, de sang, de glaiues, & de crainte.

Ton Louure, ore si braue en pompeus Courtisans,
Foisonne en telz hableurs, & nouueaus partisans,
Qui sous vn beau semblant t'ayment, loüent, adorent :
Mais ce sont des flateurs, flateurs & pipereaus,
Qui portent mieus le nom de vrays Loupz, & Corbeaus :
Ceus-cy nous mangent mortz, ceus-là vifz nous deuorent !

DES MESLANGES.

Que nul, tant soit-il caut, ne tasche à me gaigner:
Et ses offres, & luy, se verront dedaigner,
Ie fuiray son acueil, & sa feinte adoucie:
Plustot ie tourneray mes pas, & mon regard,
Pour te suiure (mon Prince) & d'vne & d'autre part,
Comme aus rays du Soleil se tourne la Soucie.

Ie te seruiray mieus à l'enuy des soudars,
Que si ie rechangeoy mon Apollon à Mars,
Ma plume au Coutelas, & ma couche à la dure:
Mais au besoing aussi, ie changerois alors
Ma plume au fer sanglant, mon Phœbus à Mauors,
Mon lit au camp d'outrance, au chaud, à la froidure.

I'espere au pis aller l'vn & l'autre choysir:
Et si la doubte encor s'oppose à ton desir,
Ma promesse, & mon vœu, te seront pour ostage:
Le bon cœur, le corpz libre, & l'esprit studieus,
M'ayderont à matter l'Aduersaire odieus:
Qui m'osera combatre auec tant d'auantage?

Parmi ceus qui guerriers oseront de beaus faitz,
Ma Clion effroy'ra tes Ennemys defaitz,
Çà & là repandant l'horreur de ta main forte:
Que si pour mieus choquer trop foibles i'ay les reins,
Ton grand Frere, ou quelcun de ces Princes Lorreins,
En me seruant d'apuy, me seruira d'escorte.

Alors ne cuide pas que la fuite, ou l'effroy,
Me suiuent en suiuant le parti de mon Roy,
Pour qui i'aymerois mieus vn beau trespas eslire:
Moins d'armes, que de poudre & suëur tout couuert,
Monstrant l'estomac nu, de playes entr'-ouuert,
Ie t'ouuriray mon cœur, où ma foy se peut lire.

SONNET.

Iane viuoit n'aguere en foy si permanante,
Voire en si grand honneur, qu'aprez le fier trespas
De son trescher mary, pour rien elle n'eust pas
Alteré son renom de Vefue continante.

Si chaste fut son cœur, que pour chose auenante
Elle n'estoit ployable, & si n'eust faict le pas:
Elle abhorroit Amour, sa ruse, & ses apas,
Et dure ne craignoit fleche tant fut poignante.

C'estoit vne Sabine en rude fermeté,
C'estoit vne Vestale en pure chasteté,
C'estoit mesme en simplesse vne vierge Diane.

Et toutesfois si tost ce Dieu ne la toucha,
Qu'esprise d'vn Vieillard elle s'amouracha:
O trop puissant Amour! ô trop legere Iane!

CHANSON CHRESTIENNE.

Bien-heureuse saincteté,
Bienheureuse Chasteté,
Qui heureusement bienheures
Mes ans, mes iours, & mes heures.

Tous ces dons si precieus
Et de Nature, & des Cieus,
Tous les tresors, & richesses,
N'esgallent point mes liesses.

Les graces, & les beautez,
Les grandeurs, & brauetez,
Que le monde au monde adore:
Sont les biens que moins i'honore.

Zele, Ieusne, & Oraison,
S'ayment en ceste maison:
Et ie veus aymer dans elle
Oraison, & Ieusne, & Zelle.

Ainsi mourant en ce lieu,
I'iray reuiure auec Dieu,
Loing d'erreur, d'orgueil, d'enuie:
Est-il plus heureuse vie?

CONTR-ADVIS.

Ne t'esmerueille point si ie blame tes blames,
Tu sembles c'il qui mit aus sacrileges flames
Le beau Temple d'Ephese, à fin de s'illustrer:
Il mesfit, tu mesdis: il offança Diane,
Toy la douce Venus : encor ta voix prophane
A bien osé l'honneur de noz Dames outrer.

Quelz Serpens, quelz flambeaus, quelle horrible Megere,
Puniroyent bien l'erreur de ta bouche legere?
Quelle excuse t'excuse, ou te dit innocent?
Confesse donc ta faute, & desormais auouë
Que celuy peche trop, qui blame ce qu'on louë!
L'homme est assez iugé, qui coupable se sent.

Tu dois pour te purger de ceste humeur si sotte,
Humeur non, mais venin! prendre cest Antidotte,
Et d'vn contraire escrit les Dames reuanger:
Quand bien tu le fairas, les celebrant encore,
Tu ne fairas sinon ce que fit Stesicore,
Quand plus braue il reuint la Greque louanger.

N'aguere ainſi que toy i'auois bien pris les armes,
Mais ce fut pour rabatre & l'audace, & les charmes,
D'vne qui me rapelle à ce meſme attentat:
Ie ne veus toutesfois! pourquoy donc faus Poëtte,
Oſes-tu contre Amour hauſſer ainſi la creſte?
Qui trouble ſon Empire, eſt vn fol Apoſtat.

FOLATRIE.

VOVS ne venez iamais au poinct,
Et vous cachez! ô quel deſordre!
N'a garde de nous entre-mordre,
Puis que nous ne nous voyons point.
 Quel ieu? quelle mutation?
Vous eſtes bien & ſotte, & laide:
Mais l'homme eſt plus benet, qui plaide
Ce qu'il tient en poſſeſſion.
 Si delairray-ie là Catin,
Et Ianette, & la Bourguignonne:
Ie les delairray, ma Mignonne,
Puis que i'ay faict ſi gras butin.
 Vne grand'Beauté i'ayme bien,
Mais n'en ayez nulle deſtreſſe:
Belle, ne craignez ma Maiſtreſſe!
Ma Maiſtreſſe n'en ſçaura rien.

FIN DV PREMIER
Liure des Meſlanges.

LE SECOND LIVRE DES MESLANGES.

A PHILIPPE D'ANGENES,
Sieur de Fargis.

SI t'auoys, mon FARGIS, la Muse à mon plaisir,
Ie diroys ta valeur en plus d'vne maniere:
Ie chāteroys ton los, & ne voudroys choisir
Ni plus bel argument, ni plus haute matiere.

L'amour de ton cher Prince, & la fureur de Mars
Qui comme vn fier Lyon t'anime, & t'encourage,
Puis tes gestes fameus, parmy la Gaule espars:
Seroyent les ornementz de mon gentil ouurage.

Tost aprez ce FRANÇOYS, grand espoir des Flamans,
Et veillant, & vaillant, emboucheroit ma trompe,
Pour mieus bruyre ses faitz de gloire m'enflamans:
Estant ainsi paré, ie sçay suiure la pompe.

Sa force abaisseroit le vigoureux Palmier,
L'Aigle n'iroit si haut, que son desir loüable:
Et le Soleil riant, à luyre coustumier,
En clarté cederoit à son nom honorable.

Or ie ne hante point le Chœur Pierien,
Et pource en sa faueur rien desseigner ie n'ose:
Aussi tel que ie suis, helas! ie ne suis rien:
Mais quoy? s'il luy plaisoit ie seroys quelque chose.

LA DESDAIGNEVSE.

AINS que ie vous cogneusse, & que vous m'eussiez veu,
Vous chantant, vous loüant, presente, voire absente:
Vous estiez (DESDAIGNEVSE) vne sente, & descente,
Où maint facheus halier de ronces est pourueu.

Vous estiez vne Sainte & sans Temple, & sans vœu,
Vous estiez vne perle obscurement luysante,
Vous estiez vne fleur à demy fanissante,
Vous estiez vne lampe & sans huyle, & sans feu.

Maintenant que ma peine aprez vous s'est peinée,
Vous ne semblez pas naistre, ains semblez nouueau-née:
Tant a peu mon trauail, qui tousiours durera.

Durer nenny, ie faux, & vous perdez au conte!
Car lors à mon honneur, ores à vostre honte,
Ie fis ce qui n'estoit, & ce qui ne sera.

PAR moy voz noirs cheueus comme l'or iaunissoyent,
Par moy vostre haut front s'embellissoit de gloire,
Par moy voz yeus vainquoyent l'Amour, & sa victoire,
Par moy voz sourcis courtz d'vn arc le garnissoyent.

Par moy les tendres Lis vostre teint n'effassoyent,
Par moy voz froidz discours venoyent de grand memoire,
Par moy voz deus tetins estoyent blancz comme Yuoire,
Par moy voz mains encor l'Albastre surpassoyent.

Ore que ie cognoy ma faute, & voz cautelles:
Poil, front, œil, sourcy, teint, bouche, sein, & mains telles,
Montreront desormais ce tout reduit à rien.

Ie m'abusois aussi, pensant faire l'honneste:
Mais quoy? ie faignoy lors, comme vn flateur Poëtte,
Ce qu'ore ie descris en vray Historien.

PLEINE

PLEINE d'affection, pleine de courtoysie,
De grand' recognoissance, & bonne volonté:
Vous m'auiez ia deia si librement donté,
Qu'aussi ie vous nommoy ma Maistresse choysie.
　Maistresse, pour orner ma seule Poësie:
Car au reste ie sçay que tout pris, & conté,
Pour attaindre si haut ie suis trop bas monté:
Tesmoing mon peu d'audace, & vostre fantasie.
　De là vint ce desir qu'aueques vous i'auois,
Vous donnant mon labeur, & ma Muse, & ma voix:
Pour vous faire plus docte, & plus belle paroistre.
　Maintenant que ce mot de Maistresse me nuit,
Ie n'en veus plus vser, aussi bien il vous cuit:
Et vous auez raison, car i'estoy vostre Maistre!

QVAND ie receus ce soing qui mes soingz renouuelle,
Ce n'estoit vostre face, ou vostre œil qui me prit:
I'ay bien aymé le corpz, pour l'amour de l'esprit,
Esprit que ie formoy d'vne adresse nouuelle.
　Or iaçoit que ce dueil beaucoup moins me martelle,
Ie suis contant de croire aus bourdes que l'on dit:
Que ceste passion m'attaint, & m'enlaidit,
Et que c'est le soucy qui mon ame pointelle.
　Pour vaincre neaumoins cest Archer trompereau
Qu'on nomme vray Tyran, vray meurdrier, vray bourreau:
Prestez moy seulement ce qui vous esuertüe
　A m'abatre, & fouler, i'entendz ce fier desdain:
A fin que de l'Amour ie me vange soudain,
Soudain ie tüeray le tüeur qui me tüe!

T

Vous semblez à la Lune, ou la Lune vous semble:
Elle prend sa lueur du Dieu aus poilz dorez,
Vostre clarté depend de ses artz honorez:
Elle va par humeurs, l'humeur en vous s'assemble.

Rougeur, blancheur, palleur, fardent sa face ensemble,
De ces trois vostre teint parfois vous colorez:
Son front paroist cornu, des cornes vous aurez:
Son lustre aus Astres nuit, vostre œil noz aises emble.

Elle ayme à varier, la diuerse qu'ell'-est,
Dieu sçait si l'inconstance, & le change vous plaist:
Elle croist peu à peu, l'age à cela vous ayde.

Brief vous ne differez qu'en destin, & seiour:
Aussy de moys en moys, voire de iour en iour,
La Lune deuient belle, & vous deuenez layde.

Le tempz m'a fort duré, me dure, & durera,
A tant que par deuoir ie vous face paroistre
L'heur que ie vous souhaitte: & puisse recognoistre
L'honneur que m'auez fait, lequel m'obligera.

Iamais pour ses raisons iamais il ne sera
Qu'enuers vous ie ne soy telle que ie doibz estre,
Et mesme si des miens ie m'ose rien promettre,
Chascun de mes parantz vous en estimera.

De propos si courtoys tu r'attisas ma flame,
Lors que ie te donnay mes vers, mon cœur, mon ame:
Et que par mon labeur tu cueilloys de beaus fruits.

Ore pour obuïer à si grosse despense,
Tu m'outrages helas! m'irrites, & me fuis:
Voyla ton payement, voyla ma recompense!

AGATE, remonstrez à vostre sœur Annon
Qu'elle soit enuers moy plus douce, & plus discrette:
Et n'irrite en ce point vn saint-sacré Poëtte,
Qui seul eternisoit sa valeur, & son nom.
   Dittes-luy que ie suis amy de son renom,
Qu'onc elle n'en vid vn qui ait l'ame plus nette:
Mesmes que de Pallas l'honneur ie luy souhette,
La beauté de Venus, la pompe de Iunon.
   Dittes luy qu'on me dit qu'à tort elle m'est fiere,
Qu'elle a veu par mes vers la commune lumiere:
Brief que si pour loyer du bien que ie luy fis,
   Elle me paye d'ire, & de hayne mortelle:
I'ay peur qu'en la peignant dans mes nouueaus escris
Quelque Tygre, ou Fureur, chascun la croye telle.

QVE i'estoy bien legere, & bien simple, & bien folle,
De vous ouurir mon cœur, & mon intention!
Las! que i'ay de regret que mon affection
Vous ait onc esiouy de fait, ou de parolle!
   Les vagues de Neptun, ou les Postes d'Æolle,
Elles brassant la perte, eus la confusion:
Deuoyent plustot noyer à leur deuotion
Mes pensers decellez, & le soing qui m'affolle.
   De ces broquardz trop vains, broquardz venantz de toy,
Tu charges (Desdaigneuse) & mon los, & ma foy:
Pendant que ie m'obstine en ma perseuerance.
   Ie suis vn ferme roc, qui ne peut chanceler,
Tu n'es qu'vn vent esmeu, qui n'ayme qu'à voler:
Voy donc ma fermeté, pour voir ton inconstance.

BIEN que ie vous compare à la Mere des moys,
Ie n'entendz pour cela vous nommer lunatique:
Ie dy bien que sa quinte, ou quelque humeur etique,
Etique, & sans arrest, vous domine parfoys.

Vostre cuider vous trompe, & les feuillardz des boys
Ne semblent si legers: vostre grace est oblique,
Vostre desdaing hagard, vostre fierté publique,
Vostre parler mordant, vostre acueil peu-courtoys.

Or comme vous n'auez faute de mal-veuillance,
Tel est qui plein d'outrage, & d'ire, & d'insolance,
Feinte, sotte, niayse, en fin vous nommeroit.

Moy ie n'imite point ces foudres, & tempestes,
Pour demonstrer par là vostre tort, & mon droit:
Ie suis ce que ie doibz, & vous ce que vous estes.

SANS vser de reproche, ou quelque vanterie,
Ie pense desormais auoir tant fait pour vous:
Que l'or, ni les presentz, si recerchez de tous,
N'eussent que renchery ma peine assez cherie.

Vne longue amitié sans tache, ou piperie,
Vn bon œil, vn bon cœur, sans gloire, & sans courrous:
M'estoyent vn don si beau, si plaisant, & si dous,
Que ie les preferoys aux pompes d'Assyrie.

Or est-il auiourd'huy qu'en lieu de receuoir
Ce fruit de mon attante, & de vostre deuoir:
Vous me montrez combien la hayne vous consomme.

Chascun deia le sçait, mais si crains-ie ce poinct,
Qu'on vous cognoisse trop, bien que ie ne vous nomme:
Las! ie vous nomme assez, en ne vous nommant point.

DEsdaigneuſe, que i'ay ſi ſagement aymé,
Pourquoy, Belle, pourquoy m'eſtes-vous ſi farouche?
Ie vous baiſe les mains, ie vous baiſe la bouche,
Toutesfois voſtre cœur eſt plus enuenimé!

Si i'eſtoy quelque Scythe, ou Barbare animé,
Ie pourroy bien cauſer l'eſmoy qui tant vous touche:
Mais las! ie ſemble à l'or qu'on eſprouue à la Touche,
Et que vous-meſme auez ſi ſouuent eſtimé.

Pourquoy donques à tort m'eſtes-vous aduerſaire?
Vous hayez (dittes-vous) le vice, & le Vulgaire,
Et i'ay touſiours ces deus pareillement hüy.

De voir donc prez de vous les vertus ordinaires,
Ie n'en ſuis eſtonné : ſans plus ie m'esbäy
Comment les vertus ſont aus vertus ſi contraires.

SI ta rogue diſgrace, ou ta meſcognoiſſance,
A iuré mon deſdaing, & mon dueil remaché:
Fay fay que deformais rien ne ſoit reproché
Ni par toy, ni par moy, qui ſente ſa nuiſance.

Rendz moy, Fiere, rendz moy l'empire, & l'aſſeurance,
Que ie t'auois donné ſur mon cœur attaché:
Rendz moy ce braue los dont i'ay amouraché
Mille eſpris de ton nom, ſemé parmy la France.

Rendz moy ces beaus diſcours dont ie t'entretenois,
Rendz moy tant de valeurs deſquelles ie t'ornois:
Bref pour te r'acquiter, ne te laſſe de rendre.

Puis quand à mon ſouhait tu m'auras tout rendu,
Encor rendz moy le tempz qu'aprez toy i'ay perdu:
Si le tempz que l'on perd ſe peut rendre, & reprendre!

T 3

VOSTRE bec affilé semble vn razoir tranchant,
Depuis qu'à m'outrager vostre langue s'adonne:
Et vostre œil morne, & gros, deus vrays signes nous donne
D'vne stupide humeur, qu'il monstre en la cachant.

 Vostre cœur lache, & bas, ses bons amys fachant,
Soy-mesme se meurtrit, soy-mesme s'abandonne
Au dueil, aus peurs, aus soingz, que le Ciel vous ordonne:
Soit que Phœbus se leue, ou qu'il s'aille couchant.

 Au reste vostre port, vostre audace, & voz gestes,
Imitent desormais les Dames peu-modestes:
Et vostre seul depit nous le tesmoigne ainsi.

 Que ie suis patient! que vous estes pariure!
Helas! tout bien pesé vous me rendez aussi
Iniure pour raison, moy raison pour iniure.

 QVAND mon stile endurçi contre la Mort, & l'Age,
Vous donnoit par mes chantz quelque trait de beauté:
Ces titres de maistrise, & noble Royauté,
Et Deité encor, ornoyent mon beau langage.

 Mesmes ie me suis veu sous vostre feint seruage,
Desdiant mon seruice, & ma fidelité,
Et ma deuotion, pleine d'humilité:
Sans qu'autre s'y offrit de bouche, ou de courage.

 Ainsi sans compagnon ie vous donnay ces troys,
Lesquelz en me perdant vous perdrez à la foys:
Donques ne me pressez, à fin que ie vous laisse.

 Sans cela ie sçay bien que n'estes en ce lieu
Maistresse, ni Princesse, & moins vne Deesse:
Non plus que ie suis serf, ou Prince, ou quelque Dieu.

Qvrconque soit ce Saint que tant vous approuuez
Pour ses conseilz si bons, pour ses raisons si belles:
Adressez-luy voz vœus, portez-luy voz chandelles,
Et par là vostre nom de honte preseruez.

A ses deuotions creance vous auez,
Il vous reuele aussi ses mysteres fidelles,
Il vous sert de beaucoup: & voz graces pucelles
Luy doyuent rendre ainsi le bien qu'en receuez.

Vostre honneur vous oblige à si grand personnage,
Et sommes-nous heureus d'estre nez de son age:
Puis qu'il a parmi nous si sagement vescu.

Certes s'il vous plait tant, meshuy ie m'en contante!
Toutesfois on m'a dit que c'est vn vray Pedante,
Aduocat de Pilate, & Maistre fesse-cu.

Tv dementz à ce coup ta naissance empruntée!
Aquilon te conçeut, & la Mer t'enfanta:
T'inspirant ses humeurs la Lune t'alaita,
Ioyeuse d'esleuer vne telle portée.

Diuerse en tes desseingz tu sembles vn Protée,
Sur ton morne Ascendant Saturne s'arresta,
Et le change du Tempz ses æles te presta:
Telle ie te cognoy, telle ie t'ay goustée.

Tes faintes neaumoins gaignerent tant sur moy,
Que ie me fis seruant lors que Maistre i'estoy:
Ore ie ne veus plus de tes quintes me paistre.

Ie brise desormais vn ioug si seducteur:
Sot est aussi le serf, qui ne veut estre maistre,
Le maistre encor plus sot, qui se rend seruiteur.

ALORS que pour vous faire vn signallé seruice,
Vous me vistes si pront à vostre mandement:
Vous m'eussiez asseuré d'aymer le changement,
Et qu'vn iour vous prendriez ma vertu pour vn vice.

Ie n'eusse onques vsé d'vn si braue artifice,
Pour orner vostre esprit, & vostre entendement:
Ie n'eusse fait de vous vn si bon iugement,
Et ne vous eusse fait vn si notable office.

Ore donc que ie sçay vostre indiscretion,
Vostre legereté, vostre presomption:
Ie taxe voz façons, & ma sotte constance.

Ie m'en reprens helas! comme d'vn grief forfait:
Et nous reste-il aussy d'vn bienfait si bien fait
A vous l'ingratitude, à moy la repentance.

ONQVES le bon Petrarque (ornement de Florance)
Parlant du seul Desdaing, onques ne chanta mieus
Que lors qu'il affirmoit que la foudre des Cieus,
Le feu, l'eau, ni le fer, n'esgallent sa puissance.

Il poursuit, & combat, l'Amour à toute outrance:
Et s'il n'est reciproque, obstiné, furieus,
Chasse, foule, rabat, ce Monstre insidieus,
Qui semble si parfait, & n'a rien qu'apparance.

Par l'autre donc sur luy i'asseureray ma peur,
Car l'autre me faira retromper mon trompeur:
Comme vous, qui semblez trop plus fiere, qu'humaine.

Ie ne hairay iamais quiconque m'aymera,
Mais ie desdaigneray qui me desdaignera:
L'amour d'amour se paye, & la haine de haine.

VIENNE quelque faiseur de sautz, & capriolles,
Vn beau flateur, vn sot, vn qui plaisantera:
Soudain ma Desdaigneuse vn tel conte en fera,
Qu'elle se baigne d'aise en leurs ieunesses folles.
　Que là dessus i'arriue, & discret en parolles
Vse d'vn entretien que chascun loüera:
Soudain sa maigre mine, & son œil montrera,
Qu'elle ayme mieus ouyr ces conteurs de friuolles.
　Belle, qui me deuez plus d'honneur, & respect:
Ce n'est moy qui comme eus vous doibz estre suspect,
Voz fiertez, voz aigreurs, patiamment i'endure.
　Il est vray qu'en disant ce qu'encor ie n'ay dit,
I'ay grand peur d'eschanger d'vn eschange qui dure
Ma vigueur en rigueur, mon respit en despit.

VEV mon desir extreme, & la peine infinie
Que i'ay pris à dresser vostre imparfait esprit:
Ie m'esbahy dequoy le Dieu qui me surprit,
Les Graces, les Vertus, ne vous font compaignie!
　Ie m'esbahy dequoy tout le Chœur d'Aonie
Qui ia vous caressoit, ses artz ne vous aprit:
Et que vostre memoire à l'heure ne comprit
Le beau style disert du parler d'Ausonie.
　Toutesfoys quand ie sonde & ce peu de plaisir
Que vous y vouliez prendre, & ce peu de loysir
Que vous y remployez, des que vous me laissattes:
　Ie reuiens à moy-mesme, & n'en suis estonné!
Car tousiours le sçauoir repare vn cœur bien-né:
Seulement aus ingratz les Muses sont ingrattes.

T 5

Vovs semblez, Desdaigneuse, aux prontes girouettes
Que le vent enioüé çà & là fait virer:
Tantost ie vous oy plaindre, & tantost souspirer,
Ore pleine d'aigreur, ore douce vous estes.
 Encor vous esgallez ces changereßes bestes,
Ces Tarandes à qui i'ose vous comparer:
Le soulas, & l'esmoy, le rire, & le pleurer,
Nous tesmoignent ainsi voz façons peu-discrettes.
 He Dieus! où peus-ie auoir le cœur, l'esprit, & l'œil,
Quand ie fus cheuallé par vostre dous recueil?
Et quand si librement vous eustes ma franchise?
 Quoy que ie fiße helas! mes sens furent soustraitz:
Mais aussi quand surpris ie senty voz attraitz,
I'vsois de ma bonté, vous de vostre faintise.

 Qvi m'eust dit en ce tempz que ma Royne viuoit,
Et qu'à Bloys ie vous vy si folastre, & petite:
Qu'abandonnant vn iour ma belle Marguerite,
Sous voz loys ie suiuroy le Dieu qui m'esclauoit.
 Qui m'eust encore dit que vostre ame couuoit
Peu à peu ce chagrin qui vous rend si despite,
Que vostre indignité combatroit mon merite,
Et que vous acroistriez le dueil qui me suiuoit.
 I'eusse plustot iuré qu'Amour plein de colere
Eust pris le corpz d'vn Tygre, & vous d'vne Megere:
Changeant en griefz tormentz mes aises esprouuez.
 Las helas! ie ne sçay qui vous rend si nuisible:
Tant y a que ie voy que faire vous pouuez
Le plaisir desplaisant, l'impossible possible.

QV'VNE braue Maiſtreſſe, auſſi belle qu'Heleine,
S'eſſaye hardiment de captiuer mes ſens
Es premiers retz d'Amour: & que ſes yeus puiſſans
Taſchent à rafreſchir ma dous-cuiſante peine!

Quand de grace, & d'honneur, elle ſeroit ſi pleine,
Quand les Dieus luy fairoyent mille riches preſens:
Et que le deſplaiſir qu'ore par vous ie ſens,
Ne cauſeroit iamais ſon defaut, ni ma haine:

Alors qu'elle voudra, loüable en ſes valeurs,
Que ie n'encoure point ni flammes, ni doleurs:
Il ne faut qu'elle en ſoit ni triſte, ni ſoigneuſe.

Pour me faire hayr moy-meſme, & ſes façons,
(Ma Deſdaigneuſe) il faut au fort de mes glaçons,
Il faut que comme vous elle ſoit deſdaigneuſe!

QVI ne ſ'esbahyra de voſtre ingratitude,
S'il ſçait le tempz, la peine, & l'aiſe que i'ay pris,
Donnant ame à voſtre ame? eſprit à voz eſpris?
Honneur à voſtre honneur? eſtude à voſtre eſtude?

Vous eſtes voyrement double, quinteuſe, & rude!
Et la ſage Minerue, & la belle Cypris,
Et la Sœur de Iupin, Deeſſe de haut prix,
De voſtre peu d'eſgard me donnent certitude.

Tantoſt vous reprouuez ce que vous approuuiez,
Tantoſt vous approuuez ce que vous reprouuiez:
Bref ie ne vy iamais vne telle inconſtance!

Et certes qui ſçaura quel eſt voſtre deſdain,
Et ſon occaſion : il taxera ſoudain
Ou bien voſtre malice, ou bien voſtre ignorance.

QVAND vous me caressiez, & que vostre pensée
M'offroit si franchement la clef de son secret :
I'estoys (à vous ouyr) docte, acort, & discret :
Et d'amour mon amour estoit recompensée.

Ore que sans raison vous faittes l'offensée,
Comme si contre vous i'auoy tousiours meffait :
Vn iniuste depit, vn iniuste regret,
Anime contre moy vostre ame courroussée.

N'aguere vous faigniez de m'aymer grandement,
Vous prisiez mon aduis, ma foy, mon iugement :
Ore vous me montrez vne façon rebelle.

Voyla donques meshuy voyla comment à tort
Vostre cœur est changé : voyla comment, la Belle,
Ore froid, ore chaud, de vostre bouche sort !

VOVS qui hantez ceanz, voyez-vous quelquefoys
Vne fille qui fait la rogue, & suffisante ?
Et me croit si niays qu'en mon cœur ie ne sante
Combien ses gestes sont facheus, & discourtoys ?

Voyez-vous comme elle a depuis cinq ou six moys
Changé ses nobles mœurs de Pucelle sçauante
Aus sordides façons d'vne ignare Seruante,
Pour en elle hayr ce qu'en elle i'aymoys ?

Voyez-vous de quel œil, despite, elle m'aguigne ?
A moy qu'elle honnoroit, & qu'elle estima digne
(Indigne qu'elle en est!) d'acroistre son renom ?

Oyez ses motz piquantz, & sa langue espineuse !
Soudain vous iugerez que n'aguere de nom
Elle fust ma Maistresse, ore est ma Desdaigneuse.

TES premieres façons qui sentoyent leur noblesse,
Ou pluſtot ma douçeur, & libre volonté:
M'auoyent tant aſſeruy ſous ta feinte bonté,
Que ſeule tu conquis mon cœur, & mon humbleſſe.
 Ore que l'Ignorance, abiecte & ſotte Aſneſſe,
Rebrouille ton eſprit, qui m'auoit inuité:
I'en veus choiſir vne autre, en qui la Deïté
Fauorable aus vertus, bienheure ma ieuneſſe.
 Deia par bon deſtin vne Nymphe i'ay veu,
Que d'attraitz, & beautez, les Graces ont pourueu:
Et qu'ore ore ie ſly pour l'obiect qui m'enflame.
 Ie ne veus autrement prendre congé de toy!
Mais à fin que plus franc ſon ſeruiteur ie ſoy,
Rendz moy-meſme à moy-meſme, & mon ame à ma Dame.

AV bon arbre, au Roſier, à la viue clarté,
Qui produit, qui reiette, & qui ſon luſtre aporte:
N'aguere i'eſgallois vne Maiſtreſſe acorte,
Fuyant, & deteſtant, l'aſtuce, & la fierté.
 Helas! ie l'eſtimoy d'vne ſi grand bonté,
D'vn eſprit ſi gaillard, & d'vne amour ſi forte:
Qu'elle auoit ia gaigné d'vne ſubtile ſorte
Mon cœur, ma ſeruitude, & ma fidelité.
 Maintenant qu'vn Hyuer, qu'vn Eſté, qu'vne nuë,
Ses fruitz, ſes fleurs, ſes rays, attaint, ſeche, deſnuë:
Ie veus quitter auſſi le ioug qui m'a deceu.
 Au pis, m'affranchiſſant, ce m'eſt quelque auantage!
Et puis ie ne lairray qu'vn arbre ſans fruitage,
Vne eſpine ſans roſe, vne torche ſans feu.

POVR n'aymer que vous seule, & vostre los supreme,
Lachesis menassoit le filet de mes ans :
Ie sentoy des trauaus mortellement cuisans,
Ie hayssoy mon bien, & hayssoy moy-mesme.

Ie sçay que si quelque autre estoit outré de mesme,
Il descendroit (vangeur) aus Enfers fremissans:
Et triste à longz aboys furieus, mesdisans,
Vomiroit mal sur mal, blaspheme sur blaspheme.

Quand donc ie vous cognus, le Ciel vous assista,
Puis qu'en vostre faueur ma Muse il suscita:
Pour ne desgorger onc sur vous mes haynes pires.

Car si i'estoy celluy que vous-mesme seriez,
Tenant oré mon lieu: desormais vous n'orriez
Rien rien que maudissons, contr'-amours, & Satires!

AFIN qu'on sçache vn tour que vous estiez seruie
D'vn Poëte qui fut & Françoys, & Rommain:
Lequel vsa pour vous son tempz, sa voix, sa main,
Aydant, chantant, ornant, vostre seconde vie.

Puis à fin qu'il soit dit que vostre seule enuie
Sentant son arrogance, & son fiel inhumain,
Aigrist, acreust, força, du iour au lendemain,
Mon cry, mon desplaisir, & ma hayne suiuie.

I'ay tracé ces tableaus pour faire voir à tous
Vostre indigne mespris, & mon iuste courrous:
Apres auoir helas! ma ieunesse abusée.

Par là chascun sçaura combien vostre i'estoy,
Quand vous fustes ingratte, & sans cœur, & sans foy:
Et que vostre desdaing irrita La-Iessée.

VAVDEVILLE.

Ce beau Muguet, ce brauache
Qui se fache,
Ne me plaist
Qu'en cela:
Adieu les ieus, adieu les mines,
Adieu le Sot qui s'ayme là.

C'est vn badin, qui n'oublie
Sa folie:
O le laid
Que voylà ! &c.

Il seruoit la Peronelle
Ieune, & belle,
Par souhait,
Et ne l'a !

Il a long tempz recerchée
La cachée,
Mais il est
Au delà.

Elle en a pris coleur blanche
La peu-franche,
Qu'vn follet
Affolla.

Ore, en bonne compaignie,
Elle nie
Qu'vn seulet
Luy parla.

Quoy plus ? aprez cent faintises,
Cent sottises,
Son Valet
S'en alla.   Adieu.

SECOND LIVRE
LE BOSCAGE

A FRANÇOYSE DE ROHAN,
Duchesse de Lodunoys.

SONNET.

NE vous esbahyssez si ma Muse est muette,
Mon sens presque insensible, & mon cœur abatu,
Mon stile funereus, mon esprit sans vertu:
Bref si ie porte en vain le tiltre de Poette.

Vous qui semblez, MADAME, une viue Planette
Dardant mille beaus rays dont le Ciel est vestu,
Vous souffrez que ie sois en ce point combatu:
Taisant vostre louange heureuse, & claire, & nette.

Ie sçay qu'en vous chantant mon deuoir ie fairoys,
Mais par malheur ie semble à l'hostesse des boys,
Qui sans quelque semonçe onques ses cris ne seme.

Si donc ore ie faus d'estre aprez vous si coy,
Ne vous plaignez (MADAME) à moy-mesme de moy:
Las! plaignez-vous plustot de vous-mesme à vous-méme.

QVATRAIN.

SI les Ombres, & le Silance,
Me font parler d'eus seulement:
Madame, excusez largement!
L'argument à cela m'eslance.

ODE,
De Madame de Lodunoys.

MA Muse n'est pas de celles
Qui vont cerchant aus Enfers
Parmy ces Espritz diuers
Leurs premieres estinçelles.

Elle

Elle est aussi plus parfaitte,
Et suit la Diuinité :
Où amour, & loyauté,
Font eternelle retraitte.
 Les neuf filles de Memoire
Qui te monstrent ce chemin,
(IESSEE) le font à fin
Que tu m'offres ceste gloire.
 Vien-t'en donques, & de grace
Fay par ton docte sçauoir,
Qu'aumoins ie puisse vn iour voir
Le mont besson de Parnasse.

LE POETE.
Sonnetz.

QVE vostre Muse aus Enfers ne descende,
Comme la mienne, ains cerche la clarté,
Ne souspirant qu'vne immortalité :
Cela se void à l'heur qu'elle demande.
 Qu'elle ne soit plus parfaitte, & plus grande,
Comme aspirant à la Diuinité :
Cela se monstre à sa grace, & bonté,
D'où mesme il faut que vostre los depande.
 Mais que les Sœurs de noz Tertres bessons
Pour vous orner, ornent tant mes Chansons :
C'est me prester ce que ie ne puis rendre.
 Ne vueillez donc, MADAME, m'inuiter
A vous aprendre, & moins à vous chanter :
S'il ne vous plaist le Chantre mesme aprendre.

V

MON fier orgueil, ni ma temerité,
Ne me fit onc nommer vn fol Icaire :
Ni ce Charton, qui vrayment temeraire
Guida si mal le Char porte-clarté.

J'ay bien souuent Roys & Princes chanté,
Non en flateur, ou nouueau mercenaire,
Ainçois esmeu d'vne ame debonaire :
Aymant, vantant, ceus qui m'ont inuité.

Entre plusieurs vne Royne sçauante,
(Royne qui fust vostre Amye, & parante :)
Haussa parfoys mon cœur, & ma Chanson.

Mais ie me trompe, ou vous ayant pour guide
Encor encor ie tenteroy ce vuide,
Plus haut qu'Icare, & mieus que Phaëton.

AVTRE ODE,
De la mesme Dame.

C'est à toy, gentil esprit,
Que i'enuoye cest escrit.

N'Amuse plus ton esprit,
(O mon diuin La-Iessée)
A deplorer par escrit
L'Ame d'vne ame offensée.

L'Ame qui s'enuolle aus Cieus,
N'a aucune cognoissance
De ceus qui en ces bas lieus
Souffrent tant, pour son absence.

Donc ne te trauaille point
Aprez ces funebres plaintes :
Phœbus, qui ton cœur espoint,
T'appelle à choses plus saintes.

LE POETE.
Sonnetz.

CE qui de l'homme en l'homme est souhaité,
Comme immortel, n'est moins diuin que l'ame :
Il suit les bons, & c'est pourquoy (MADAME)
Vous parlez tant de la Diuinité.

Mais qu'Apollon m'ait si bien agité,
Qu'vn feu diuin mon ieune esprit enflame :
Pardonnez-moy ! c'est assez qu'on ne blame
Mon bon courage, & bonne volonté.

Vous qui des Roys auez pris origine,
Tendant au Ciel, estes vrayment diuine :
Non les petitz, qui rempent comme moy.

Aussi loüant ceste Vertu premiere,
Ie ne vous loüe : ains rendz comme ie doy
A l'or son lustre, au Soleil sa lumiere.

NOSTRE Phœbus daigne ia m'appeller
(Ce dittes-vous) à des choses plus saintes,
Que n'est ce dueil, acompaigné des plaintes
Qui presque aus mortz sembloyent ia m'esgaller.

Vous dittes vray ! MADAME, à bien parler
C'est trop chanté ces fables, & ces faintes :
Qui n'ont en soy qu'erreurs, qu'amours, qu'estraintes,
Ou mesme on peut les Payens signaller.

Quand d'vn seul Dieu ie bruiray la louange,
Ie suis certain de ne rien perdre au change :
Que donc cest heur m'attire desormais.

Certes (MADAME) vn tel conseil i'honnore,
Et le prendray! vaut-il pas mieus encore
Plustot, que tard? plustot tard, que iamais?

Sur vn Pendant-d'oreille perdu.

VOSTRE Pendant-d'oreille, en qui fust enchaßée
A doubles fueilles d'or, l'Agathe qui l'ornoit :
Tandis qu'en l'attachant vostre main l'ordonnoit,
Fist Apollon ialous de ma Muse haußée.
 Il ouyt qu'en faueur d'vne offre si prisée,
Ie vous donrois vn los qu'aus Dieus mesme on donnoit :
Puis desloge, & flateur Æole semonnoit,
Pour m'ennuyer aus champz, quand ie vous eus laißée.
 Ainsi, MADAME, ainsi ce triste Dieu mutin
Acompaigné des Ventz, fait tomber ce butin,
En priue mon oreille, & reprend l'or qu'il seme.
 Las! ce don m'attiroit (ô Phœbus) à ta loy,
Pour n'estre point ingrat : rendz-moy donques rendz-moy
Le subiect de mon Chant, ou bien chante toy-mesme.

COMBAT SPIRITVEL.

IE hay trois Ennemys,
Satan, la Chair, le Monde :
Mais i'ay qui me seconde,
Et trouue autant d'amys.
 Mon cœur s'offre au trespas,
Mon sens ne s'espouuante,
Mon esprit d'eux se vante :
Et par eus ie combas.

Deia ployent soubz moy
Les Chefz de l'entreprise:
Et ce que plus ie prise,
C'est qu'ilz suiuent ma loy.

Goliat ainsi vid
Perdre, & choir son audace:
Mourant, mordant la place,
Sous vn ieune Dauid.

Si quelcun me dement,
Ou doute de ma gloire:
Qu'il voye ma victoire,
Acquise triplement.

De cœur, de sens, d'esprit,
Sans fard, sans peur, sans blame,
Ie suy, cerche, reclame,
La Foy, le Ciel, le Christ.

EPISTRE,
A Marie.

MARIE, en vous donnant & mon cœur, & ma foy,
Ie vous donne cela que donner ie vous doy,
Ie le doy, & le veux : car mon deuoir assemble
L'amour que ie vous porte, & mon vouloir ensemble:
C'est pourquoy ie vous ayme, & n'honnore sinon
Or' vostre bonne grace, or' vostre honeste nom :
Nom si propre à l'amour, que l'homme qui vous nomme
(Ores qu'il n'aymat point) aymera, s'il est homme:
Et si le Dieu d'amour le touche tant soit peu
De l'aigu de son trait, ou des rays de son feu.
Aymer est chose belle, & qui l'Amour appelle
Vilain, il n'eust iamais l'ame sage, ni belle:

V 3

Pource que si l'Amour suit sa diuinité,
C'est la mesme sagesse, & la mesme beauté :
Marie, aymez-moy donc, aymez-moy donc, Marie :
Afin qu'à ses vertus l'Amour vous aparie.

COMPLAINTE
Sur la Mort de I. Christ.

O Redempteur de nostre vie,
Iugé d'vn Iuge iniusticier,
Toy qui de la Mort asseruie
Vangeas l'homme son deuancier :
Ne permetz, ô Seigneur du monde,
Qu'onques i'oublie tes bienfaitz :
Afin qu'à ta gloire redonde
Ce que ie pense, & dis, & faiz.
   C'est toy, Filz du celeste Pere,
Qui pour nous donner plus beau rang
Souffris outrage, & vitupere,
Ains prodiguas ton propre sang,
Ouurant, couurant tes playes cheres,
Tesmoingz de noz maus meritez :
Ainsi tu sentis noz miseres,
Et nous sentimes tes bontez.
   O moy fautier, & miserable !
Ie voy mon Saueur attaché
A la dure croix execrable,
Portant le faix de mon peché !
Il endure peine sur peine,
Coup sur coup, meschef sur meschef :

Et neaumoins (ô quelle haine!)
l'offance, & peche derechef.
　　Fieres, & laches Creatures,
D'vn fier, & lache comme vous,
Sondez les maus, & forfaitures,
Sondant sa grace, & son courrous!
Sa mort helas! ouurant la porte
De mon salut, m'ouurit les Cieus:
Et fermant ma blessure forte,
Ferma l'Enfer, & ses bas lieus.
　　Le vieil Adam seul nous desuoye,
L'Adam nouueau nous reconduit:
Cestuy-là nous priue de ioye,
Cestuy-cy du fleau qui nous suit:
He Dieu! que ie serois inique,
Voire esloigné de ta mercy,
Si ton Christ, mon recours vnique,
Benin ne m'assistoit icy!
　　Combien de vœus, combien de graces,
Doibz-ie t'adresser pour cest heur,
A toy qui foules, & terraces,
Satan, nostre caut imposteur!
Par ieusne, oraison, & souffrance,
Deuotz tu nous guides là sus:
Las! donne moy donc l'asseurance
De viure, & mourir en Iesus.

SONNET.

I'AVOY deia trois fois esprouué ta puissance,
Petit aueugle Archer: & mon cœur entamé

Ore en flame, ore en glace, auoit trois fois aymé :
Quand ie cheus derechef ſous ton obeyſſance.

    Ainſi tu me repris, & i'eus lors cognoiſſance
D'vne extreſme Beauté, que i'ay plus eſtimé
Que celles qui m'auoyent cy-deuant enflamé :
Et qui les paſſe auſſy de grace, & d'excellance.

    Celluy qui fiſt naufrage, a touſiours peur des flos,
Celluy que Mars attaint, doit cercher le repos,
Celluy que le Sort trompe, à tort en luy ſe fie.

    Moy qui pourtant ſuis tien pour la derniere foys,
Ie ne craindray de viure, & mourir ſous ces troys
Pour vne helas ! que i'ayme à la mort, & la vie.

QVATRAIN.

    Vous qui prenez le frais ombrage,
Fillettes, n'eſloignez ces lieus :
Mais quand à vous qui cerchez mieus,
Broſſez par vn autre boſcage.

A Melle LAVRE, PROVENÇALLE.
Sonnet.

    Deia le Ciel braſſoit mon ſeruage rebelle,
Amour pour me punir mille traitz me iettoit,
Et Fortune à ſon tour ma cheute proiettoit :
Quand ma mort ſe cacha ſous voſtre face belle.

    Ainſi quatre Ennemys par force, & par cautelle,
M'ont pris (ſeconde LAVRE) & ce qui me reſtoit
De los, de grace, d'heur : & ce qui m'apreſtoit
Voſtre accez, & faueur, ſans vne priſe telle.

Ne desdaignez pourtant mon tres-humble deuoir,
Ne mesprisez non plus mon tres-foible pouuoir :
Quand les Cieus, quād l'Amour, quād le Sort, quād la Parque,
 Me lairroyent vous chanter, & qu'à gré vous l'auriez :
Autant ie vous deuroys, autant vous me deuriez,
Que Petrarque à sa Laure, & Laure à son Petrarque.

QVATRAIN.

EN vous renaist le nom, le prix, la marque,
De la Beauté qui Petrarque rauit :
Quand donques Laure (& non Petrarque) vit,
Laure sans plus a faute d'vn Petrarque.

EPISTRE,
Sur vne Departie.

PLEIN de soucy, de regret, & d'enuie,
Ie vous delaisse, & delaisse ma vie :
Ma vie, non ! ains mon ame, & mon cueur,
Qui se paistra d'amertume, & rancueur,
Tant que le tempz me sera si contraire
De ne vouloir hors d'icy me distraire,
Pour vous seruir, vous plaire, vous hanter,
Et ma tristesse, & ma foy vous conter :
De sorte helas ! qu'en perdant la personne
Que i'ayme plus, rien rien ie ne resonne
Que marrisson, que chagrin, & que soing :
Pour n'estre auprez de mon bien deia loing.
 Or tout ainsi que beaucoup plus on prise
Le Medecin que Pæan fauorise,
Lors qu'il empeche vn mal ja sous-rempant,
Que c'il qui va peu à peu retrompant

L'extez facheus, & fait que le malade
Fieure, & doleur, finallement euade :
Trop plus auſſy vous ſeule ie loürois,
Lors que par vous mon mal ie preuiendrois :
Voyla pourquoy ie vous ſupply, Madame,
Qu'ayant eſgard à l'Amour qui m'enflame,
Et qui vainqueur me fait des longue main
Idolatrer voſtre viſage humain,
Loüer voz mœurs, admirer voz merites,
Et voz beautez dedans mon cœur eſcrites :
Vous me daignez voz graces departir,
Et m'alleger à ce triſte partir.

 On dit bien vray qu'amour prend ſa naiſſance
Et du regard, & de la cognoiſſance :
Mais ie voudroys qu'il empruntat ſa mort
Ou d'vne abſence, ou d'vn iniuſte ſort :
Las ! ſi les Dieus m'eſtoyent tant debonaires,
Mes paſſions ne ſeroyent ordinaires :
Puis en mourant pour vn ſubiect ſi beau,
Vn ſeul Paris ſeroit mon ſeul tombeau :
Si veus-ie encor, nonobſtant ce mal-aiſe,
Qu'en vous plaiſant ce deſplaiſir me plaiſe :
Et bien qu'aueugle aus ennuys que i'auray
Lors que de vous eſloigné ie ſeray,
Ie combatray Lacheſis, & Fortune,
Et l'aſpre dueil qui deia m'importune.

 Tel qu'vn Sapin aſſis deſſus vn mont,
A qui les ventz diuerſe guerre font :
Ie ſouſtiendray le malheur qui s'oppoſe,
Pour vous monſtrer que la ſouffrance encloſe

N'a tel pouuoir sur vn serf abatu,
Que vostre amour, soustien de ma vertu :
Vertu qni veut qu'aprez mille destresses,
Ie sois encor nourry de ces liesses
Qui me suyuront, vous retrouuant au lieu
Où plein d'esmoy ie vous dis ore Adieu.

SONNET.

Vovs craignez (dittes-vous) que la Muse vous porte
Quelque nouueau malheur, en vous offrant mes vers :
Las ! i'encourroy moy-mesme vn malheur bien diuers,
Si i'esprouuoy, ma Dame, vne rigueur si forte.

Non non, ne craignez point ! les vers sont d'autre sorte,
Comme estantz de mystere, & louange couuers :
Sans eus c'il qui de maus repurgea l'Vniuers,
Bacchus, Pollux, Castor, verroyent leur gloire morte.

Sans eus Iupiter mesme, & tous ces autres Dieus,
Et Deesses encor, n'eussent onc veu les Cieus :
Tant peurent les beaus vers, qui les immortalisent.

Si donques les vers ont tant de force, & valeur,
Qu'ilz puissent bienheurer ceus-la qu'ilz eternisent :
Croyrez-vous que les vers aportent du malheur ?

III. SONNETZ.

A SA BIZARRE.

Afin qu'vn braue Amant, ou quelque fiere Amante,
N'outrage ma Bizarre & de cheois, & de prix :
Ma Bizarre, mon cœur, ma Nymphe, ma Cypris :
Ie veus que mon feu croisse, & que son los augmante.

Ie veus que le torment pour elle me tormente,
Ie veus que sa beauté captiue mes espris,
Ie veus que mon sçauoir y soit mesmes apris,
Et veus que l'outrageur ou mente, ou se demente.

Vous qui la verrez donc, ou qui lirez ces vers,
Dittes que ma Bizarre honnore l'Vniuers :
Et que son seul amour me soufle, & ne rembarre
(Comme vn brusque Apollon) son humeur, son ardeur :
Et que si i'en reçois ou grand heur, ou grandeur,
L'orgueil en est à moy, l'acueil à ma Bizarre.

BIZARRE, que i'ay d'heur ! que vostre nom m'agrée,
Et que i'eslis en vous de nobles qualitez !
Plus grand heur, plus beau nom, plus dignes raritez,
Ne pouuoyent m'acquerir vostre amour esperée.

Quel Françoys vid iamais Bizarre mieus parée,
Ne qui plustot rauit l'œil de noz Deitez ?
Non non, ie croy qu'Amour se mire en voz beautez,
Ainçois admire en vous sa mere Cytherée !

Brauez-le hardiment, & monstrez-luy combien
Son Empire a par vous de los, d'effort, de bien :
Quand à moy ie vous donne & ce titre, & ce voile.

Ie veus qu'on vous celebre : & si quand vous mourrez,
Mes chantz vous fairont viure : & lors comme vne estoile
Au Ciel parmy ses feus, Bizarre, vous luirez.

CES Amoureus transis qui pleurent, qui souspirent,
Meurdris, glacez, bruslez, en tout tempz, en tous lieus :
Fairont vn triste Enfer de leurs cœurs soucieus,
S'esplorantz, s'escriantz, pour celles qu'ilz admirent.

Qu'ilz bruyent hardiment, s'alterent, se martirent:
Quand à moy, sans me faindre vn Chaos ennuyeus,
Ie trouue en ma Bizarre vn Paradis ioyeus :
Et dy que ma Bizarre a tout ce qu'ilz desirent.
    Trois foys ie l'aperceus, trois foys ie la prisay,
Trois foys i'en fus épris, trois foys ie la baisay :
Trois foys ie prie aussi qu'vn air si dous luy serre
    Le corpz, le cœur, l'esprit : que cest air soit chanté,
Non au nom d'vne simple, & vulgaire Beauté :
Mais bien d'vne si digne, & maistresse Bizerre.

VILANELLE.

TOYNETE, vous estes legere,
Autant que fille qu'onc ie vy :
Quand vous n'auriez esté que fiere,
Vous m'eussiez tousiours asseruy :
Tousiours plein de perseuerance
I'eusse prisé vostre beauté :
Mais quoy? vous aymiez l'inconstance,
Et i'aymoy la fidelité.
    Vous estes braue, ie l'auouë,
Et braue, & graue, au prix de moy :
Ce neaumoins, quoy qu'on vous loüe,
Ne pensez esgaller ma foy :
Qu'on ne blame ma patiance,
Ie n'en doute! mais tout conté
Vostre est le change, & l'inconstance,
Mienne l'amour, & fermeté.
    Iamais vn Amy plus fidelle
Sa Dame tant n'honnorera,

Iamais Maistresse si rebelle
Son Seruiteur n'angoissera :
Aussi ce que dit ma souffrance,
Pour auerer vostre fierté :
C'est ce que dit vostre inconstance,
Pour demantir ma loyauté.

 Ie m'estonne que mon seruice
Ait peu durer si longuement,
Toutesfois vne amour sans vice
Assied ainsi bon fondement :
Vostre cœur enflé d'arrogance
Fuyt volontiers ceste bonté,
Aussi vous hayez la constance
Comme moy l'infidelité.

 Vous auriez vne coiffe honneste,
Quand bien sans Lune vous seriez :
Mais las ! vous portez sur la teste
Ce que ie mettroy sous mes piez :
Tousiours, pour ce trait d'imprudance,
Ie hairay vostre priuauté :
Car si vous fuyez la constance,
Ie veus suyure la fermeté.

 Semblable au Tempz qui va, qui volle,
Vous surpassez les plus diuers :
Et libre d'vne humeur si folle,
I'imite les cœurs moins couuers :
Iamais, pour si peu d'asseurance,
Ie n'engageay ma liberté :
Belle, aymez donc vostre inconstance,
Et i'aymeray ma loyauté.

QVATRAIN.

Sçauez-vous comment, & pourquoy,
A ces dous esbatz ie m'amuse?
Quand ie me iouë auec ma Muse,
La folle se iouë auec moy!

DIALOGVE.

Volant.

TRES-mal vous sied ce nom, Marie:
Amour vous en deuroit blamer,
Qui seul me donte, & seigneurie:
En vous nommant, on dit aymer,
Mais las! ce n'est que moquerie.

Marie.

Le nom que i'ay des ma naissance,
Ne me sied si mal que pensez:
Amour m'a donné cognoissance,
Mais c'est pour me mettre en defance,
Comme sur vous, qui m'offansez.

V.

He! que vous estes bien volage!
Vostre nom, dy-ie, vous demant.

M.

C'est vous, ou plustot ce langage
Qui me sert de preuue, & de gage,
D'vn trop libre, ou facheus Amant.

V.

Que ce Dieu cause ma tristesse,
Ie l'auouëray iusqu'au bout:
Mais qu'ay-ie dit, belle Deesse,
Sinon qu'il faut tenir promesse,
Ou ne promettre rien du tout?

CHANSON.

LIGOIRE, dont le morne cours
Trouue vn recours en son secours,
Inuitant les Naiades blondes :
Roule, & rendz toy plus vehement,
Rebruy mon triste esloignement,
Et porte loing mes voix profondes.

Zephyrs, qui ça qui là volez,
Si iamais vous fustes ælez,
Hastez ore vostre carriere :
Et pour moy de tristesse pleins
Estonnez montz, & bois, & plains,
Tant qu'ilz estonnent ma Guerriere.

Antres, qui respondez au son
De mes cris, & de ma chanson,
Oyez ma iuste desplaisance :
Reïterez mon grief soucy,
Aduertissez ma Dame aussy,
Et qu'Echo plaigne nostre absance.

Rochers plantez d'vn ferme pié,
Bien que le feu d'vne amitié
N'ait onc voz poitrines attaintes :
Desormais amollissez-vous,
Et piteus sentez comme nous
Et noz craintes, & noz estraintes.

Montz, qui sur voz chesnus coupeaus
Voyez errer les gays troupeaus
De voz folatres Oreades :
Conceuez le soing de mon soing,

Souffrez

Souffrez qu'Amour en soit tesmoing,
Et soulagez mes sens malades.

Vous plaines, & vous prez encor,
Riches du blond, & verd tresor,
Qui Cerez, & Flore acompaigne:
Et vous aussi bois, & taillis,
Ne soyez tant enorgueillis,
Qu'vn seul d'entre vous me desdaigne.

Si vous faittes cela pour moy,
Si vous honnorez tant ma foy:
Sçachez eaus, ventz, cauernes, roches,
Montaignes, champz, prez, & forez,
Sçachez que vous amoindrirez
Et voz frayeurs, & mes reproches.

GAYETÉ.

DE soir, en chambre, à la chandelle,
Vn hoste sa Dame embrassoit:
Quand l'Amour, qui les encordelle,
Me dit sur l'huys ce qu'on faisoit.

I'entre adonc, puis dy par derriere:
Las! si comme vous ie faisoy,
I'estaindrois aumoins la lumiere,
Ou clorrois la porte aprez moy!

LA MVSE.

A MADAME D'ETREE.
Le Poëte.

NYMPHE d'honneur, fille de Iupiter,
Laisse ta bande, & ne crains de quiter

X

Pour quelque tempz, vostre bessonne croupe :
Vien Nymphe, vien! & de tes æles coupe
L'air esuanté de Zephyrs gracieus,
Et pour m'ouyr ne desdaigne ces lieus :
Lieus qui iadis furent la nourriture
D'vne FRANÇOYSE, ornement de Nature,
En qui le Ciel son bonheur desploya,
En qui la main des grandz Dieus employa
Leurs riches dons : nous faisant voir encore
Pandore en elle, ou bien elle en Pandore :
Vien donques vien, & d'vn abord humain
Tente sa grace, & luy baise la main.
La Muse.
Me voicy preste à te suiure, & la suiure,
D'autant qu'elle ayme & la Muse, & le Liure :
Pource dy moy dy moy ce que voudras,
Car ie fairay ce que tu me diras.
Le Poëte.
Auant que i'eusse estonné de ta gloire
Et la Touraine, & les riues de Loire,
I'auois apris l'excellence, & renom,
D'vne famille & de los, & de nom :
I'auois apris sa valeur estimée,
Et tout cela que la grand' Renommée
A semé d'elle en mille & mille endroys,
Et mesmement à la Cour de noz Roys :
Encor Phœbus dont la vigueur feconde
Reffait, r'anime, & reieunit le monde,
Vne, & deus fois, n'a reueu ses maisons,
Triplé sa course, & triplé ses saisons,

Des que ie pris acointance premiere
Chez vn grand Prince, auec la Bordeziere :
Qui sur le champ me sembla dans ce lieu
Vn beau Narcisse, ou quelque Demidieu :
Depuis ie n'ay repris sa cognoissance,
Soit qu'vn malheur m'ait osté sa presance :
Soit que Fortune ingratte à mon proiect,
Ait renuersé ma peine, & mon subiect.
   Or maintenant que la pompe, & la suite,
D'vn filz de France, a retenu ma fuite :
Et que i'entendz qu'vne Dame de prix
Cherit la Muse, & les doctes espris :
Ie suis venu seiourner dans Amboyse,
Pour voir parfois ceste Dame courtoyse
Et ses Enfantz, & sur tout celle-la
A qui Diane vn si beau nom bailla.
   Clothon à peine auoit ourdy sa trame,
Lors que la Mere admirant si belle Ame
Qui pour l'orner des hautz Cieus descendit,
Prez du berçeau ceste voix entendit.
   Crois tendre Enfant, & telle qu'vne Rose
Que l'Aube enfante, & nourrit, & arrose,
Deuien gaillarde : & gentile en tout tempz,
Au cœur d'Hyuer fay naistre vn gay Printempz :
Le iour viendra qu'vn Chantre de Parnasse
Plein d'Apollon, & rauy de ta grace,
Entre vn millier eslira ta beauté,
Pour te conduire à l'immortalité :
Et deuançer ton nopçier Hymenée
D'vne louange heureusement sonnée.

De telz propos la Mere s'esiouyt,
Et la Deesse en l'air s'esuanouyt,
Comme vn ombrage, ou quelque viste nuë
Que l'aspre Nort pourchasse à sa venuë :
Si qu'à present ie ne tasche que voir
Ceste Beauté qui pourroit esmouuoir
Vn Turc barbare, & de qui les caresses
Vaincroyent l'orgueil des plus fieres Tygresses :
Chascun l'estime, & ie m'asseure aussy
Qu'elle prendra mes chansons en soucy :
Non que hautain ie presume, ou merite,
Que par mes vers sa gloire soit descrite :
Mais pour-autant que ie ne trouue ailleurs
Pareil obiect en pareilles valeurs,
Cela m'oblige à la vanter sans cesse,
Et postposer l'acueil d'vne Princesse
A sa douceur, & postposer encor
A ses faueurs, vn Indique tresor.

 Aussi l'Amour emprunte ses flammeches
De ses beaus yeus, qui font dix mille brèches
Es cœurs naurez de ses chastes regardz,
Ses regardz, non ! mais homicides dardz :
Puis on m'a dit qu'elle met en vsage
Les beaus oustilz de Minerue la sage,
Et qu'elle prise, & reçoit d'vn bon œil
Les bons espritz, qui cerchent son recueil.

 Voyla pourquoy, Deésse, ie te prie
Qu'en abordant ceste Vierge cherie,
Tu faces voir que peuuent tes attraiz,
Et ce parler dont les cœurs tu soutraiz.

La Muse.

Esgaye toy ! iamais tu ne verras
Vne maison plus noble en courtoysie :
Et pour sonder leur amitié choysie,
Ie vay deuant, aprez moy tu viendras.

Le Poëte seul.

NOSTRE verte ieuneße, & la beauté prisée
En l'Auril de noz ans, imite la rosée,
Et les pleurs que l'Aurore espand à son reueil :
Rien ne dure icy bas, toute chose est mortelle !
Que si quelqu'vn r'abat la Parque, & sa cautelle,
C'est la seule Vertu, maistresse du cercueil.

L'espouse à Menelas, deus fois iadis saisie,
Qui l'Europe anima contre le Roy d'Asie,
Sur celles de son sexe a remporté le prix :
Mais quoy ? pour nous monstrer qu'elle cherroit en proye,
Tost aprez que les Grecz eurent sacagé Troye,
Elle meurt aussi bien que son muguet Paris.

Au contraire le nom de la Romaine Dame
Qui polluant son corpz ne pollüa son ame,
S'eternise soy-mesme, & fait teste au trespas :
Vous qui sages mourez, suyuant si belle trace,
Ne plaignez, ne craignez, la fatalle disgrace :
Qui trespasse en ce point, il ne trespasse pas !

LA MVSE,
A Madame de la Bordeziere.

LE beau Soleil son feu ne peut cacher,
Soit qu'il se leue, ou s'en voyse coucher,
Tousiours son front, tousiours sa lampe esclaire :

X 3

Et le Soleil des illustres vertus
Monstrant, haussant, sa splendeur viue, & claire,
Tousiours par tout darde ses rays pointus.

 Nous qui sauuons du fenebre tombeau
Tout ce qu'on void & de saint, & de beau :
Sçachant l'honneur qui t'esueille, & te guide,
Nous consacrons vn autel à ton los,
Nous te voüons nostre Chœur Aonide,
Et te vangeons de l'ire d'Atropos.

 Or entre ceus qui traittent noz mestiers,
I'en cognois vn qui bruyra volontiers
A voz François la valeur digne, & chere,
De ta Diane, heureus Astre nouueau :
Qui ieune croit sous l'æle de sa Mere,
Comme vne fleur sous le verd Renouueau.

 On luy a dit que la gaye Cypris,
Et l'Archerot, qui luy donne le prix
Sur les Beautez admirables en terre :
En elle s'ayme, en elle se complaist,
Par elle regne, & par elle desserre
Cent mille traitz, qui le font tel qu'il est.

 On luy a dit que la Grace, & les Ieus,
Et les Plaisirs doucement outrageus,
Suyuent ses pas, & la Nymphe amadoüent :
Pource il l'honnore & de voix, & d'escrit,
Afin qu'eus-mesme aueque nous l'auoüent
Noble de corpz, & plus noble d'esprit.

 L'orgueil des Roys, les Ioyeaus d'Oriant,
Et ces grandeurs leurs grandeurs variant,
Sont le vray but de Fortune, & d'Enuie :

Noſtre bel art qui depite le Sort,
Seul ſ'en exempte, & vous remet en vie:
Car le Sçauoir eſt maiſtre de la Mort.
 Le Deſtin meſme eſcoute noſtre loy,
Nous ſert, nous ayde : & c'eſt auſſi pourquoy
Les Dames ſont amyes des Poëttes:
Sans eus leur gloire au lac d'Oubly ſ'enfuit,
Car ſ'ilz ne ſont leurs Sonneurs, & trompettes,
Leur pompe eſt vaine, & leur beauté ſans fruit.
 Moins de flambeaus dorent le Firmament,
Quand la Nuit brune a pris ſon veſtement,
Et moins de fleurs au moys de May verdiſſent:
Que d'ornementz, & de graces, & d'heurs,
Decorent ceus qui de noz biens iouyſſent:
C'eſt vn parfum d'immortelles odeurs.
 D'vn tel preſent celluy t'eſtrainera
Qui la Puçelle, & toy celebrera:
Or ie vous laiſſe, & ſ'il eſprouue encore
Ma douce pointe, où ſon attrait vainqueur:
Libre permetz que de bouche il l'adore,
Comme il l'adore & d'eſprit, & de cueur.

Le Poëte.

Dieu gard' la Mere, & ſa brigade honette!
Pour vous reuoir la Muſe m'a quité:
Mais ie me trompe, ou ſa diuinité
Ia deia luit en vne Dianette.

FIN DV SECOND
Liure des Meſlanges.

LE TROISIEME LIVRE DES MESLANGES.

L'ABEILLE.

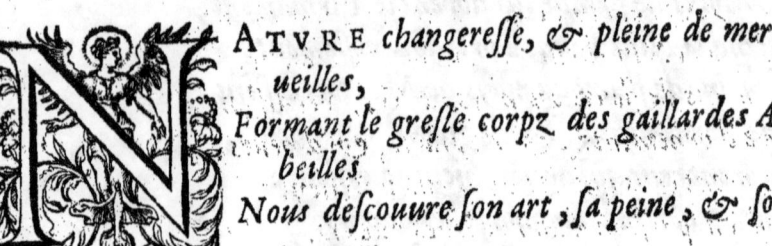ATVRE changeresse, & pleine de mer-
ueilles,
Formant le gresle corpz des gaillardes A-
beilles
Nous descouure son art, sa peine, & son
pouuoir,
Tant elle en a soucy: iusques à les pouruoir
(Miracle non-pareil) de sens, & preuoyance,
Esgallant de bien prez l'humaine sapiance:
Voyla pourquoy iadis ce Romain si discret
A sonder la nature, & l'œuure, & le secret,
De ces gays troupeletz, fit bastir vne Ruche
D'vne claire lanterne: ou par subtile embuche
Clos ensemble, & couuert, il espioyt alors
Leur maniere de viure, & leur estre, & leurs Forts.
De petitz vers sans chef, mouches elles deuiennent,
Et quelquefois auant que les alles leur viennent,
Se voyent par leur mere iniustement meurdrir,
Leur mere qui deuoit & defendre, & nourrir,
Son fruit, & son lignage: or l'engence timide
De ces blondz Oyseletz, à le corpz tout humide

De natiue moisteur, & luy faisant tirer
Vne sonnante voix, luy donne à respirer:
Et entrailles, & yeus, Nature leur ottroye,
Et quelque sentiment, sans nerfz, sans cœur, sans foye:
Et choysissent ainsi, croissant en peu de tempz,
Leur seiour dans la ruche, & leur regne au Printempz.
  Or comme auec conseil le Magistrat s'applique
A l'estat policé de chasque Republique,
Ilz eslisent aussi les plus nobles d'entr'-eus,
Pour leur seruir de Chefz, & guides genereus,
Qui tousiours ayent soing de leurs troupes sugettes
Soit dehors, ou dedans, leurs artistes logettes:
Et de fait chascun d'eus sert à son peuple espais
De Capitaine en guerre, & de Monarque en paix:
N'endurant que la Guespe, ou le Bourdon estrange,
(Bestial paresseus) dans leurs chambres se range,
Soit pour les outrager, ou leur rauir ialous
La tres-douce liqueur de cest œuure tres-dous
Qu'aus moys plus gracieus la mesnagere Auette
Assaisonne, & confit: portant dans sa cachette
La meslange, & le suc, des plus souëfues fleurs,
Peintes diuersement, comme elle, de coleurs.
  Auant que desloger vn tempz elles demeurent,
Et prestes à partir, confusement murmurent:
Et voyant rousoyer mesmement le matin,
Au son de leur trompette elles vont au butin:
Mais si l'air, ou le vent, leur defend la sortie,
Elles n'entreprendront iamais la departie.
Cependant qu'à leur gré les ieunes vont aus champz,
Les vieilles ont soucy de leurs faix trebuchantz
                                                  X ſ

Au deuant du logis, où les vnes les portent :
Les autres tost aprez (les ayant pris) ressortent,
Tournant, & retournant, & sostant le fardeau :
Icy les vnes ont les gorges moistes d'eau,
Et courent humecter leurs nouuelletz ouurages :
Les autres composant la saueur des fleurages,
Se peinent là sans cesse : & celles-cy refont
Encor d'autre costé maint beau gauffre parfond.

 Non autrement qu'on void la Commune ciuille
Ardante remparer le vieil mur de sa Ville,
Formillant d'artisans, & de gaigne-deniers,
Pesle-mesle vuidantz leurs hottes, & paniers,
Pleins de chaux, de caillous, de mortier, & de terre :
Là suënt les Maçons, & pierre dessus pierre
Compassant, martellant, & venant ageançer
L'ouurage encommancé, taschent à l'auancer :
L'vn va, l'autre reuient, & la vulgaire tourbe
Qui ploye sous la charge, & porte le dos courbe,
Erre pleine d'ahan sur les flancz du fossé :
D'où l'ennemy doit estre à force repoussé.

 Tel est ce noir scadron, qui s'esgarant amasse
Vn magazin de grains, ains que l'Esté se passe,
Deuançant la rigueur de l'Autonne, & du froid :
La voye qui noircit ensemble groule, & croit,
Sous ces drus moissonneurs : & donne tesmoignage
De leur caute sagesse, & fortuné mesnage.

 Ces bestes font ainsi, voire d'vn ordre tel
Qu'elles fuyent l'abord de leurs Maistres d'hostel,
Commis pour chastier, & detenir captiues,
Celles qui sont à l'œuure oyseuses, ou retiues :

DES MESLANGES. 331

Ce qui moleste plus & le Prince, & son train,
C'est le Cancre rempant, la brebis, & l'airain :
Mais pour remarque aussi de sa valeur acorte,
Recognu de sa bande vn signe au front il porte,
Qui fait qu'on le respecte : & des qu'il tente l'er,
Vous les verriez soudain file à file voler,
Cernant de tous costez ainsi qu'Archers de garde
Leur Seigneur qui se mire, & de prez les regarde,
Allant à la conqueste, où mesmes s'entr'-aydant
Chascune se hazarde : & si par accidant
Leur guide a quelque mal, ou quelque æle coupée,
Ne pouuant loing mener la brigade occupée,
Ne bouge de sa tente : ou libre du trauail,
Il anime au labeur tout son menu bestail :
Mais lors qu'il trouue bon, auec son consistoire,
De sortir à l'essor, elles prennent à gloire
De luy faire seruice, & saisi de soulas
Par elles est porté quand il se trouue las,
S'arrestant s'il s'arreste, ou bien volant s'il vole :
Tant ce troupeau discret le soulage, & console !
 Ie n'auroy iamais fait si parlant ie vouloys
Deduyre plus au long & ses mœurs, & ses loys :
La Primeuere aussi luy est si liberalle,
Qu'entre ses Nourrissons l'Abeille n'a d'esgalle :
Et faut que celle-la ne brigue point ce rang
Qui (prophette d'Esté) n'est de chair, ni de sang :
Ni mesme les Formis, ni le Ver qui brillonne
De soir es verdz haliers, & seur presage donne
Au ioyeux Paysant qui l'auise es buissons,
D'aiguiser tost sa faulx, pour tondre les moissons.

O glorieuse Auette ! à toy ne s'acompare
L'alé scadron des bois, ni celluy qui se pare
D'or, d'argent, & d'azur, vray iouët des enfantz,
En beau corpz ton pareil, en musle aus Elefantz :
Ores que l'vn en l'air & par les champz degoyse
Sa plainte, & son iargon, d'vne paisible noyse :
Et que l'autre estendant son crespe precieus,
Deploye à chasque flanc vne infinité d'yeus,
S'esgayant és Iardins, ou courant par les prées,
Qui semblent imiter voz beautez diaprées :
Aussi le plus souuent par fraude, & par malheur,
Cestuy-là tombe és laqz du subtil Oyseleur :
Cestuy-cy ne vit guere, & voyons-nous ses ælles
Griller encor parfois au feu de noz chandelles,
Ou se noyer dans l'huyle, ou choir sous le troupeau
Des garçons le suiuantz à grandz coupz de chapeau :
Au lieu que dans ta ruche (où par fine coustume
Le Villageoys rusé legerement t'enfume)
Tu produis vn tresor & de cire, & de miel,
Qui ne cede aus presentz qui distillent du Ciel :
Aussi deuiens-tu vieille, & sobre ensemble, & sage,
T'accommodes ouuriere à nostre humain vsage :
Ce qui surpasse encor noz sens, & nostre foy,
C'est l'amitié, la force, & l'heur de vostre Roy :
Qui mesmes d'aiguillon (bien qu'il en aye) n'vse,
Ainçois vous entretient sous sa grace soigneuse.
    Vous Princes, & Seigneurs, dont la desloyauté
Loing de graue douceur suit l'aspre cruauté :
Prenez exemple aumoins à ces prudentes Mouches,
N'estant à voz sugetz ni Tyrans, ni farouches :

Et vous peuples aussi, gardez leurs droitz permis:
Car Dieu vous a sous eus en sauuegarde mis.

SONNET.

VOVS aymez (dittes-vous) la gaillarde Puçelle
Au teint frais, au beau sein, en la fleur de quinze ans:
Et ne voudriez changer ses baisers tresplaisans
A l'or qu'vn riche Hydaspe, ou Pactole reçelle.

Vous aymeriez aussi folatrer auec celle
De qui le ventre rond, & les flancz sont duisans
A repousser (douilletz) mille coupz dous-cuisans:
Entortillant voz bras serrez sous son esselle.

Outre ce vous prisez trop plus qu'vn cher tresor
Celle qui vous enflame, & vous esmeut encor:
Et qui langue sur langue emble vostre ame chaude.

Si vous n'esticz commun, ni punais, ni courtaud,
Ce seroit bien choisy: qu'est-ce donc qu'il vous faut?
Vne Garçe commune, & punaise, & courtaude?

CHANT CHRESTIEN.

O Seigneur des Seigneurs, Roy des Roys, Dieu des Dieus,
Ne permetz que Satan dissipe ton Eglise,
Qui redoute, ains ressent, son pouuoir odieus!
Rasserene son front, & desseche ses yeus,
Reconforte son cœur, & l'ayme, & fauorise:
Tu le peus, & le doibz, ô vray Maistre des Cieus!

Assez, Pere benin, nous auons sceu que vaut
Le choc de tes rigueurs, & l'aigreur de ton ire,
Quand tu veus (irrité) punir nostre defaut:

Assez à nostre dam nous sçauons qu'il ne faut
Forçer par noz raisons ton veuil, ni ton Empire:
La cheute est plus à craindre, ou plus on monte haut.
  Bien peu dure le cours des torrentz debridez,
Et sur les droitz Sapins, & le chef des montaignes,
Plustot tes dardz aigus sont roidement guidez,
Que sur les bas arbreaus de leur humblesse aidez,
Et non leurs compaignons, desdaignantz les campaignes :
A ceus-cy sont esgaus les cœurs outrecuidez.
  L'effroyable Canon, le dur flanc des rempars,
Le glaiue estincellant, ni l'arroy d'vne Armée,
N'engardent que ta force, & ton orage espars,
N'attaignent l'orgueilleus, deût-il en mille pars
S'opposer à ton Nom, ayant la main armée :
Aus humbles, ô bon Dieu, tes faueurs tu depars.
  Ce peruers Goliath, ce guerrier Philistin,
Qui brauoit Israël d'vne audace si braue :
Suscitant contre soy le Ciel, & son destin,
Perdit sous vn Pasteur son courage mutin :
Et cuidant maistriser, cheut pire qu'vn esclaue,
Et gloire, & vie, & corpz, y laissant pour butin.
  Si donc le Camp Hebrieu cognut lors ta pitié,
Et mesmes si iadis le Tyran d'Assyrie
Fust la proye des flotz : pour l'antique amitié
Que tu portois aus tiens, froissant la mauuaistié
De son Ost, & de luy : rapaise la furie
D'entre noz peuples serfz d'ire, & d'inimitié.

SONNET.

Lyse se pare ainsi qu'vne Deesse,
Riche, pompeuse : & mesmes les vendeurs,

Paſſementiers, Orfeuures, & Brodeurs,
Sont empeſchez pour l'orner de richeſſe.

Rien ne ſ'eſpargne, à fin que ſa vieilleſſe
Soit moins notoire aus ieunes demandeurs:
Les oignementz, les drogues, les odeurs,
Flatent ſes ans, & monſtrent ſa molleſſe.

Elle a beau ſ'oindre, elle a beau ſe farder,
Friſer ſes poilz, ſes geſtes mignarder:
Encor void-on ſa laydeur, & ſon age.

Elle eſprendra quelque ſot Damoyſeau:
Quand eſt de moy, veu ſon braue pennage,
I'aimeroy mieus la plume que l'Oyſeau.

LE COVRTISAN,
Au Sieur de Marchaumont.

MARCHAVMONT, qui point ne dedaignes
Le Chœur des neuf Vierges compaignes,
Chery de leurs chers Nourriſſons:
En lieu d'vne offre plus duiſante
Mon Courtiſan ie te preſante,
Peint de ſes coleurs, & façons.

Il eſt de ceus qui par careſſes,
Baiſe-mains, ſousriz, & promeſſes,
Baillent des canes à moitié:
En bouche ilz ont vn beau langage,
Mais ilz ſont Tygres de courage,
De courage, & d'inimitié.

Dous à l'abord, au parler graue,
Il tranche du grand, & du braue,
Trouuant à la Court ſon plaiſir:

C'est sa maistrise, & sa sciance,
Son seur appuy, sa confiance,
Son but, son aise, & son desir.
   Il a pour sa regle commune
Les tours du monde, & de Fortune,
Et l'heur de ces grandz Demidieus
Qu'il suit, qu'il prise, & qu'il adore :
Comme tel qui leur voüe encore
Le corpz, voire l'ame en tous lieus.
   Plustot (auant que leur deplaire)
Le iour sera brun, la nuit claire :
Et sera (tant ce soing les poind !)
L'Ebene blanc, & noir l'Yuoire :
Brief ilz se fairont lors acroire
Ce qui ne peut estre, & n'est point.
   Ilz sont rompus aus courtoysies,
Et furent leurs graces choysies
Au plus secret giron du Ciel :
Mais qu'est cela qu'ilz ne redoutent ?
Quand à moy ie pense qu'ilz goutent
Plus d'Aluïne, que de miel.
   Leurs oreilles sont aus escoutes,
L'œil guette, & s'amuse à leurs doutes :
Pour espier d'où vient le coup,
Quelles embuches, qui chemine,
Quelles nouuelles, quelle mine :
O peu d'aise, & d'ennuy beaucoup !
   Leur veuë est souuent esblouye,
Vn son s'attache à leur ouye,
L'odorer leur est dangereus :

Au gré

Au gré d'autruy leur vie passe,
Ilz tiennent des autres la grace,
Mesmes le goust n'est pas à eus.
   Rire à chascun, de tous se craindre,
Certain amy n'oser se faindre,
Et n'auoir d'ouuert ennemy:
Ne conuient moins à leur vsage,
Qu'au naturel de leur visage,
Or' ioyeus, or' triste à demy.
   Pire n'est la soif de Tantale,
D'Ixion la peine fatale
N'est si facheuse tour à tour:
Non le trauail du faus Sysiphe,
Ny la faim, le bec, & la griphe,
De l'insatiable Vautour.
   Lors qu'vn prend nostre cognoissance,
Ses biens sont en nostre puissance,
Mesme il est nostre partisan:
Mignon, ces façons sont honnestes!
Mais on sçait qu'au besoing vous estes
En lieu d'Amy, vray Courtisan.
   Voz harangues Amadisées,
Ainçois voz bayes desguisées,
Sçauent les fous entretenir:
Et dittes, quoy que l'on s'en fache,
Que c'est tout vn, pourueu qu'on sçache
Promettre tout, & rien tenir.
   Le Cameleon moins estrange
En tant de coleurs ne se change,
Tant voz paroles sont de pois!

Y

Mais ce qui mieus dement voz cheres,
Ce sont voz offres plus legeres
Que l'air, ou les feuilles des bois.
　　L'vn nous raconte vne sornette,
L'autre vne Chanson deshonnette,
Cestuy-cy fait le plaisantin,
Cestuy-là mesdit, & raporte:
L'vn mille nouueaus bruitz aporte,
L'autre est & noyseus, & mutin.
　　Les vns aussi brulantz que flames,
Gaignent le cœur des simples Dames,
Et traistres s'en moquent aprez:
Et vous, ô femmes mal-aprises,
Qui de leur dire estes esprises,
Vous laissez ardre de si prez!
　　Les autres qui ce point n'obtiennent,
Pour chetifz, & mauditz se tiennent,
Detestant & l'heure, & le iour,
Qu'onques leurs Circes ilz ont veuës:
Et voudroyent perdre encor leurs veuës,
Si perdre ilz pouuoyent leur amour.
　　Encor auec ces beaus offices,
Ilz ont les vaquantz Benefices,
Et sont promeus aus dignitez!
Et nous Poëtes, qui ne sommes
Imposteurs des Dieus, ni des hommes,
Nous souffrons mille indignitez!
　　Ainsi les grandz par leur hautesse
Esleuent l'humble petitesse
De ces Sotteletz, & Mignons:

Le peuple ainsi sent leurs espinces,
Et qui pis est vous Roys, & Princes,
Les receuez à compaignons!

Las! chassez ces iazardes Pies,
Chassez ces infames Harpies,
Qui n'ont iamais pleines les mains!
Elles vous paissent de mensonges,
Elles vous suçent comme Esponges:
Souffrez-vous ces faitz inhumains?

Ca, qu'on me preste vne Balance,
Pour mieus priser leur excellance!
Mettons-les trestous d'vn costé,
De l'autre vn Rien: qui ne void qu'ore
Ce Rien poise trop plus encore,
Tant est vaine leur vanité?

De telz hableurs ie sçay les ruses,
Les pratiques, & les excuses,
Et de les voir ay l'œil recreu:
Le Nocher, sauué du naufrage,
Racontant l'horreur de l'orage,
Doit estre (ce me semble) creu.

Tel frise son poil, & s'agraffe,
Marche fierement, & piaffe,
Faisant le rustre, & le bragard:
Dont bien souuent la bourse pleine
De vent, ou d'vne enfleure vaine,
Ne soustient pas le pouure liard.

Que donc celluy qui tant se vante,
Et qui ses merites nous chante,
Produise de meilleurs tesmoins:

En vain il se vante, & se prise!
Car auec telle galantise
Plus il iure, ie l'en croy moins.
 Son sang prouient du Dieu Romule,
En force il est vn preus Hercule,
Et sobre comme vn Curien:
Ains autant ignoble qu'vn Ire,
Cruël, ainsi qu'vn fier Busire,
Glout, comme vn Epicurien.
 Aus Renardz conuient la finesse,
Aus Loupz la patte larronesse,
Aus Hyenes la trahison,
Aus Lyons vne ame felonne:
Et ces beaus titres ie luy donne
Par coniecture, & par raison.
 Auant qu'ainsi trahyr ma race,
Ou la franchise que i'embrasse,
Ou m'acorder à ce discord,
Ou faire icy longue demeure:
Ie puisse mourir (& ie meure!)
Si ie n'aimoy mieus estre mort.

SONNET.

IE sçay que tu diras que tu m'es redeuable,
Si tu n'es trop ingrat, trop vanteur, & trop vain:
Voyant de prime face vn soigneus Escriuain
Changer ton nu langage, en vn plus receuable.

 Touche là, ie te prens à tesmoing veritable,
Mais ne change d'aduis, car ton dire est certain:
Aprendre tu pourras, fusses-tu plus hautain,
Espluchant mes escritz, & mon style metable.

Ilz ne doyuent rien d'air, d'humeur, d'inuention,
A Liure feuilletté, Poete, ni paſſion:
Comme les tiens moulez ſur maint patron eſtrange.
  Si tu ſçays, ſi tu peus, or' que ie t'y conduis,
Comme i'ay par esbat traduit tes vers traduitz,
Tournant mes propres chantz tu me rendras le change.

ACROSTICHE.

FERME comme vn rocher qui ſ'oppoſe à l'orage,
Reſiſte aus flotz mutins, & depite leur rage,
Amour me fait aymer ton nom, & ta beauté:
Ne penſe que ie ſoys leger, ou variable,
Comme vn tas d'Amoureus, pareilz au vent müable:
Onc ardeur ne fut telle en ſi grand' loyauté.
  Iamais Dame ne fut ſi digne d'eſtre aimée,
Si digne amour auſſi ne fut onc eſtimée,
Et deus cœurs aſſemblez ne furent mieus vnis:
Donques permetz qu'icy ie t'honnore, & te priſe,
Et d'eſgalle amitié mes trauaus fauoriſe:
L'amour ſert de remede à mes maus infinis.
  Ainſi que ta valeur, ta braue gentileſſe,
Beauté, grace, & vertu, ne ſent que ſa nobleſſe,
Ainſi ie veus t'aymer, & ſeruir noblement:
Volontiers ie lairroy parantz, & biens encore,
Mais ie ne puis laiſſer ta face que i'adore:
En la perdant ie perdz tout mon contantement.

SONNET.

BIEN qu'à l'enuy mille Aſtres radieus
Dorent la nuit, & la celeſte voute,
Clairs, purs, & netz: rien d'eus pourtant n'adiouſte
Au beau Soleil, quand il orne les Cieus.

Y 3

De mesme ceus qui reffont enuieus
La chose faitte, & veulent qu'on escoute
Ce qui vient d'eus, & qu'à regret on goute:
A leur vergoigne eniambent sur les vieus.
 En retramant l'œuure de Penelope,
Oeuure sans fin, tel ainsi s'enuelope,
Qui deut rougir, & ne prendre ce soing.
 Pour vouloir trop les doctes contrefaire,
Nostre ignorance est maintesfois tesmoing
Qu'en faisant mal, nous ne sçaurions bien faire.

CHANT DE PAIX.

Chantez à l'Eternel
Vn Hymne solennel,
Vous ses Anges celestes:
 Roys, & peuples espais,
Donnez signe de Paix
De mains, d'yeus, & de gestes.
 C'est luy, braue Françoys,
Dont ce bien tu reçoys,
Malgré ta noyse antique:
 C'est ce Dieu souuerain
Qui serre ores le frain
A ton Mars domestique.
 Le glaiue, & le Canon,
Cede au bruit de son Nom:
Et comme par la guerre
 Ses mains t'ont chastié,
Ainsi plein de pitié
Il te r'asseure en terre.

DIALOGVE.

La Iessée.

BELLES, pour trop aymer vostre inesgal troupeau,
Et sur voz Liures saintz courber teste, & poitrine:
Ie n'ay (bien peu s'en faut) que les os, & la peau:
Tant chere m'est helas! vostre chere doctrine.

Les Muses.

Mignon, nostre art diuin n'est iamais ocieus,
Il y faut de l'esprit, il y faut de la peine!
Soit pour bien conceuoir noz secretz precieus,
Ou nous sacrer le prix d'vne estude non-vaine.

I.

Helas! combien de iours, helas! combien de nuis,
(Rauy de vostre amour) ay-ie laissé derriere,
Encourant mille maus, encourant mille ennuis:
Auant que paruenir au bout de la carriere?

M.

C'est ainsi qu'on se loge au beau Palais d'Honneur,
C'est ainsi qu'vn sçauoir se rend plus admirable:
Nostre grand Smyrneen s'est acquis ce bonheur,
Et ne fut (comme on dit) pouure, ni miserable.

I.

Ouy! mais nous nouueaus n'amassons à present
Que l'eau qu'en vrinant il nous a rependuë:
Ses deus Filles ont bien reçeu ce cher present,
Mais à qui d'entre nous est sa gloire venduë?

M.

Frequente seulement nostre docte Helicon,
Suy noz pas mesurez, & ne sois las d'aprendre,
Pront, actif, & veillant: bien que tu sois Gascon,
Et Rommain & Françoys, tu te fairas entendre.

I.

Vierges, pardonnez-moy si iusques auiourd'-huy
I'auoy tousiours douté d'vne telle assistance!
Donques ie poursuiuray, faisant teste à l'ennuy:
Qui vainc plustot le Sort, qu'vne ferme constance?

COMPLAINTE.

Que sçauroy-ie moins faire
En ce lieu de malheur,
Qu'esuanter ma misere,
Ma plainte, & ma doleur?
  Ceus que les Roys cherissent,
Leur bonheur vanteront:
Parmi ceus qui languissent,
Mes trauaus logeront.

  Icy la conuoytise,
Ni l'enfant de Cypris,
Ni la gloire qu'on prise,
Ne saisit mes espris.
  Icy la patience
Vaut beaucoup plus que l'or,
La nette conscience
Y fait trop plus encor.

Icy les sages viuent
En silence, & confort:
Les plus hupez y suyuent
Le chemin de Nyort.

L'esperance tournée
En desespoir nouueau,
Du iour à la iournée
Altere leur cerueau.

Tel dresse aussi l'embuche,
Et s'enuolle aus tesmoins:
Qui bien souuent trebuche,
Lors qu'il y pense moins.

L'indigence, & malice,
Nuit au droit combatu:
Si pouureté n'est vice,
Que n'est elle vertu ?

Las! prenez ma defense
O Iustice, & Raison:
Et gardez moy d'offence
Dans si serue maison.

CHAPITRE.

FERAY-ie donc ramer icy ma fresle Nef
Par les flotz inconstantz de peine, & de meschef?
Verray-ie encor encor errer ma Nef si lasse,
Sans esprouuer iamais ny calme, ni bonasse ?
Et plus vne aspre Bise, & l'orage bruyront,
Et plus contre leur choc mes rames combatront ?
Ie m'estonne dequoy ma Barque mi-dissoute
Ne me fait periller, au milieu de la route!

Ma Nauire c'est l'age où foible encor ie suis,
Les ventz mes Enuieus, les vagues mes ennuis:
Les escueilz où i'aburte au gré du fier Neptune,
S'appellent de leur nom & Malheur, & Fortune:
Au reste ce faus monde est l'aboyante mer
Où ie vogue chetif! en voye d'abymer:
Toutesfois la Constance, ô ma seure compaigne!
Fait qu'ondes, & rochers, & perilz ie dedaigne.
 Cependant comme c'il qui du haut d'vne Tour
Iette loing son regard, & remarque à l'entour
Vn diuers paysage: icy le Pasteur erre,
Là suë le Bouuier qui laboure sa terre,
Le Veneur court de là, brossant par les foretz,
Deçà le fin Pescheur aus poissons tend ses retz:
L'vn va s'esbatre aus champz, l'autre s'ayme en la ville:
Bref il void formiller vne tourbe ciuille:
Tout ainsi lors que i'entre en mes libres pensers,
Ie ne voy que destroitz, qu'abymes, que desers:
Où les vices frequentz guident ceus qu'ilz inuitent,
Guider non! mais tousiours en bas les precipitent,
Engouffrez dans l'estang de leurs salles plaisirs,
Loyer de leurs trauaus, & but de leurs desirs:
Ou comme il plait au Ciel, & aus loyx de Nature,
Tantost bien, tantost mal, i'escris à l'auanture.
 Le Poëte nayf, des Dieus Ambassadeur,
Sent dés qu'il veut chanter ie ne sçay quelle ardeur
Qui bouillonne en son cœur, comme en noz muys bouillonne
De Bacchus nouueau-né la ieunesse felonne,
Qui sortant du pressoir escume en son berceau
En la mesme façon qu'autour d'vn gros Vaisseau

On void blanchir les eaus, quand les sugetz d'Æole
S'en ioüent sur la mer, comme d'vne Gondole.

 Aussi la viue esprise, & sage gayeté,
Dont l'esprit du Poëte est brusquement donté,
Ressent son enthousiâme, & sa chaleur diuine
Qui luy va rechauffant le sens, & la poitrine,
Enceint de ce grand Dieu lors il peut enfanter
D'vne ardante fureur, ce qu'il voudra chanter,
Bien-versé, bien-apris, voire enflant son haut stille:
Comme il enfloit le cœur de sa sainte Sybille.

 Pourtant comme la terre ore verte apparoit,
Ore seche, & sans fleur, selon le chaud, ou froid,
Que le Soleil voysin, ou loingtain nous enuoye:
Ou comme l'Ocean qui s'esgare en sa voye,
Par son flus, & reflus, croissant, & decroissant,
A l'enuy de la Lune és Cieus apparoissant:
Ainsi les fauoris du Prince de la Lyre
Attendent que son tan les pique, & les inspire.

 Pensez donc ie vous pry que dira-l'on de moy
Qui sans difficulté, sans art, & sans esmoy,
Ore parmy les champz, ore parmy la ruë,
D'vn aiguillon si vif ay l'ame si ferüe!
Certes i'en suis indigne, ou bien ce dous abus
M'abuse indignement au mestier de Phœbus:
Non! ce n'est l'vn ni l'autre: he! donques que sera-ce?
C'est l'vsage commun d'vne aussi rare grace.

      ✱

PRIERE A DIEV.

O vray Dieu, mon refuge,
Seur rempar de ma foy:
Ie te pry ne me iuge,
Selon ta iuste Loy.

Ma coulpe, & mon offance,
Me font parler ainsy:
Mais ta seule defence
Est pleine de mercy.

Ore ta bonté haute
Me guide iusqu'aus Cieus,
Ore ma propre faute
M'esloigne de tes yeus.

L'vne m'emplit de gloire,
Et me fait triomfer:
L'autre a sur moy victoire,
Et m'abyme en Enfer.

Celle-cy me rachette,
Quand ie vien à perir:
Celle-la me reiette,
Et me laisse mourir.

De l'vne vient ma grace,
De l'autre mon malheur:
Brief si l'vne m'embrasse,
L'autre croist ma doleur.

Helas! si tu ne changes,
O vray Dieu, mon support:
Fay qu'auec tes saintz Anges
Ie viue aprez la mort.

SONNET.

SI tost que i'eus dançé sur le bord Pimplien,
Exerçant au Latin ma verue Poëtique:
Ie chantay (ieune encor) à la mode rustique,
Et guiday lors mes pas au champ Sicilien.
 I'enflay mon dous flageol ore mal, ore bien,
Voire entre les soldatz, & la fureur bellique:
Et les acordz ruraus de mon vers Bucolique
Au gré des Bergerotz resonnoyent assez bien.
 Depuis laissant ma terre, & visitant la France,
I'ay changé de parler, de veine, & demeurance:
M'osant bien au Françoys de mesme exerciter.
 Comme donc ie m'imite, aussi ie cede au stile
Du Gregeoys Theocrit, & du Romain Virgile:
Et l'ay-ie contrefait, n'ayant peu l'imiter.

STANSES.

EXCVSEZ moy, Madame: ou plustot accusez
Le Destin irrité, si les plus auisez
Taxent vostre grandeur trop vilement sousmise:
Vous deuriez auec moy vous plaindre du Malheur!
Mais que peut la complainte, où sourde est la doleur?
On se repent trop tard, quand l'offance est commise.
 Quelle erreur transporta voz sens, & vostre esprit?
Bien fust aspre l'ardeur qui soudain vous éprit
De c'il qui vous trompant à vne autre s'allie:
Vous n'estiez pas à vous, & l'aueugle raison
Vous osta le respet de race, & de maison:
C'est par trop s'oublier, quand soy-mesme on oublie.

Les Peintres font tref-bien de mettre à Cupidon
Vn voyle fur le front, és mains arc, & brandon,
Et au flanc vn carquoys garni de mainte fleche:
Cela se void en vous! son bandeau vous voyla,
Son feu vous attaignit, son trait vous affola:
Tant peut son masque faus, sa chaleur, & sa breche!

Mais aussi de coller des æsles à son dos,
Cela dement en vous son eternel repos:
Non, ie n'aprouue point qu'vn pennage on luy baille!
Car s'il voloit par tout, il n'eust tant seiourné,
Comme il vint pour vous prendre, il s'en fut retourné:
Tost espris, tost estaint, ainsi qu'vn feu de paille.

Le nœu de Mariage est vn lien tressaint,
Qui iusques au trespas l'homme, & la femme estraint:
Il faut donc sagement se garder de mesprendre!
Quand le gay Dieu Nopçier la promesse a parfait,
Madame, il n'est plus tempz se repentir du fait:
Pour bien se marier, son pareil on doit prendre.

He! que dira là bas sous le tombeau poudreus
Celluy qui fut iadis vostre vnique Amoureus,
Et qui iusqu'au dernier vous a tant respectée!
O qu'il seroit faché qu'vn petit compaignon
Iouyt de ces desirs, vostre Espous, & mignon!
Vrayment vous l'aymez bien d'vne amour affectée!

Il se repentiroit en reuenant icy
D'auoir iamais assis sa flamme, & son soucy,
En celle qu'il nommoit sa Maistresse, & sa Dame:
Mais tout impatient d'angoisse il remourroit,
Veu la mesme amitié qui tant luy desplairroit:
Aussi la deuiez-vous enterrer sous sa lame.

Ou ſi le bon Hymen vous apelloit ailleurs,
Il falloit donques tendre à des partis meilleurs,
Et preferer celluy qui taſchoit vous attraire:
Pour vn qui par ſon fard ceſte place a gaigné,
Vn plus ferme, & courtoys, vous auez dedaigné:
Eſt-il plus vraye amour, qu'vne amour volontaire?

 Las! en depit de ceus qui briguoit ceſt honneur,
Le Ciel (inique Ciel!) chiche de ce bonheur,
A ne ſçay quel indigne a donné l'auantage:
Fortune veut ainſi ſes ruſes decouurir!
Elle enrichit vn ſeul, pour cent mille apouurir,
Et ſi pour n'en rien voir ſ'affuble d'vn bandage.

 Or bien qu'à voſtre dam il ait acquis ce rang,
Ineſgal toutesfois en amour, & en ſang,
Par ſa foy ia defaitte il acroiſt ſes iniures:
La Deeſſe qui ſeule aus bons n'aſſiſte pas,
Ne deuroit ſeconder ſes deſſeingz, ni ſes pas:
Mais celle qui pourſuit les ingratz, & pariures.

 Quand le paſteur Anchiſe, admiré de Cypris,
Euſt iouy de la belle, il ne l'euſt en meſpris,
Comme vn Sot-deſloyal qui plus à ſoy ne ſemble:
Auſſi le iuſte Ciel, vangeant ſa mauuaitié,
Euſt puni ſon audace, & ſa folle amitié:
Le deſdaing, & l'amour, ne vont iamais enſemble.

 Ha! que i'ay de regret qu'vne moindre que vous,
(Fors en fraude & malice) enflambe mon courrous!
Las! il la cerche, & ſert, ſans vous en donner garde:
Vous deus en meſme corpz n'aguere vn ſeul eſtiez,
Mais il fait à ce coup, desfaiſant voz Moitiez,
Les membres de ſon corpz membres d'vne Paillarde.

Par ses charmes cognuz la fille du Soleil
Changea l'infame Scylle en Monstre non-pareil,
Qui dans l'horrible mer, ceinte de Chiens abboye,
Pour luy auoir iadis son cher Glauque rauy :
Puissiez-vous à souhait, puissiez-vous à l'enuy,
Payer ceste Putain de semblable monnoye.

Esgal est son forfait ! vous donques cependant
Qu'il suit ainsi son mal, & se va debordant,
Faittes qu'il se r'auise, & que vostre il se rende :
Bien que l'homme s'afflige, & deprave ses mœurs,
Dieu qui du bon pecheur exauce les clameurs,
Dieu luy donne sa grace, aussi tost qu'il s'amende.

SONNET.

PEINTRE subtil, (& subtil ie t'apelle,
Pour mieus priser ta main, & tes pourtrais!)
Pren ton crayon, puis m'esbauche, & pourtrais :
Contr'imitant vostre diuin Apelle.

Ne me fay point ni la face plus belle,
Ni plus gaillard le maintien, ni les trais :
Mais exprimant ma grace, & mes attrais,
Soubmetz à l'Art la Nature rebelle.

Poursuy ton œuure, ornement du tableau :
Ia ton esprit, tes yeus, & ton pinceau,
Au vray patron s'efforçent me soustraire.

O vif Pourtrait, où tiré ie me vois !
Il est si bien, que pour mieus me pourtraire
Il me faudroit & le geste, & la voix.

CONTR'INIVRE.

LA hayne, l'ire, & l'outrage,
Me font ourdir cest ouurage,
Pourſuiuant mon deuançeur:
Que donc auec iuſte peine
L'outrage, l'ire, & la haine,
Offancent mon offançeur.

La profonde mer Ægée
N'aboye plus enragée,
Et le tonerre orageus
Ne gronde auec plus de crainte:
Que ma fureur non-eſtainte
Bruyra ſur mon outrageus.

Maſtin vrayment ie le nomme,
Comme indigne du nom d'homme:
S'eſtant ore encouragé
Aus traitz mordantz de ſa plume,
Pour vaincre l'orde couſtume
D'vn traiſtre Chien enragé.

A blaſonner il s'applique
Tout feroce, & Zoïlique:
(Ces gros motz luy plaiſent fort
Qui noſtre langue trauaillent,
Voire telle enfleure baillent,
Que vent, & fumiere en ſort.)

Touſiours il a que redire
Sur ceus dont il eſt le pire,
Rendant l'obſcur eſclairçi

Z

Par ses brouillardz, & ses nuës :
Mesme des choses cognuës
Il fait le clair obscurcy.

 Tu es donques ridicule,
Toy qui te feintz vn Hercule,
Hautain entre les hardis,
I'enten si l'on te veut croire :
Et te donne ia ta gloire
Bonne part en Paradis.

 Au marcher tu fais le braue,
Au lire tu sembles graue,
Au discourir, suffisant :
D'aise encor ton cœur se baigne,
Quand celluy qui t'acompaigne
Te renomme bien-disant.

 Pour mieus pallïer ta ruse,
Tousiours quelque maigre excuse
Deuançe tes motz vantars :
Comme en disant, que tes carmes
N'ont gouté parmi les armes
Ni l'estude, ni les ars.

 Or as-tu iadis choisies
Mes plus ieunes Poësies,
Pour en parler mal-à point :
Mais ores que tu deprises
Ma verue, & mes entreprises :
Pour cela ne play-ie point ?

 Ton iargon ne m'espouuante
Soit qu'il me pique, ou me vante :
Die bien, ou mal de moy,

Ta bouche, ou le fiel abonde :
Amy, tu n'es tout le monde,
Et tout le monde n'est toy !

   Alors que moins tu me loües,
Ou peu loüable m'auoües,
Ie m'estime assez loüé :
Et ia deia tu me vanges,
M'estant chiche des louanges
Qu'ore i'ay desauoüé.

   Si donc mon aigreur n'esgalle
Ta mesdisance inegalle,
Tu es icy mon vainqueur :
Vainqueur ensemble, & vray maistre,
Qu'vn malin Astre a fait naistre
Moqueur, sous le Dieu moqueur.

   Au reste ie ne te cede
En l'heur que Phœbus possede :
Et si tu m'as dedaigné,
Excusable est ma disgrace :
Qui par les espines passe,
Est tousiours esgratigné.

   Tandis vante-nous ce Liure
Qui te doit faire tant viure,
Mais ne le fais imprimer :
En cela si tu m'imites,
Cent Momistes Democrites
T'aprendront à mieus rimer.

SONNET.

SI les Nochers sauuez d'vn naufrager malheur,
Apendent leur despouille à Neptun Roy de l'onde :

Combien, Priape heureus, combien te doit le monde,
A toy Pere commun, masle, & despuçeleur?
 Hardy membre gaillard, & qui vaincz ton vainqueur,
En toy la grand' souplesse, & la vigueur abonde:
Toy qui fais esgouter ta semence feconde
Es endroitz abreuuez d'vne tiede liqueur.
 O des hommes choquantz la viue, & roide lance!
Des femmes le soulas, des Vierges l'esperance:
Dous Amy de Nature, & nostre vray support!
 Tu fais multiplier noz races sur la terre,
Tu repares les maus de la peste, & la guerre:
Et par toy seul encor la Mort en vain nous mord.

LES HEVRES.

MVSE, qui seule m'asseures
Contre l'age, & le trespas :
Vien-t'en, & guide mes pas
Iusqu'au beau seiour des Heures!
 Sus Mignonne, attelle
 Ta Coche immortelle
 Aus ælez Cheuaus :
 D'vne voix qui volle
 Hausse ma parolle,
 Et suy mes trauaus.
Quand le Roy de la tempeste
Dix fois Themis embrassa,
De maint fruit elle engrossa
Sur Olympe au large feste :
 Tost aprez Lucine
 Vint à sa gesine,
 L'aydant au besoing :

Et vid-on dix Filles,
Dix Nymphes gentilles:
Son part, & son soing.
Tandis l'heureuse acroissance
Les esleue, & les semond
D'aller voir loing de ce mont
Le Pere de leur naissance :
Lors par ce grand vuide
Leur Mere les guide,
Tentant les hautz lieus :
Ainsi qu'vne troupe
D'Oyseaus, qui l'air coupe,
Et se perd és Cieus.
Sous vn voyle espais de nuës
Qui les porte roidement
Iusqu'au doré Firmament,
Vers Iupiter sont venuës :
Aus piez de son throne
La sage Matrone
Humble se rendit :
Et là comblé d'aise
Il les flate, & baise,
Puis ainsi leur dit.
C'est vous, mes Filles honnestes,
Dont l'amour, & le desir,
M'a peu tellement saisir,
Que mon seul souçy vous estes:
Aussi vostre grace
Reglera l'espace
Du Tempz, pront de soy :

Nostre vouloir mesme,
Et sa force extresme,
Suiuront vostre foy.
Mes Freres, dont l'vn commande
Parmy l'humide manoir :
L'autre dans l'abyme noir,
Roy de l'Infernalle bande :
A l'essueil ont mises
Des gardes sousmises :
L'aboyant Geolier
Du creux de Tænare,
S'oyt au port auare
Du vieil Gondolier.
Et cent Deesses esluës
Leur blondz cheueus mignardant,
Vont costoyant, & gardant,
Le Palais aus vitres bluës :
Et Pere à chascune,
Pour garde oportune
Ie vous metz icy :
Brigade heritiere,
Et vrayment portiere
Du Ciel esclaircy.
Vous hasterez les carrieres
Et du iour, & du Soleil,
Mesmes quand le coy sommeil
Sille aus hommes leurs paupieres :
Alors sa Sœur meine
Par la brune plaine,
Ses Moreaus dispos :

DES MESLANGES.

Mais soit qu'il seiourne,
Soit qu'elle retourne,
Bornez leur repos.
Ainsi que d'vne entre-suyte
Ilz galopent tour à tour,
Compassant vostre retour
Vous vous suiurez à la fuyte :
 Que donc par mesure
 L'vne l'autre assure
 De son lent pouuoir :
 Et soyent par ces traces
 Sugettes voz graces
 A l'humain sçauoir.
A toutes choses mondaines
Leur destin i'ay limité,
Seule est nostre Deité
Franche de maus, & de peines :
 Prudent l'homme au reste
 Qu'vn soing trop moleste
 Sans cesse n'attaint :
 Ains suit d'asseurance
 L'ayde, & l'esperance,
 Du bonheur estaint.
Vous changerez sous l'empire
De l'aise, & de la doleur,
Ore au pire son meilleur,
Ore son meilleur au pire :
 Sous moy, son vray Maistre,
 Vous le fairez naistre,
 Puis mourir à tempz :

Z 4

Ses iours ne reuiuent,
Mais voz ans se suiuent
D'vn long passetempz.
Si tost la nouuelle Aurore
Ne chassera les feus coys,
Qu'au son prefix à voz loys
Chascun ne s'esueille encore :
L'Aduocat pratique,
L'Ouurier, & Rustique,
Vous cognoistront bien :
Campaignes fertilles,
Portz, Chasteaus, & Villes,
Sentiront ce bien.
A sa vigne en cepz feconde
Vous rendrez le Vigneron,
A son bois le Bucheron,
Et le Nocher sur son onde :
Les friandes tables
De metz delectables
Vous fairez couurir :
Bref ce qui conuie
La mort, & la vie,
Fairez découurir.
Vous semblerez ore closes
Dans le metal animé,
Or' balancera voz poses
Vn peu de sable enfermé :
Vierges que i'admire,
En vous ie remire
L'ornement du Ciel :

Là tousiours cheries,
Vous serez nourries
De manne, & de miel.
Quoy plus? & d'heur, & d'encombre,
L'efficaçe vous aurez
Pour traiter ce que sçaurez,
Seruant de nombre, & non d'ombre :
　　Ainsi dit le Pere
　　Auquel obtempere
　　Ciel, air, terre, & mer :
　　Et deslors sa race
　　Pleine de sa grace,
　　Se fit renommer.

SONGE.

RESVANT à noz Cornardz, ie me trouuay par songe
Dans vn beau pré couuert & d'herbes, & de fleurs :
Là paissoit vn Toreau marquetté de coleurs,
Qui lors pour m'offancer & muffle, & col allonge.

Plusieurs de tous costez attandoyent l'escarmouche,
Nous contemplant de loing : mais tant plus ie taschois
A remarquer son front, & gaillard approchois,
Et moins il va souffrant qu'à ses cornes ie touche.

Ie tastoy bien ses flancz, son dos, ses piez encore :
Mais comme il recachoit son rude chef cornu,
Se depestre de moy, pour n'estre plus cognu :
Et foule, en me quittant, le verd esmail de Flore.

Ceus qui nous regardoyent virent vn grand fleurage
Tapy, voire my-mort, sous les pas du fuyant,
Plein d'escume, & sueur, mugissant, & bruyant :
En fin dessous vn Orme il prit le frais ombrage.

Lors comme tout honteus de sa lasche foiblesse,
I'eus le cœur plus hardy, tant l'aise me rauit!
Et si tost des voyantz la voix ne me suiuit,
Que ceste Vision, & le somme me laisse.

SONNET NON RIME'.

SI Borge vante, Alix ne blame point,
Si Borge parle, Alix n'a que langage,
Si Borge danse, Alix vient à danser,
Si Borge rid, Alix ne fait que rire.

Si Borge marche, Alix deplaçera,
Si Borge pleure, Alix de pleurs s'arrose,
Si Borge est triste, Alix ne l'est pas moins,
Si Borge chante, Alix chante de mesme.

Si Borge mange, Alix ne ieusne pas,
Si Borge boit, Alix est de la feste :
Bref Alix fait ce que fait Borge aussi.

Sçauez-vous donc en quel point ilz discordent?
Borge homme chaste, est ferme en loyauté :
Alix putain, ne l'a peu iamais estre!

GAYETE'.

OIGNEZ Vilain, il vous poindra,
Poignez Vilain, il vous oindra,
    Dit le commun Prouerbe :
Et certes vn Vilain i'ay poind,
Qu'au parauant i'auoy trop oind :
    Dont il estoit superbe!
Maintenant que i'ay decrotté
Sa iaquette, & l'ay bien frotté,

De me nuire il n'a garde:
Car ſi ie l'auiſe en deſdain,
Le dos il me tourne ſoudain,
 Et de loing me regarde.
 Vous diriez qu'onc il ne me vit,
Tant ma ſemblance le rauit!
 Et tant fait le farouche,
Qu'encor il ſemble proprement
Que mon baton plus durement
 Contre luy ſ'eſcarmouche.
 Veu ſa iactance, & ſon orgueil,
Ie l'honnoray de ce recueil,
 Propre aus bauardz folaſtres
Qui font les rogues ennemis:
Mais ſur ſon chef bleſſé i'ay mis
 Deus ſouuerains emplaſtres!
Quand d'ineſgaus il ſe rira,
L'vn deſormais luy ſeruira
 A deuenir plus ſage:
L'autre l'inſtruit, à ſes depens,
Comme il ne faut de guet à pens
 Faire vn mauuais meſſage.
Si l'on euſt fait pareil honneur
A ce Therſite blaſonneur
 Des preux Heros de Grece,
Sa teſte on euſt trop mieus coiffé:
Et plus ſobre il ſe fut truffé
 De ſi braue Nobleſſe.
Vlyſſe, des que tu l'auois
Vn peu tancé, tu luy deuois

Desrober la parolle :
Et s'il eust rentamé propos,
Il falloit recharger son dos,
  Et mettre en ieu mon rolle.
 Adonc il se fust repenty,
Ou dans voz Nefz eust ressenti
  Les c.upz de l'anguilade :
Pour bien vn sot gausseur punir,
Il faut, quand on le peut tenir,
  Luy donner l'estrapade !

LA BIGOTTE.

I'OVRDY ma plainte, & ma querelle,
Contre vne infame Maquerelle,
Dont mille bigotations
Ont fait mille mutations
D'Annon mon cœur, d'Annon m'Amye :
Qui m'est à present ennemye.
 C'est ceste mauditte Catin
Qui m'effraye soir, & matin :
Qui vient encor l'aprez-disnée,
Et parfois toute la iournée,
L'heur de mes amours empecher :
Osant ma Maistresse prescher.
 Fausse Catin, en recompence
De l'interest, & la depence,
Que tu fais ainsi la preschant,
L'heur de mes amours empechant :
Ie te veus donner vne vie
Qui des ans ne sera rauie.

Pendant que tes roignons paillardz
Raffoibliſſoyent les plus gaillardz,
Faiſantz auec toy la choſette,
l'ent en le ieu de la foſſette :
Tes Ribaudz ont-ilz point ſenti
Ton corpz d'ordure empuanti ?

 En ſoulant tu n'eſtois ſoulée,
En foulant tu n'eſtois ſoulée :
Tu haletois, & reſſuöys,
Et ſi bien tes flancz remuöys,
Qu'adonc tes lubriques venüës
Bailloyent des fieures continuës.

 Encor ne voulant oublier
Les beaus tours de ton haſtelier,
Tu redoublois ſous leur foibleſſe
Le ſoubreſaut, & la ſoupleſſe :
Pour vaincre à plus fortz tourdions
Le plus fort de ces champions.

 Comme vn Coq qui la Poule iauche
Ores à dextre, ores à gauche,
Il enfonçoit ſon gros tribart :
Mais touſiours ce maiſtre-frapart
Sondant le creus de ta grand'foſſe,
De bon Cheual deuenoit Roſſe.

 Les drus manimentz de ton corpz
Te faiſoyent tremouſſer alors :
Si qu'ores eſtant demy-morte,
Ores te monſtrant foible-forte,
Tu reſueillois à coupz donnez
Tes luiteurs trop embeſoignez.

Ainsi par moyens tant honnestes
Cueillant la laine de ses bestes,
Catin les vnes a tondu,
Les autres escorché, vendu :
Et de fait ces poltroneries
N'estoyent que simples piperies.

Aussi contante n'estant pas
D'auoir pris deia ses esbas,
C'est ceste effroyable Gorgonne,
Ceste funeste Tisiphonne,
Qui de produire eust le renom
Mainte femme, & vierge de nom.

Ainsi menant ce beau mesnage
Iusques au declin de son age,
Elle vient ore dementir
Sa vie, par vn repentir :
Mais de sa fausse repentence
Las ! ie souffre la penitence.

Car aprez vn si long berlam,
Ie ne sçay quel beau pere Adam
A mortifié ceste bonne
Bonne Maquerelle en personne :
Si que ma Dame elle a charmé,
Et son cœur de rudesse armé.

Vne Fantesque, vne Bourrelle,
Qui cent fois eust la dentarelle,
Et dont les membres affolez,
Roigneus, malades, verolez,
Furent pollus de mille ordures :
M'aggraue de peines si dures !

Ceste Hypocrite en bigottant,
Marmottant, & rebarbottant,
Reprouue bien ce guide habile
Qui meine au trou de la Sybile,
Ie dy ce noble rameau d'or :
Mais si le poursuit-elle encor.

On peut voir son hydeus visage
Plus deffait qu'vne vieille image,
Noires ses dentz, puant son nez,
Peste des cœurs empoisonnez :
Et sa peau de rides outrée,
Comme vn Prestre chastré de Rhée.

Elle mi-prise de ses yeus,
Rouges, mornes, & chassieus,
Couure sa feinte hypocrisie
D'vne pudique fantasie :
Et n'est ore que saincteté,
Au prix de sa meschanceté.

Mais pour vn tresdigne salaire,
Puissent ses plaisirs luy deplaire :
Vne pepinerie de loups,
De chancres, de puces, de pous,
Le farcim, la rage, & la teigne,
Sans mourir iusqu'à mort l'ateigne.

Porte encor ce fleau des humains
La toux aus flancz, la galle aus mains,
Au piez la goute, & dans la teste
Vne migraine, vne tempeste :
Vangeant d'vn eternel effort
Ses forfaitz, ma Nymphe, & mon sort.

ACROSTICHE.

I'AYME, courtise, & sers, vne gentille Dame,
Et me plais de languir en si douce prison :
Amour l'ordonne ainsi, puis ma ieune raison
Ne sçait, ne veut, ne peut, m'exempter de sa flame.
　Noblesse, honneur, tresor, pompe, ni Diadesme,
Esclauer ne pourroit ailleurs ma liberté :
Non d'vn Scythe, ou d'vn Turc, la force, & la fierté :
Et qui sçait si mon ioug les donteroit eus-mesme ?
　Puis que ce petit Dieu m'a fait seruiteur d'elle,
Vif, & mort, libre, & serf, i'aymeray ses beaus yeus :
Elle sera mon cœur, mon bien, mon tout, mon mieus !
Voudroit-on vn Amy plus constant, ou fidelle ?

LES BRASSELETZ.

SONNETZ.

GRACES, mon doux soucy, Compagnes de Venus,
Nobles Vierges du Ciel, & saintes Messageres :
Laissez voz beaus Vergers d'Eryce, & de Cytheres,
Laissez vostre Maistresse, & ses Temples cognus.
　Mesme afin que l'oubly des longz siecles chesnus
N'efface mon labeur, ni voz rares mysteres :
Venez iusqu'à Paris, & de voz mains ouurieres
Façonnez auec moy ces Brasseletz menus.
　Des que l'ouurage entier aura borné voz peines,
Encor ie vous priray, chastes Nymphes humaines,
D'offrir ce nouueau don : pour estre mieus receu.

Hastez

Hastez donc vostre course, & mon ouurage ensemble:
Car vous estrainerez, si ie ne suis deceu,
Vne qui vous surpasse, ou pour le moins vous semble.

BIEN que la Deité qui preside aux combas,
Et cherit les beaus artz, vous orne de noblesse,
Vous orne de grandeur, vous orne de sagesse :
Et que la Vertu mesme acompaigne voz pas.
Bien que vous imitiez ceste vierge Pallas,
Et ressemblicz en terre vne humaine Deesse :
Pleine de mesfiance, & d'extreme rudesse,
Vous m'auez neaumoins captiué dans voz las.
Vous m'auez captiué, pensant que ie ne peusse
Vous plaire, & vous seruir, ains qu'asseruy ie feusse:
Madame, excusez moy, si i'en suis estonné !
Vous ne deuiez vser d'vne telle contrainte :
Car vous auez de moy, par rigueur, & par crainte,
Ce que tref-volontiers ie vous eusse donné.

COMME vn nouueau Forçat nouuellement forçé,
Fuyt en vain le seruage, & lamente sa prise:
Ainsi nouueau captif souz nouuelle maistrise,
Madame, ie me sens pour neant offansé.
L'Esclaue erre sur l'eau, dans vn Vaisseau bercé :
Ma Nef est le Deuoir, ma Mer longue Entreprise :
Il craint son Argousin, ie vous redoute, & prise:
Ses cris sont espandus, mon chant est dispercé.
Le Comite a sa peine, & vous ma seruitude:
Il souspire son aise, & moy la quietude :
Bref chascun voudroit bien ses ennuys estoufer.

Voyla comment, Madame, esgaus nous sommes ore:
En vn point toutefois nous differons encore,
Car mes liens sont d'or, & sa chaine est de fer.

ISOCRATE disoit que nous deuons plus craindre
L'opprobre, & deshonneur, que le mesme danger :
Et ie dy qu'vn beau los nous peut bien reuanger
Du blasme, & du soupçon, qu'à tort on ose faindre.
 Vous qui sçauez, Madame, heureusement contraindre
L'vn à se taire court, l'autre à vous loüanger:
Vous mettez à neant ce Prouerbe estranger:
Hé! qui pourroit aussi voz merites estaindre?
 Tout ce qu'ore ie crains, veu ceste liaison,
C'est qu'on vous nomme icy trop rude, & sans raison:
Si l'on sçait vostre effort, & ma grand seruitude.
 Quoy qu'on die pourtant, ne soyez en esmoy:
Car lors qu'en m'excusant, ie ne vous defendroy,
L'vn seroit impudence, & l'autre ingratitude.

QVAND voz beaus yeus diuins m'auroyẽt pris, & blessé,
Ie ne plaindroy meshuy l'honneur de ma franchise:
Car sous vostre beauté qu'on ayme, vante, & prise,
Vn grand Roy, voire vn Dieu, ne seroit abaissé.
 Quand voz cheueus crespez auroyent encor lassé
Mon cœur vostre suget, ou mon ame surprise:
Heureuse me seroit vne telle maistrise,
Et plus heureus le ioug qui m'a si bien pressé.
 Toutesfois puis qu'ailleurs vous gagnez ceste gloire,
Ie n'en veus qu'à ces Mains, tres-blanches Mains d'Yuoire:
Qui de cent chainons d'or m'ont dressé cest effort.

Victorieuses Mains, cause de mon seruage!
Vous n'eussiez eu iamais vn si grand auantage,
Si pour m'en reuancher i'eusse esté aussi fort.

PVIS que vous estiez belle, & que vous esgallez
Celles dont la vertu nous donte, & nous enflame :
Que vous auiez gaigné ma voix, mon cœur, mon ame,
Et que mes vers encor ne vous estoyent cellez:

Puis qu'il ne vous restoit qu'à prendre en voz filetz
Ma ieune liberté, que la foy, non le blame,
Rend vostre desormais : vous auez tort, Madame,
D'y auoir employé deux riches Brasseletz.

Trop cher est ce metal qui peut rompre, & corrompre,
Ce qui semble impossible à corrompre, & à rompre :
Vn serf ne s'orne aussi d'vn si rare ornement.

En frisant voz beaus poilz, tresor de vostre teste,
Helas ! vous n'auriez fait vne moindre conqueste,
Quand bien vous m'eussiez pris d'vn cheueu seulement.

VN plus braue que moy se faira courtiser
De plus braues que moy, qui toutefois embrasse
Auec vn moindre soing ma fortune plus basse :
Ne voulant sous autruy m'abaisser, ny hausser.

Ie me vy neaumoins si doucement presser
De vostre bon vouloir, & vostre bonne grace,
Puis voz commandementz eurent telle efficace :
Que vaincu ie ne peus vostre don refuser.

Donques ie l'acceptay pour vne souuenance
Et de vostre merite, & de ma redeuance :
Non par quelque auarice, ou grand necessité.

a. 2

Quoy que pourtant ie face, ou que i'ose debatre,
l'auoüe desormais que vous pouuez combatre
Aussi bien mon bon-heur, que mon aduersité.

IE me repentz, Madame, & si ie n'en rendoy
A voz rares valeurs vn si bon tesmoignage,
Ie me repentirois encores dauantage :
Ne vous ayant laissé quelque marque de moy.

Veu l'accez, & l'honneur, que chez vous ie reçoy,
Vous ne deuiez m'astraindre auec plus d'auantage :
Et ne deuiez priser ma peine, & mon homage :
Car ce faisant ie fay ce que faire ie doy.

Ce que de mon desir vous peustes onc attendre,
Ce que de mon deuoir vous peustes onc pretendre :
C'est vne affection qui deteste l'orgueil.

Pourquoy donc m'vsez vous de grand' recognoissance ?
Vn seul trait de voz yeux, ou le moindre recueil,
M'estoit vne trop douce, & belle recompance !

SI l'orde ingratitude est seulement hostesse
D'vn cœur ignoble, vil, & malin, & tortu :
D'où vient que les plus grandz, feintz amys de vertu,
Bien-souuent sous sa force abaissent leur hautesse ?

Certes soit que Fortune esleue ma bassesse,
Me rendant & d'honneur, & de gloire vestu,
Soit que ie sois tousiours par elle combatu :
Plus que l'or i'aymeray la grace, & l'acortesse.

On dit que l'homme ingrat a tous vices en soy :
Donc afin que pour tel remarqué ie ne soy,
Vous le recognoistrez à mes humbles seruices.

A mon cœur, à ma foy : car tant que ie viuray,
(Mesmemeut enuers vous) ingrat ie ne seray :
De peur qu'en me nommant, on ne mo.nme tous vices.

POVR meriter de vous, & chose digne faire,
I'acours en vain, Madame, à mon humilité :
Vn Prince glorieus, ou quelque Deité,
A peine à peine encor y pourroit satisfaire !
Hé ! que feray-ie donc, moy qui suis populaire,
Et voy tant honnorer ma propre indignité ?
Ie n'ay rien desseruy, ie n'ay rien merité,
Et deuant le trauail i'emporte mon salaire.
Les bons Luiteurs de Pise, & le preux Cheualier,
Gaignoyent eus la Coronne, & luy son beau Colier :
Mais c'estoit en prouuant leur force, & leur vaillance.
Moy i'acquiers, sans grand' peine, vn don plus gracieus :
Quand vous m'obligez donc à faire beaucoup mieus,
C'est mon deuoir, Madame, & non ma recompance.

QVAND le docte Platon doctement acompare
La femelle à la Terre, & le masle au Soleil :
Ce n'est tant pour monstrer leur estat non-pareil,
Que ce diuin pouuoir dont chascun d'eus se pare.
Vous qui semblez (Madame) aussi chere, que rare,
Vous estonnez le monde, & mesme ce grand Oeil :
Et moy qui vous estraine, & de peu d'appareil
Orne ces Brasseletz, i'imite l'homme auare
Que n'ay-ie l'art subtil de l'Orfœuure des Dieus ?
Ie les eusse enrichis d'vn esmail precieus,
Et l'or mesme eust parlé dans la façon muëtte !

a 3

Helas ! ie n'ay cest heur : mais encor si ma voix
Fait tant que ie vous plaise, & me rend si courtois :
Ne pouuant estre Dieu, ie veus estre Poëtte.

 LA Muse qui pour vous ces rimes a chanté
Aussi pleine d'honneur, & de zele, & d'humblesse,
Que vous l'estes de gloire, & d'heur, & de noblesse :
Ne traite (comme vostre) vn subiect emprunté.
 Aussi c'est celle-là qui serue en liberté
Sous vn nom incognu chante vostre Nüepçe,
Sous vn nom incognu la fait vne Deesse :
Et gaillarde esclaircit son los, & sa beauté.
 Pource telle qu'elle est, Madame, elle vous donne
Ce qu'en ce mesme lieu pour vous-mesme elle sonne :
Et que vostre bonté faira trop mieus valoir.
 A l'exemple des Dieux, que l'homme sage imite,
Acceptez donc icy mon offrande petite :
Non au prix du present, mais au prix du vouloir.

Pour vne Mascarade de Batus.

 CEs tristes Penitentz que nous menons icy,
Qui font les esperdus, qui baissent le sourcy,
Palles, mornes, deffaitz, chose helas ! dure à croire :
Furent quatre Amoureus, Amoureus inconstantz,
Ains Ennemys couuertz : faussant en peu de tempz
Leur promesse, leur foy, leur deuoir, & leur gloire.
 Les ventz, le flotz, ni l'air, sugetz à changement,
Ne s'esmeuuent si tost de moment en moment,
Que leur desloyauté, peste des pouures Dames :

Ilz furent telz iadis, ore comblez d'esmoy
Ilz confeſſent leur faute: & reprendroyent leur foy,
S'ilz pouuoyent la reprendre, & delaiſſer ces blames.

 Pour auoir donc trahy la vertu des vertus,
Ilz empruntent la mode, & le nom des Batus,
Portant au cœur l'angoiſſe, au front la repentance:
C'eſt pitié de les voir d'vn grief remors touchez,
Mais tel eſt leur deſtin! S'ilz ont fait les pechez,
Pourquoy n'en fairont-ilz auſſi la penitance?

CHAPITRE.

 DE LORME, que la Muſe vniquement cherit,
Et comme ſon Mignon te careſſe, & te rit:
Ie ne m'esbahy pas des troubles de la France,
Que l'orde Enuie, & Mars, & l'infame Ignorance,
(Trois peſtes de ſon peuple) esbranlent peu à peu,
Pour l'acabler en fin dans le torrent du feu
Qu'elle meſmes r'allume: à fin qu'vn triſte eſclandre
Ne face qu'vn degaſt, qu'vn braſier, qu'vne cendre,
De l'Empire qui fut non ſeulement Gauloys,
Mais qui preſque la terre aſſeruit ſous ſes loys.

 Ie m'eſtonne ſans plus dequoy l'Ingratitude
Fleau des hommes de guerre, & des hommes d'eſtude,
Peut ſi long tempz regner dans vn Royaume tel,
Où les eſpritz diuers, & le change immortel,
Ne laiſſent rien de ſtable, & que le beau myſtere
De cent nouuellettez, confuſement n'altere:

L'orme, ie m'en estonne, & suis marry dequoy
Iamais (ô faus desir!) ie bougeay de chez moy,
Pour auoir cognoissance & plus grande, & plus forte,
De ce qui plus d'esmoy, que de profit m'aporte.
 Ie laisse à discourir ceus-là qui tascheront
A s'esleuer icy d'vn trop superbe-front,
Desrobant aus Françoys leurs premieres louanges,
La honte, & la terreur, des nations estranges :
Et veus-ie moins encor furetter les secrez
De ceus qui despouillant les Romains, & les Grez,
N'aguere ont esueillé sans peril, & sans crainte,
L'heur, la gloire, & l'honneur, de la doctrine estainte :
Mais sans courir si loing, ie diray seulement
Le surcroist de ma peine, & mon affollement.
 Ie me plains de Phœbus, du Sort, & de moy-mesme,
Triade helas! fatalle à mon malheur extresme :
L'vn pour m'auoir iadis receu, voire embrassé,
Sur son double coupeau de Lauriers herissé,
Tourne son bien en mal, & mon los en opprobre,
M'estant de meilleurs dons auare, eschars, & sobre,
Que ceus qu'il nous ottroye, auec vn aiguillon
De combatre la Parque, & ce monde felon :
L'autre qui m'est contraire en tous lieus, à tout' heure,
Rengrege, empire, acroist, ma gauchere auanteure.
 Mais las! moy-mesme encor, receptacle d'ennuis,
De mes afflictions plus coupable ie suis :
Qui n'estant satisfait d'auoir pour ennemie
L'assistance de l'vn, de l'autre l'infamie,
Apreste aus plus ingratz, voire au premier naquet,
Dequoy prouuer sur moy leur ire, & leur caquet :

DES MESLANGES. 377

Ilz fairont les Docteurs, & voudront bien reprendre
Ce qui leur peut ma verue, & leur bestise aprendre :
Hardis Rhinocerontz ! qui d'vn geste assez beau
Presument (aueuglez) bien iuger du tableau.

  Vierges, qui habitez les tertres de Parnasse,
Filles de Iupiter : excusez moy de grace,
De grace excusez-moy, si pour rememorer
Voz diuines leçons, & voz pas adorer,
Auec moins de respèt ore ore l'on acolle
Voz plus chers Nourrissons, instruitz en vostre Escolle !
Et si pour desdaigner les grandeurs, & tresors,
Souhait, bute, soucy, de ces pompeus Milors,
Tentant voz deus sommetz nous gaignons pour salaire
L'aspre mespris des grandz, l'aboy du populaire !

  Donques vn sot Coyon voz Chantres moquera ?
Vn gros Asne ignorant voz noms prophanera ?
Et pour renouueller voz noyses assoupies,
S'auanceront encor des iazeresses Pies,
Deffiant vostre bande ? & le ieu Marsien
Derechef t'assaudra, Pasteur Amphrysien ?
Certes ie me deulz bien alors qu'vn vray farphante
(Sacrilege aüoué) sur voz enfantz attante,
Mais ie creue d'ennuy lors qu'vn Porceau vilain
Bauant ose souiller vostre saint Chœur neufain !

  Malheureuse saison, ô saison malheureuse,
Et sur tout aus lettrez funeste, & desastreuse !
N'estoit-ce pas assez que la fiere Enion
Denoüat si souuent nostre antique vnion,

a s

Si les filz de Pallas, si le Chœur de Memoire,
Ne cueilloyent de leur peine vn desastre notoire?
Si le bouffon, l'indocte, & le moindre badin,
(Trop meilleurs compaignons du troupeau Menadin,
Ou de quelque brigade en vices debordée,)
N'attaquoyent nostre honneur d'vne ame outrecuidée?

   Ha! que ie veus de mal aus trois nuiteuses Sœurs,
Qui prodigues d'encombre, & chiches des douceurs
Qu'on gouste icy parfois, cruelles m'ont fait naistre
Pour estre de mes soingz le suget, non le Maistre!
Pour flechir sous le faix, & pour viure au-iourd'huy
Sans soulas, sans recours, sans ayde, & sans appuy!
Au-iourd'huy que le bruit des criardes trompettes
Essourde, effroye, attaint, les plus gaillardz Poëttes:
Ou par fatal mechef encor ie vay sonnant
Au milieu des tabours, & du Canon tonnant!

   O noble Roy François, que n'ay-ie de ton age,
Et de ton regne heureus, rendu ce tesmoignage
De mon peu de sçauoir, & de ma volonté,
Ains que par le Destin mon trauail fut donté?
Certes mes ieunes ans, & Fortune improspere
Qui m'est iniustement marastre, au lieu de mere,
Ialous ne m'ont permis d'attaindre encor si haut,
Que ma capacité repare leur defaut:
Mais ta seule faueur eust bienheuré ma vie,
Comme d'aprendre aussi ie n'eus onc plus d'enuie!

   Auec ceus que ta main daignoit bien contanter,
Ie me fusse efforcé de te plaire, & chanter,

Gentil Rossignolet! qui de mes voix hardies
T'eusse esiouy, peut estre, oyant leurs melodies
En plus d'vne façon : de maniere que toy
Qui vrayment ressentois & ton Prince, & ton Roy,
Escoutant mon iargon tu n'eusses eu moins d'aise,
Que moy trompant sous toy ma fortune mauuaise :
Qui douteroit aussi qu'vn petit Rossignol
Ne peut lors estre Cygne & du chant, & du vol?

  Las! ie le pouuois estre, & bien que ie gringotte
(Tel qu'vn Pyuerd sauuage) vne plus foible notte,
Ie pouuoy neaumoins à ce seul aiguillon
Montrer qu'Apollon m'ayme, & que i'ayme Apollon :
Mais celle qui m'oppresse, & qui les bons afflige,
En m'obligeant autruy ne veut qu'autruy m'oblige,
Sinistre à mes desseingz : & semble que les Cieus
Me confortant d'ailleurs, façent tout pour le mieus :
Pourquoy donques pourquoy ma Clion destourbée,
Me fait-elle esperer, comme vn Corbeau qui bée?

FOLATRIE.

TOVSIOVRS vostre langue me tançe,
Me nommant vn vent d'inconstance :
Ie n'ay que du mal pour du bien,
Et n'oy que voz nouueaus reproches,
Si tost que ie fay mes aproches :
Sondant le gué qu'on trouue bien.

  Vous me tenez vn propos aigre,
Vous dittes que ie suis fort maigre,

Et me nommez vn beuueur d'eau :
Certe' il est vray, ie ne le nie !
Mais aussi pour telle harmonie,
Ie n'allay iamais au Bordeau.

J'ayme bien à parler aus filles
Qui sont courtoyses, & gentilles,
Mesmes quand l'age, & l'embonpoint,
Font que parfois ie m'y amuse :
Aus femmes sottes ie m'excuse,
Car de sottes ie n'en veus point.

Ie hay ce bestail, & ces souches
Moins remüantes que leurs couches :
Ie hay leur geste, & leur deduit !
Celle toutesfois me recrée
Qui comme vous fait la sucrée,
Puis me laisse gouter du fruit.

Tentons donc vn esbat qui plaise !
Et quoy ? vous faittes la mauuaise,
Et soudain entrez en courrous ?
Vrayment d'aussi belles i'en touche,
Mais las ! vous m'estes bien farouche,
Et moins cognuë fussiez-vous !

Pour auoir esté si frottée,
Vous estes encor bien crottée :
Allez donc, & courez aus lieus
Où l'on vous face aumoins plus nette !
Aussi fussiez-vous moins honette,
Ie ne vous frotteroy pas mieus !

SONNET.

DOCTIME Amy, qu'Amour doctieur anime
Au bellime art des sçauantimes Sixurs:
Tu vas gouſtant leurs ſaintimes douçieurs,
Enflant ta veine en rimes coulantime.

Ton cœur brauime, & ta voix bruyantime,
Tentant ainſi noz longuimes errieurs,
Hautime ſuyt ſes bruſquimes furieurs,
Chaudimes or' d'vne ardieur ſi gentime.

Ie ne t'eſcry pour autrime raiſon
Si gaillardime en bonnime ſairon,
Que pour loüer tes chantz excellentimes.

Auſſi ſous toy, grauime defendieur,
Amour doucime eſgalle ſa ſplendieur
A ces grandieurs grandimement grandimes.

FIN DV TROISIEME
Liure des Meſlanges.

LE QVATRIEME LIVRE DES MESLANGES.

EPIGRAMMES.

AV LECTEVR.

OIT pour t'aprendre, ou me reprendre,
Que tu me lis, voy ton deuoir :
Pour bien iuger, il faut comprendre,
Pour bien comprendre, il faut sçauoir.

D'vne absence.

IE souspire en vostre absence,
I'espere en vostre presence :
L'vne m'est vne aspre mort,
L'autre vn ioyeus reconfort.

A P. Odet.

TV veus, ODET, prendre femme nouuelle,
Qui soit (dis-tu) riche, humble, sage, & belle :
Auise, Odet, à ce que tu fairas,
Quand si rusé tu te marieras :
Le Mariage est vn plat à cerises,
Où volontiers les plus rouges sont prises.

Du Carnaual.

LE monde rempli de feintise
Courant masqué diuersement,
A ce iour gras ne se deguise
(Ce luy semble) assez proprement :
Seize ans y a que ie le hante,
Mais certes tout bien auisé
(Aussi sot qu'à l'heure presente)
Ie l'ay tousiours veu desguisé.

A Dieu.

S'IL faut sonder ta iustice, & ma faute,
Pis que ie n'ay, SEIGNEUR, t'ay desseruy :
Mais quoy ? i'acours à ta clemence haute,
Ne permetz donc que ie sois poursuiuy :
Quand tu voudras me perdre sans defance,
Quand tu voudras que ie sois assisté :
L'vn pourra bien tesmoigner ta puissance,
Mais l'autre aussi monstrera ta bonté.

De Leda.

LEDE eust iadis bonne raison,
Estant d'vn beau Cygne la feme :
I'entens au prix de mainte Dame,
Qui plustot ayme vn sot Oyson.

A Cl. Roger.

ROGER, pour l'age tendre
Ne refuse de prendre,
D'espouser, & tenter,

Ta Rousse tant aymée:
Elle est bien entamée,
N'a garde de peter!

A sa Dame.

SÇAYS-tu pourquoy l'Hyuer pour neant est glacé,
Venteus, moiste, greslant, & morne de froidure?
Quelque part que tu sois, tout y rid de verdure:
Car tu gardes sa place au Printempz deplacé.

A deux nouueaus Soldatz.

SOLDATZ, vous acheptez des armes,
Et vous estiez mis en grandz fraiz,
Pensant estre au tempz des alarmes,
Et toutesfois voicy la Paix:
Puis que sans solde, & sans rencontre,
Tel choc vous auez soustenu,
Croyez qu'à la seconde monstre
Il vous sera mieus recognu!

A I. Cusard.

QVAND prolixe en propos beau diseur tu te fais
Et dis qu'en mes discours i'ensuy les Poetes feintz,
Pourquoy donques n'as tu l'art d'vn eloquent homme
Tu te deçois, Cusard, & ie ne suis menteur!
Mais comme il te sçait mal qu'on t'apelle Orateur,
Aussi me deplait-il que Poëte on me nomme.

De luy-mesme.

CELVY qui te nomma Cusard,
Fut lourd, & sot parrain ensemble:

Le nom

Le nom de causeur, ou causard,
Sied mieus à quiconque te semble.

A sa Contr'aymée.

NE te fache, Circe auoüée,
Si ie hay ton cœur plein de flame:
En bon Amy ie t'ay loüée,
En iuste Ennemy ie te blame.

A Ber. le Conte.

LE Conte, tu te deulx à moy
De ce que ta femme est sans foy,
Que ta simplesse, & ton vieil age,
La rend plus caute, & plus volage:
Ainsi tu me fais estonner,
Et d'autre part elle m'en conte!
Certes ie te plaingz fort, le Conte,
Mais ie n'ay rien pour te donner.

A vn Detracteur.

NE fay plus le suffisant,
  Mesdisant:
Ta sottise nous presage
Que tu mourras en la peau
  D'vn gros Veau,
Si tu ne deuiens plus sage.

A vn Conte, grand despensier.

TOY qui par iour trois centz escus despançes
En tes repas, table ouuerte tenant:
Pour vn seul iour ne rempli tant de pançes,

b

Si m'enrichir tu veus incontinant:
Sans pour cela renuerser ta marmite,
En ma faueur ieusne ce iour pour moy:
Et si mon Ieusne à l'esgal te proffite,
I'en ieusneray plustot quatre pour toy.

A deux Damoyselles.

LORS que voz graces ie contemple,
I'adore Amour dans si beau Temple:
Et iamais n'offriroy mes vœus,
Vœus, ni prieres, ni homages
Qu'au pié de si viues images:
Belles, s'il vous plaist, ie le veus!

D'vn Precepteur, & son Disciple.

VN bon Disciple à son Maistre parloit,
Et presumant beaucoup de sa science,
Au Dominé s'esgaller il vouloit,
Quand il luy dit : tu as trop de fiance
En ton sçauoir! mais le Discipulus
Luy repliqua, ne trouuez point estrange
Qu'esgal ie sois, ou que i'en sçache plus:
Car au rebours maintenant tout se change.

De l'inconstance de Ieane.

IEANE est ma chere Nymphelette,
Ma Maistresse, mon Angelette,
Mes delices, mes passetempz,
Ma fleur, ma rose, & mon Printempz:
Bref Ieane est de moy tant aymée,
Que veu mon amour enflamée,

Si Ieane n'aymoit en cent lieus,
Ie l'en aymeroy cent fois mieus.

A Catin.

Covrtoyse de vous-mesme en l'amoureuse affaire,
Sans honte vous m'offrez ce qu'auec honte on prend :
Catin, pardonnez moy, ie ne sçauroy le faire !
Vostre ciuilité trop rustique me rend.

De Guy bœuf, &c.

Boevf s'est marié de nouueau,
Ie dy ce Bœuf qui n'est encores
Si bœuf, que vous ne puissiez ores
Le prendre aus cornes, comme vn Veau.

A Fr. la Tour.

Qvand triste ie te vay contant
Mes maus, & pertes nompareilles,
Tu me prometz montz, & merueilles,
Et puis t'excuses à l'instant :
Que sert (la Tour) ce faus tesmoing
De foy, d'amour, & d'ayde offerte ?
Ce n'est en gaing tourner ma perte,
Mais c'est tourner la Truye au foing.

A Ia. Aubry.

Ne t'esmerueille, Aubry, si l'horreur de ces Loupz
Qui m'ont tant pourchassé, m'auoit l'ame assaillie :
Le Chien qu'on a batu volontiers fuyt les coupz,
Et le Chat eschaudé craint tousiours l'eau bouillie.

A vn Alchimiste.

LE Dieu Vulcan, le Sommeil, & Mercure,
Lent forgeron, vain songeard, plein d'iniure,
En besoignant, cessant, inuentant :
Ont par meschef, credulité, mesconte,
Deniaysé, saisy, perdu sans fonte,
Ton cœur auare, esprit fol, or contant.

Du mesme.

SI l'Alchimiste ouuertement s'oublie
En ce mestier qu'il n'exerce qu'en vain,
Et si i'en suis veritable Escriuain :
Ie m'en rapporte à sa propre folie.

A ses Compaignons.

SI l'or en rien multiplié
Fut la clef de vostre Alchimie,
Ayant cest art mesme oublié
Plein de peur, d'ire, & d'infamie :
Qui ne croyra ce fol mestier
Estre vain, trompeur, & fautier ?

De Barbier, fort craintif.

IL est si lache, & si sot, qu'il luy semble
Qu'en piaffant, & menaßant beaucoup,
Prest à ferir il va faire vn grand coup :
Tout beau (Barbier) tout beau, la main vous tremble !

Fantasie.

ANNE m'englace, Anne m'enflame,
Anne a mon cœur, Anne a mon ame,

Dont ne puis assez m'esbaïyr:
Toutesfois vne seule Annette
Ressent tant & tant sa finette,
Qu'Anne me fait Anne haïr.

Sur vn Liure.

SI ce Liure seul ie vous donne,
Excusez-moy quand ie ne puis
Donner mon cœur, ni ma personne:
Vostre ie suis, si mien ie suis.

D'vne bonne Vieille.

DEIA toute France s'armoit
De noyse, & d'ardeur nompareille:
Quand vn bon champion blamoit
Vne bonne piece de Vieille,
Qui soudain s'excusa dequoy
Elle faisoit ie ne sçay quoy:
He! si la guerre est si mortelle
Qu'vn chascun s'arme à ceste fois,
Pourquoy ne feray-ie (dit elle)
Fourbir aussi mon vieil harnois?

A Bl. André.

Souuent, André, ie voy que l'on t'aporte
Des vers tissus de differente sorte,
Bons, & mauuais: tu corriges ceus-cy,
Laissant ceus-là qui n'ameinent aussy
Aucun proffit, proffit qui vient des pires,
Tirant à toy le gaing que tu desires:
Celluy donc ment qui te dit correcteur,
Tu es plustot fidelle collecteur.

Des passions d'Amour.

VN bon Peintre a bien l'industrie
De pourtraire ce Dieu sans yeus,
Non les pensers, ni la furie,
Qu'esprouue vn Amant soucieus:
Qui de les bien peindre aura cure,
Nous tire au vif la Nymphe Echon,
Ou les Atomes d'Epicure,
Ou les Idées de Platon.

Vie à souhait.

SCAIS-tu qui fait vn homme prosperer?
C'est viure en homme, & viuant n'empirer.

A Roc de la Riuiere.

CElluy qui te donna ce nom fatal de Roc,
(Fatal à tes desseingz) fist tresbien, La-Riuiere:
Il preuoyoit qu'vn iour la fureur, & le choc,
Des ventz enflez d'orgueil, & les flotz de colere,
Te combatroyent en vain, ta cheute poursuiuantz:
Tu es vrayment le Roc, tes hayneus sont les ventz,
Les ondes leurs assautz, pleins d'iniure, & d'outrage:
Ne leur cede pourtant, ains te baigne en ce los!
Car tu n'es moins fondé, pour desdaigner leur rage,
Qu'vn haut roc qui desdaigne & les ventz, & les flôs.

Le chemin de Pouureté.

Souuent prendre argent d'auance,
Cher achapt, grosse dépance,

A vil prix vendre, ou changer,
En herbe son blé manger:
Et mesler à ceste farce
Le ieu, la dance, & la garçe:
Nous meinent en ces champs là
Où l'Enfant Prodigue alla.

D'vn mauuais commandeur.

SI cognoissant ma nature, & mon cœur,
Tu m'estois tel que tu me deurois estre:
Ta mauuaitié, ton fiel, ni ta rancœur,
Ne me poindroit: tout beau donc nostre Maistre,
Soyez plus coy, plus courtoys, & plus dous,
Si vous voulez qu'embrassant vostre affaire,
I'en vienne à chef! certes vostre courrous
M'incite bien, mais c'est à ne rien faire.

A vn Abbé.

N'AYEZ peur qu'en aymant Denise,
Ie vous taxe de paillardise:
Le bec du peuple à tort vous poind,
Aussi ne paillardez-vous point:
Manger, boire, & coucher ensemble,
C'est mariage ce me semble.

Sur vn depart.

OVbly, distance, & terme prolongé,
M'absente en vain de ma Catin acorte,
Le corpz sera (non le cœur) estrangé:
M'esloignant donc ie l'aymeray, de sorte
Qu'on me verra plustot mort, que changé.

Deux Fous en vn tableau.

Tovs deus icy tu nous vois,
Auec toy nous sommes trois.

A deux Pedantz.

Qve vous n'eustes onc soing d'aprendre,
Cela se void au peu d'effait:
Ce peu d'effait qui tout deffait,
Mesme en montant vous fait descendre.

De n'aymer en tous lieux.

Hay l'inconstance, & ces cautes Maistresses
Qui font souuent des seruiteurs nouueaus:
Telles amours commançent par caresses,
Et volontiers finissent par couteaus.

Du fidelle, & leger Amy.

Le cœur fidelle en amourettes,
Passe l'Æmant en fermeté:
L'inconstant, en legereté
Ventz, flotz, saisons, & giroüettes.

A Louys curieux.

Qvand studieus ie me reçelle,
Et me retire loing des gentz:
Ce n'est pour debte, ou peur nouuelle
De Iustice, ni de Sergentz:
Laisse-moy donques sur ma tache
Louys, & n'en veuille douter:
Pour mieus paroistre ie me cache,
Et ieusne ainsi, pour mieus gouter.

D'Amour, & Marguerite.

S'IL aduient, ieune Archer, que tu perdes ta flame,
Ou brifes ton carquois, ou ton arc, ou tes traitz:
Va loger feulement dans les yeus de Madame,
Tu ne dontas onc mieus les cœurs pris, & fouftraitz!

D'elle-mefme.

LE fort Iafon acreut bien fon merite,
Ayant gaigné la riche laine d'or:
Mais plus heureus eft mon deuoir encor,
M'ayant acquis fi belle Fleur d'eflite:
Les Dieus facrez la nomment leur trefor,
Et les humains ma noble Marguerite.

De Florimond.

FLORIMOND, feruant vn chiche homme,
Ne fouhaitte rien que de l'or,
Qui n'eft pas en petite fomme:
Et comme fi luy-mefme encor
Pouuoit acorder la requefte,
L'apointe, & fe promet beaucoup:
Il ne faut ia baiffer la tefte,
Florimond, n'aye peur du coup!

Contre-reproche.

VOVS m'auez fait beaucoup de biens,
Et vrayment ie ne m'en defdis!
Ce fut (fi bien ie m'en fouuiens)
La fepmaine des trois Ieudis.

Des Calumniateurs.

Posez le cas que ie sois vn Freslon,
Noz Enuieux qu'onques les bons n'euitent,
N'ayment pourtant à sentir l'aiguillon,
Bien qu'animez les Freslons ilz irritent:
Et toutesfois ces Singes, ces Lutins,
Ainsi que Chiens encor encor m'abboyent!
Mais quoy? c'est peu, car tant plus ces Mastins
Iapent de prez, & tant moins ilz m'effroyent.

A Martin.

Cvides-tu bien qu'vne belle
Belle Dame, au blanc tetin,
Ne gaignat mon cœur rebelle,
Comme est le tien, ô Martin?
Ie ne suis si sot, ni ieune,
Qu'estant du festin nouueau
Ie ne rompe encor mon ieusne,
Pour vn si friand morçeau!

Sur vn Liure de la Ciuilité.

ANNE est en graces si parfaitte,
Que si l'Auteur eust veu ses yeus:
Vne plus grand' œuure il eust faitte,
Pour nous rendre plus gracieus.

A elle mesme.

ANNE, celluy qui iadis fist ce Liure,
Semble auoir fait beaucoup au gré de tous:
Mais qui voudroit ou mieus faire, ou l'ensuiure,
Deuroit sans plus conuerser auec vous.

A Ieane.

IEANE vous estes glorieuse,
Aussi ce beau nom vous dement:
Ieane veut dire gracieuse,
Et vous ne l'estes nullement.

A D. Albert.

TV dis qu'il n'est iour que ta feme
Ne t'aprenne (Albert) à ton blame,
Ou plus tu marches en auant:
Et pour deuenir plus sçauant,
Tu dois prendre encor patience:
Patience passe science.

De Guy vieillard.

GVY casanier, peu-soigneus, & vilain,
Rapelle Agnez, honneur du bordelage:
Et la cerchant semble vn brusque Poulain,
Aprez sa Poutre: ô Vieil salle, & volage!
Mais ie me trompe! alors qu'il ayme tant
L'infame Aignez, qui chascun mesme implique
Dans ses liens: monstre-il pas, la hantant,
Qu'il a soucy de la Chose-publique?

A Thoinette fort ieune.

HA! vous vous laissez donc prier
De ce qu'és plus ieunes on blame?
Mignonne, il vous faut marier!
Vostre chemise sent sa feme.

D'Annon courrouſſée.

Av point que l'Aurore ſ'eſueille,
Entre deus Preſtres ſe trouua
Vn bon baton de groſſe Vieille,
Qui ſans leur congé ſ'en reua:
Vray-bis,(dit elle) eſt-ce en la ſorte
Que vous traittez les gens de nom?
Sçachez qu'Annon n'eſt encor morte,
Et qu'on orra parler d'Annon!
Voyla ce qu'elle conclüoit,
Pour mieus iouër ſon perſonnage:
Et ce diſant, les ſalüoit
D'vn ou deus gros petz de meſnage.

A Ianette.

Ie vous ayme, Dieu ſçait comment!
Et Maiſtreſſe d'vn Seruant pire
Vous prenez à ieu mon torment,
Et vous riez de mon martire:
Voyez quelle diſtinction
Eſt entre moy triſte, & vous fiere!
Vous ioüez au ſerre-croupiere,
Et ie ioüe la paſſion.

A Vignolles.

Veu noz complotz ſecretz, veu noz pretentes grandes,
Et deſſeingz ſur deſſeingz: parfois tu me demandes
Qu'eſt-ce qu'il en ſera, puis qu'on gaſte, & corromp,
Et mœurs, & droitz, & loyx, par mille embuches folles:
Ie l'ignore vrayment! ie croy bien, mon Vignolles,
Qu'on verra de beaus ieus, ſi la corde ne romp.

De Ianette.

IAnette, tu fais la finette,
Ha fauſſe! ie ſçay bien pourquoy:
Tu fais la fine encor, Ianette,
Pour tromper pluſieurs comme moy.

A Louys.

FAISANT quelque cas de mes rimes,
Entre autres, Louys, tu eſtimes
Que i'ay tresbien traicté l'Amour:
Mais pour luy faire vn ſi bon tour,
Qu'en eus-ie las! en recompance
Que dueil, qu'angoiſſe, & que ſouffrance?
Veu donc ma peine, & ſa fierté,
Dy qu'Amour m'a treſ-mal traicté.

Du bon Lepreux.

LE bon Simon inuite Ieſus Chriſt,
Au ſainct banquet ſuruient la Magdeleine:
Son cœur d'amour, ſa foy d'oignement pleine,
Vn zele heureus en heur zelé comprit.

A Iane.

LORS que ie fay conte de toy,
Iane, tu ne fais cas de moy:
Et quand ie fuy tes folatries,
Tu me careſſes, & me pries:
Ainſi changeant d'affections,
Tu changes de complexions,

Et semble moins venteus Neptune,
Et moins quinteuse encor la Lune:
Mais qu'est-ce à dire, si ce n'est
Qu'vne femme n'a point d'arrest?

Sur vne Alliance de deux Cœurs.

Vostre-mien cœur se monstre au mien si fort lié,
Et mon Cœur-vostre au vostre est si fort allié:
Que comme ilz sont vnis, ceste vnion extresme
Fait moy-mesme de vous, comme de moy vous-mesme:
Madame, laissons donc, ces faus motz Mien, & Tien,
Puis que le mien est vostre, & que le vostre est mien.

A la Nuit.

SI ma Nymphe erre en ces coys lieus,
Ne t'en fache, ô Nuit obscurcie:
Prenant lumiere de ses yeus,
Tu ne fus onc mieus esclairçie.

Sur vn Adieu.

MON Cœur triste, & mon Corpz, ont grand debat ensemble:
Le Cœur foible, & marry, se plaint au desloger:
Le Corps ferme, & gaillard, ne chançelle, & ne tremble,
Bien que pressé d'ailleurs, ains voudroit ia bouger:
Vous pour qui l'vn & l'autre en ce point veut combatre,
Madame, vous pouuez les garder de se batre:
Sçauez-vous donc comment on les separera?
Vous retiendrez le Cœur, & le Corpz s'en ira.

Aduertissement de Paris.

L'VN seme ailleurs vostre infelicité,
Tant peust le mal de la France enflamée:

L'autre icy craint voſtre temerité,
Tant peut le bruit de voſtre proche Armée:
Penſez-y bien! certes veu noz miſeres,
Vous ne deuez (pour ce lieu maintenir)
Qu'en tout honneur, & ſilence y venir:
Car c'eſt la Tombe où repoſent voz Peres.

A Felix, grand entrepreneur.

VOVS taſchez à vous embarquer,
Et pront à plus faire, & moins dire,
Voudriez pourtant vous expliquer!
Felix, ne choiſiſſez le pire,
Tandis que vous allez tendant
A quelque haute œuure nouuelle:
Tel monte ainſi par vne eſchelle,
Qui puis deſcend par le pendant.

Du plaiſir, ou bienfait.

FAY d'vn cœur franc, le plaiſir que tu fais
Au bon Amy: touſiours à ceſt indice
Il taſchera d'eſgaller tes bienfaitz
En foy pareille, & mutuël office:
Ainſi plus grand l'honneſte benefice
Se recognoit, où lors que ton deſir
Semble forcé, ce plaiſir tourne à vice:
Car, en vn mot, c'eſt vendre le plaiſir.

A ſa Maiſtreſſe.

SANS crainte, & ſans diſcord, nous viuons ore enſemble,
Or' que la France n'oyt que ce Dieu belliqueur,

La France, & non pas nous! pourquoy? ton œil vainqueur
Flatte l'ire de Mars, tant à Venus tu semble?

Du Ribeau de Françoyse.

LE Chien de Françoyse me plait,
Petit Chien, qui par tout est laid:
Il a laid museau, laide oreille,
Laid corpz, patte laide à merueille:
Quoy plus? à voir vn laid Ribeau,
Il est si laid, qu'il en est beau.

A Denis borgne, & moqueur.

PLVS épris des yeus de l'esprit,
Que des yeus du corpz, tu desprises
(Riant comme vn vieil Democrit)
Ceus que trop simples tu auises:
Denis, tu fais trop le folatre,
Folatre non! mais plein d'orgueil
Oses gausser, & as qu'vn œil:
L'homme sage en a tousiours quatre.

De Florison prodigue.

FLorison est si mesnagere,
Qu'heureuse sera la maison
Où se marira Florison:
Mais qu'elle n'y demeure guere.

D'vn Laquay.

NOSTRE Escuyer vantoit vn iour
Aus Laquays, ses coupz d'estriuiere,

Quand le plus hupé d'alentour
Luy respond ainsi par derriere :
Monsieur, ie hay fort ces faus bonds !
Mais puis qu'on tombe sur ce theme,
Pourquoy, s'ilz vous semblent si bons,
Les espargnez-vous à vous-méme ?

Des hommes.

QV'EST-ce que l'homme icy viuant ?
Vn rien, vne ombre, vn songe, vn vent.

A Guil. Berton.

TV veus espouser Ianeton,
C'est tresbien fait, amy Berton,
Tu ne vas qu'en bonne contrée :
Quand donc tu entreras leans,
Dy hardiment, Dieu soit çeans :
Tu y trouueras belle entrée !

Au S. de G.

FORTVNE, & moy qui tasche me vanger
De ses assautz, trop cognus aus Poëttes,
Auons debat : mais ie suis en danger
De n'en sortir iamais mes brayes nettes,
Sans vous, Seigneur, qui me pouuez defendre
Mieus qu'Apollon : si donc sur l'aspre Sort
En ma faueur vous daignez entreprendre,
Pour vous aussi ie combatray la Mort.

De R. de Loup.

CE Loup n'est pas simple Aduocat,
C'est vn Conseiller delicat,

Vn grand Procureur, & encore
Bon gardeur de ce qu'il tient ore :
Il n'aduocasse que pour luy,
Faisant son propre de l'autruy :
Soudain il vuide son instance,
De fol Iuge, briefue sentance :
Il ne sousmet à foy, ni loy,
Ce qu'il procure, & tient sous soy :
Dieu me gard' de cheoir sous la patte
D'vn tel Loup, qui si bien s'apatte !

A vn Maistre aus artz.

VRAYMENT, *nostre Maistre, vrayment*
Au prix de vous nous sommes rudes !
Vous auez aigu iugement,
Ayant si tost fait voz estudes :
Lors qu'ainsi tout morne i'estois,
Aus lettres ie me delectois,
Et les mis si bien en pratique,
Que ie ne m'en pouuois lasser :
Mais ie ne sceus iamais passer
Le pont aus Asnes de Logique.

A Freual, riard.

QVAND *tu regrettes noz malheurs,*
En homme tu verses des pleurs,
En homme, qu'humain i'ose dire :
Mais aussi quand tu ris, Freual,
I'entr'-oy ce me semble vn Cheual :
Car tu hennis, au lieu de rire.

A son Pays.

SI Martial sa Bilbilis decore,
Luy qui ne va qu'Epigrammatisant:
Mon dous pays aucunement t'honore,
De maint ouurage en diuers chantz croissant:
Mon dous berçeau, qui peus en quelque chose
(Humble voysin) t'égaller à Tholose,
Aprens comment le droit des lieus petis
Parfoys hautain sur l'heur des grandz s'escarte:
Il y a plus de Mont-martre à Paris,
Qu'il n'y a pas de Paris à Mont-marte.

A Deruille, Sergent.

TV es bien affairé, Deruille,
Voire plus que tu ne soulois:
Mais ta femme qui va par Ville,
Fait encor de plus beaus exploits.

A Geoffre, Huyssier de Salle.

ALORS qu'on entre chez le Roy,
Vous donnez parfois vn effroy,
Et me semblez tout en colere
D'Huyssier de salle, vn vray Cerbere:
Si qu'en monstrant deus grosses dentz
Comme celles des Chiens mordentz,
Tel qu'vn fier Maistre qui commande
Mon nom vous m'allez demandant:
Et moy d'ailleurs ie vous demande,
Qu'auez-vous Geoffre, à la grand' dent?

De Ioberton.

IE ne vis onc vne plus sotte beste
A recueillir ses Amys, ou Parantz,
Qu'vn Ioberton, cuidant faire l'honeste:
Mesmes l'autr'-hier deuant petitz, & grandz,
Il me receut, & si fort m'enuelope
En m'acollant, que rude il me pressoit
A tour de bras: ainsi l'Asne d'Æsope
A piedz haussez son Maistre caressoit.

A sa Contr'-aymée.

FOL est le Marinier qui s'obstine au danger,
Le sage vers le port sçait sa Barque ranger:
Et ie veus en lieu seur, comme cestuy-cy, tendre:
Pource si t'ayme ailleurs, ne t'en estonne pas,
I'eschape (en te hayant) ma perte, & mon trespas:
On doit fuyr le mal, & le bien se doit prendre.

D'vn Card. amy du piot.

ON ne vid onc tel Fortunal,
Si l'eau de mort dans son corpz entre:
Toutesfois c'est vn Cardinal,
Qui boit à deboutonné ventre.

Du naturel des femmes.

LA femme est fine, & se plaist au tormant
Du Seruiteur qui l'adore en aymant:
C'est vn feu vif, & vne glace morte.
Ne l'aymez point, elle vous aymera,

Ne la cerchez, elle vous cerchera:
Pour bien sortir, i'entre par ceste porte.

A frere Rosier.

IE croy qu'on ment alors qu'on dit, Rosier,
Qu'Alunx, & Marthe, en ton lit tu embrasses:
Dans ceste place il n'y a que deus places,
Il y a bien des choses au Chosier!

A Martial, Aduocat.

PLEIN de blasphemes, & sermentz,
Tu fais & le docte, & le graue:
Mais ni plus meslé, ni plus braue,
Ne te rendront tes iurementz:
Que si ce sont fleurs d'Oratoire,
Oy comme à ces indignes motz
Meshuy les plus meschantz, & sotz,
Rhetoriqueurs se font acroire.

De la Mort.

PAR art, par soing, par ruses nompareilles,
Nous flatons bien l'orgueil, & mauuaitié,
Des animaus, terribles à merueilles:
Non l'aspre Mort, fuyant nostre amitié!
Elle est sans cœur, sans yeus, & sans oreilles,
Et qui pis est sans grace, ni pitié.

De sa Dame, & de luy.

IE suis rauy recerchant, & voyant,
Ceste Beauté qui l'Aube mesme esgalle:

C 3

Et lors ie semble à ce Dieu flamboyant,
Qui l'Aube suyt : que si d'amour egalle
Elle m'aymoit, ô moy heureus Soleil,
Pront à l'attaindre, & retenir encore!
Celluy vrayment ne seroit mon pareil
Qui suyt en vain sa fugitiue Aurore!

De I. le Froid.

LE Froid, qui le feu ne dedaigue,
Sçayt ioindre aus Liures d'autres metz:
Auec le vin, & la chataigne,
C'est vn beau composeur de petz.

A Iaq. Albin.

ON te reproche (Albin) que tu es foible, & lache,
Au combat de Venus, mais pourtant ne t'en fache,
Il faut prendre courage, & fusses-tu vaincu!
Souuent vn pront Coursier retient bien sa carriere,
Et le Gendarme preux, qui iouste à la barriere,
N'enfonçe point tousiours sa lance dans l'escu.

De Catin tauerniere.

ON dit que Laurentz, & Chassaigne,
Void la tauerniere Catin,
Catin la tresbonne compaigne:
Mais ie te demande, Greuin,
Comment vendra-t'elle du vin,
S'on luy repousse son enseigne?

De l'Auarice humaine.

SIECLE inique, & peruers! où l'Honneur, & le Droit,
Ployent sous l'auarice, & les tresors estranges:

Ie croy que ſi ce monde eſtoit frequent aus Anges,
Vn Ange pour de l'or vn Diable deuiendroit!

A Dragore.

C'IL qui premier nomma Paris
Le Purgatoire des maris,
L'Enfer des mules, & encore
Des femmes le vray Paradis :
N'a point tout dit, amy Dragore,
Veu tant de froidz Oyſeaus becus
Qu'vne ſi bonne Ville eſſore:
Nous pouuons donc la nommer ore
Le boys, & le nid aus Cocus.

De la France malade.

LA France a deus grandz excez:
Quelz ſont-ilz? Guerre, & Procez.

Excuſe.

SOIT qu'en voſtre preſence on liſe ceſt ouurage
Que ie laiſſe imparfait, non ſans vn iuſte ennuy,
Soit que vous le liſiez en preſence d'autruy :
Excuſez-moy, Madame, en tenant ce langage.
C'IL qui pour m'obeyr ce Recueil eſcriuit,
Euſt trop mieus eſclaircy ma louange deſcrite :
Mais mon peu d'amitié ſans cauſe nous rauit
A moy plus grand honneur, à luy plus grand merite.

A L. Gaſt.

TV dis qu'auiourd'huy la Iuſtice
Nous applaudit en noſtre vice,

Il est vray, Gast! mais c'est bien pis
Quand pour droiture, on a torture :
Et si tu dis, qui fait la cure ?
Ce sont noz Chatz-fourrez hardis
Au ieu de Gripeminaudis.

A l'Amye d'vn Abbé.

I'AY tousiours creu le train honneste
Qu'auez tant suiuy, Ianeton :
Mais vous faisiez si bien la beste,
Qu'à peine s'en aperçeut-on :
Ie sçay que toutes les aubades
Qu'vn bon Iouëur pourroit sonner,
Ie sçay que toutes les gambades
Qu'vn beau dançeur eust peu donner,
N'eussent basté, pour vous attraire :
Mais de sçauoir qu'vn Moyne gras
Fust vostre partie contraire,
Vrayment ie ne le sçauoy pas !

Des effaitz de Ialousie.

APRenez seulement (Contesse) ma leçon,
Non ces bruitz, & raportz : ce sont contes d'vn Conte,
Qui soupçonné Ialous ne peut cacher sa honte :
Ialousie est tousiours compaigne de soupçon.

A Derçie.

POVR l'amour qui nous assoçie,
Vous desirez tresgrand me voir :
Et voudriez auoir, mon Derçie,

Puiſſance eſgalle au bon vouloir :
Mon Amy, ie vous remerçie,
Dieu le vous rende en ſon rendoir !

A M. L. G.

LA Grace, Amour, & Beauté vous preſta
Ses chers treſorz, voire maugré l'Enuie,
Dont la Vertu ſans ceſſe eſt pourſuiuie :
Voſtre heur auſſi toûſiours ENNVI DONPTA.

Ce qu'il craint, ou non.

SÇAYS-tu ce que ie crains, D'Ardz !
C'eſt l'aguet des faus Mouchardz,
La Putain, & l'Heretique,
Et ſur tout gentz de pratique :
Mais la crainte ne m'eſpoint
Du mal que ie ne ſay point,
Du mal qui deſſus ſoy porte
Son ſupplice, en mainte ſorte :
Et ſi ne crain pas encor
Qu'on me vole mon treſor.

A Gonner, riche-auare.

TV n'es pas riche, ô auare Gonner !
Auſſi tu ſemble' à ceus dont la main chiche
Eſpargne tout, & ſe monſtre au moins riche
Ouuerte à prendre, & cloſe pour donner.

A vn Barbier, grand hableur.

MON Barbier, ie t'eſtime honneſte,
Mais ton babil me romp la teſte :

Et quoy! de Barbier, & pecheur,
Cuides-tu estre bon Prescheur?
Ie ne trouue moins à redire
Entre le bien faire, & bien dire,
Que tu trouues à deuiser
Entre le raire, & le touser.

Au S. de G.

DES longue main Phœbus m'enseigne,
Me faisant suiure son enseigne:
Pource ie viens te supplier
Monseigneur, de ne m'oublier,
Et i'ose aussi me le promettre:
Ne vueille donc au rang me mettre
Ni des ieunes soldatz cassez,
Ni des vieus pechez effassez.

A sa Dame.

TOVT me deplait, & me fache (ô Maistresse)
Si tost qu'au soir ie m'esloigne de vous:
Mais ce qui plus m'assaut, me nuit, m'oppresse,
C'est quand ie suis esclairé des Ialous:
Combien de fois, ô brigade espionne,
M'as tu soustrait & mon heur, & mon mieus?
Si tu n'es donc moins iuste, que felonne,
Va-t'en ailleurs, ou ferme icy tes yeus.

Souuenance.

IADIS les vieus Payens auoyent souuent refuge
Au Dieu qui predisoit les choses aduenir,

Il estoit leur conseil, leur Prophete, & leur Iuge :
Et par motz ambigus se souloit maintenir.
  Vous aussi que i'adore, ainsi qu'vne Deesse,
Vous estes mon Oracle, ainçois mon vray Phœbus :
Soyez donques mon Phare, & me tenant promesse
Ne luy cedez en rien, si ce n'est en abus.

D'Esseine, bon yuroigne.

SI ce maistre beuueur Esseine
Est mort, son frere ne l'est pas :
Toutesfois il ne faut qu'vn pas,
Pour casser la boutelle pleine.

A des Sablons.

TV me vantes vn grand Prelat,
Qui n'est si chargé de doctrine
Qu'il n'ayme mieus tenir bon plat,
Et suiure la gaye Cyprine :
S'il est tel que tu le denottes,
Ie le dispence (des Sablons)
D'estre vn escarmoucheur de cottes,
Et fouailleur de cottillons.

D'vn Libraire.

IE me fachois contre vn Libraire
Qui tousiours debite à Paris
Des sotz Liures, faitz pour attraire
Les plus simples, & folz espris :
Quand plein d'audace il me va dire,
Vous m'en voulez conter, beau Sire !

Tenant ma boutique au Palais,
En moins de neuf ou dix iournées
I'ay plus vendu de Rabelais,
Que de Bibles en vingt années.

A Ch. Canier.

Tv vois comment entre le dous, & l'aigre,
Ie glisse icy d'vn fantastique sens :
Amy Canier, ie seroy plus alaigre,
Sans l'aspre Sort, & mes soucis cuisans :
I'iroy si bien que mon cours, & ma peine,
Ne seroyent vains : ou plein d'vn faus soulas,
Ie traine ainsi mon trauail, & mes pas :
Force me faut, quand ie suis hors d'haleine !

De Ierome roupieus.

Qvand vous voyez le gros Ierome
Qui n'est en discours le dernier,
Vous voyez vn fort galand homme,
Bon nageur, & bon marinier :
Quoy ? vous pensez que ce soit fainte ?
Vrayment c'est luy qui loing, ou prez,
De se noyer iamais n'a crainte,
Bien qu'il soit en l'eau iusqu'au nez.

De Pierre tombé.

Pierre cheut d'vn saut deshoneste,
Cuidant grauir vn Pin branchu :
Les piedz à mont, en bas la teste,
C'est faire à point l'arbre fourchu !

A Lumes, mauuais payeur.

Tv veux que ie te preste, Lumes,
De ce dont quelquefois ie suis
Chargé, comme vn Crapaut de plumes:
Iamais l'Amy ie n'esconduis,
Et fairay selon ma puissance:
Que si i'en ay recognoissance,
Ne specifie l'argent deu,
Car nul de nous n'est incredule:
Aus premiers motz de la Cedule
Tu peus bien mettre, Item perdu.

A Flo. de Puy.

Povr ne pecher marie toy, du Puy,
Si l'aiguillon de Venus te trauaille:
Qui s'affriande aprez la chair d'autruy,
N'est iamais saoul, pour bons metz qu'on luy baille:
Mesmes s'il a le Poulet au-iourd'huy,
Demain il veut la Perdrix, & la Caille.

A De. Lepreste.

Soit, ou non, que l'on se pariure,
Quand (ainsi que toy) chascun iure:
Toy qui vois tant & tant de gentz
Iurer en Chartiers, & Sergentz:
Si pense-ie pourtant, Lepreste,
Que tu n'es Sergent, ni Chartier:
Et ne prendrois Dieu par la teste,
Si tu n'estois filz de Barbier.

Fauſſe promeſſe.

PRomettre à point, & manquer au beſoing,
Sont de la foy deus communs interprettes:
L'vn apartient aus perſones diſcrettes,
L'autre eſt à faire à gentz venus de loing.

A Robert.

ROBERT, quand parfois tu m'acoſtes,
Tu dis que ton Courtaud eſt las
Des qu'il a fait vne, ou deus poſtes,
Et tombe recreu du ſoulas:
C'eſt vn vice es Courſiers loyaus,
Et la cheute eſt vrayment mauuaiſe:
Pour le releuer donc à l'aiſe,
Aye moy des Lettres Royaus.

A Claude boyteus, & iureur.

VOVS dittes que ie ſuis taxable,
D'auoir les plus grandz reprouué:
C'eſt vous meſmes, monſieur le Diable,
Qui prenez Dieu au pié leué.

A Françoyſe.

QVAND voſtre acueil ſi dous gay'ment gay me conuie,
Ie fairoy (ce me ſemble) vn grand Liure pour vous:
Mais quand vous me priuez de ceſt acueil ſi dous,
I'en perdz triſtement triſte & le cœur, & l'enuie.

A I. de Torpes.

TON Liure (car tu nommes tien
Ce qui de toy n'a que le titre)

Monstre à tous qu'aprez l'autruy bien
Tu n'es qu'vn larron, & belitre :
Ne pille donc les bons manœuures,
Vsant de tes inuentions :
Ou les pillant, nomme tes Oeuures
Empruntz, ou bien Traductions.

A Rouissan.

AVSSI tost, Rouissan, que ton babil s'apreste
A parler de l'estude, & de ce que tu sçais,
Confus, voire eshonté : sçais-tu ce que tu fais ?
Tu monstres plus au front, que tu n'as dans la teste.

De Marthe, & de luy.

NON moins volage que le vent,
Vous vous depitez bien-souuent :
Et pris de vostre humeur subite,
Parfoys aussi ie me depite :
Ainsi vostre quinteus destin
M'importunant, vous importune :
Marthe, laissez donc vostre Lune,
Et ie lairray mon auertin.

Responce d'vne Lettre.

HEVREVS moy, heureus iour, & heureus le moment,
Qui sous trois signes bons allegez mon torment
Des qu'vne belle main a bien daigné m'escrire,
Des qu'vne belle Lettre à mon gré i'ay peu lire,
Et qu'vn Page fidelle encores m'a porté
De ma chere Maistresse & l'aise, & la santé !

Puisse donc la main mesme, auec Lettre nouuelle,
Renouueller souuent ceste gaye Nouuelle :
Afin qu'autant de fois contant ie puisse icy
Benir la main, la Lettre, & le porteur aussy !

ESTRAINES.

A la Royne de Nauarre.

CLAIRE Phœbé, cache tes feus espars,
Et ton beau front : ceste Royalle Dame
Sœur d'vn Soleil, & d'vn autre la feme,
Trop mieus que toy reluit en toutes pars.

A M. la Princesse de Lorraine.

QVAND la Vertu, l'Amour, & les Charites,
Dans vn beau corpz mirent leur beau tresor :
Vertu, Amour, & les Graces encor,
S'ornant de vous, ornerent voz merites.

A Elle-mesme.

MADAME, quand ie voy les attraitz de voz yeus,
Voz graces, voz beautez, voz douces courtoysies :
I'estime que pour vous les Cieus les ont choysies,
Et qu'en mourant aussi vous les rendrez aus Cieus.

A M. la Princesse de Nauarre.

QV'ON voye l'Indique seiour,
Sans l'Aube, & le Dieu qui l'honore :
Vous qui ces deus passez encore,
Fairez renaistre le beau iour.

A elle

A elle-mesme.

Voz grandz valeurs, & merites honestes,
Me font manquer de grace, & de pouuoir:
S'il vous plait donc moins imparfait me voir,
Ne soyez plus celle-la que vous estes.

A Madamoyselle de Creuan.

LE Printempz est delicieus,
Riantes sont ses fleurs decloses:
Mais ie voy bien de plus grand'z choses,
Quand ie contemple voz beaus yeus.

Estraine.

IL me faudroit estre agreable à tous,
Pour esgaller vostre douceur extresme:
Et pour offrir chose digne de vous,
Il vous faudroit vous offrir à vous-mesme.

Des yeus de sa Dame.

IE n'acompare voz clairs yeus
Aus claires estoiles des Cieus,
Ie dy bien qu'Amour s'en sert ore
De feus, d'amorces, & d'apás:
Et que les Astres ne sont pas
Si beaus, ne si luisantz encore.

Sur sa voix.

SI i'estoy de roche, ou du bois,
Priué de sens, d'esprit, & d'ame:
Ce chant qui rocz, & bois entame,
M'animeroit sous vostre voix.

A Mes-Damoyselles d'Etrée.

LES Dieus seroyent espris, voire ialous,
(En les voyant) de ces Filles mortelles:
Et croy qu'au Ciel ilz n'en ont point de telles:
Aussi le Ciel n'a Paradis si dous.

A sa Seuere.

IE pensois qu'affranchi des las de Marguerite
I'euiterois tousiours Cupidon, & ses dardz:
Mais sa flame, & son trait, m'attaint par voz regardz:
Qui les fuyroit aussi, s'il n'estoit vn dur Scyte?

A deux Sœurs.

VOZ grandz beautez semblent aus fleurs nouuelles,
Et vous voyant ie voy le gay Printempz:
Fors que son cours, & ses fleurs n'ont qu'vn tempz,
Et qu'à mon gré vous estes tousiours belles.

Pour vne Dame.

EN lieu d'vn cher tresor, ou de Ioyeaus exquis,
Ie vous offre ces vers, & ma volonté bonne:
Quand à mon cœur tout vostre, & qui ne se redonne,
Ie ne vous l'offre point: car vous l'auez acquis.

A M. B.

IADIS les Dieus hanter souloyent
Noz femmes, & les acoloyent,
Se changeantz en forme de bestes:
Et moy, quand beste ie seroy,
M'eschanger en Dieu ie voudroy:
Pour n'estre moindre que vous estes.

ANAGRAMMES.

HENRI DE VALLOYS.

CE *grand* HENRI *t'honore*
Que France admire encore,
Et par fatal bonheur
IL S'ALIE D'HONEVR.

FRANCOIS DE VALOYS.

TON *Ayeul, & ton Pere,*
Qui Cæsar esgalloyent:
Et loix, & foy seuere,
Iusticiers assembloyent:
Toy donc qui de la sorte
Doibz hausser ton renom,
Suy ton nom, & surnom,
Qui à cela t'exhorte:
OY O FILS D'VN CAESAR,
Et loyx, & foy tresbonne:
Et nostre seur rempar,
RANC DE FOY AVX LOIS *donne.*

HENRY DE NAWARRE.

BIEN *que la Fortune*
Fiere t'importune,
Ne luy cede pas
HENRY DE NAWARRE:
Grand tu paruiendras
D'ENNVY A HEVR RARE.

d 2

MARGVERITE DE VALOYS.

IE cerche la victoire
Du Vice combatu!
VERTV AYDEZ MA GLOIRE,
GLOIRE AYDEZ MA VERTV.

CATERINE DE NAWARRE.

D'VN Royal sang de renom
Tu viens, Nawarroyse Grace:
Et s'il faut croire ton nom,
VN T'AVRA REINE DE RACE.

FRANCOYSE D'ORLEANS.

Voz gestes dous, & courtoys,
Dignes de l'amour des Roys,
Sont les fleurs que i'ose eslire,
Pour mieus orner ma Chanson:
Car vostre nom me vient dire,
ESLI D'ORNER SA FAÇON.

FRANCOYSE DE LA BAVME.

DANS ce fameus Royaume
Entre plusieurs ie voy
FRANÇOYSE DE LA BAVME,
DAME BRAVE EN SA FOY.

ANNE D'ALAIGRE.

VIEN *Echo, & rassemble*
Trois noms, trois sens ensemble:
DI ANNE LA A GRE'.

Echo.

DIANNE L'A A GRE'.

MAGDELEINE DV TILLET.

DE MAGDELEINE DV TILLET
S'escarte & le vice, & le blame:
Aussi d'elle vient à souhait
L'VTILITE' DIGNE DE L'AME:
Chascun de ses valeurs s'enflame,
Tesmoingz sa grace, & sa bonté:
Ie nommeray donc ceste Dame
L'AME DE DIGNE VTILLITE'.

NICOLAS BOVRSIN.

D'VNE *erreur meschante*
Meschantz sont imbus,
De moy mon nom chante
NI CROIONS L'ABVS.

MARGVERITE FROETE'.

QVAND *la celeste influance*
Bienheura vostre naissance
Contre le Tempz, & le Sort:
Vostre beau nom que ie prise,

Vous donna ceste Deuise
VERITE' M'AGREE FORT.

FRANCOISE BOMER.

Dvr le Roc, dous le Basme, & l'Or est fin encor,
Moquant, comblant, prouuant, le flot, l'air, la coupelle:
ET/ FRANÇOISE BOMER d'vn triple nom s'apelle
Constance, Odeur, & Prix, du ROC, BASME, E' FIN OR.

IEAN DV SIN.

Qvelque autre à son dam consomme
Corpz, & bien:
Moy par bonheur ie me nomme
NAI DV SIEN.

LOYSE LAVRENSIN.

Toy qui ne loüeras
Qu'icy son los ie seme,
Voy son los: lors toy-mesme
LOS NE LVY NIERAS.

* *
*

INSCRIPTIONS.

SVR LA PAIX, ET LES MARIAGES.

POVR LE ROY CHARLES IX.

I.

DE voir fleurir ceste terre Gauloyse,
C'est l'heur commun à voz Ancestres Roys:
Mais voir deffaitz & Mars, & ses arroys,
C'est l'honneur propre à la race Valoyse.

II.

SVR SA DEVISE.

L'vn des Iumeaus cache au Ciel sa lumiere
Quand l'autre est vif, & de beaus rays vestu:
Mais de ce Roy la iumelle vertu
Luyra tousiours bonne aus bons, aus fiers fiere.

III.

S'Arment les Roys, & nations estranges,
Tant qu'ilz voudront : ce Monarque Gauloys
En guerre, en paix, establira ses loys:
Ciel, terre, & mer, comblant de ses louanges.

POVR LA ROYNE ELIZABET.

I.

D'vn meilleur vol, ni d'æle mieus prisée,
L'enfant Cyprin rauir ne la pouuoit:
Et son amour esprendre ne deuoit
Vn plus grand Roy d'ame, ni de pensée.

II.

THETIS estant coniointe au bon Pelée,
Discorde alors trois Deesses éprit:
Mais quand le Roy pour Espouse vous prit,
Foy, Paix, Iustice, icy fut rappelée.

III.

MErueille n'est si la ciuille guerre
Chasse de nous toute crainte, & fureur:
Puis qu'à vostre ayde vn si grand Empereur,
Et si grand Roy, commandent sur la terre.

POVR LA ROYNE MERE DV ROY.

I.

MERE des Dieus, ô Berecynthienne,
Quitte ton Char cerné de tes Enfantz:
La Royne void les siens plus triomfantz,
Et sa pompe est plus braue que la tienne.

II.

Qv'vn si grand Roy, que la France, & la race
De noz Valoys, ait acreu vostre honneur:
Vostre vertu le monstre par bonheur,
Et ce bonheur vient d'vne rare grace.

III.

SI du beau nom d'vne Iunon seconde
Nous l'appellons, ne t'en veuille irriter
Royne des Dieus: car nostre Iupiter
Fut son Espous, le plus grand Roy du monde.

POVR LE ROY HENRY III.

I.

L'HEVR, ni l'amour, de maintz peuples estranges,
Ne gaigna plus sur le sage Ithaquois,
Que les Polons sur ce Roy Polonois:
Ains heritier de France, & ses louanges.

II.

COMME iadis l'enfant du vieil Pelée
Passa son Pere en renom, & honneur:
Ce Roy vaincra soit en los, ou bonheur,
De ses Ayeus la gloire reuelée.

III.

TEL fut Achille entre les nobles femes,
Et tel aussi par les combatz meurdriers:
Il est vaillant entre les preux Guerriers,
Et courtoys Prince entre les belles Dames.

POVR MONSIEVR FRERE DV ROY.

I.

ESTRE Royal de fait, & d'apparence,
Et digne filz, & frere de noz Roys:
C'est ia montrer sa grandeur aus Françoys,
Qui de Françoys ont si grande esperance.

II.

PVIS que deia ce Prince à nous se donne
Si fort en guerre, & si sage au conseil:
D'age, & de los, voire de cœur pareil,
Il se compare au Duc de Macedonne.

III.

C'est ce domteur qui borna ses victoires
Deuant les murs d'vne seule Cité:
Mais de ce Duc le monde limité
Ne bornera les gestes, ni les gloires.

POVR LE ROY DE NAVARRE.

I.

Ce que Nature, & Mars, auec Fortune,
Eust de beauté, de prouesse, & d'honneur:
En decorant mon corpz, mon sang, mon heur,
Me l'ont monstré par grace non-commune.

II.

Suyuant la trace, & les faitz de son Pere,
Voire embrassant la grandeur de noz Roys,
Il se rendra vray Seigneur Nauarroys:
Rendant encor l'Espaignol improspere.

III.

Iadis au Ciel le chasse-mal Alcide
Espousa Hebe, & ce beau Demidieu
Prend vne Grace: à fin d'estre en ce lieu
Du fier Discord le fatal homicide.

POVR LA ROYNE DE NAVARRE.

I.

Dans son bel œil Amour cache ses flames,
Vne Pallas elle porte au cerueau,
Et dans l'esprit vn Mercure nouueau:
Mais en vn mot, c'est le miroir des Dames.

DES MESLANGES.

II.

QVELLE Venus, quelle honneste Charite,
Quelle Union, ou quelle rare fleur,
Pourroit combatre à la grace, & valeur,
De ceste vnique, & chere Marguerite?

III.

SI celle-la qui l'Oliuier fit naistre,
A tant d'honneur: pourquoy luy cedera
Celle sous qui l'Oliue regnera,
Sœur de mon Roy, & femme de mon Maistre?

POVR MONS^R. DE LORRAINE.

VOVS qui voyez son front, & sa sagesse,
Dittes soudain: ce grand Duc glorieus
Resueille encor l'honneur de ses Aïeus,
En foy Chrestiens, & fameus en prouesse.

POVR MAD. DE LORRAINE.

IVPIN fit cheoir vne pluye feconde
De perles, d'or, quand Minerue nasquit:
Et nostre Gaule, en te portant, s'acquit
L'heur nouueau-né d'vne Pallas seconde.

POVR MAD. LA PRINCES. DE NAVARRE.

I.

LE gay Printempz noz beaus champz ne bigarre
D'vn tel esmail, ni de si viues fleurs:
Qu'on void nostre age orné des grand'z valeurs
D'vne Princesse illustre de Nauarre.

II.

Moins belle fut en beauté la Cyprine,
Moins chaste encor Diane en chasteté:
Tant ceste Nymphe ayme l'honesteté,
Nymphe qu'en terre on nomme Catherine.

III.

A tes grandeurs, Princesse souueraine,
Vn double honneur adiouster ie voudroy:
Te voyant or' digne Sœur d'vn tel Roy,
Et Belle-Sœur d'vne si noble Reine.

POVR M^R. LE PRINCE DE C.

Qve Paix, & Foy, deux ornementz de France,
Regnent icy sous vn Acord si bon:
Puis qu'à son los vn Henry de Bourbon
Leur veut seruir d'escorte, & d'asseurance.

POVR MAD. LA PRINCESSE DE C.

Telle n'estoit entre les deus Deesses
Deuant leur Iuge, vne acorte Cypris:
Ceste Princesse emporte aussi le prix
Sur la beauté des Françoyses Princesses.

POVR MADAME DE FERRARE.

Sans qu'elle porte vne Gorgon' hyduse,
Comme Pallas, en l'antique saison:
Plus magnanime elle a plus de raison,
Car sa vertu luy sert d'vne Meduse.

POVR MONSR. DE MONTPENSIER.

Puis que ce Duc, vn des Atlas de France,
A le dur faix de ses guerres porté :
C'estoit raison qu'il fut bien supporté
D'vn autre Hercul, nostre esgalle esperance.

POVR MONSR. DE GVYSE.

Puis que i'esgale en l'Auril de mon age
La gloire, & l'heur, de mes Peres guerriers:
I'ose esperer que mes propres Lauriers
Rendront de moy plus ample témoignage.

POVR LES NOPCES.

L'IRE, & le feu, de la guerre Troyenne,
Furent esmeus par vn fatal Discord:
Mais ce diuin, & Nuptial acord,
Plus seure paix à noz Gaules moyenne.

POVR LES DAMES.

En vain, ó Nuit, tes lampes coustumieres
Dorent le Ciel: mille & mille flambeaus,
I'entendz les yeus de ces Dames plus beaus,
Brillent trop mieus que toutes tes lumieres.

POVR LA PAIX.

En Oliuier soit changé le Laurier,
Se rouille au croc la rouge Coutelasse,
Torde es harnois l'araigne sa filasse:
Et regne Paix dessus le Dieu guerrier.

QVATRIEME LIVRE
EPITHALAMES.

EPITHALAME DV ROY CHARLES IX.
ET D'ELIZABET D'AVSTRICHE,
fille de l'Empereur Maximilian.

LE POETE.

QVEL feu diuin agite mon esprit?
   Quelle chaleur si viuement asprit
Ma brusque audace? & d'vne saine rage
(Troublé d'horreur) me grossit le courage?
Iö, ie sens mon estomac pantois,
Mes poilz dressez, & confuse ma voix!
Iö, ie sens mon ame aiguillonnée
D'vne fureur vrayment Apollinée!
Il faut, mon Lut, que tes nerfz dous-parlantz
Soyent ore mieus sous mon pouce tremblantz:
Or' que ie sacre & la Couche, & la gloire,
De mon grand PRINCE, à la docte Memoire:
Comme autresfois i'ay voüé les honneurs
A son autel, de noz Gauloys Seigneurs.

   Vous donques Sœurs qui suiuez Calliope,
Et vous aussi qui marchez trois en trope
Aprez Venus, & son Archer loyal,
Prenez soucy du nouueau lit Royal:
Et si ie doy sous vous, belles Charites,
Rebruyre vn iour la fleur des Marguerites,
Soit desormais mon ieune chef couuert
Du saint chapeau de vostre Myrthe vert:

Afin qu'ainsi plus gay ie face dire
Ce Mariage, aus langues de ma Lyre.
  Alors qu'en paix CHARLES se repousa,
Et qu'Isabeau pour femme il espousa:
Prontes au bal, & coronnant leurs tresses
De mille fleurs, noz Françoyses Princesses
Qui doucement r'appelloyent à ce iour
Les Ieus mignardz, la Ieunesse, & l'Amour,
Toutes en rond, & sous mesme cadance,
Chantoyent ces vers au milieu de la dance.

LES PRINCESSES EN TROVPE.

ROY Treschrestien, l'arrest du Ciel benin
Fatallement ores ores ordonne
Qu'entre tes mains l'Austrasie abandonne
L'honneur plus beau du sexe feminin.
    O Hymen Hymenée,
    O Nopçe fortunée!
Comme vn Rubis, ou riche Diamant,
Orne l'aneau: ton los ainsi decore
Les autres Roys, & ton Espouse encore
Par l'Vniuers sa gloire va semant.
    O Hymen Hymenée,
    O Nopçe fortunée.
Sans qu'à son dam il ait onc esprouué
Le cours facheus de la fine Atalante,
En toy Princesse, en toy Vierge excellante,
Aise, & repos, il a trop mieus trouué.
    O Hymen Hymenée,
    O Nopçe fortunée.

Telle alliance au Iouuanceau Troyen
N'eust eschangé l'Amoureuse de Grece:
Ni mieus aussi la Rommaine Lucrece
D'un chaste amour ne choisit le moyen.
  O Hymen Hymenée,
  O Nopçe fortunée.

De son beau Ceste est enceinte Cypris,
Qui meine au Roy la Nymphe Austrasienne,
Meslant sa race à la Valoysienne:
Et Cupidon ce mesme soing a pris.
  O Hymen Hymenée,
  O Nopçe fortunée.

Aus bons succez de ceste liaison
Mars est deffait, & Bellone on dechasse:
Mesmes la Paix, & la Foy qu'on embrasse,
Font reuerdir la premiere saison.
  O Hymen Hymenée,
  O Nopçe fortunée.

De Vierge, & femme, en brief elle sera
Fertile mere, & heureuse en gesine:
Si que le Ciel, & la sainte Lucine,
Ses vœus, sa couche, & son fruit benira.
  O Hymen Hymenée,
  O Nopçe fortunée.

Ainsi qu'ilz ont secouru maintesfoys
Nostre Iunon, Iunon vrayment seconde:
Par eus sera ceste Royne feconde,
Ainsi que l'autre au Iupiter Françoys.
  O Hymen Hymenée,
  O Nopçe fortunée.

Les

DES MESLANGES.

Les nobles filz le pourtrait paternel
Rapporteront imprimé sur la face,
Des leur naissance : & les filles la grace,
Et le nayf de l'honneur maternel.
  O Hymen Hymenée,
  O Nopçe fortunée.
Des fortz Lyons les animaus peureus
Ne sont produitz, & l'Aigle brusque à fendre
L'air plus hautain, la Colombe n'engendre :
Ni les couhardz des enfantz genereus.
  O Hymen Hymenée,
  O Nopçe fortunée.
Recueillez donc entre mille soulas
Cent dous baisers, filz de voz leures closes :
Amour encor vous garde de plus grand'z choses,
Puis qu'il vous plait ainsi choir dans ses las.
  O Hymen Hymenée,
  O Nopçe fortunée.
Embrassez-vous, racouplantz voz Moitiez,
Voire plus fort qu'un grauissant Lierre
A tours grimpantz l'Ormeau branchu ne serre :
C'est le ieu propre à telles amitiez.
  O Hymen Hymenée,
  O Nopçe fortunée.
Aprez l'esmoy de voz affollementz,
Et la rigueur de vostre long martire :
Le gay Cyprin semond, inuite, attire,
Voz cœurs, bras, yeus, à ces esbatementz.
  O Hymen Hymenée,
  O Nopçe fortunée.

e

Courage Amant ! courage braue Espous !
Et toy, sa Dame, aussi pren hardiesse :
Las ! changes-tu sur ce port de liesse
(Faute de cœur !) & de voix, & de pous ?
  O Hymen Hymenée,
  O Nopçe fortunée.

 Ia Vesper luit, & toy ieune Isabeau
Tu fais pourtant l'estrange, & la farouche :
Ce Prince humain encores ne te touche,
Et neaumoins tu fuis vn Roy si beau !
  O Hymen Hymenée,
  O Nopçe fortunée.

 Vierge croy-nous, bien tost tu cheriras
Celluy qu'en vain tu as ores en crainte :
Luy permettant & sans peur, & sans fainte,
Iouyr de toy, de luy tu iouyras.
  O Hymen Hymenée,
  O Nopçe fortunée.

 Viuez ainsi sous l'amoureus pouuoir
Chers Espousez, qu'vn nœu si ferme assemble
A ce grand soir : demain toutes ensemble
Nous reuiendrons auec l'Aube vous voir.
  O Hymen Hymenée,
  O Nopçe fortunée.

LE POETE.

A I N S I *disoyent ces Princesses de nom,*
Chantant le prix, la race, & le renom,
Qui decoroit ceste Couple amoureuse :
Et lors semant d'vne main plantereuse

Vne moisson de roses, & de Lis,
Et frais œilletz, sous l'Aurore cueillis,
A poing ouuert la chambre en tapisserent:
Et les Amantz dans leur couche laisserent.

EPITHALAME DE HENRI de Bourbon, Roy de Nauarre: & de Marguerite de France.

TERRE pleine de bonheur,
  Et d'honneur,
D'armes, & de loyx ciuilles :
Qui sembles croistre au danger
  Estranger,
Fertile en portz, & en Villes.
 Ie veus espandre ton nom,
  Ton renom,
Et ta puissance fatalle,
Depuis l'onde où l'Aube sort,
  Iusqu'au bord
De Thetis Occidentalle.
 Ie sçay bien que ie deuroys
  De tes Roys
Bruyre icy les grandz merites :
Mais quoy ? i'iray les vantant,
  En chantant
Leur Sœur, Sœur des trois Charites.
 L'arbre est cognu par le fruit
  Qu'il produit,
Et tu nous es mieus cognuë

Par tes races, & blasons,
  Et maisons :
Dont le bruit passe la nuë.
  Quel est ce diuin Heros,
    Dont le los
Franchit l'Europe excellante?
Quelle est ceste Nymphe encor
    Qu'il suit or,
Comme Hippomene, Atalante?
  A voir blondir son menton
    D'vn couton,
C'est HENRY, ce ieune Prince,
Seur espoir, & seul confort,
    Et renfort,
De son esclaue Prouince.
  Puis à voir non loing de là
    Celle-la
Qui semble vne fleur d'eslite,
C'est la Vierge au corpz vestu
    De vertu :
La Françoyse MARGVERITE.
  I'estime ore le seiour
    Où le iour
Se void esclorre, moins riche:
Puis que la France, & ce Roy,
    A chez soy
Vn tel present du Ciel chiche.
  Contre Paris Phrygien
    L'Argien
Pour rauoir semblable proye,

Camp a bien les Grecs nuifans
    Par dix ans,
Deuant les hautz murs de Troye.
    Rien l'aspre rebellion
    D'Ilion,
Ne feruit à fes gendarmes:
Et furent les enuahis
    Serfz, trahis,
Voire mis au fil des armes.
    Lors cheut aprez mille horreurs,
    Et fureurs,
Leur grand' Cité, mife en cendre:
Tant d'vn Prince belliqueur
    Peut le cueur,
Lors qu'Amour y vient defcendre!
    Toy fous qui les Dieus amis
    Ont ia mis
Vn peuple auquel tu commandes,
Voy ton heur! & toy qui l'as
    Pris es las,
Voy tes pompes auffi grandes.
    Telle que Iunon aus Cieus
    Paroit mieus
Prez de fon mary, fon frere:
Telle auprez de ton Efpous
    Graue, & dous,
Te rendra le Sort profpere.
    Comme aus rays du chaud Soleil
    Le vermeil
Deueft fa rofe en peu d'heure:

Le prix, & la nouueauté,
  De beauté,
Perd son lustre, & sa verdeure.
  Cueillez-la donc cependant,
    N'attendant
Que l'age froid comme glace,
Qui talonne noz talons
    A pas longs,
L'aneantisse, & l'efface.
    Plus fort que d'vn courbe tour
      A l'entour
L'humble vigne ne se plisse
Au Chesne aymé qui la ioint,
    Qu'en ce point
L'Amour voz deus corpz vnisse.
    Si le Ciel fait son deuoir,
      A te voir
Tu seras tost mere : & semble
Qu'il faira pour nous beaucoup
    A ce coup,
Si ton enfant te ressemble.
    Sur son gay front paroistra,
      Ains croistra,
L'heur des gloires paternelles :
Et dans ses yeus les attraitz,
    Et beaus traitz,
Pris des graces maternelles.
    Parez d'œilletz & de lis
      Frais-cueillis,
Leur couche, ô courtoyses Dames !

Venez & viure, & marcher,
 Sous l'Archer
Chargé de dardz, & de flames.
 Et vous du besson coupeau
  Saint troupeau,
O Puçelles vanteresses :
A mes chantz meslez voz chantz
  Allechantz,
Et de fleurs cernez voz tresses.
 Icy d'vne saine ardeur
  La verdeur
Dont Seine a ses riues pleines,
Me semond aus chers tresors
  De leurs bors,
Et m'amuse par ces plaines!
 Là ne sera champ, ni pré
  Diapré,
Eau, ni bois, qui me recrée :
Où ie ne dresse vn autel
  Immortel,
A leur memoire sacrée.
 Venus, qui de son Mi-ceint
  Ses flancz ceint,
Et la nopçiere Deesse :
Ainsi vous assiste heureus
  Amoureus,
En ieunesse, & en vieillesse.
 Ainsi iointe au tige bon
  De Bourbon,
Regne la grandeur Valoyse :

Et les Bourbons, & Valoys,
   Sous leurs loys
Tiennent la terre Gauloyse.
  Mon Phœbus qui fait voler
    Parmi l'ær
Son Cygne, m'en donne augure :
Et le Pere haut-tonant
   Maintenant
A gauche le nous figure.
  Adieu donc Espous, adieu !
    Le gay Dieu
Qui vostre feste a menée,
Benisse en ces amitiez
    Voz Moitiez :
O Hymen, ô Hymenée !

EPITHALAME DE HENRY
de Bourbon, Pr. de Condé : & de Marie de Neuers, Marquise d'Isles.

LA MVSIQVE.

CEST an, ce moys, & ce beau iour diuers
En passetempz, semble esiouyr la France :
An, moys, & iour, confirmez l'alliance
Du noble sang de Bourbon, & Neuers.

LE POETE.

NYMPHES, qui dessus les bordz
De voz paternelles ondes,
Pressurez voz poilz retordz,
Franchissant ces eaus profondes.

Monstrez nous vn front serain,
Et sortez, gentille trope :
Pour voir auec son beau train
Le gay filz de Calliope.
　Amour, la Grace, & Venus,
Pleins de feus, d'attraitz, de fleches,
Sont icy deia venus :
Iettant leurs dardz, & flammeches.
　Mais quelle voix raze l'aer ?
Quel son frape mes oreilles ?
Ie voy le sucre couler
De leurs bouches nompareilles !

LA MVSIQVE.

IOYEVS Hymen, & toy Royne des Cieus,
Qui des Espous, & des Nopçes as cure :
De ces Amantz vny, serre, procure,
La foy, les cœurs, & l'honneur glorieus.

LE CHOEVR DES NYMPHES de Seine.

PLEVVE à ce-iourd'huy le Ciel
Des parfums, & roses gayes :
Et que la manne, & le miel,
Couure noz champz, & saussayes.
　C'est ore que iuste, & bon,
Le sang, & le nom ensemble,
De Neuers, & de Bourbon,
L'Espous, & l'Espouse ensemble.

e 5

Prince voicy le beau tempz,
Qui mesme à tes yeus expose
Au milieu d'vn verd Printempz
La plus rare fleur esclose.
　　Pren donques, estant ia pris:
Et d'vn nœu saint, & fidelle,
Tente les ieus de Cypris,
Qui dans ses las t'encordelle.
　　Tu deuois le prix voüé
A ta Nymphette si chere:
Paris, le iuge auoüé,
L'eust prise aussi pour Cythere.
　　Et toy, sa Dame aus yeus beaus,
Drillantz comme lampes claires:
Ry luy de ces dous flambeaus
Dont le monde tu esclaires.
　　Vien, & foule en chasteté
La pucelle Delienne:
En grace, & honnesteté,
La courtoyse Idalienne.
　　Moins belle & gaye pourtant
Sembloit l'Escumiere fille,
Et freche & tendre sortant
De sa natiue Coquille.
　　Amour blessa dans ses flos
Nostre grand pere Neptune:
Et Pluton franc de repos
N'a couru moindre fortune.
　　Sous luy Iupiter encor
Sa Lede en Cygne a surprise,

Europe en Bœuf, & en or
La Vierge esclaue d'Acrise.
 Mais vous ore plus acortz
Vous ioindrez sans nulle enuie
Vn cœur, vne ame, en deus corpz:
Deus corpz vnis d'vne vie.
 Heureuse l'heure, & le iour,
Heureus le moys, & l'année,
Qui dans ce fameus seiour
Acomplit vostre Hymenée!
 Voz enfantz de pere en filz
Bien esleuez si bien croissent,
Qu'illustres à tempz prefix
En hautz faitz ilz apparoissent.
 Qu'adonc braues, & guerriers,
Ilz dressent à la Memoire
Mille & mille frais Lauriers:
Nobles marques de leur gloire.
 Le cœur des fortz Lyonneaus
Ne vient d'vne lache beste,
Ni les couhardz Pigeonneaus
Du porteur de la tempeste.
 Cour' là-sus en feu t'assoir,
Et perçe ton nuiteus voyle,
O grand' Courriere du Ciel,
Sainte-Cyprienne estoyle!
 Mesle au tige Bourbonoys
Ceste plante Niuernoyse,
Et le bonheur Niuernoys
A la grandeur Bourbonoyse.

Ainsi soupçon, ni discord,
Faus desdaing, ni ialousie,
N'entame le nœu tresfort
De leur amitié choisie.

Ainsi Venus aus noirs yeus,
Cupidon, & les trois Graces,
Par soulas soulacieus
Traçent le trac de leurs traces.

LE POETE.

ICY tousiours carolant,
Se teut la Nymphalle tourbe :
Et folatre s'assemblant,
Gaigne la riuiere courbe.

Seine qui ses chantz ouyt,
Tira son chef hors de l'onde :
Et resiouy resiouyt
La brigade vagabonde.

LA MVSIQVE.

SI plusieurs sont enuieus, & ialous,
Sur l'Espousé : sçache, belle Espousée,
Que mainte aussi n'est moins enialousée,
T'enuyant ore vn si gentil Espous!

EPITHALAME DV ROY
Henry III. & de Loyse de Lorraine.

QVAND ce Henry, maintenant Roy de France,
Changeant d'estat changea de demeurance :

Et que Poloigne en son bras s'asseuroit,
Bras que la Gaule à toute heure imploroit,
Voyant deia sans Pilote sa Barque,
Sa gent sans Chef, son throne sans Monarque:
Alors ioignant ses mains deuers les Cieus,
Triste, & pleureuse, elle disoit aus Dieus.

 Permettrez-vous, ô Brigade immortelle,
Qu'vn tel mechef, & qu'vne angoisse telle,
M'acable encor sous le mesme cercueil
De mon Seigneur, dont ie porte le dueil?
Ne suis-ie pas l'hereditaire terre
De ce Francus, grand foudre de la guerre?
Ne suis-ie pas Mere de ses enfantz,
Riches de los, & de gloire estoffantz
Leurs nobles faitz? ne suis-ie pas encore
Celle qui pure & vous ayme, & adore?
Aydez-moy donc, me rendant pour support
Mon Henry vif, au lieu de Charles mort!

 Elle acheuoit, quand le Ciel tutelaire
Oyant ses cris, à gauche main esclaire:
Et ia ce Prince aduerti du trespas
De son germain, & de noz fiers debas,
Pense à quitter sa Prouince electiue,
Pour secourir sa region natiue,
Caut, & hardy: proiettant les moyens
De visiter ses premiers Citoyens.

 Comme les filz de Laërte, & d'Anchise,
L'vn fuyant Circe, & l'autre son Elise,
Vint de Caiete au port Dulichien,
Vint de Carthage au port Lauinien:

De mesme, à fin de haster son voyage,
Et desseigner vn nouueau mariage,
Guidé, suiuy, d'vn bienheureus Destin,
Il auança son retour clandestin
Deuers l'Austriche : & ia laissant Vienne
Il regaignoit la terre Ausonienne,
Et peu à peu tant fit qu'il arriua
Aus bordz de France, où toute France va
Pour l'acueillir, l'admire, & le caresse,
Et de rentrer en ses pays le presse :
Mesmes de peur qu'elle le reperdit,
A longz souspirs ceste priere dit.

    Tige d'enhaut, Venus treshonorée,
Mere d'Amour à la fleche dorée,
Soy-nous propice, ainsi qu'à noz Ayeus :
Et d'vn visage alegrement ioyeus
Reçoy noz vœus, & tes loüanges hautes,
Faisant cesser & noz maus, & noz fautes.

    Sainte, ayme-bal, ayme-ieus, ayme-ris,
Royne de Gnide, Erycine, Cypris,
Assiste-nous, & deploye ta grace
Aus tardz nepueus de la Troyenne race !
Fay que ton Filz d'vn petit trait diuin
Frape le cœur de ce ieune Hectorin,
A fin qu'épris de la beauté maistresse
De quelque noble, & gentille Princesse,
Il la recerche, & n'en soit destourné :
Puis qu'ore il est dans noz champz retourné.

    Exauce-nous des flotz marins la fille,
Qui t'esclouys du creus d'vne Coquille,

Venant à bord: & que Nature a sceu
Si peu conioindre au Lemnien deceu,
Qu'au brusque Mars, dont tu possedes l'ame,
Tu sers d'Amye & sans honte, & sans blame:
Ton beau Ceston plein d'estrange pouuoir
Hommes, & Dieus, peut ensemble esmouuoir:
Aussi les ris, attraitz, & mignardises,
Lassifz esbatz, deuis, & gaillardises,
D'un tel mi-Ceint repandent la vertu:
Par qui le cœur plus ferme est abatu.
 Ainsi priant la Dame d'Idalie,
France aperçeut sa requeste acomplie:
Car celle-la qui porte vn vif brandon,
Pria soudain son enfant Cupidon
Qu'armant son arc d'vne fleche diuine,
Il acourut entamer la poitrine
De nostre Henry, lequel bien tost aprez
Sentit sa force & de loing, & de prez:
Il fut épris de la beauté maistresse
D'vne tresnoble, & gentille Princesse,
Dont le Renom luy conta la valeur:
Et des ce tempz rengregea sa chaleur.
 Comme nauré le ieune Fan timide
Volle fuyard où sa doleur le guide,
Et sans arrest franchit eaus, montz, & boys:
Ainsi vaguoit ce Demidieu Françoys,
Et sans delay, couuant ce feu qu'il traine,
S'en va trouuer Loyse de Lorraine,
Nic des Amours: (car ainsi se nommoit
Celle qui ia son ame consommoit

D'honeste ardeur:) & fut adonc menée
Au Prince amant, par le bon Hymenée :
Qui rallia dans la ville de Rheins
Le sang fameus des Valoys, & Lorreins.

  Vierge LOYSE, ô que tu es heureuse,
D'auoir acquis l'amitié genereuse
D'vn tel Espous, qui t'a voulu choisir
Pour son soulas, son but, & son desir!
Certes iaçoit qu'ailleurs ie solennise
Ton los, ta pompe, & ton nom que ie prise :
Encor encor ce Chant sera pour toy,
Puis que tu es l'Espouse de mon Roy!

  Viuez vnis en douçeur, & concorde,
Nouueaus Amantz : & que la poison orde
Qui les cœurs tache, & qui les rend ialous,
Iamais iamais ne s'espande sur vous :
Courage HENRY ! l'entiere iouyssance
D'vn bien si rare, est ore en ta puissance :
Donne relache à tes soingz, & pensers,
Et te paissant de sousriz, & baisers,
Embrasse-la! baise, & racolle celle
Qui de rude humble, & femme de Puçelle,
Se trouuera, des qu'elle aura gousté
Des plus dous metz du plaisir retenté :
Ce crespe d'or, ces ioües si vermeilles,
Ce sein mignard où les Graces pareilles
Font leur seiour, & tant de raritez
Qu'on peut nommer Paradis des beautez,
Vray Paradis de cent beautez decloses :
Te fourniront vn Renouueau de roses,

             Et lis

Et lis naiſſantz : parfumant voſtre lit
D'ambre, & de muſc, qu'aus Indes on eſlit.
 Qui nombrera voz ris, & folatries,
Nombre de May les richeſſes fleuries,
Ou les preſentz que l'Autonne produit,
Ou les yeus clairs d'vne ſeraine nuit.
 Aprez tant d'aiſe, aprez tant de lieſſes,
Verray-ie pas, ô la fleur des Princeſſes,
Verray-ie pas ton ventre gros en fin
(Royal eſpoir!) de quelque beau Daufin?
Puiſſe Lucine, ore Iunon nopçiere,
Benir ta couche, & voſtre amour premiere:
Et puiſſe encor ma Muſe te voüer
Vn Hymne eſgal, ou pour mieus te loüer
Ie donne, & laiſſe, vn braue teſmoignage
De ton Eſpous, de toy, de ton lignage :
Afin qu'ainſi fleuriſſe à voſtre los
Le peuple en biens, & la Gaule en repos.

FIN DV QVATRIEME
Liure des Meſlanges.

f

LE CINQVIEME LIVRE
DES MESLANGES.

IMITATIONS, ET TRADVCTIONS.

A docte Calliope en ces lieus me trouua
Rauy du saint desir & de voir, & d'aprendre:
Quand pour m'instruire bien, & plus meslé me
    rendre,
Elle amoindrit mon corpz, & sa force esprouua.
  O change merueilleus! quelque part qu'elle va,
Nouuelle Mouche à-miel, ie viens mon vol estendre:
Elle parle, ie l'oys: puis me faisant reprendre
L'inuention d'autruy, par le Ciel se sauua.
  Ore donc esgaré çà & là ie volette,
Triant, fleurant, suçant, comme vne pronte Auette,
Ce butin que i'eslis d'vn art vrayment diuers.
  Mille Auteurs sont les prez où ces fleurs ie moissonne,
Mon estude est la ruche où l'œuure ie façonne:
Et ceste œuure sera le dous miel de mes vers.

D'ORPHEE.

L'ordre & suite des Poëtes est icy à plaisir.

AVS HYMNES. Ad Victoriam.

Εὐδύναΐον καλέω νίκην, θνητοῖσι ποθεινήν. &c.

I'INVOQVE *la Victoire, & sa grande puissance,*
Souhaitable aus Mortelz : & qui par sa nuisance
Seule peut bien deffaire, & rompre l'aspre effort
Des hommes bataillantz, & le contraire sort
Qu'une sedition insupportable, & grieue,
Au combat opposé communement esleue :
Es guerres elle iuge aussi de ces beaus faitz
Qui depouillent, vainqueurs, les ennemis deffaitz :
Es guerres, où courant selon qu'elle te pousse,
Tu pourras acquerir une victoire douce :
Car tu domtes chascun, & de chascun debat
La gloire est tousiours bonne, & vaillante combat
A ceste occasion : or la mesme victoire
Glorieuse de soy, gist en la mesme gloire,
De coronnes feconde : acour' donc en ces lieus
Bien-heureuse Victoire au viaire ioyeus !
Toy qui pour nous guider incessamment descœuures
La bonne gloire jointe aus glorieuses œuures.

Ad Salios.

Σκιρτηταὶ κουρῆτες, ἐνόπλια βήματα θέντες.

O sauteurs Saliens, qui posez d'ordonnance
Les autelz tous armez, qui frapez de voz piez,
Tourneurs, habite-montz, Euasteres priez :
Qui ioüez de la Lyre auec grand' resonnance.

f 2

Qui des rymes chantez, qui d'alleures soudaines
Gambadez souplémeñt, porte-armes, gardiens:
Princes vrayment fameus, compaignons Saliens
Soubz la Mere qui dance és montaignes hautaines.
Vous qui nous annoncez les Orgieus mysteres,
Acourez bien-veuillantz à ces braues chansons
Que ie seme sous vous: & en toutes saisons
Recueillez d'vn cœur gay les Bouuiers volonteres.

AVS PIERRES.

De Scorpio.

Σκορπίε, σεῖο δὲ λᾶαν ὁμώνυμον ἔμμεναι ἥρως.

CE grand Heros, ce luysant Orion,
Ne sceut iadis (incognu Scorpion)
Que tu estois vne pierre ainsi dite
De ton nom propre: alors que plus depite
L'aigre doleur ses membres consumoit,
Plustot de toy que des feus qu'allumoit
La noire Nuit, il eust par sa prudence
Cerché remede, & soudaine allegence.

D'HOMERE.

EN L'ILIADE,

DV LIVRE I.   Pestis immissa.

Οὐρῆας μὲν πρῶτον ἐπῴχετο κ̀ κύνας ἀργοὺς.

PREMIErement la fleche porte-mort
Sur les iumentz eslance son effort,
Et vistes chiens: & de là sa furie

Des corpz humains faisant salle türie,
Mortz dessus mortz alloit amonçellant
Par tout le Camp, tout le Camp trauaillant.

Facundia, ætásque Nestoris.

Ἀτρείδης δ' ἑτέρωθεν ἐμήνιε τοῖσι δὲ Νέστωρ.

OR comme icy d'vne autre part Atride
A son courrous lachoit deia la bride,
Voicy Nestor, Neleïen Heros,
Facond, plein d'ans, Chef des gentz de Pylos :
Mais de sa bouche à bien parler experte
Couloit le miel, & sa langue diserte
En haranguant diuine grace auoit :
Iusques alors ia franchir il pouuoit
Deus ages faitz, desquelz chascun emmeine
Les iours enclos de nostre vie humaine.

DV LIVRE II.   Regum commendatio.

Οὐκ ἀγαθὸν πολυκοιρανίη, εἷς κοίρανος ἔστω.

IL n'est pas bon que plusieurs soyent regnantz,
Qu'on n'ayt qu'vn Roy : que mesme à tous venantz
Vn seul commande, à qui la grandeur bonne
De Iupiter, le doré Sceptre donne :
Et luy enioint de rendre en chasque endroit
A ses sugetz, & iustice & leur droit.

DV LIVRE III.   Venus Helenæ.

Τὴν δὲ χολωσαμένη προσεφώνεε δῖ' Ἀφροδίτη. &c.

VENVS diuine en courrous luy a dit :
Chetiue helas ! ne m'irrite à credit,

f 3

De peur que mise en colere soudaine,
Ie ne te laisse : en desdaing, & en haine,
Ie t'auroy lors, tout ainsi qu'à present
Ie te cheris : or d'vn aduis nuisant
Ie semeray des inimitiez viues
Tout au milieu des Troyens, & Argiues :
Et quant à toy qui ce mal causeras,
De male mort adonques tu mourras.

DV LIVRE IIII.   Comitatus belli.

Δεῖμος τ'ἠδὲ Φόβος, καὶ Ἔρις ἄμοτον μεμαυῖα. &c.

AVEC Terreur, les Dires vangeresses
Vont de ces deux accroissant les destresses :
Discorde là (gaye) la guerre esmeut,
Auec sa Sœur, & compaigne qui veut
Estre tousiours prez de Mars homme-tüe :
Du premier coup elle est comme abatuë,
Mais tout soudain s'esleue parmy l'ær,
Passe la terre, & d'vn brusque voler
Noüant, fendant, ces plaines vuides hache,
Et son haut chef entre les nuës cache.

DV LIVRE V.   Ægis Mineru‑

Ἀμφὶ δ'ἄρ ὤμοισιν βάλετ' αἰγίδα θυσανόεσσαν.

PVIS elle vest son Ægide terrible,
De maintz malheurs menassante, & horrible :
Icy se void noyse, force, & clameur
Cruelle à voir, auec folle rumeur :
Icy le chef de l'hydeuse Gorgonne,
Monstre si fier que Iupiter qui tonne

N'a permis onc qu'il en nasquit icy
Autre qui fust plus dur, & sans mercy.

DV LIVRE VI.   Helenæ querela.
Δάερ ἐμεῖο κυνὸς κακομηχάνου ὀκρυοέσσης. &c.

BEAV-frere cher, mauuais conseil receu
Comme tu dis, mes espritz a deceu :
Chetiue moy ! qui deuois ce iour mesme
Que m'enfanta non sans trauail extresme
Ma mere, helas ! de bonne heure perir :
A fin qu'aumoins pour me faire mourir
Vn tourbillon, qui les ventz acompaigne,
M'eust peu ietter contre quelque montaigne :
Ou dans les flotz de l'abboyante mer
(Auant ces faitz) eust lors peu m'abysmer.
   Mais puis qu'ainsi les hautz Dieus ordonnerent
Tant de malheurs, he ! qu'ilz ne me donnerent
Meilleur mary, qui sentit les courrous,
Et les broquardz, des hommes contre nous.

DV LIVRE VII.   Consilium Antenoris.
Δεῦτ' Ἀργείην Ἑλένην καὶ κτήμαθ' ἅμ' αὐτῇ.

LAISSONS icy ceste Helene si belle,
Et recerchons d'vne ruse nouuelle
Tous les presentz de ces richesses-là,
Qu'iniquement par armes on embla.

DV LIVRE VIII.   Hector equis suis.
Ξανθέ τε, καὶ σὺ Πόδαργε, Αἴθων, Λάμπε τε δῖε. &c.

XANTE, Podarge, Æthon, Lampé diuin,
Or' rendez-moy le traitement benin

Que vous a fait Andromache la fille
D'Eëtion, grand en valeur gentille :
Alors de l'orge elle vous presenta,
Voyre y mesla du vin qu'elle apresta
Pour vostre boire, ainsi que son courage
Luy commandoit, auec plus d'auantage
Que moy, qui suis glorieus dessus tous,
Ayant l'honneur d'estre son ieune espous.

   DV LIVRE IX.   Pelides Achilli.

Τέκνον ἐμὸν, κάρτος ἢ Ἀθηναίητε, καὶ ἥρη. &c.

MON cher Enfant, & Iunon & Pallas
Te donront bien (s'il leur plaist) aus combas
Force, & valeur : mais dedans ton courage
D'vn cœur si grand tu refraindras la rage :
L'amour vaut mieus ! laisse & metz donc à-part
L'aspre discord, d'où la malice part :
A fin qu'ainsi ieunes & vieus t'honnorent
D'entre les Grecz, qui ta race n'ignorent.

   DV LIVRE X.   Agamemnon Diomedi.

Τυδείδη Διόμηδες ἐμῷ κεχαρισμένε θυμῷ.

TRescher Amy, Tydide Diomede,
Pren à ton chois c'il à qui chascun cede
Soit d'apparance, ou en bonté meilleur,
Pour compaignon : plusieurs briguent tel heur,
Et pour l'auoir à mespris en ton ame,
Ne laisse c'il que plus de force enflame :
Honteusement le pire ne reçoy,
Pour son lignage, & fust-il plus que Roy.

DES MESLANGES.

DV LIVRE XI.   Fratrum supplicatio.

—Τὼ δ'αὖτ' ἐκ δίφρου χουναζέσθω.

LORS du charroy, flechissant les genous,
Ceux-cy prioyent : Atride, reçoy-nous
Reçoy-nous vifz, & pren de ta proüesse
Dignes presentz : car parmy la richesse
De nostre pere oppulament aisé,
Gist beaucoup d'or, & de cuiure prisé,
Et de fer mesme estophé d'artifice :
D'entre ses biens nostre engendreur propice
T'enuoyera plusieurs dons successifz,
Oyant qu'es Nefz des Grecz nous sommes vifz.

DV LIVRE XII.   Græcorum fortuna.

Αὐτὰρ ἐπεὶ κατὰ μὲν τρώων θάνον ὅσοι ἄςισοι.

DES que les Chefz tomberent mis à mort,
Et ce Hector, des Troyens seul renfort,
La plus grand' part des Danoys en partie
Cheut à la guerre, à leurs maus diuertie :
Partie aussi ceus qui restoyent viuantz,
Et que fortune au fort des coupz suiuantz
Espargna lors, en fin aprez la guerre
Sur les dix ans reuindrent en leur terre.

DV LIVRE XIII.   Animaduersio.

———γὰρ ἐδέ τι φημὶ
Ἀλκῆς δευήσεθαι &c.

DEsirer plus qu'il n'est en ton pouuoir,
C'est chose vaine, & ridicule à voir,

ſ ſ

DV LIVRE XIIII.   Somnus Neptuno.

Πρόφρων νῦν Δαναοῖσι Ποσειδάων ἐπάμυναι.

Donne aus Gregeoys vn pront secours, Neptune,
Et monstre-leur vne gloire opportune,
Tandis qu'à gré Iupiter sommeillant
Repose encor, sous mon dous somne lent :
Aussi Iunon qui par amour l'apaise,
L'éprit à fin qu'il dormit à son aise.

DV LIVRE XV.   In mortales.

ἤδη γάρ τις τοῦδε βίω καὶ χεῖρας ἀμείνων.

Mais quel de nous affranchira de mort
Ceus qui mortelz sont nez dessous ce sort?
Celluy vrayment celluy tant soit habile,
Se peinera d'vne peine inutile.

DV LIVRE XVI.   Officium militis.

ἐν γὰρ χερσὶ τέλος πολέμου, ἐπέων δ' ἐνὶ βουλῇ.

Es seules mains gist la fin de la guerre,
Mais le conseil tout le discours enserre :
Pource il ne faut acroistre le parler,
Ains viuement combatre, & chamailler.

DV LIVRE XVII.   Dei nutus, potestásque.

Ἀλλὰ διέκ τε Διὸς κρείττων νόος αἰγιόχοιο.

De Iupiter meilleur est le conseil,
Que des humains : vn pouuoir non-pareil

Il va donnant à ceus-là qu'on oppreſſe,
Et l'oſte à ceus que l'orgueil meſme preſſe:
Ceus qu'il voudra, victorieus ſeront,
Et ſurmontez ceus qui ne luy plairont.

DV LIVRE XVIII.   Thetis Achilli.

Τέκνον τί κλαίεις, τίδ'έ σε φρένας ίκετο πένθος.

POVRQVOY, mon filz, voy-ie tes pleurs rouler?
Quelle doleur vient ton ame affoler?
Dy hardiment, & cela ne me celle,
Iupin t'enuoye vne trauerſe telle:
Comme deia ſupplié tu l'auoys
Tendant les mains, à ce que les Gregeoys
Ayantz beſoing de ta ſeule preſance,
Dans leurs Vaiſſeaus fiſſent leur demeurance
Tous reſſerrez, & pleins d'aduerſité
Souffrantz ainſi, pour t'auoir irrité.

DV LIVRE XIX.   De Ate.

———— Θεὸς διὰ πάντα τελευτᾷ
Πρέσβα δ'ιὸς θυγάτηρ ἄτη. &c.

LA griefue Até, fille de Iupiter,
Tous les mortelz oſe bien tormanter
En cent façons : & iamais, quoy qu'elle erre,
D'vn pié mollet ne rempe deſſus terre :
Mais par le bout des choſes commançant,
Va les humains durement offançant :
Meſme entre Amys ſouuent d'vne ire extreſme
Nuiſantz courrous, & noyſes elle ſeme.

DV LIVRE XX. Hector Achilli.

Πηλείδη μὴ δή μ' ἐπέεσσί γε νηπύτιον ὥς. &c.

N'Espere ia, Pelide, m'effroyer
Par motz hardis, comme l'on void ployer
Vn Enfançon: sans craindre tes audaces,
Ie sçay que c'est de broquardz, & menaces:
Ie sçay vrayment que tu es valeureus,
Moy moins adroit, & moins cheualeureus:
Ce nonobstant, toutes noz entreprises
Dessous les Dieus sont à ce coup assises:
Bien que ie sois inferieur à toy,
Ayant receu ta lance sans effroy,
Ie seray sauf: car plustot fust trempée
Pour bien couper, ma vangeresse espée.

DV LIVRE XXI. Dei cura.

—— θεοὶ δέ τε φέρτεροι ἀνδρῶν.

LES Dieus ayantz leurs maiestez haussées,
Passent de loing noz mortelles pensées.

* Æquitas pugnæ.

Τῶ γ' ἀγαθὸν μὲν ἔπεφν', ἀγαθὸς δέ κεν ἐξενάριξε.

LA chose en soy plus de iustice auroit,
Quand vn vaillant le vaillant tüeroit:
Car les Destins qui mauuais nous saisissent,
D'honneste mort le soulas nous rauissent.

DV LIVRE XXII. Hector moriens Achilli.

ἦ σ' εὖ γινώσκων προτιβάσομαι, οὐδ' ἄρ' ἔμελλον. &c.

CERtainement te recognoissant bien,
Ie le preuis: & pour auoir ce bien,

De te flechir ie ne deuois m'attendre :
Vn cœur de fer dans toy s'est venu rendre !
Or voy meshuy que de toy meurdrisseur
Au gré des Dieus ie ne sois punisseur
Ce mesme iour que Paris, & encores
Le bon Phœbus, te voyant ainsi qu'ores
Braue, & hardy, vers la porte viendront
Qu'on nomme Scée, & de là t'occiront.

DV LIVRE XXIII.   Tempestatis descriptio.

——Τοὶ δ' ὀρέοντο
Ηχῆ θεσπεσίη. &c.

Soudain les ventz à tourbillons horribles
Se confondoyent, & fremissoyent terribles :
Ia s'entassoyent les nuës à monçeaus,
Ia se troubloyent les murmurantes eaus :
Et voyoit-on aussi cresper les ondes,
Et les flotz meus à courses vagabondes.

DV LIVRE XXIIII.   De Dijs.

———νεμεσητὸν δέ κεν ἐίη
Ἀθάνατον θεὸν ὥδε βροτὰς ἀγαπαζέμεν αὐτήν.

LES Dieus ornez d'immortelle nature
Ne veulent point qu'humaine creature
Sugette à mort, & maladif torment,
Leurs majestez voye si aisement.

*   Priami, & Achillis.

Αὐτὰρ Ἀχιλλεὺς κλαῖεν ἑὸν πατέρ', ἄλλοτε δ' αὖτε.

AINSI ses pleurs firent pleurer Achile,
Estant prié de ce desir vtile.

De voir son Pere: à l'instant gemissoit
Vn chascun d'eus, l'vn des larmes versoit
En regrettant son Pere vieil Pelée,
Et son Patrocle, & sa fin desolée:
L'autre plaignoit le violent trespas
De son Hector, occis aus fiers combas.

*
* *

EN L'ODYSSEE.

DV LIVRE I. De Neptuno, & Polyphe.

Ἀλλὰ Ποσιδάων γαιήοχος ἀσκηθὲς αἰέν. &c.

NEPTVNE seul, qui la terre enuironne,
Tousiours tousiours à colere s'adonne
Pour le Cyclope, esborgné par destin,
Ce sien enfant, Polypheme diuin:
De qui la force, & la terrible audace,
Tout le pouuoir des Cyclopes surpasse.

* De Vlysse.

Ἐκ τοῦ δὴ Ὀδυσῆα Ποσιδάων ἐνοσίχθων. &c.

IAMAIS aussi Neptune pousse-terre
N'occit Vlysse, il est bien vray qu'il erre
Soubz son courrous, longuement agité
Loing du pays où il fust alaité.

DV LIVRE II. Antinous ex Penelope.

Κοῦροι, ἐμοὶ μνηστῆρες, ἐπεὶ θάνε δῖος Ὀδυσσεύς. &c.

PVIS qu'il est vray, mes ieunes Poursuiuantz,
Qu'Vlyss' diuin n'est entre les viuantz:

DES MESLANGES. 463

Ne haſtez point mes nopçes ſi preſſees,
Tant que mes mains laſſes, & delaſſees,
Acheueront (à fin que tant de fil
Qui eſt ia preſt, ne periſſe inutil:)
Vn linge fait pour mon ſeigneur Laërte,
Quand l'aſpre mort me cauſera ſa perte:
Si bien que nulle entre celles qui ſont
Femmes des Grecz, ne me reprocheront
Qu'ayant des biens il tombe en ſepulture
Sans ornement, ou quelque couuerture.

DV LIVRE III.   Reſp. Telemachi.
Αἲ γὰρ ἐμοὶ τοσσήνδε θεοὶ δύναμιν περιθεῖον. &c.

PLEVT-il aus Dieus que ieuſſe autant de force
Que de vanger & l'iniure, & l'entorce,
Sur ces Muguetz, qui m'ayant irrité,
Braſſent facheus quelque meſchanceté!

DV LIVRE IIII.   De Pharmaco Helenæ.
Αὐτίκ' ἄρ εἰς οἶνον βάλε φάρμακον ἔνθεν ἔπινον.

INcontinent vne drogue elle iette
Dedans le vin, que la brigade preſte
Beuuoit alors ſans ire, & ſans doleur,
Voire faiſant oublier tout malheur:
Qui l'aura pris meſlé dans vne taſſé,
Ce iour durant ne pourra ſur ſa face
Verſer des pleurs: non quand la mort prendroit
Ses pere, & mere: ou qu'on luy tuëroit
D'vn fer ſanglant ſon cher filz, ou ſon frere,
Et que ſes yeus verroyent ceſte miſere.

Nesto. Pisistratus Menelao.
Πάντα μὲν ἐκ ἂν ἐγὼ μυθήσομαι ἐδ᾽ ὀνομήνω. &c.

Ie ne sçauroy ni conter, ni nommer,
Tous les perilz que par terre, & par mer,
Doit supporter auec grand' tolerance
Vlysse plein de grande patiance.

DV LIVRE V. Calypso Vlyssi.
Εἴγε μὲν εἰδείης σῇσι φρεσὶν ὅσσά τοι αἶσα. &c.

Si tu sçauois combien encor d'ailleurs
Ton fier destin t'apreste de doleurs,
Ains que toucher la terre de ton pere :
Tu garderois ceste maison prospere
Auec moy seule, & serois immortel,
Bien qu'oubliant vn benefice tel,
Tu sois épris de voir ta chere feme,
Dont le desir de iour en iour t'enflame :
Certes aussi ma gloire a merité
Ne luy ceder en ieunesse, & beauté :
Or' que ce soit vne indecente chose
Que l'immortel aus Dieus s'esgaler ose.

DV LIVRE VI. Vlysses Mineruæ.
Κλῦθί μοι αἰγιόχοιο Διὸς τέκος Ἀτρυτώνη. &c.

Ores aumoins escoute-moy de grace
De Iupiter Cheure-nourry la race,
Exauce-moy : puis que par cy deuant
Lors que i'errois agité si souuent
Comme il plaisoit au renommé Neptune,
Tu ne fus point à mes vœus opportune :

Donne

Donne qu'aumoins ie puiſſe à l'auenir
Receu, piteus, aus Pheaques venir.

DV LIVRE VII.   Vlyſſes Alcinoo.

Οὐ γὰρ τι στυγερῇ ἐπὶ γαστέρι κύντερον ἄλλο.

IL n'eſt vrayment pire mal que le ventre
Ainſi facheus, qui fait que le pouure entre
Au ſouuenir d'aigre neceſſité,
Ou plus il eſt dolent, & mal-traité.

DV LIVRE VIII.   Laodamas ſociis.

Οὐ γὰρ ἔγω γε τι φημὶ κακώτερον ἄλλο θαλάσσης.

CERtainement ie ne puis eſtimer
Vn pire mal que la vagueuſe mer,
Pour affoiblir, & plus debile rendre,
L'homme qui peut à ſa force ſ'attendre.

*   Laodamas Vlyſſi.

Οὐ μὲν γὰρ μεῖζον κλέος ἀνέρος ὄφρα κεν ᾖσιν, &c.

L'Homme ne peut gloire plus grande auoir,
Qu'habile, & fort, des piedz & mains ſe voir.

DV LIVRE IX.   Vlyſſ. de Polyphemo.

Σμερδαλέον δὲ μέγ' ὤμωξε, περὶ δ' ἴαχε πέτρη.

HOrriblement à crier il ſe mit,
Mais le rocher à ſa plainte fremit.
Et nous ſaiſis d'vne frayeur ſubite,
Fuſmes auſſi ſur l'heure mis en fuite:
Il a pourtant ce leuier tout-ſanglant
Tiré, repris, hors de ſon œil dolant.

CINQVIEME LIVRE

DV LIVRE X.   Vlysses de Æolo.

Δῶκε δέ μοι δείρας ἀσκὸν βοὸς ἐννεώροιο.

CLOS dans la peau d'vn bœuf ayant neuf ans,
Il à lié tous les freres bouffans
Dessus les flotz: car la garde assignée
Des vents, luy fust par Iupiter donnée:
Pour adoucir, ou faire haut-aller,
(Comme il voudra) leur course parmy l'er.

           *   Quidam ex sociis.

—— Ἀλλ' ἄγε θᾶσσον ἰδώμεθα ὅ,ττι τάδ' ἐξίν.

MAIS haste toy, voyons d'vn soing vrgent
Ce qui en est: combien d'or, & d'argent,
Est dans la peau: tel fut leur beau langage,
Mais le malheur vainquit l'aduis mal-sage
Des compaignons: car ilz ont detaché
Ce cuir lié, & soudain fust haché
L'air ia saisi par les ventz qui vollerent,
Et clos ensemble, ensemble deslogerent.

DV LIVRE XI.   De Gigantibus.

Ὅσσαν ἐπ' Οὐλύμπῳ μέμασαν θέμεν, αὐτὰρ ἐπ' Ὄσσῃ

PRESTZ sur Olympe ilz auoyent resolu
D'entasser Osse, & Pelion fueillu
Sur Osse encor, à fin qu'en ceste sorte
Le Ciel ouuert leur empire supporte:
Et d'aduanture eussent-ilz acheué,
S'il'age creu ces corpz eust esleué.

DV LIVRE XII. Vlyſſes.

Ἔνθεν δ' ἐννῆμαρ φερόμην. δεκάτη δέ με νυκτὶ.

Mais de ce lieu i'erray par neuf iournées,
Et ſur le point de dix nuitz retournées
L'Iſle Ogygie, ainſi qu'aus Dieus il pleut,
Lors me logea: Calypſon qui me veut,
Habitoit là, venerable Deeſſe,
Aus beaus cheueus: & m'acueille, & careſſe,
Iuſqu'à m'aymer, & pour ſien me tenir,
Voire en ſon ſein ma flame entretenir.

DV LIVRE XIII. Minerua Vlyſſi.

Μηδέ τῳ ἐκφάσθαι μήτ' ἀνδρῶν μήτε γυναικῶν.

NE parle point à homme, ni à feme,
Tay ta venüe, & ta route: & n'entame
Aucun propos, de mainte aſpre doleur
Qu'il te faudra ſouffrir d'vn cœur meilleur:
Portant ainſi d'vn genereus courage
Des hommes fiers & l'effort, & l'outrage.

* Eadem iterùm.

Τῷ σε κỳ ἐ δύναμαι προλιπεῖν δύσηνον ἐόντα.

VOYLA pourquoy ie ne veus endurer
Que ton malheur puiſſe touſiours durer!
Auſſi es-tu plein de grande eloquence,
Ingenieus, & comblé de prudence.

DV LIVRE XIIII.   Eumæus Vlyssi.

Τοῦ δ' ἤδη μίν ὅσσι κύνες ταχέες τ' οἰωνοί.

OR les Mastins, & les Vautours legers,
Ia dessus luy prontement carnagers
D'auec ses os ont la peau separée,
Et l'a quitté son ame deploree :
Ou les poissons l'ont mangé dans les flos,
Et de sablon sont couuers tous ses os.

DV LIVRE XV.   Pallas Telemacho.

Οἶδα γὰρ οἷος θυμὸς ἐνὶ στήθεσσι γυναικός.

TV sçais quel est le cœur de chasque feme !
De celluy seul elle veut, comme Dame,
La maison croistre, auquelle lit nopçier
L'aura reiointe: & l'Espous deuançier
Iadis aymé, n'estant plus en ce monde,
Ni les enfantz dont elle estoit feconde,
Ne luy sont plus en quelque souuenir :
Et n'en veut-elle autre compte tenir.

DV LIVRE XVI.   Telemachus subulco.

Μοῦνον Λαέρτην Ἀρκείσιος υἱὸν ἔτικτε.

VN seul Laërte est prouenu d'Archise,
Et de Laërte a sa naissance prise
Vlyssez seul : & mon Pere Vlyssez
M'a laissé seul, auec ses biens laissez.

DV LIVRE XVII. Vlysses procis.

Αὐτὰρ ἔμ᾽ Ἀντίνοος βάλε γαστέρος εἵνεκα λυγρῆς.

ANtinoüs m'a frapé voirement
Pour son glout ventre, aus hommes detriment:
Mais si les Dieus, & la iuste vangence,
Aus indigentz baille quelque allegence,
En fin la mort acourra terrasser
Antinoüs, mesme auant qu'espouser.

DV LIVRE XVIII. Irus Vlyssi.

Εἶκε γέρον προθύρου, μὴ δὴ τάχα καὶ ποδὸς ἕλκῃ.

REtire toy, Vieillard, de ceste entrée!
De peur qu'ayant ta face rencontrée,
Ie ne t'entraine hors d'icy par le pié:
N'oys-tu comment tous m'ont ia conuié
A te tirer ? certes ilz le commandent,
Mais i'en rougis: sors donc, ilz s'y attandent:
Si non, bien tost entre nous on verra
A coupz de mains, qui plus noyseus sera.

DV LIVRE XIX. Penelope Vlyssi.

Ὅσσοι γὰρ νήσοισιν ἐπικρατέουσιν ἄριστοι. &c.

LEs plus puissantz qui dominent en l'Isle
Et de Duliche, & de Same fertile,
Et Zacynthos abondante en forez,
Mesmes d'Ithaque aus champz plus temperez,
Contre mon gré me veulent prendre à feme,
Et ma maison dissipent à leur blame:
Donc le soucy des hostes ne m'espoint,
Les suppliantz ne me delectent point,

Ni les Herautz qui font vn tel office:
Mon cœur marry ne souspire qu'Vlysse.

* Eadem eidem.

Ἔνθα κεν ἠματίη μὲν ὑφαίνεσκον μέγαν ἱστόν.

ALORS vrayment chascun iour ie tissois
Vne grand' toile, & puis la deffaisois
La nuit venant: des que d'vn soing fidelle
Ie trauaillois auprez de la chandelle.

DV LIVRE XX, Vlysses Penelopi.

Ὦ γυναι αἰδοίη Λαερτιάδεω Ὀδυσῆος, &c.

FEMME honnorable au Laërtide Vlysse,
Ne retien plus d'vn soigneus artifice
Dans ta maison ces debatz pourchassez,
Bien tost viendra ton prudent Vlyssez:
Mesmes auant que ceux-cy qui manient
L'arc bien-poly, d'estendre bien se fient
La roide corde, & droittement visantz
Dedans la bague assoir leurs traitz puissantz.

DV LIVRE XXI. Telemachus matri.

Ἀλλ' εἰς οἶκον ἰοῦσα, τὰ σαυτῆς ἔργα κόμιζε. &c.

MAIS toy gaignant ta maison delaissée,
Va manier d'vne cure pressee
Ton linge ourdy, ta quenouille, & ainsi
Fay besoigner tes Chambrieres aussi:
De bander l'arc tous hommes auront cure,
Mesmement moy, qui reçoys de nature
Ceste liçence: & qui doibz par raison
D'vn tel pouuoir iouyr en ma maison.

DES MESLANGES.

DV LIVRE XXII.   Vlysses procis.

Ὦ κύνες, ού μ' ἔτ' ἐφάσκεθ' ὑπότροπον οἴκαδ' ἱκέσθαι.

CHIENS, vous pensiez qu'onc chez moy ie ne peusse
Venir de Troye, & que perdre ie deusse
Ceste maison qu'ainsi vous consumiez!
De moy viuant la femme vous aymiez
Futurs espous, & pleins d'amours feruantes
Couchiez par force aueques noz seruantes:
Sans craindre Dieu, qui le Ciel veut tenir,
Ni des humains le reproche auenir.

DV LIVRE XXIII.   Vlysses domi.

Αὐτὰρ ὀδυσῆα μεγαλήτορα ᾧ ἐνὶ οἴκῳ, &c.

DANS sa maison le courageus Vlysse
Se vid lauer d'vn gracieus office
Par Eurynome, & s'oindre d'huyle aussi:
Voire vne robe, & vn habit choysi,
Iette sur luy: ce fait, Pallas honneste
Mainte beauté respandit sur sa teste,
Et si plus grande & reffaitte on la vid:
De violet la mesme se seruit,
Teignant ses poilz, qui desliez encore
Semblent la fleur qui son chef recolore.

DV LIVRE XXIIII.   Vlysses Penelopi.

Ὡς δ' ἵκετ' Ὠγυγίην νῆσον, νύμφην τε Καλυψώ. &c.

COMME il alla vers l'Isle Ogygienne
Chez Calypson, Nymphe magicienne:
Qui le detint soigneusement nourry
(Comme s'il eust esté son cher mary)

g 4

Es antres creus, & dit que c'estoit elle
Qui reffairoit sa nature immortelle:
Et qu'en viuant auprez d'elle tousiours,
L'age chesnu ne hasteroit ses iours.

* *
*

D'HESIODE.

AVS OEVVRES.   Inuocatio.

Μοῦσαι πιεριηθεν αοιδῆσι κλείεσαι, &c.

VENEZ icy, ó Pierides Muses,
  Car lés vers ont voz louanges infuses:
Venez icy, & par voz chantz nombrez
Vostre bon Pere à ce coup celebrez.

AVS IOVRS.   Hortatio.

Ἄλλοτε μὴ ξύη πέλει ἡμέρη, ἄλλοτε μήτηρ.

PARfois le iour nous est marastre, & parfois mere:
Heureus, & fortuné, qui sçachant la maniere
De bien-ouurer en tout, incoupable sera
A l'endroit des hautz Dieus: & deuot gardera
Les augures cognus d'vne prudente ruse,
Et sagement fuyra ce qui nuit, & abuse.

EN LA THEOGONIE.   Iupiter Telluri.

Μῆτερ, ἐγώ κεν τοῦτόγ' ὑποσχόμενος τελέσαιμι.

MERE, prenant cest affaire sur moy,
Ie le feray: ie ne suis en esmoy,
Et n'ay soucy de nostre commun pere
Porte-malheur: car d'vne ame meurdriere

Premier que nous il a premedité
Ces laches faitz, sentantz leur cruauté.
   Tel est son dire: & nostre Mere-grand'
l'entendz la Terre, au cœur grand' ioye prand,
Puis le colloque, & recelle à cachettes:
Mais dans la main il luy mit vne Faulx
Aus aspres dentz, & contre tous assaux
Le vint armer de cauteles secrettes.

    *   Iupiter Prometheo.
Ἰαπετονίδη, πάντων ἀριδείκετ' ἀνάκτων.

O filz d'Iäpet, autresfois
Le plus fameus de tous les Roys:
O fay-neant, auec quant de sottises
As-tu lotti ces portions requises?

    *   Idem eidem.
Ἰαπετονίδη, πάντων πέρι μήδεα εἰδώς.

FILZ d'Iäpet, sur tous instruit
Es conseilz tendantz à bon fruit:
O fay-neant, certes tu n'as encore
Oublié l'art qui de ruse s'honnore.

DE CALLIMAC.

AV I. HYMNE.   In Iouem.
—Δίδου δ' ἀρετήν τ' ἄφενός τε. &c.

LES biens, & la vertu, liberal donne moy,
Richesse sans vertu iamais aucun n'auance,
Non plus que la vertu qui sera sans cheuance:
Que richesse, & vertu, me vienne donc par toy.

AVS EPIGRAMMES.   In Timonem.

Τίμων (οὐ γὰρ ἔτ' ἐασί) τί τοι, φάος ἢ σκότος, ἐχθρόν;
Τὸ σκότος, ὑμέων γὰρ πλείονες εἰν ἀΐδῃ.

Timon, (car estant mort cecy tu me peus dire)
Dy quelle te plaist moins ou l'ombre, ou la clarté?
Certes ie hay la nuit, & hay telle obscurté,
Pource que la plus part des hommes s'y retire.

D'ARAT.

AVS APPARENCES.   De Luna.

Πάντη γὰρ καθαρῇ κε μάλ' εὐδία τεκμήραιο.

Lors que toute pure est la Lune,
Attandz serenité commune:
Les ventz, s'elle est toute rougeastre,
Et pluye, si elle est noirastre.

AVS SIGNES AERIENS.   De Apibus.

Οὐδ' ἂν ὑπεξέσθαι μεγάλου χειμῶνος ἰόντος. &c.

Grand Hyuer suruenant les blondettes Abeilles
Ne partagent à plein leurs œuures nompareilles,
Mais en se trauaillant soigneuses se prendront
A l'ouurage, & au miel, qu'elles mesme fairont.

DE NICANDRE.

AVX THERIAQVES.   De Asterio.

Ἀςέριον δ' ὄφιν ἄλλο πιφάσκεο, τοῦ δ' ἐπὶ νώτῳ. &c.

Mais conte moy d'vn autre Asterion:
Sur son dos luit vne graisse à foison,
Mesme en coleur ses verges sont luisantes:
L'homme sentant ses morsures nuisantes,

D'vne roideur apparante est saisy,
Vne paresse endord son chef aussy:
Et ses genous qui peu-vigoureus tremblent,
Comme deiointz leurs liens desassemblent.

DE THEOCRIT.

EIDYLLIE V.   Comatas.

Οὐ θεμιτὸν Λάκων ποτ' ἀηδόνα κίσσας ἔρισδεν
Οὐδ' ἔποπας κύκνοισι.

C'est offançe, ô Lacon, qu'ouyr Pies indignes
Combatre aus Rossignolz, & les Hupes aus Cignes.

EIDYLLIE VIII.   Daphnis.

Μή μοι γᾶν Πέλοπος, μή μοι χρύσεια τάλαντα. &c.

Ie ne quiers point la terre à Pelops diuisée,
Ou bien des talentz d'or, ou que ie passe au cours
Les roides ventz legers: mais te tenant pressée
Sous ce rocher icy, ie diray mes amours:
Icy tu verras, s'il te semble,
Repaistre mes brebis ensemble
Prez la mer de Sicile, errant à longz destours.

EIDYLLIE XV.   Gorgon.

―――― Εἰς Τροίην πειρώμενοι ἦλθον Ἀχαιοί, &c.

En essayant à Troye sont venus
Les Achéens, ô des filles plus belle:
Certainement l'experience est telle,
Qu'elle parfait tous affaires cognus.

EIDYLLIE XXI.   Solers egestas.

Ἀπενία Διόφαντε μόνα τὰς τέχνας ἐγείρῃ. &c.

Diophantez, la seule pouureté
Esueille, & suit, les artz qu'elle a porté:
Du long trauail elle est aussi maistresse,
Car de croupir en sommeil, & paresse,
Les mauuais soingz ne le permettent pas
A ces Ouuriers populaires, & bas.

EIDYLLIE XXIII.   In pulchritudinem.

Καὶ τὸ ῥόδον καλόν ἐστι ἠ ὁ χρόνος αὐτὸ μαραίνει.

Certes la rose est belle, & seche auec le tempz,
La violette aussi n'est moins belle au Printempz,
Et sur l'heure vieillit: le lis est blanc encore,
Et fanit estant cheut: la nege qui s'honore
De nayfue blancheur, se fond pareillement
Depuis qu'elle se void en quelque acroissement.

DE BION SIRACU.

EIDYLLIE V.   Mercedis, & laudis.

Μηδὲ λίπῃς μ' ἀγέραστον. ἐπὴν χὠ Φοίβος ἀείδειν.

Ne veuille point me laisser sans guerdon,
Car Phœbus mesme a bien pris quelque don
Pour bien chanter: & au reste la gloire
Les choses fait meilleures à tous croire.

       *   Mulierum, atque hominum.

Μορφὰ θηλυτέρῃσι πέλει καλόν, ἀνέρι δ' ἀλκά.

Aus femmes sied proprement la beauté,
Aus hommes force, & magnanimité.

DE MOSCHE.

EYDILLIE I. De Amore fugitiuo.

Ἢν τὺν ἕλῃς τῆνον, δάσας ἄγε, μηδ' ἐλεήσῃς. &c.

SI tu l'as pris, il faut que tu l'enchaines,
Sans pitié nulle : & ses larmes soudaines
Ne fairont tant, qu'il te puisse abuser :
S'il rid aussi, traine-le : si baiser
Il te vouloit, ce faux baiser euite :
Ses leures sont vne poison subite.

EN L'EPITAPHE DE BION.

[Πάντα τοι ὦ βέτα ξυγκάτθανε δῶρα τὰ μοισᾶν.

O Pasteur, auec toy sont mortz les dons des Muses,
Des Vierges les baisers pleins de douceurs infuses,
Et des filles aussi les leures : & les pleurs
Des Amours, sur ta tombe assignent leurs doleurs.

DE MVSEE. De Hero, & Leandro.

Ξεῖνε, τί μαργαίνεις; τί με δύσμορε παρθένον ἕλκεις. &c.

POVRquoy fais-tu (Viateur) l'insensé?
Pourquoy d'vne audace cruelle
Viens-tu trainer vne Pucelle?
Aumoins repren vn chemin plus aisé.
    Laisse pourtant laisse mon saye pris,
Et de ceus de ma race chere
Soudain euite la colere :
Il te sied mal, & tu n'es bien apris

De t'attacher, ou vouloir faire mal,
A quelque diuine Prestresse
De la Cyprienne Deesse:
Vn long trauail meine au lit Virginal.

DE THEOGNIDE.

    *   In Sententiis.

Τὴν σαυτῦ φρένα τέρπε. &c.

REcrée ton esprit! d'entre les citoyens
Qui seront plus facheus, l'vn par diuers moyens
Blasonnera de toy, l'autre sans resistance
En dira quelque bien: cestuy reprend, & tance,
Extremement les bons, l'autre les vient loüer:
Mais ceus que pour mechantz nous pouuons auoüer,
Seront sans nul renom: homme qui soit au monde,
N'est irreprehensible: he! qu'est-ce qui redonde
Beaucoup plus à l'honneur de celluy qui viura?
C'est quand de mainte chose aucun soing il n'aura.

DE LINE.

    *   Spei, & negotij.

Ἐλπιδαι χρὴ πάντ'. &c.

IL faut esperer toute chose,
Pource que rien ne se propose
Qu'on ne doiue esperer à fait:
Il est facile de parfaire
Toute chose qu'on voudra faire,
Car il n'y a rien d'imparfait.

DE TIRTEE. Ad milites.

Μέχρις γευ κατάκεισθε. &c.

Ivsqu'à quand serez-vous pressez d'oysiueté?
Quand aurez-vous (Soldatz) vn grand cœur indonté?
Que la peur des voysins ore ne vous assaille!
Est-ce icy que si fort lacheté vous trauaille?
Il semble que la paix vous aye pour amis,
Ores que tout le monde aus guerres soit souzmis.

DE LYCOPHRON.

EN L'EPITOME DE CASSANDRE. In Troiam, & Paridē.

Στενῶ ςενῶ σε, πάτρα,
Τάφες τε δαρδανείες. &c.

C'est toy Troye que ie deplore,
Et de Dardan la tombe encore:
Or voy courir mon Frere infame
Au rauissement d'vne feme,
Mais (ò mon Frere) ceste proye
Te sera prise: & veuf de ioye
Chez nous viendras (& ie l'augure)
Portant vne froide figure.

*

Μάτlω δὲ ταῦτα βάζω &c.

Mais en vain ie tiens ce langage,
Dieu ne veut que la foy l'engage.
Les faitz s'ensuiuront, & la race
Qui viendra, sçachant la disgrace,
Au Ciel mettra la gloire expresse
De l'Arondelle chantieresse.

CINQVIEME LIVRE DES TRAGED. D'EVRIPIDE.

EN L'ORESTE.

Οὐκ ἔςιν ἐδὲν δεινὸν, ὡδ᾽ εἰπεῖν ἔπος, &c.

RIEN *ne se trouue de si gref,*
Ni calamité, ni méchef
Cheut des Cieus, dont la charge forte
L'humaine force ne supporte.

*

——— Πιςὸς ἐν κακοῖς ἀνὴρ. &c.

ES *maus l'homme fidele est trop plus souhaitable,*
Que n'est aus Mariniers vn tempz calme, & traitable.

EN L'HIPPOLYTE.

Τὸ πολλὰ πράσσειν, ἐκ ἐν ἀσφαλεῖ βίῳ.

PLVsieurs *choses traitter, & faire,*
Ameine vn peril ordinaire.

EN L'ALCESTE.

Ῥᾷον παραινεῖν, ἢ παθόντα καρτερεῖν.

IL *est plus aisé d'exhorter,*
Que de bien l'ennuy supporter.

EN L'IPHIGENIE II.

Στύλοι γὰρ οἴκων εἰσὶ παῖδες ἄρσενες.

LES *enfantz masles sont l'appuy*
Des maisons, au plus grand ennuy.

EN L'HERCVLE.

Οταν δ'ἐ κρηπὶς μὴ καταβληθῆ γένυς. &c.

SI le tige n'est bien assis
D'vne famille renommée,
Sur ses successeurs dessaisis
Tombe la fortune animée.

EN L'ÆOLE.

Κακῆς ἀπ' ἀρχῆς γίγνεται τέλος κακόν.

ONques mauuais commancement
Ne fait vn bon acheuement.

*

Μοχθεῖν ἀνάγκη. &c.

LA destresse est fatalle:
Mais qui peut bien porter
La fortune inesgalle,
Sage il se peut vanter.

EN L'ANDROMEDE.

Ηπυ τὸ μέλλον ἐκφοβεῖ καθ' ἡμέραν. & c.

CE qu'on peut de futur attendre,
Crainte de iour en iour engendre:
Plus grand à l'auenir on sent
Le mal, que n'est pas le present.

EN L'OENOMAVS.

Ο πλεῖϛα πρᾴσσων, πλεῖσθ' ἁμαρτάνει βροτῶν.

QVIconque mainte chose a fait,
En mainte chose il a forfait.

AV PHILOCTETE.

Ὥσπερ δὲ θνητὸν ἢ τὸ σῶμ' ἡμῶν ἔφυ. &c.

MAIS tout ainſi que le corpz eſt en nous
Suget à mort, mortelz ſoyent noz courrous:
l'entendz de c'il qui veut qu'on recognoiſſe
Que ſon cœur eſt & ſain, & ſans angoiſſe.

AV PROTESILAS.

Πόλλ' ἐλπίδες ψεύδουσιν αἱ λόγοι βροτοῖς.

BIEN-ſouuent la vaine eſperance
Porte aus credules deceuance.

DE SOPHOCLE.
EN L'AIAX porte-fouët.

Τί δῆτ' ἂν ἀλγοίης ἐπ' ἐξειργασμένοις. &c.

POVRQVOY veux-tu eſtre angoiſſé
De ce qui eſt fait, & paſſé?
On ne peut que la choſe faitte
Ne ſoit, ni puiſſe eſtre defaitte.

*

—— πᾶς ἀνὴρ αὐτῷ πονεῖ.

DIEV ſçait comment chaſcun trauaille,
A fin qu'à ſoy-meſme il ne faille.

EN L'ELECTRE.

Φιλεῖ γὰρ ὀκνεῖν πρᾶγμ' ἀνὴρ πράσσων μέγα.

TOVT homme volontiers eſt lent,
Tentant vn affaire excellent.

Ο"ερα πόνε τοι χωρὶς ἐδ'ἐν ἐυτυχεῖ.

Voy bien, car rien qui soit prospere
Ne se fait, sans peine ordinere.

EN L'OEDIPE Tyran.

Ὡ'ς τοῖσιν ἐμπείροισιν. &c.

Avs hommes pleins d'experience,
Ie voy succeder mesmement
Leurs conseilz : & par telle vsance
Auoir maint bon euenement.

*

Χρόνος δ'ἴκαιον ἀνδρα δείκνυσιν μόνος. &c.

Sevl est le tempz qui monstre, & qui esprouue,
L'homme qui iuste, & droiturier se trouue :
Mais le meschant que tu soupçonneras,
Mesme en vn iour tu le recognoistras.

EN L'ANTIGONE.

Οὐκ ἔσιν ἔτω μῶρος, ὃς θανεῖν ἐρᾷ.

Nvl vrayment n'est à bien penser
Si fol, qu'il veuille trespasser.

*

Στέργει γὸ ἐδεὶς ἄγγελον κακῶν ἐπῶν.

Nvl d'entendre point ne se plait
C'il qui luy conte ce qu'il hait.

h 2

―― Ἀλλ' ἡ τυραννὶς πολλά τ' ἄλλ' εὐδαιμονεῖ.

Heureuſe encor la Tyrannie
En maintes choſes ne ſe nie,
Et ſur tout en ce qu'elle peut
Faire, & dire, ce qu'elle veut.

Ὅστις δ' ἀνωφέλητα φυτεύᾳ τέκνα. &c.

Qvi des enfantz inutiles engendre,
Qu'en diras-tu ſinon qu'il ſe vient rendre
Luy-meſme pere, & de ſoing, & d'ennuy:
Voyre aus hayneus ſe fait moquer de luy?

EN L'OEDIPE COLONEE.

Ἐπεὶ
Ἔξοιδ' ἀνήρ ὤν. &c.

Ie ſçay fort bien que ie n'ay, comme humain,
Non plus que toy du iour au lendemain.

ἐπεὶ ϛρατηλάτῃ
χρηϛῦ. &c.

C'est au bon Chef les heureus ſuccez dire,
Non ce qui eſt de ſiniſtre, ou de pire.

AV PHILOCTETE.

Ὦ παλάμαι θνητῶν. &c.

O artifices bien diuers
Des Mortelz! ò malheurs couuers
Qui trop chetifz les hommes rendent:
Auſſi ſans meſure ſ'eſpandent

Les maus la vie combatans,
Desquelz elle abonde en tout tans.

*

Οὐκ ἔςι λῃςαῖς πνεῦμ' ἐναντιούμενον. &c.

NVL vent au larron n'est contraire,
Quand il veut rauir, ou mesfaire.

*

Κομπεῖν δ' ἐς' ἀτελῆ σὺν ψεύδεσιν αἰσχρὸν ὄνειδος.

TE vanter en mentant, de ce que tu n'as fait:
C'est vn opprobre infame, & vilain tout à fait.

*

DE MENANDRE.   Veritatis.

Ἀεὶ κράτιςόν ἐςι τἀληθῆ λέγειν. &c.

EN tout tempz estre veritable,
C'est tresbien fait: ie prie aussi
Chascun d'y proceder ainsi,
Car c'est vne force indomtable
Par laquelle, sans nul danger,
On franchit l'age passager.

    *   Noscere seipsum.

Ἅπαντες ἐσμὲν εἰς τὸ νουθετεῖν σοφοί. &c.

NOVS sçauons bien les autres rendre sages,
  Quand ilz errent, & sont fautiers:
Mais de cognoistre en nous ces faus passages,
  Cela nous manque volontiers.

                                h 3

DE NICOSTRAT.

       *   Loquacitatis.

Εἰ τὸ συνεχῶς καὶ πολλὰ καὶ ταχέως λαλεῖν. &c.

SI sans cesse, & prolixement
Vser de parolles nouuelles,
C'est de prudence vn argument:
Trop plus que l'homme voirement
Sages seront les Arondelles.

DE PHILEMON.   Mulieris.

Γυνὴ δ' ἐ νικῶσ' ἄνδρα κακόν ἐστιν μέγα.

C'EST vn facheus mal que la feme,
Qui surmonte l'homme à son blame.

Voy leurs Fragmentz.
DES IX. LYRIQVES.

    D'ALCEE.   Apud Athenæum.

Μηδὲν ἄλλο φυτεύσῃς πρότερον δένδρεον ἀμπέλω.

NE plante, tant en soit-il digne,
Aucun arbre deuant la Vigne.

      *   Apud Stobæum.

Ἀργαλέον πενία κακόν, ἄσχετον ἃ μέγαν
Δάμνησι λαὸν, ἀμηχανίᾳ σὺν ἀδελφεᾷ.

C'est vn grief mal que Pouureté,
Voire intolerable: & domine
Vn grand peuple, qu'elle extermine,
Auec sa sœur Perplexité.

*   Incerti Auctoris.

Εἴθε λύρα καλὴ ἐλεφαντίνη γυοίμην,
Καί με καλοὶ παῖδες. &c.

PLEVT à Dieu que ie fuſſe vne Lyre dorée,
Et que les beaus Garçons me portaſſent aus lieus
Où Denys eſt cerné de la troupe honnorée!
Pleut à Dieu que ie fuſſe vn monçeau precieus
D'or non-touché du feu! voire & fuſſe porté
De quelque belle femme, & pleine de bonté.

D'ANACREON, ET SAPHO.

LA ROSE.

Ἀνακ.   Σαφ.

Τὸ ῥόδον τὸ τῶν ἐρώτων.   Εἰ τοῖς ἄνθεσιν ἤθελεν.

CHANVALON, qui vrayment embraſſes
L'heur des Muſes, & l'heur des Graces,
Amy de Cyprine, & Python:
Tandis qu'en rime ie compoſe,
Pour toy i'ay trié ceſte Roſe
Du Teïen, & de Saphon.
   O Roſe, l'honneur des fleurettes,
Roſe, le ſoing des bons Poëttes,
Roſe, la gloire du Printempz:
Roſe, l'œil & rougeur des prées,
Roſe, noble en feuilles pourprées,
Roſe, d'Amour le paſſetempz!
   Ta ſouefue odeur les Cieus recrée,
Bacchus, & Cypris la ſucrée,

h 4

T'agencent sur leur gay chapeau :
Entre les dances tu habites,
Tu pares le sein des Charites,
Et sers de lustre à leur troupeau.

 Ton ornement orne la terre
Quand le Renouueau te desserre,
Tu plais aus ieunes, & Vieillardz :
Tu nous fais à Venus aymables,
Tes beautez sont inestimables,
Inestimables tes fueillardz.

 Quoy? si le Pere des Dieus pere
Bailloit aus fleurs vn Roy prospere,
Sur toutes fleurs tu regneroys :
Mais encor ce sort ie t'ordonne,
(Puis qu'à Chanualon ie te donne)
D'estre chere aus Princes, & Roys.

 S'il te dit pourquoy ie ne trace
Les graues pas d'vn braue Horace,
Ou d'vn Maron encor plus haut :
Respondz luy, ma Rose gentile,
Que i'ay la veine assez fertile :
Mais qu'vn Mecene me defaut.

D'ANACREON.

L'ARONDELLE.

Τί σοι θέλεις ποιήσω. &c.

Comment folle, me faut-il
Punir ton facheus babil?

Te froisseray-ie les ælles
Que tu portes aus esselles?
Ou pour mieus m'en reuancher,
Doibz-ie ta langue trancher
D'vne ire desesperée,
Comme fit iadis Terée?
 Las? iazant au point du iour
Où ie sommeille à seiour,
Importune à mes oreilles,
Importune tu m'esueilles:
Et d'vn malheureus resueil,
M'ostes l'heur de mon sommeil!

    *   Amor Dominæ.

Σὺ μὲν λέγεις τὰ Θήβης, &c.

Tv chantes la guerre Thebaine,
L'autre va de Troye chantant,
Moy les maus qui vont me domtant:
Mais la puissance, ni la haine,
De Gendarme, ni fantassin,
Ou quelque flotte de Nauires,
Ne m'a fait son riche butin:
Vn nouueau Camp de bandes pires
Des yeus de ma Dame saisi,
Inuaincu m'a deffait ainsi:
Et de là, croissant mon martire,
Tousiours ses sagettes me tire.

h 5

SONGE.

Ἐδόκουν ὄναρ τεϱχάζειν. &c.

Songeant n'aguere, i'allois
Emplumé par le derriere:
Et comme ainsi ie volois,
Amour suyuit ma carriere.

 Bien que de plomb fut son pié,
Il m'attaint, tant bien s'alonge
Son cours d'vn pas deslié:
Las! que denote ce songe?

 C'est qu'aymant en maintes pars,
Mon cœur peut bien estre vuide
Des autres amours espars:
Non de cestuy qui me bride.

DE SAPHON.

HYMNE A VENVS.

Douce Venus, à qui diuerses places
Plaisent non moins, que diuerses fallaces:
Ne souffre point, Deesse, qu'en la fleur
De mes beaus ans, ie meure de doleur.

 Vien desormais, si onc à ma priere
Tu fus propice, & ne me laisse arriere:
Puis que parfois tu quittes à mon gré
Du Pere tien le Palais haut-doré.

 Lors tu descendz sur ta coche arrestée,
Et n'es si tost parmi l'air emportée,
Que tes Pigeons volantz en bel arroy
Du haut du Ciel te conduisent vers moy.

A peine a t'on detelé ta Charrette,
Lors que ta bouche aborde ta sugette,
Bouche diuine! & qui toute en riant
De mes souhaitz adonc me va priant.

Las! ie t'apelle, & mon feu qui s'augmante
Confond mes sens: ô furieuse Amante!
O vœuf amour! mais qui t'affolle icy
Pouure Saphon, & t'aiguillonne ainsi?

S'il te fuit ore, il te suiura pour viure,
Et lors de soy s'enfuira pour te suiure:
S'il ne t'ayme ore, vn iour il t'aymera,
Et tout en fin, pour te plaire, fera.

Ayde-moy donc, ô gentille Deesse,
Et m'affranchy de soing, & de tristesse:
Couure au besoing de ta sainte pitié
Mon dueil, ma playe, & ma viue amitié.

DE STESICHORE.

   *   Apud Stob.

Ἀτελέςατα γὰρ κ̇ ἀμήχανα τοὺς θανόντας κλαίειν.

PLEurer les mortz, c'est chose sans effait:
Et si cela par conseil ne se fait.

D'IBYQVE.

   *   Apud Athen.

Εὐρύαλε Γλαυκέων Χαρίτων θάλος. &c.

EVrialé, semence des Charites
Qui ont l'œil verd, & de celles le soing
Qui ont beaus poilz: certes pour tes merites
La grand' Venus t'assistant au besoing,

Et Suadele aus yeus dous, & plaisans,
Entre les fleurs ont esleué tes ans.

DE BACCHYLIDE.

   *   Ex Scholiis in Apol. Rhodium.

Ἑκάτα δᾳδοφόρου Νυκτὸς μεγαλοκόλπου
 Θύγατερ.

HEcate, fille de la Nuit
Au grand sein, au flambeau qui luit.

DE SIMONIDE.

   *   Apud Plat. in Gor.

Ὑγιαίνειν μὲν ἄριστον ἀνδρὶ θνητῷ. &c.

SE bien porter, est la gloire premiere
Au mortel homme : estre en ieunesse, & beau,
C'est la seconde : & par bonne maniere
Estre enrichi, c'est vn tiers bien nouueau :
Le quatriesme est, aueques ses amis
Iouyr de l'age aus iouuenceaus permis.

   *   Ex Athen.

Τίς γὰρ ἁδονᾶς ἄτερ θνατῶς βίος. &c.

QVelle est la vie es mortelz souhaitable,
Ou quel Royaume, ostant la volupté ?
Sans celle-cy, non la felicité
Mesmes des Dieus, ne semble desirable.

   *   Apud Clem. Alexandri.

Γυναικὸς οὐδὲν χρῆμ'. &c.

RIEN ne pourroit à l'homme eschoir
De plus beau, qu'vne femme bonne :
Rien de pire, que d'en auoir
Quelcune qui à mal s'adonne.

D'ALCMAN.

  *   Apud Hephæstionem.

Κατα θνασκει Κυθέρει αβρὸς Αδωνις. &c.

LE bel Adon, ô Cytherée,
S'en va mourir : que fairons-nous?
Troupe de filles esplorée,
Rompez voz vestementz de coupz.

DE PINDARE.

AVS IEVS NEMEENS.   Pollucis, & Castoris.
  Ex Ode X.

Στροφὴ δ. κωλ. ια. &c.

VIEN-ça, Laquays, vien dependre ma Lyre
Du croc oysif: il me plait entonner
Vn chant enflé, dont ie puisse estonner
Ceus qui m'orront, ou qui viendront me lire:
   Entre les vieus Gregeoys
   I'ay deia fait le cheoys
  Des graues sons du haut Lut de Pindare:
  Loing loing peuple d'icy!
  Vn si noble soucy
  Ne peut gaigner ton cœur lache, & barbare.
BLESME d'ennuy, fondant en chaudes larmes,
Le frere aymé du Cheualier Castor
Se tormentoit, l'aperceuant encor
(Bien que mourant) plaindre l'heur des Gendarmes:
   Ses iours tu ne tardas,
   O sanguinaire Idas!

Mais ton proiect, & ta folle pensée,
Iouyt peu du plaisir:
Car le feu vint saisir
Aueques toy, le clair-voyant Lyncée.
Sans respecter la diuine semence
Chascun de vous s'osa mettre au deuant
Du filz de Lede, habile poursuiuant:
Vous rembarriez la ieune vehemence
D'vn Escrimeur si beau,
Prez du cendreus tombeau
De vostre pere: & là prenant l'image
De Pluton, (fardeau gros)
Luy ruättes dispos
Sur l'estomac, sans luy faire domage.
Lors indontable, & sans tirer arriere,
D'vn roide bras ce furieus soldard
Dessus Lyncé iette vn agile dard,
Perçant son flanc de la pointe meurdriere:
Puis le Maistre d'enhaut
Lançant son foudre chaut,
Le brule ensemble, auec Idas l'iniuste:
Tant il est dangereux
Faire le valeureux
Contre ceus-la d'engence plus robuste!
Dessus le champ ce guerrier Tyndaride
Retourne encor vers son Puisné mourant
Qui pantheloit, à peine souspirant:
Aus pleurs, aus plaintz, il lache adonc la bride:
Pere Saturnien,
Ains (dit-il) Pere mien,

De mes regretz qu'elle sera l'issuë ?
L'homme priué d'Amis
En deshonneur est mis,
Et sa ruine est plus que mi-tissuë.
Peu de mortelz sous l'aduerse fortune
Sont francz, & rondz, en leur fidelité :
Et peu se font en la necessité
Participantz de la peine importune:
Il auoit ainsi dit,
Quand Iupin se rendit
Deuant sa face, auec parolle telle:
Pollux, tu es mon fils!
Mais des que ie te fis,
Castor nasquit de semence mortelle.
Vn grand Heros à femme prit ta mere,
L'ensemençant de commun germe humain:
Mais ie te veus prester encor la main
Pour fuir la mort, & la vieillesse amere:
Vn sort ie te depars
Là sus aueque Mars
Au noir harnois, ou bien auec Minerue:
Et si par mesmes vœus
Le diuiser tu veus
Auec Castor, qu'aus deus freres il serue.
Luy departant la moytié de ta vie
Or' vy sous terre, ore dedans les Cieus:
Au Ciel chez moy, sous les terrestres lieus
Dedans Therapne, illustrant ton enuie:
Ayant ainsi parlé,
Vn desseing redoublé

Par autre aduis, ne deffit sa sentance:
Car chascun d'eux est vif
D'vn cours alternatif,
L'vn r'animant l'autre de sa substance.
Ces preux Iumeaux viuent en ceste sorte,
Ces Ledæans, que leur mere conceut
Lors qu'en ses bras le Cygne elle receut,
Qui l'engrossa de race si acorte:
Elle enfanta deus œufz,
Mais deus triomphes neufz,
Fleurs de beauté, de vaillance, & d'escrime:
Ces bessons Damoyseaus
Calment l'ire des eaus,
Lors que plus fort les Nochers elle opprime.

*   Apud Clem. Alex.

Γλυκύ τι κλεπτόμϵνον μελ. &c.

Doux est le plaisir de Cypris,
A l'heure mesme qu'il est pris:
Mais le chetif n'a cognoissance
Que ceus qui de terre ont naissance,
Ont la terre qui les confond,
Et qu'il tombe en l'Orque profond.

D'ARCHILOC.

*   Ex Plutar. de animi tranquil.

Οὔ μοι τὰ Γύγεω τᾶ πολυχρύσω μέλει. &c.

Ie n'ay soucy de l'or d'vn riche Gyge,
D'ensuyure autruy le soing onc ne m'afflige:

Et ne suis enuieus
Des faitz des puissantz Dieus.
  Ie ne veus point, & ne souhaitte encore
L'Empire, ou l'heur, d'vn Prince qu'on honnore:
De mes yeus desdaigné
Il est fort esloigné!

*

Apud Stobæ.

Τοῖς μὲν τεθνεῶσιν ἔλεος. &c.

Avs mortz *Misericorde est benigne Deesse,*
Enuie aussi les vifz iniquement oppresse.

* *
*

DE LVCIAN.

DIALOGVE.   De Helle.

DE NEPTVNE, ET DES NEREIDES.

Τὸ μὲν στενὸν τοῦτε, ἐς ὃ ἡ παῖς καθηνέχθη. &c.

NEPTVNE.

TROP *estroitte vrayment est la mer que voicy,*
Où ceste Vierge cheute, est submergée aussy:
Ie veus que de son nom Hellespont on l'appelle,
Et quand à son corpz mort, ô brigade immortelle
Des Nereides sœurs, prenez-le desormais,
Et portez-le en Troade: à celle fin qu'en paix
Il soit enseuely par ceus de ceste terre.

i

CINQVIEME LIVRE
NEREIDES.

Non pas cela, Neptun! mais que la mer l'enserre
Qui porte icy son nom: elle nous fait pitié,
Mesmement pour auoir souffert la mauuaistié
De sa rude Marastre.

NEP.

———— O ma chere Amphitrite,
Cela n'est autrement honneste, ni licite,
Qu'elle repose icy soubz l'areneus grauois:
Mais en Troäde estant, ainsi que ie l'auois
Et dit, & proposé, d'vne soigneuse cure
Dedans le Cheronese elle aura sepulture:
Certes ce luy sera quelque soulagement,
Quand peu de tempz aprez vn tel enterrement
Ino supportera sa pareille infortune:
Et fuyant d'Athamas la poursuite importune,
Se precipitera dans la profonde mer
Du haut où Cytheron dans l'eau va s'enfermer,
Portant entre ses bras son filz ietté de mesme.

NEREI.

Mais il nous conuiendra la garder elle-mesme,
Pour l'amour de Bacchus: car Ino l'esleua,
Et Bacchus en Ino sa nourrice treuua.

NEP.

Il ne falloit vrayment qu'elle fust si mauuaise,
Et de faire à Bacchus chose qui luy deplaise,
Ce seroit (Amphitrite) vn acte mal-seant.

NEREI.

Mais qu'a-t'elle encouru, dedans l'onde cheant:
Veu que Phryxe son frere est porté d'asseurance?

NEP.

A bon droit, car il est en son adolescance,
Et peut aus roides flotz hardiment resister:
Or elle ne s'estant encores veu porter
D'vne telle façon, des qu'elle fut montée
Dessus vne charrette & neuue, & presentée,
Puis voyant la mer large: attainte de l'effroy
Et d'vn tournoyement qui la mit en esmoy,
Veu l'aspre vehemence, & l'effort qui l'entraine,
Comme elle se veut prendre à la corne prochaine
Du Belier son porteur, elle ne peut alors
S'y tenir dauantage, & garantir son corps:
Tellement qu'elle cheut dans l'eau qui la reçele.

NEREI.

Donques falloit-il pas que sa mere Nephele
Luy fust lors secourable?

NEP.

—— *Il falloit voyrement*
Qu'elle la secourut sur cest euenement:
Mais la Parque qui est imployable, & seuere,
Eust trop plus grand pouuoir que Nephele sa mere.

DIALOGVE.
DE VENVS, ET DE LA LVNE.   In Endymionem.
Τί ταῦτα ὦ Σελήνη, φασὶ ποιεῖν σε. &c.

VENVS.

Povrqvoy, Lune, dit on que ces choses tu fais
Toutes & quantesfois que selon tes souhais
Sur Carie arriuant, ton charroy tu retardes,
Et de là sommeiller Endymion regardes,
Quand il dort au serain, comme vn lassé Veneur?
Et quelque fois aussi, pour iouyr de ton heur,
Du milieu du chemin par deuers luy descendes?

LVNE.

Interrogue ton Filz, auteur des peines grandes,
Que i'endure, ò Venus.

VENVS.

—— Laisse-le, car il est
Outrageus, & piquant! à moy, comme il luy plaist,
A moy-mesme sa Mere helas! en quant de sortes
M'a-t'il fait ressentir ses forces aussi fortes?
Certes or me guindant, sur Ide il me porta,
Pour le Troyen Anchise: ores il me ietta
Dessus le haut Liban, vers l'enfant d'Assyrie,
Qu'il a fait souhaitter à la Royne cherie
De son facheus Pluton: & fier ainsi perdit
La moitié des amours, dont vefue il me rendit:
Pource ie l'ay souuent attaqué de menaces,
Et dit que s'il vouloit poursuyure ces audaces,

Et sa trousse, & son arc, par depit ie romprois,
Et si l'vne & l'autre æle encor luy couperois.
 Il y a quelque tempz que i'imprimay ses fesses
A beaus coupz de soulier, mais ces rigueurs expresses
N'ont point eu tel pouuoir, qu'à l'heure suppliant,
Et ia couché de peur, il ne voyse oubliant
Ce qui sera passé : mais Endymion mesme
Est-il pourueu (dy moy) de beauté si extresme?
Ce me sera vrayment ore quelque plaisir,
Pour soulager ce mal dont ie me sens saisir!

LVNE.

 Tresbeau certainement, ô Venus, il me semble!
Sur tout quand le sommeil ses paupieres assemble,
Et qu'encor son manteau s'estand sur le rocher,
Et que les traitz venantz peu à peu trebucher,
Fraudent lors sa senestre : & quand sa dextre encore
Soustient son chef en haut, sa face elle decore
De la mesme beauté qui s'espand à l'entour:
Mais quand le somme dous l'abandonne à son tour,
Vn vent Ambrosien mollement il souspire:
Alors donc m'escoulant sans bruit, & sans mot dire,
Et du bout de mes doigtz, ie tasche qu'esueillé
Mon Amouréus ne soit aucunement troublé.
 Or sçays-tu desormais ce qu'à dire il me reste,
Et certes ie peris d'vne amour si moleste.

* *
*

i 3

D'ENNE.

De Fabio Max.

Vnus homo nobis cunctando restituit rem,
Non ponebat enim rumores ante salutem:
Ergò magisque magisque viri nunc gloria claret.

Vn homme en dilayant remit la Republique,
Car il ne preferoit le commun bruit oblique
Au salut de ses gentz : pource de bien en mieus
La gloire reluyra d'vn Chef si glorieus.

Sic Ap. Claudius.

Quò vobis mentes, rectæ quæ stare solebant
Ante hac, dementi sese flexêre ruina?

A quoy se sont reduitz voz muables espritz,
Qui solides souloyent à tout bien estre apris:
Que d'auoir cy-deuant flechi sous la ruine,
Qui deia voz desseingz follement extermine?

DE PLAVTE.
EN L'AMPHITRYON.

Virtus omnibus rebus anteit. & c.

La solide Vertu toutes choses precede:
Franchise, salut, vie, & les biens qu'on possede,
Le pays, les parantz, & les enfantz aussy,
Defendus, & gardez, se maintiennent ainsy:
La Vertu seule a tout, & quiconque a puissance
Auec la Vertu mesme, il a toute cheuance.

EN L'ASINAIRE.   Amor odio potior.

Nolo ego metui, amari mauolo.

D'Estre craint ie n'ay soucy,
I'ayme mieus qu'on m'ayme aussy.

AVS PRISONNIERS.   Facultates.

Tum denique homines nostra intelligimus, &c.

A la parfin nous hommes nous sçauons
Noz biens premiers, quand plus ne les auons.

AV SOLDAT GLORIEVS.   Bonorũ obsequium.

Facile est imperium in bonis.

Volontiers on commande bien
A ceus-là qui sont gentz de bien.

Autrement.

LES bons supportent aisément
L'empire, & le commandement.

AV POENVLE.   Amantûm præcipitatio.

Ita me Dij ament, tardo amico, &c.

AINSI m'ayment les Dieus, chose n'est plus indigne
Que quelque Amy tardif, mesmes à l'homme amant:
Car faisant ce qu'il fait, il haste brusquement
Et tout ce qu'il veut faire, & tout ce qu'il designe.

DE LVCRECE.

AV LIVRE I.   De Principiis.

Corpora sunt porrò partim primordia rerum,
Partim concilio, &c.

EN partie les corpz sont principes des choses,
En partie ceux-la qui les tirent escloses

De l'amas du principe: or les commancementz
De ces choses icy, par nulz euenementz
D'effort, ni de pouuoir, ne se peuuent estraindre:
En fin leur ferme corpz les donte, & vient contraindre.

        *   Immutabilium, & contrà.

Immutabile enim quiddam superare necesse est,
Ne res ad nihilum, &c.

Il faut que quelque chose immuable surpasse,
De peur que toute chose à rien du tout ne passe:
Car tout ce qui change sa fin passe deuant,
Est la mort de cela qui fut au parauant.

    AV LIVRE II.   Natura creatrix.

Ergò omnes natura cibos in corpora viua
Vertit, &c.

Nature conuertit tout genre de viande
En corpz viuifiez, & pource chasque bande
D'animaus, sent en soy toute apprehension
De procreer ainsi: pour mesme occasion
Le bois aride, & sec, elle respand en flame,
Et change tout en feu que l'aliment affame.

    AV LIVRE III.   De Animabus.

Nec ratione alia nosmet proponere nobis
Possumus. &c.

    Novs *ne pensons aussi que pour autre raison,*
Les Ames des Enfers vaguent par l'Acheron:
Pource les Peintres vieus, & les antiques ages
Des premiers Escriuains, monstrent dans leurs ouurages
Que les Ames ayant quitté ce monde icy,
En sens, ou sentiment, viennent acroistre ainsy.

AV LIVRE IIII.   Exordium.

Auia Pieridum peragro loca, nullius antè
Trita solo.

C'EST ore que ie passe, & guide mes pas seurs
Es endroitz consacrez aus Pierides sœurs,
Non descouuertz pourtant, ni frequentez encore
De quelque autre Escriuain: ie veus approcher ore
De l'entiere fontaine, espuisant sa pure eau:
Ie veus aussi trier vn fleurage nouueau,
Et de là demander vne insigne coronne
Pour l'assoir sur mon chef, de laquelle onc personne
N'aye point aperçeu ses cheueus atournez,
Comme seront les miens par les Muses ornez.

AV LIVRE V.   Chaos.

Hic neque tum Solis rota cerni lumine largo
Altiuolans poterat. &c.

ICY de grand clarté n'estoit estincelante
Du Soleil, lors nouueau, la roüe haut-volante:
Les feus du monde grand, ni la mer, ni les Cieus,
Air, ni terre n'estoyent: & ne sembloit aus yeus
Chose aucune pareille à la presente chose,
Mais nouuelle tempeste, & masse qui s'oppose.

AV LIVRE VI.   De tonitru.

Principiò tonitru quatiuntur cærula cæli.

AVSSI-tost qu'on entend le tonerre qui gronde,
Le Ciel tremble, & s'esmeut: la troupe vagabonde

Des nuages de l'air d'vn haut vol s'esleuantz,
S'entre-rencontre aussi sur les contraires vantz,
Car nul bruit ne se fait du costé qui esclaire:
Mais où plus grosse on void l'entre-suyte moins claire
De ces nues icy, tant plus horriblement
Se fait souuentesfois vn tel fremissement.

* De Terræ motu.

Quod nisi prorumpit, tamen impetus ipse animai,
Et fera vis venti. &c.

Qve si cela ne sort, l'esprit en sa fureur,
Et l'effort de ce vent, s'espand comme l'horreur
Es pores de la terre, & tremblement luy donne:
Et de mesme le froid soubz qui le corpz frissonne,
(Quand il en est saisi) fait trembler maugré soy
Ceux qui tremblantz, mouuantz, encourent cest esmoy.

DE VIRGILE.

AVS BVCOLIQVES.

ECLOGVE I.   Tityrus.

Ante leues ergò pascentur in æthere Cerui, &c.

Les Cerfz legers plustost en l'air paistront,
Les mers à bord les poissons nudz lairront,
Plustost le Parthe errant boira la Sônne,
Et le Germain le Tigre qui resonne,
Passant des deus le confin limité:
Que son regard de mon cœur soit osté.

ECLOGVE II. Corydon.

Nec sum adeò informis, nuper me in littore vidi.

IE ne suis pas si laid, ie me miray n'aguieres
Sur le bord de la mer, quand les baleines fieres
Des ventz ne troubloyent l'eau: mesmes sous ton auis
Si l'œil ne te deçoit, ie ne craindray Daphnis.

ECLOGVE V. Mopsus.

Vitis vt arboribus decori est, vt vitibus vuæ.

COMME la vigne orne l'arbre voysin,
Comme la vigne est belle en son raisin,
Comme aus troupeaus les toreaus font honneur,
Comme aus champz gras le moissonneus bonheur:
Tu es ainsi tout l'ornement des tiens,
Toy qui entr'-eus le premier degré tiens.

ECLOGVE VI. Silenus.

Omnia quæ Phœbo quondam meditante, beatus
Audiit Eurotas. &c.

IL chantoit tout cecy que Phœbus meditant
Auoit cognu iadis, & qu'Eurote escoutant
Heureus à ses Lauriers fit sur l'heure comprendre:
Et si les vaulx attaintz peurent aus Cieus l'aprendre.

ECLOGVE VII. Corydon.

Populus Alcidæ gratissima, vitis Iaccho.

ALcide ayme fort son Peuplier,
Iacche la vigne nouuelle,
Son verd Myrthe Venus la belle,
Et Phœbus aussi son Laurier.

ECLOGVE VIII.   Damon.

Mænalus argutumq́; nemus, pinosq́ue loquentes,
Semper habet, &c.

Touſiours Menale a bois, & Pins parleurs,
Touſiours il oyt les amours des Paſteurs,
Et Pan auſſi, qui par ruſtique adreſſe
Premier oſta les flageolz de pareſſe.

ECLOGVE IX.   Mæris.

Audieras, & fama fuit: ſed carmina tantùm.

Tv l'entendis, il en fut bruit auſſy!
Mais noz chanſons peuuent autant icy
Aueques Mars, & les armes rebelles,
Qu'on dit pouuoir les humbles Colombelles
De Chäonie, auſſi toſt que d'enhaut
L'Aigle ſuruient, & leur donne l'aſſaut.

ECLOGVE X.   Gallus.

Omnia vincit amor, & nos cedamus amori.

Amour vainc tout, & nous auſſy
Cedons à l'amour endurcy.

AVS GEORGIQVES.

DV LIVRE I.   Ad Auguſtum.

Quicquid eris, nam te ſperent nec Tartara regem.

Qvoy que tu ſois (& pour Roy ne t'attend
L'Enfer profond, & ton deſir n'y tend:
Vn regne tel en l'eſprit ne te vienne,
Bien qu'admirant la plaine Elyſienne,

La *Grece* encor porte son los bien loing,
Et qu'au-iourd'huy *Proserpine* n'ait soing
De suyure, & voir, sa mere qui l'appelle:)
Guide, *Cæsar*, ma carriere nouuelle
A ce besoing: & humain monstre toy
A mon desseing haut & facheus de soy.

DV LIVRE II.   In Agricolas.

O fortunatos nimiùm, bona si sua norint,
Agricolas, &c.

O trop heureus, s'ilz le cognoissent bien,
Les Laboureurs! prodigue de son bien
La terre iuste, & loing d'armes ciuiles,
Leur donne aus champz des viures tres-faciles.

               *   De ijsdem.

Agricola incuruo terram dimouit aratro.

LE Laboureur d'vn araire courbé
Pousse la terre, & n'est point destourbé:
De là depend son annuëlle peine,
Mesme il soulage à suffisance pleine
Et son pays, & ses enfantz petis:
Encor de là par les champz, & patis,
En troupes vont les bœufz au dur courage,
Et les toreaus propres au labourage.

DV LIVRE III.   Temporis.

Sed fugit intereà, fugit irreparabile tempus.

MAIS le tempz fuit, & fuit irreparable,
Pendant qu'épris d'vn amour admirable

Aus enuirons ie me vay transporter,
Cuidant le tout par le menu chanter.

DV LIVRE IIII.   De Orpheo.

Ipse caua solans ægrum testudine amorem.

EN consolant son amour ennuieus
D'vn Lut creusé, au son harmonieus,
Il ne chantoit que toy sa femme chere:
Mesme à par-soy sur le bord solitere
Il te chantoit, fut que le iour sortit,
Fut que de soir le iour se departit.

EN L'ÆNEIDE.

DV LIVRE I.   Æneas sociis.

O socij, neque enim ignari sumus antè malorum.

O compaignons, (& nul de vous n'ignore
Les maus passez) vous en auez encore
De plus facheus constamment supporté!
Et mesmes Dieu a ceux-cy limité:
Des Chiens de Scylle aussi vous fustes proches,
Francz de leur rage, & des sonnantes roches:
Et si auez ces rochers peu tenter,
Où maint Cyclope osa nous affronter:
Rappellez-donc voz espritz, & qu'on laisse
Toute frayeur compaigne de tristesse:
De telz dangers le ioyeus souuenir
Vous aydera, peut estre, à l'aduenir.

DV LIVRE III. De Sinone.

Talibus insidiis, periuríque arte Sinonis
Credita res. &c.

SINON pariure auec embuches telles,
Fut alors creu: si que par ses cautelles,
Et pleurs contraintz, furent surpris ainsy
Ceux que Tydide, & qu'Achillez aussy
Larißæan, non dix ans, non la force
De mille Naus, à se rendre n'efforce.

*   De ruina Troiæ.

Quis cladem illius noctis, quis funera fando
Explicet? &c.

QVI d'vne nuit si pleine de furie
Deduira bien la perte, & tuerie?
Ou pourra suyure, aus larmes incité,
Ses longz trauaus? ceste antique Cité
Cheut de la sorte, ayant esté regie
Ia plusieurs ans, pour regir la Phrygie.

DV LIVRE III. Æneas.

Viuite felices, quibus est fortuna peracta.

VIuez heureus, vous qui auez souffert
Deia le sort qui vous estoit offert:
Nous qui suyuons nostre aspre destinée,
Tombons de l'vne en l'autre retournée.

DV LIVRE IIII. Dido.

Non ego cum Danais Troianam excindere gentem
Aulide iuraui.

Avec les Grecz ie n'ay dedans Aulide
Onques iuré la ruine facile
Du Troyen peuple, & n'ay couuert les flos
D'vne grand' flotte, allant à Pergamos:
Et d'Anchisez ton pere plein d'encombres,
Onc n'arrachay les cendres, ni les Ombres.

* Eadem moribunda.

Illa graues oculos conata attollere, rursus
Deficit.

Lors s'efforçant hausser ses mornes yeus,
Elle recheut: le coup pernicieus
Bruyoit fiché sur le cœur qui trespasse!
Trois fois alors dressant en-haut la face,
Et s'appuyant du coude, se leua:
Trois fois aussi renuerser elle va
Son corpz tourné sur ce lit que l'enserre,
Et la clarté cercha d'vn œil qui erre
Vers le haut Ciel: & son cours poursuiuant,
Dessus le champ gemit en la trouuant.

DV LIVRE V. Nautes Æneæ.

Nate Dea, quò fata trahunt retrahúntq; sequamur.

Filz de Deesse, allons où le Destin
Nous doit trainer, & retrainer en fin:
Quoy qu'il en soit, il faut que l'on endure
(Pour la domter) toute fortune dure.

DV LI-

DV LIVRE VI.   Dido apud inferos.

Illa solo fixos oculos auersa tenebat.

SE destournant ses yeus elle tenoit
Fichez en terre, & ne les destournoit
Ce doux propos entamé par Ænée:
Et sans bouger fut non plus destournée,
Que si elle eust eschangé le corpz sien
En caillou dur, ou roc Marpesien.

*   Anchises Æneæ.

Tu regere imperio populos Romane memento.

SOvuienne toy de regir, ô Romain,
Les peuples mis sous ta puissante main:
Voicy les artz qu'il te conuient ensuiure,
Faire qu'en paix on s'accoustume à viure,
A tes sugetz volontiers pardonner,
Et les mutins au glaiue abandonner.

DV LIVRE VII.   Iunonis querela.

Heu stirpem inuisam, & fatis contraria nostris
Fata Phrygûm, &c.

HA! gent hayneuse, & aus nostres contraire
Des Phrygiens le destin temeraire!
Et n'ont-ilz peu mourir parmy les chamz
Du haut Sigée? & ia pris, ces meschantz
N'a-t'on sceu prendre? & Troye en feu reduite
N'a peu bruler ceste race maudite?
Tout au milieu des soldatz carnassiers,
Tout au milieu des flammes, & brasiers,

k

Sont-ilz passez? las! i'ay ferme creance
Que ma grandeur gist meshuy sans puissance:
Ou qu'espandant ma hayne à tous propos,
Saoule à la fin i'ay pris trop long repos.

DV LIVRE VIII. Caci spelunca.

Hic spelunca fuit vasto submota recessu.

ICY la roche à l'escart fust assise
Qui de Cacus mi-homme estoit requise,
Mais d'vn visage en horreurs non-pareil,
Inaccessible aus rayons du Soleil:
De meurdre frais la terre colorée
Fumoit tousiours, & sa superbe entrée
Monstroit des mortz les testes qui de rang
Pendilloyent là, palles de triste sang.

* De Cyclopibus.

Ferrum exercebant vasto Cyclopes in antro.

DANS vn grand Creux s'exerçoit maint Cyclope,
Pyragmon nud, & Bronte, auec Sterope.

DV LIVRE IX. Numanus Troianis.

Non pudet obsidione iterùm, valloque teneri.

N'Auez-vous point honte d'estre surpris
Encore vn coup, par ce siege entrepris,
Et d'estre enclos dans vn val que l'on garde,
O Phrygiens, pris deux fois par mesgarde?
Voyez, ceux-cy cerchent par les combas
Se marier! quel Dieu, quel fol pourchas,
Vous donne Itale? icy n'est point Atride,
Ni l'artisan des propos, Laërtide.

DV LIVRE X.   Alcides Pallanti.

Stat sua cuique dies, breue & irreparabile tempus.

Son *iour fatal à chascun est borné:*
Et court à tous, & iamais retourné,
Le tempz fuyard ne reffait nostre vie:
Mais d'allonger sa memoire suiuie
Par faitz cognus, c'est l'œuure de vertu,
Où s'exercite vn cœur non-abatu.

*   Æqualis pugna.

Iam grauis æquabat luctus, & mutua Mauors &c.

Ia *le grief Mars l'aspre dueil esgaloit,*
Et des deus partz mortel les assailloit:
Tuantz ensemble, ensemble mis par terre,
Vainqueurs, vaincus, s'entre-faisoyent la guerre:
Et cependant la fuyte ne troubla
Par le combat ni ceus-cy, ni ceus-là.

DV LIVRE XI.   Turnus Camillæ.

O decus Italiæ virgo, quas dicere grates.

O Vierge, honneur de toute l'Italie!
Quelz grandz mercis pour la foy qui nous lie,
Pourray-ie dire, ou rendre à ton bienfait?
Maintenant donc, puis que ton cœur parfait
Surpasse tout, permetz que ceste peine
Aueques toy par le combat m'emmeine.

DV LIVRE XII.   Ænæas Ascanio.

Disce puer virtutem ex me, verumque laborem.

Apren, *mon filz, la vertu de par moy,*
Et le trauail inuincible de soy,

k 2

Tu conceuras des autres la fortune:
Ore ma main par la guerre importune
Te defendra, voire te menera
Où ta valeur on recompançera:
Fay que bien tost, & croissant auec l'age,
Il t'en souuienne: & dedans ton courage
Rememorant les faitz des tiens encor,
Qu'Æné t'anime, & ton oncle Hector.

*   De Furiis.

Hæ Iouis ad solium, sæuique in limine regis
Apparent, &c.

Avprez du throne où s'assied Iupiter,
Et sur l'essueil du cruel Roy d'Enfer,
On les remarque: & volontiers eslançent
Es cœurs mortelz vne peur qu'ilz auançent,
Quand il aduient que le Prince des Dieus
Brasse des maus, & trespas furieus,
Ou qu'à bon droit ces Villes il effroye
Qu'aus guerres mesme il veut donner en proye.

* *
*

D'HORACE.

AVX ODES.

DV LIVRE I. ODE VII.   In tristes.

Albus vt obscuro detergit nubila cælo
Sæpe Notus.

COMME le Nort serain seche parfois les nuës
Du Ciel obscur, & sombre, & les pluyes menües

Ne porte incessament
Toy sage, borne aussi ta tristesse suiuie,
Et les facheus trauaus que ceste fresle vie
Traine communement.

DV LIVRE II. ODE X. — In superbos.

Sæpius ventis agitatur ingens
Pinus, &c.

LE *plus souuent vn gros Pin sent l'effort*
Des rudes ventz, & d'vn hazard plus fort
Les hautes Tours trebuchent: & la foudre
Acourt fraper les hautz montz mis en poudre.

DV LIVRE III. ODE XXII. — Ad Dianam.

Montium custos, nemorumque Virgo.

VIERge *garde-montaignes,*
Et les forestz compaignes,
Qui trois fois implorée
Oys la plainte esplorée
Des femmes qui acouchent,
Quand leurs trauaus les touchent:
Les sauuant de l'oppresse
De mort, triple Deesse.

DV LIVRE IIII. ODE IX. — Virtus obscura.

Paulùm sepultæ distat inertiæ
Celata Virtus.

LA *Vertu qu'vn silence oublie,*
Ne semble beaucoup differer
A la paresse enseuelie:

k 3

Pource ie ne veus endurer
Que ce papier qu'ore ie trace
Taise icy ton propre ornement,
Ou que l'oublieuse disgrace
Surprenne (ô Lolle) impunement
Tant & tant de peines offertes,
Et neaumoins par toy souffertes.

EN L'ART POETIQVE.   De Orpheo.

Syluestres homines sacer, interpresque Deorum.

VN saint Orphé, des hautz Dieus interprette,
A retiré du viure deshonnette,
Et meurdres ordz, les farouches Mortelz :
Et pour auoir mis à fin actes telz,
On insera que des Tigres sauuages,
Et fiers Lyons, il dompta les courages.

AVX EPISTRES.

DV LIVRE I. EPISTRE II.   In iracundiam.

Ira, furor breuis est : animum rege, &c.

L'IRE est briefue fureur : maistrise ton courage,
Lequel (s'il n'obeyt) commande imperieus :
Auec vn propre frain dompte sa brusque rage,
Et d'une chaine encor, pour le restraindre mieus.

AVS SERMONS.

DV LIVRE I. SATYRE I.   In auaros.

Non vxor saluum te vult, non filius, &c.

TA femme, ni ton filz, ta santé ne desire,
Chascun de tes voysins t'a mesme en hayne pire,

Tes cognus, les enfantz, & les filles auſſy:
Puis tu fais l'eſtonné, veu l'auare ſoucy
Qui te fait preferer l'argent à toutes choſes,
Si aucun ne te rend l'amour que tu poſtpoſes?

DV LIVRE II. SATYRE III.   Diuitiarum.

—— Omnis enim res,
Virtus, fama, decus, &c.

Tovte *choſe obeyt aus treſors precieus,*
Vertu, renom, honneur, hommes enſemble, & Dieus:
Et quiconque les a, deuient meſme de ſoy
Fameus, & fort, & iuſte, & ſage, voyre Roy.

DV LIVRE III. SATYRE III.   Reprehenſio.

Qui ne tuberibus propriis offendat amicum,
Poſtulat, &c.

Qvi *ne veut rencontrer de ſa boſſe vn Amy,*
Ne voudra ſes poyreaus reprendre en ennemy:
C'eſt bien raiſon qu'encor ſes fautes on pardonne
A c'il, qui du pardon la ſemonçe nous donne.

D'OVIDE.

AVS METAMORPHOSES.

DV LIVRE I.   Apollo Daphnes.

Inuentum medicina meum eſt, opiferque per orbem
Dicor, &c.

La *Medecine eſt l'art par moy ſeul inuenté,*
Et ie ſuis par le monde ayde-donne vanté:

Soubz moy gist le pouuoir des herbes, & des plantes,
Mais amour n'est guary par leurs vertus puissantes:
Et mesmes à l'auteur rien ne sert ce sçauoir,
Qui à tous autres fait son secours receuoir.

DV LIVRE IIII. Pyrami, & Thysbes.

Ex æquo captis ardebant mentibus ambo.

PAreil amour auoit leurs cœurs épris donté,
Il n'y a nul tesmoing : par signe, & volonté,
Tous deux parlent ensemble: & plus le feu se celle,
Et plus brule au dedans ce feu qui s'amoncelle.

DV LIVRE VIII. Vis Lyræ Phœbææ.

Regia turris erat vocalibus addita muris, &c.

LA Tour Royalle estoit à des hautz murs coniointe,
Où Phœbus (comme on dit) cacha sa Lyre cointe,
Faitte d'or estophé: de sorte que le son
Vit empraint es caillous, animantz sa chanson:
Là montoit bien-souuent la fille du bon Nise,
Et des pierres tentoit la resonnance exquise.

DV LIVRE XIIII. Desperantis.

Sors autem vbi pessima rerum est, &c.

OV la Fortune pire a les choses reduit,
On foule aus piedz la crainte, & nul malheur ne nuit.

AVS FASTES.

DV LIVRE I. Anni principium.

Dic age, frigoribus quare nouus incipit annus.

DY pourquoy par les froidz commance l'An nouueau,
Qui eust mieus commancé par le gay Renouueau:

Lors tout fleuronne, & lors reieunit l'age méme,
Et du ferment ia plein groſſit la tendre géme:
De ſes rainſeaus formez l'arbre eſt deia couuert,
Et le champ pouſſe hors l'herbage du blé vert.

DV LIVRE III. Leges, & ſacra.

Inde datæ leges, ne fortior &c.

DE là noz loys nous ont eſté donnees,
A fin qu'ayant ſes puiſſances bornees
Le plus hardy toutes choſes ne peut:
Et ſi depuis encommançer on ſceut
A purement traitter les ſacrifices,
Qu'on receuoit auec deuotz ſeruices.

DV LIVRE VI. De igne.

Nec tu aliud Veſtam, quàm viuã intellige flammam.

PAR veſte n'entendz autre choſe
Que le feu, qui pur ſe compoſe:
Voyant le feu, tu vois alors
Des flammes naiſtre pluſieurs corps.

*   De Craſſo.

Craſſus ad Euphraten Aquilas, &c.

CRaſſe perdit noz Aigles, & ſon filz,
Deuers l'Euphrate, & ſes gentz déconfis:
Et le dernier, aprez la perte extreſme,
Honteuſement y fuſt tué luy-meſme.

AVS EPISTRES.

DE L'EPISTRE II. Phyllis Demophoonti.

Fallere credentem non eſt operoſa puellam
Gloria, &c.

C'est voyrement œuure sans gloire nulle,
De suborner vne fille credulle:
Son libre accez qui de simplesse part,
Merite aumoins qu'on aye quelque esgard.

DE L'EPISTRE VIII.   Hermonie Oresti.

Pro somno, lachrymis oculi, &c.

Mes yeus, au lieu de se donner au somme,
Pleurent tousiours, & le pleur me consomme:
Mesme où ie puis i'esloigne mon Espous,
Comme s'il fust vn ennemy fougous.

DE L'EPISTRE XII.   Medea Iasoni.

Tunc ego te vidi, tunc cœpi scire quis esses.

Lors ie te vy, lors ie voulus sçauoir
Qui tu estois : & mon ame peut voir
Au mesme instant, sa ruine premiere:
Ie t'aperçeus, tu fus ma perte entiere!
Et ie bruslay d'vn vif-aueugle feu,
Ni plus ni moins que brusle peu à peu
(Faitte de Pin) vne torche luysante
Prez des grandz Dieus, ausquelz on se presante.

DE L'EPISTRE XVI.   Helena Paridi.

Certus in hospitibus non est amor, errat vt ipsi.

Les hostes n'ont vne amour asseurée,
(Comme leur cours) sa course est esgarée,
Voyre & s'enfuit quand l'espoir te promet
Que plus entier fermement il se met:

DES MESLANGES. 123

Tesmoing en est Hypsiphile candide,
Tesmoing encor la vierge Minoïde,
Chascune estant par mariage indeu
Iointe à celluy qu'à tort elle auoit creu:
Vn faus Iason promit tout à Medée,
Puis du Chasteau d'Æson fut deietée.

AV PONT.

DV LIVRE I.   Otij, & laboris.

Otia corpus alunt, animus quoque pascitur illis.

LE dous repos le corpz las entretient,
Mesmes l'esprit s'en reffait, & maintient:
Et au contraire vne peine excessiue
Perd l'vn & l'autre, & de soulas nous priue.

DV LIVRE II.   Potestas dignior.

Conspicitur nunquam meliore potentia causa.

ONC le pouuoir n'est de telle valeur
Pour bonne cause, ou pour subiect meilleur:
Que lors qu'ostant son asseurance fiere,
Il est gaigné par la douce priere.

DV LIVRE IIII.   Dionysij Tyranni.

Ille Syracusia modò formidatus in vrbe, &c.

CElluy n'aguere en Saragose craint,
D'vn vil sçauoir sa faim à peine estaint.

CINQVIEME LIVRE
AVS TRISTES.

DV LIVRE II. Dei sublimitas.

Nil ita sublime est, supraque pericula tendit.

RIEN n'est si haut, & sans crainte en tout lieu,
Qui ne soit moindre, & plus baissé que Dieu.

DV LIVRE IIII. Laus Poëtæ.

Nostra per immensas ibunt præconia gentes.

PAR maintz peuples hantez mes loüanges courront,
Et par tout l'Vniuers ilz me recercheront:
Vers l'Occident viendra ce qu'en dira l'Aurore,
Et l'Aube du Ponant sera tesmoing encore.

DE TERENCE.

EN L'ANDRIE. Obsequij, & veritatis.

Obsequium amicos, veritas odium parit.

L'obeyssance engendre des amis,
Par verité en hayne l'on est mis.

* Facilè consulentis.

Facilè omnes quum valemus. &c.

EN santé bonne aisément chascun baille
Des bons conseilz, à ceus qu'vn mal trauaille.

EN L'EVNVCHE. In mulieres.

Imò certè noui ingenium mulierum, &c.

CErtes plustost des femmes i'ay cognu
L'esprit diuers! quand tu veus quelque chose,

Il ne leur plaiſt : & leur deſir venu
Le veut alors que le tien s'y oppoſe.

*   In amorem lubricum.

Here, quæ res in ſe conſilium, &c.

TV ne ſçauroys, Maiſtre, regir l'orgueil
De ce qui n'a ni raiſon, ni conſeil.

AV HEAVTONTIMORVMENON.   Malus Conſultor.

Nonné flagitium eſt te aliis conſilium dare. &c.

HE ! n'eſt-ce pas meſſaire,
Que d'autruy conſeiller ?
Ailleurs le ſage faire ?
Et chez toy periller ?

AVS ADELPHES.   Haud adulantis.

Ah ! vereor coràm in os te laudare ampliùs.

I'AY honte voyrement de te loüer encore
Toy-meſme deuant toy ! de peur que me iugeant
Pluſtot vn vray flateur, ainſi te louangeant,
Tu ne penſes combien i'ayme ce qui m'honore.

*   Senum cura.

Solum vnum hoc vitium adfert ſenectus, &c.

LA Vieilleſſe aus humains aporte
Ce ſeul vice, & commun defaut,
Qu'ilz ſingerent plus qu'il ne faut
Aus affaires de toute ſorte.

AV PHORMION. Prudentis cogitationes.

Quamobrem omnes cùm secundæ res sunt, &c.

C'EST pourquoy tous, quand les choses succedent,
Doyuent songer alors qu'ilz les possedent
Comme ilz pourront supporter mesmement
Ennuy, danger, perte, bannissement:
Que tel venu, s'en retournant à peine,
Pense au peché qui son enfant emmeine,
Ou de sa femme imagine la mort,
Ou de sa fille vn maladif effort:
Ces choses sont communes, & possibles,
Rien n'est recent aus cœurs apprehensibles.

EN L'HECYRE. Mos mulierum.

—— Illæ mulieres sunt fermè vt pueri, &c.

CES femmes là presque aus enfantz ressemblent,
Iugeant soudain: & les excitera
Peust estre vn mot, qui les transportera
A ce courrous, alors qu'elles s'assemblent.

DE SILE ITALIQVE.

DV LIVRE II. De Fide.

Inuadit mentes, & pectora nota pererrat.

LA Foy tente, & saisit, & leurs cœurs, & leurs ames,
Voyre éprend leurs espritz de ses diuines flames:
Et coulant au dedans, au dedans s'enuelope,
Et de sa viue amour inspire ainsi la trope.

DES MESLANGES.

DV LIVRE V.   In auaritiâ hominum.

―― Quid rapta iuuant? quid gentibus auri
Numquam extincta sitis? &c.

DEquoy seruent les biens que l'on va rauissant?
Dequoy la soif de l'or, sans relache pressant
Les plus auares gentz? celluy-là qui n'aguiere
Eust (pour l'entretenir) fortune familiere,
L'ornant de larges dons, & tresors amassez,
Sera porté tout nud au port des trespassez.

DV LIVRE VII.   Solis, eiusq; radiorum.

Sicut aquæ splendor radiatus lampade Solis.

AINSI que la splendeur du Soleil radieus
Qui se ioüe sur l'eau, reiaillit encor mieus
Parmy les toitz voysins, s'eslançant vagabonde
Sous l'image qui sort de la clarté de l'onde:
Et venant d'assez loing sa luëur décocher,
D'vn tremblard voyle ombreus refrape le plancher.

DV LIVRE XI.   De Pace.

―― Pax optima rerum,
Quas homini nouisse datum.

LA Paix est volontiers la meilleure des choses
Qui dans l'entendement de l'homme soyent encloses,
Tous les triomphes grandz sont moindres que la Paix:
La Paix a tel pouuoir que ses heureus effais
Defendent le salut des Republiques belles,
Voyre esgallent entr'eus les Citoyens fidelles.

DV LIVRE XV.   Virtus ad Herculem.

Stramine proiectus duro patière sub astris, &c.

Couché sur le dur foarre à l'abry tu seras
Des astres descouuertz, & veillant passeras
Sans prendre aucun repos, mainte longue nuitée!
Tu dompteras le froid, & la faim reietée:
Toy-mesmes la iustice ensuyuant & prisant,
Entier en tes desseingz, quoy que tu sois faisant,
Pense que les hautz Dieus comme tesmoingz assistent
Aus œuures que tu fais, & qui en toy consistent.

DE CLAVDIAN.   Martis, & Phœbi.

DV LIVRE I. DE PROSERP.

Dux Erebi quondam tumidas exarsit in iras.

IADIS le Chef d'Erebe estoit fort courroussé,
Brassant la guerre aus Dieus, pour se voir delaissé
Tout seul sans mariage: & plein d'impatiance
Viuoit des longue main sans aucune alliance,
Sans lignage, sans lit, & ne sçauoit comment
Les maris sçauent prendre un dous contantement:
Ne cognoissant non plus combien ce nom de pere
Tourne, à ceus qui le sont, en liesse prospere.

*

Personat aula procis, pariter pro Virgine certant.

AV bruit des Poursuyuantz la salle haut-resonne,
Pour la Vierge combat chascun d'eus en personne:

Mars

Mars est plus estimé, d'vn bouclier se couurant,
Phœbus a plus d'honneur, par son arc loing-tirant:
Mars luy donne Rhodope, & Phœbus luy presante
Les murs Amyclæans, Dele, & Clare plaisante:
Mais Iunon d'vne part, & Latone d'ailleurs,
Demandent ceste Bru, pour ses rares valeurs.

DV LIVRE II.   Pluto Proserpinæ.
Amissum ne crede diem, sunt altera nobis
Sydera. &c.

NE *pense auoir perdu la clarté du beau iour,*
Nous auons d'autres feus luysantz en ce seiour,
Et d'autres mondes clairs: ceste maison pourueüe
De plus nette lueur, delectera ta veüe:
Tu t'esmerueilleras de noz champz Elysez,
Et des bons habitantz heureusement aysez.

DV LIVRE III.   De paupertate.
Prouocet vt segnes animos, rerumq́ue, &c.

AFIN *que Pauureté mette son industrie*
Sur les esspritz nourris en paresse nourrie,
Et caute peu à peu descouure les sentiers
Des choses qu'on ne sçait: & qu'aussi les mestiers
Filz de subtilité, preignent ore naissance,
Et soyent entretenus par familiere vsance.

CONTRE RVFIN.

DV LIVRE II.   Imperij ruina.
Eheu! quàm breuibus pereunt ingentia caussis.

HElas! *que pour bien peu la grandeur perd son rang!*
Ce fort Empire acquis auecques tant de sang,

l

Voire contregardé, qu'aueques tant de peines
Conquesterent iadis mille preux Capitaines,
Et qu'aueques tant d'ans Romme a fait, & conçeu:
Soudain vn Traistre oysif le ruiner a sçeu.

* De Manibus.

Quos vbi per varios annos, per mille figuras.

LES ayant trauaillez aprez beaucoup d'années,
Et leur faisant vestir mille formes donnees,
Et purger dans Lethé : à la fin poursuiuantz
Leur retour desireus, les rappelle viuantz.

CONTRE EVTROPE.

DV LIVRE I.   In humiles superbientes.

Asperius nihil est humili, cùm surgit in altum.

RIEN n'est plus rude à voir, quand il va s'esleuant
En quelque haut degré, que l'humble au-parauant :
Il frape tout par tout, quand il craint toute chose,
Vers tous il est cruel, à fin qu'on se propose
Sa force, & son credit : il n'y a beste aussy
Qui soit ou plus mauuaise, ou moins pronte à mercy,
Que l'ire d'vn seruant, qui sa fureur aiguise
Sur ceus qui libres sont, & prouuent sa maistrise.

EN LA GVERRE
de Gildon.   Fabricij, & Camilli.

Noxia pollicitum domino miscere venena.

FAbrice ayant la traison descouuerte,
Renuoye au Roy c'il qui brassant sa perte,

Promit se rendre vn si caut bouçonneur,
Que sa poison tuëroit son Seigneur:
D'vn facheus Mars son aduersaire il presse,
Et ne voulut par l'iniure traistresse
Du Seruiteur, le guerroyer alors :
Camille aussi voyant sortis dehors
Quelques enfantz, d'vne ire non-vangée
Les fit rentrer dans la Ville assiegée.

EN LA GVERRE
des Getes.   In arrogantes.

Quæ vindicta prior, quá cũ formido superbos, &c.

QVELLE doit-on iuger la vangeance premiere,
Fors celle dont la peur refraind l'audace fiere
Des hommes arrogantz ? & dont la pouureté
Trauaille c'il qui a les pillages hanté ?

AV III. CONSVLAT
de Honorius.   Honorij laus.

O nimiùm dilecte Deo, cui fundit ab antris.

O trop aymé de Dieu, pour qui le pront Æole
Arma le triste Hyuer, qui de son Creux s'enuole !
Pour qui l'Air combatit, & les Ventz coniurez
Au son de ses clairons, suruindrent asseurez !

AV IIII. CONSVLAT.   Pater filio.

In commune iubes si quid, censesque tenendum.

SI *tu vas commandant, & veus que l'on obserue*
Ce qu'à tous tu eniointz, que plustost il te serue,

l 2

Pour t'obeyr toy-mesme : alors plus incité
Le Vulgaire est soigneus de garder l'equité,
Et ne refuse point sugestion si grande,
Quand l'auteur mesme faict ce qu'à tous il commande.

AV PANEGYRIQVE   Liberalitatis.
de Prob. & Olyb.

Hic non diuitias nigrantibus abdidit antris.

CEstuy-cy ne cacha dans les cauernes sombres
Ses biens, & facultez, & ne bannit aux ombres
Les richesses qu'il eust : mais de sa large main
Plus feconde que pluye, enuers le genre humain,
Souloit à force d'or, offert à grosses sommes,
Enrichir liberal vn nombre infini d'hommes.

AVS NOPCES   Rosarum, & Apum.
de Honorius.

Non quisquam fruitur Veris odoribus.

NVL ne iouyt des odeurs printanieres,
Où va pillant dans leurs fosses ouurieres
Les gauffres d'Hyble, aduenant que d'abord
Sa face il couure, ou les ronces euite:
L'espine sert aus roses de renfort,
Le miel retient ses Abeilles au gite.

DE STACE.

AVS SYLVES.
DV LIVRE II.   Mortis.

——— Omnia functa,
Aut moritura vides.

Tv *vois que tout est mort, ou ia prest à mourir:*
On void les nuictz, les iours, & les Astres perir,
Aus terres rien ne sert leur solide machine:
He! pourroit-on pleurer la mort, & la ruine,
Des peuples euolez, & la tourbe qui chet?
A ceus-cy combatantz le fier trespas eschet,
L'onde engloutit ceus-la : ceux-cy d'amour expirent,
Conuoytise, & fureur, cruellement martirent
Ceus-là iusqu'au cercueil : & pour obmettre ceus
Qui sont persecutez des excez angoisseus,
Les vns d'extreme froid, les autres soubs la flame
Du fatal Sirien, s'en viennent rendre l'ame:
Et les autres souffrantz le pallissant Auton,
Sont rauis par les eaus d'vn baaillement glouton.

DV LIVRE V.   Iuuenum licentia.

Quem non corrumpit pubes effrena, &c.

Qvel *ne vient débaucher la ieunesse esuentée,*
Et ceste liberté vrayment precipitée
De prendre ia la robe? ainsi n'ayant prouué
La serpe coupe-boys, le boys haut-esleué
Ses fueilles va monstrant, & ia parmy l'ombrage
(Comme s'il expiroit) iette hors son fruitage.

l 3

CINQVIEME LIVRE
EN LA THEBAIDE.

DV LIVRE II. Themnesius coniugi.
—— Sciat hæc Saturnius olim.

Qve le Saturnien vn iour ces Destins sçache,
Et la Iustice auec, si elle ne se fache
D'esleuer iusqu'au Ciel ses redoutables yeus,
Et defendre le droit en ces terrestres lieus.

DV LIVRE VI. Ortus diei.
Clara laboriferos cælo Tithonia currus.

La femme de Tithon auoit ia par les Cieus
Haussé le Char portant des trauaus soucieus,
Et nuit & somne issantz par la porte inesgalle,
Fuioyent le train veillant de la Deesse palle.

DV LIVRE VIII. Capaneus Plutoni.
Augur Apollineis modò dilectissimus aris.

Avgure cher n'aguere à l'autel d'Apollon,
I'ateste ce Cahos (pourquoy iurera-l'on
Par Phœbus en ce lieu?) que nulle griefue offance
A ce nouueau trespas maintenant ne m'eslance,
Pour souffrir ce malheur, & que i'ay merité
D'abandonner non plus nostre douce clarté:
Le Iuge Dicteen le sçait bien, s'il regarde
Son vrne, & Minos mesme au vray peut prendre garde.

DV LIVRE XI. Herculis morituri.
Qualis vbi implicitum, &c.

TEL qu'vn Tyrinthien sentit parmy ses os
Le feu rempant s'esprendre, & du corpz indispos
Ses Oethéens habitz aprochant par mesgarde,
Les vœus encommancez, & l'encens qu'il hazarde,
Il offroit neaumoins, & dur & patiant
Au mal qui l'affoloit: puis soudain s'escriant,
Il gemit par contrainte, & l'homicide Nesse
Par ses entrailles suit sa fureur vainqueresse.

EN L'ACHILLEIDE.

DV LIVRE I.   Neptunus Thetidi.

Ne pete Dardaniam frustrà, Theti, mergere classem.

NE veuille en vain, Thetis, donner aus flotz mutins
La flotte des Troyens, il ne plaist aus Destins:
L'ordre certain des Dieus veut d'vne ire choysie
Enfanglanter les mains & d'Europe, & d'Asie:
Iupin mesme au conseil ces guerres a predit,
Et l'espace des ans en ses meurtres maudit.

DE VALERE FL.

DV LIVRE I.   Iasonis querela.

——Heu miseros nostrûm natosque, patresque.

MISErables helas! noz enfantz, & noz peres!
Nous donc en ceste Nef, nous dy-ie ames legeres,
Contre telle obscurté sommes ore enuoyez?
Sur vn Æson courront les grandz flotz desployez?
Et ie n'affranchiray d'vne telle destresse,
Ni de mesmes dangers, Acaste en sa ieunesse?

Que Pelias desire à ce Vaisseau qu'il hait
Aumoins vne mer seure, & tranquille à souhait:
Et prie, tout ainsi que noz meres laißées,
Que les ondes ne soyent contre nous courroußées.

DV LIVRE II.   Helle Iasoni.

Te quoque ab Æmoniis ignota per æquora terris.

ET *toy aussi guidant ton estrange venuë*
Des champz Æmoniens, par la mer incognuë,
Tu es ore chassé par ceus de ta maison
A fin de n'y regner, & en ceste saison
Par l'eau te va portant la mesme destinée
Qui iadis me suyuit: la Fortune indignée
Va dispersant encor la race d'Æolus,
Et chetifz neaumoins vous cerchez resolus
Le fleuue Scythien: aprez vient vne terre
Qui s'estend en largeur, poursuy donques grand' erre
Ce long chemin de mer: loing il te conduira,
Mais aussi son bel huys le Phase t'ouurira.

DV LIVRE IIII.   Pollucis, & Amyci.

Bebrycas exemplò spargit fuga, nullus adempti.

TOVS *les Bebryciens soudain prindrent la fuite,*
Et l'amour du Roy mort vn seul d'entr'eus n'excite:
Pour seur refuge ilz ont les montz, & les forez,
Et c'est ceste auanture, & la main qui de prez
A reprimé d'Amyque & l'effort, & l'audace:
Luy qui gardoit le pas de ce marin espace,
Tousiours plein de ieunesse, & qui mesme esperoit
Que l'age de son pere vn iour il ataindroit.

DV LIVRE VI. Iuno in Vulcanum.

Increpat & sæuis Vulcanum mœsta querelis.

A grandz plaintes aussi son Vulcan elle blame,
Dont elle void errer les Toreaus porte-flame
Par les pastis du Roy, souflantz d'vn cœur enflé
Vne nuit prouenant du Tartare brouillé.

* Medea Iasoni.

Nunc age, & has (inquit) cristas, galeamq; resume.

Svs, dit-elle, repren & ce heaume, & ces crestes,
Que Discorde espandant ses meurdrieres tempestes
Auoit n'aguere en main: ce heaume va semant,
Quand tu courras sur mer: encontre soy s'armant
D'vne ardante fureur, à l'heure ces phalanges
S'entre-guerroyeront: & ces choses estranges
Fairont en fremissant mon fier Pere estonner,
Et peut estre il viendra ses yeus sur moy tourner.

DE SENEQVE.

EN L'HERCVLE FVRIEVS. Chorus.

Ille superbos aditus Regum.

CEstuy-là des Roys adorant
L'accez, & la superbe entrée,
Le sommeil qui noz maus recrée
Ne va cerchant, ni desirant:
Mesme à fin qu'heureux il se face,
Sans fin des richesses amasse,
Beant aprez son cher tresor:
Et pouure est au milieu de l'or.

AV THYESTE. Chorus.

Illi mors grauis incubat, &c.

CElluy couue vne mort extresme
Qui iusqu'à ce poinct est venu,
Que de tous estant trop cognu
Il meurt, sans cognoistre soy-mesme.

EN LA THEBAIDE. Oedipus.

Vbique mors est, optimè hoc cauit Deus.

LA Mort est par tout ça & là,
Dieu pourueut tresbien à cela:
Par chascun peut estre rauie
A l'homme, sa fragile vie:
Mais aucun ne luy peust oster
La mort, qui le doit emporter:
Pour la rencontrer, mille entrées
Sont ouuertement rencontrées.

* Polynices.

——Pro regno velim
Patriam, penates, &c.

POVR regner ie lairrois consommer aus tisons
Auec ma propre femme & pays, & maisons:
A quelque prix qu'on puisse acquerir vn Empire,
Celluy qui s'en saisit bien acquis le peust dire.

EN L'HIPPOLYTE. Chorus.

Quanti casus humana rotant.

QVE de hazardz roüent autour de nous!
Fortune est moins horrible en son courrous,
Es petis lieus, & le Dieu des lumieres
Legerement fiert les choses legieres:
L'obscur repos nous preserue sans dueil,
Et la cassine ottroye vn seur sommeil.

EN L'OEDIPE. Iocasta.

―――― Regium hoc ipsum reor
Aduersa capere.

A mon aduis c'est le propre des Roys
De supporter, & fust-ce en tous endroys,
L'aduersité: & tant plus en grand' doute
Sera l'estat, & la grandeur dissoute
De son Royaume, à tomber destiné,
Tant plus doit-il en sa force obstiné
Demeurer ferme: à fortune improspere
L'homme ne doit onc tourner le derriere.

EN LA TROADE. Hecuba.

Quæcunq; Phœbas ore lymphato furens.

Tovs ces maus qu'a predit Cassandre en sa fureur,
Soubz le Dieu qui s'oppose à sa doubteuse erreur,
Furent par moy Hecube en ma triste grossesse
Aperçeus au premier, & ma parolle expresse
Ne teust aussi ma peur : i'ay vainement esté
Prophete auant Cassandre, à ma calamité!
Et le caut Ithaquois, ne c'il qui acompaigne
De nuit cest Ithaquois, par ses feus tant ne gaigne,

Ni le trompeur Sinon, qu'il les ait espandus:
Ce brandon est mon feu, vous en estes perdus.

EN LA MEDEE. Medea Creonti.

Profugere cogis, redde fugienti ratem.

Puis que tu me contraintz de m'en aller si vite,
Rendz-moy pour m'en aller ou ma Nef, ou ma suite:
Pourquoy commandes-tu que seule seulement
Ie m'enfuye à ce coup? à mon aduenement
Ie n'ay point esté seule! & si tu crains la guerre,
Ensemble chasse-nous de ta Royalle terre.

* Chorus.

Palluit audax Tiphys, & omnes, &c.

Tiphys, plein d'audace, en pallit:
Et d'vne main qui defaillit,
Lacha ses brides au Nauire:
Et tenant oysiue sa Lyre,
Orphé se teust à ceste fois:
Et mesme Argo perdit sa vois.

EN L'AGAMEMNON. Clytemnestra.

Non est soluta prospero classis Deo.

La flotte au gré des Dieus n'a point esté lachée,
Aulide de son port ietta comme fachée
Les coupables Vaisseaus: l'aspre guerre en ces lieus
Il tenta de la sorte, & ne fait ore mieus.

DES MESLANGES.

EN L'OCTAVIE. *Chorus.*

O funestus multis populi fauor.

O funeste à plusieurs, & cruelle vrayment
La faueur du Vulgaire! aprez qu'vn souflement
Heureus à noz Vaisseaux, leurs voiles a soufflées,
Et nous a loing portez sur les vagues enflées:
Le mesme en languissant nous delaisse exposez
Parmy la fiere mer, & ses flotz courroussez.

EN L'HERCVLE OETHEEN. *Hercules.*

Conuerte Titan clare anhelantes equos.

O Titan flamboyant, tourne tes las Cheuaus,
Renuoye-nous la nuit, & parmy ces trauaus
Oste le iour au monde: afin que ie trespasse,
Et le Pole en horreur vn noir nuage embrasse.

* *Chorus.*

Ante nascetur seges in profundo.

PLvstost paistra la moisson dans la mer,
Ou l'aspre mer bruyra d'vne eau paisible:
Et plustot l'Ourse aus eaus inaccessible,
Dans l'onde crainte acourra s'enfermer:
Que les peuples estranges
N'esueillent tes louanges.

DE LVCAIN.

DV LIVRE I. *Perfidia regnantum.*

Nulla fides regni sociis, omnisq, potestas, &c.

EN compagnons d'Empire il n'y a nulle foy,
Aussi toute puissance endure maugré soy

Pareille eſgalité: qu'à nul peuple on ne croye,
Et qu'on ne cerche ailleurs par vne longue voye
Exemple des Deſtins: le vray ſang fraternel
Taignit les premiers murs d'vn meurtre criminel.

DV LIVRE II. De Catone.

——Hi mores, hæc duri ſecta Catonis.

Telles eſtoyent les mœurs, & la ſecte immuable,
D'vn rigoureus Caton: garder vn moyen ſtable,
Tenir certain limite, & ſuyure aſſeurément
Nature, & prodiguer ſa vie librement,
Miſe pour ſon pays: & ſe croyre ſans doute
N'eſtre nay pour luy ſeul, mais pour la terre toute.

DV LIVRE IIII. In Romam.

Fœlix Roma quidem, &c.

Romme vrayment heureuſe, & certaine d'auoir
Des Citoyens heureus! ſi pour les receuoir,
Aus Dieus euſt autant pleu ce ſoucy de franchiſe,
Comme leur a bien pleu ceſte vangence priſe.

DV LIVRE VIII. Pompeij infœlicitas.

Dedecori eſt Fortuna prior, &c.

Fortune qui le mit au premier en bonheur,
Sous vn tel accident luy tourne à deshonneur:
Eſt-il quelcun oſé qui s'aſſeure, & commette,
Aus bien-heureus Deſtins, ains que ſa mort ſoit preſte?

DV LIVRE IX. Cæsaris Pompeium flentis,
——— Qui duro membra Senatus.
Calcarat vultu.

C'IL qui d'vn fier regard auoit deia foulé
Les membres du Senat, & d'vn œil non-troublé
De pleurs coulantz à bas, auoit veu l'Æmatie:
Ne t'ose, ô Grand, nier mainte larme sortie.

DE MANILE.

DV LIVRE I. DE L'ASTRONOMIE.   De Terra.
Est igitur tellus mediam sortita cauernam.

DONQUES la terre eust le milieu de l'er,
Et dessus l'eau coustumiere à rouler
Se vid hausser, n'estant point espandüe
En grand' largeur, mais en rond estandüe
De tous costez : à l'esgal s'esleuant,
Voire à l'esgal panchante se trouuant.

DV LIVRE I.I.   Vis amicitiæ.
Idcircò nihil ex semet Natura creauit.

NAture n'a rien creé d'elle mesme
De rarité, ni grandeur plus extresme,
Qu'vn cœur rempli de parfaitte amitié:
Vn seul Pylade, & d'esgalle pitié
Oreste espoind, aymoyent mieus que la vie
(Comme à l'enuy) iadis leur fust rauie:
Et bien qu'vnis, ilz estoyent en discord,
Pource que l'vn veut affranchir de mort
Son compaignon, & que l'autre ne cede
A son destin, auquel mesme il succede.

AV LIVRE III.   De Fortuna.

Vsqueadeò permixta fluit, nec permanet vnquam.

EN ceste sorte elle coule meslée,
Et n'est onc ferme : & sa foy violée
Varie tout, en vn chascun de nous :
Tousiours les ans aus ans ne semblent tous,
Les moys aus moys, vn iour l'autre iour laisse,
Et l'heure à l'heure esgalle n'est sans cesse.

AV LIVRE IIII.   Hominum industria.

Iam nusquàm natura latet, &c.

MEshuy nature est de nous recognüe,
La recerchantz toute, en tout, par tout veuë :
Le monde est nostre, & l'auons comme pris,
Et par esprit nostre source compris,
Comme ayantz part à la diuine essance :
Et reuolons au Ciel, nostre naissance.

DE IVVENAL.

SATYRE II.   Reprehensio iniqua.

Loripedem rectus derideat, Æthiopem albus.

SE moque du boyteus celuy qui marche droit,
Le blanc d'vn Æthiope : he! qui supporteroit
Les Gracches se plaignantz d'vne noyse mutine?
Ou qui ne mesleroit le Ciel à la Marine,
Et les terres au Ciel, si le brigand felon
Desplaisoit à Verrez? le meurdrier à Milon?
Ou si Clode paillard taxe les adulteres?
Catiline vn Cethege, acablé d'improperes?

SATY-

SATYRE VI.   De malis vxoribus.
Si iubeat coniux, durum est, &c.

CE luy est vn ennuy, voire vne grande peine,
De se mettre sur mer, si son mary l'y meine:
Facheuse luy sera l'odeur de la sentine,
Et mesme l'air changé grossira de bruine:
Aussi la femme infame, & qui suit l'adultere,
A bon courage alors, & vomit de colere
Au nom de son espous: elle disne en la troupe
Des rudes Nautonniers, elle erre sur la poupe,
Et gaillarde se plaist de ses mains mal-capables
A manier parfoys les grossiers, & durs cables.

*   In easdem.

Quis feret vxorem, &c.

QVI pourra supporter d'vn cœur ferme, & ioïeus,
Vne femme ayant tout? certes i'en ayme mieus,
I'en ayme (dy-ie mieus) quelcune d'Appulie,
Que toy des Gracches mere, ô braue Cornelie!
Si auec grand'z vertus tu m'aportes icy
Vn si superbe front, & me contes aussy
Auec ton propre dot, la triomphante gloire
De tes peres vaillantz: oste-moy la victoire
D'Annibal, & Syphax, en bataille dontez,
Et de Carthage encor les hautz murs surmontez.

SATYRE VIII.   Virtutis, non generis.
Malo pater tibi sit Thersites, &c.

I'AYme mieus que Thersite ait l'heur d'estre ton pere,
Pourueu que tu sois tel qu'vn Achille prospere,

m

Et vestes le harnois que Vulcan aura fait:
Que si Achille t'eust faict Thersite en effait.

SATYRE X.   De Fortuna.

Nullum numen abest si sit prudentia, &c.

Ov la Prudence a lieu, nulle Diuinité
Ne semble defaillir : mais nostre vanité
O Fortune, te fait vne Deesse grande,
Et t'esleue à l'esgal de la celeste bande.

SATYRE XII.   Ironicôs.

I nunc, & ventis animam committe. &c.

Va donques, & te donne aus ventuëus abboys!
Fie toy de voguer dans vn logis de boys
Estant à quatre doigtz de la Mort qui le charge,
Ou bien de sept au plus, si l'ais est vn peu large.

SATYRE XV.   Hominum, & brutorum.

Sensum à cælesti demissum traximus arce.

Novs auons eu le sens du Ciel qui tout enserre,
Aus animaus courbez, & regardantz à terre,
L'Ouurier de l'Vniuers premierement donna
Des Ames seulement, & de mesme ordonna
A nous hommes l'Esprit: pour demander, & rendre,
D'esgalle affection, l'ayde qu'on peut attendre.

DE PERSE.

SATYRE II.   Pia oblatio.

Quin damus id superis, de magna quod dare lance.

Qve n'offrons-nous aus Dieus de main deuocieuse,
Ce que du grand Messal' la race chassieuse

Ne peut mesme tirer de son large bassin?
C'est vn droit bien-rangé, ce qui de plus diuin
Est licite à l'esprit, les saintz secretz de l'ame,
Voire vn cœur genereus, cuit en honneste flame.

SATYRE IIII. Quisque sibi.

Respice quod non es, tollat, &c.

Voy *bien ce que tu n'es, que l'homme mechanique*
Ne t'offre ses presentz : fay ta demeure vnique
Chez toy-mesme, & cognoy combien est racourcy
Ce que tu peus auoir, & ton mesnage aussy.

DE MARTIAL.

AV LIVRE I. Ad Næuolam.

Cùm clamant omnes. &c.

Qvand *tous crient, Neuole: adonc tousiours bauant,*
Tu te crois defendeur, & Aduocat sçauant:
Ainsi chascun peut estre eloquent de parole!
Mais on se taist, dy donc quelque chose, Neuole.

* De manu Scæuolæ.

Vrere quam potuit contempto Mutius igne.

Ceste *main que Sceuole en mesprisant la flame*
Peut bien ardre, Porsene alors n'eust le pouuoir
De la voir ardre ainsi: plus grand los, & nul blame,
Eust donques ceste main qui se vid deceuoir:
Si elle n'eust failli, moindre estoit son deuoir.

AV LIVRE III. Famæ, & inuidiæ.

Esse quid hoc referam, viuis quod fama negatur.

Que diray-ie que c'est de ceus qui sont en vie,
Sans estre renommez, & que peu de cerueaus
Ayment l'age present? telle est certes l'enuie,
Qui prefere tousiours les plus vieus aus nouueaus.

AV LIVRE V.   In exprobratores.

Non bellè quædam faciunt duo, sufficit vnus.

DEVX ne font pas bien plusieurs choses,
Vn seul suffiroit à cecy:
Que si, comme tu me proposes,
Ie parle, tay-toy donc icy.
  Bien que tu me faces, Posthume,
Maintz grandz dons: neaumoins (croy-moy)
Ilz se perdent, veu la coustume
Du donneur, parlant trop de soy.

*

De Baccho.

Qui potuit Bacchi matrem, &c.

QVI le Tonnant mere de Bacche appele,
Il peut aussi peré nommer Semele.

DV LIVRE VIII.   Verus cultus.

Qui finxit sacros auro, vel marmore vultus,
   Non facit ille Deos: qui colit, ille facit.

QVICONQVE fait la semblance des Dieus
De marbre, ou d'or encore,
Ne fait les Dieus: celluy seul les fait mieus
Qui vrayment les adore.

*

Ad Gallicum.

Oras, Gallice, me rogasque semper.

Tv me supplies sans relache,
Et me demandes : ie me fache
Gallique, de te desnier
Ce dont tu me viens supplier :
Oy donc ce qui non moins croyable,
Plus que le vray est veritable,
Tu n'oys de bonne volonté
C'il qui te dit la verité.

DV LIVRE X.   Ad Lectorem.

Qui legis Oedipodem, caligantémq; Thyestem.

Toy qui du vieil Oedipe, & du trouble Thyeste,
Et des Scylles encor, & des Colchides lis :
Que sont-ce à parcourir lecture si moleste,
Sinon des Monstres feintz ? quelz soubzris recueillis
De ces Liures chetifz, te pourroyent satisfaire ?
Ly ce dont tu diras, c'est de mon propre affaire.

DV LIVRE XI.   Promissa violenta.

Quid? si me tonsor, cùm stricta nouacula suprà est.

Qvoy? si quand le Barbier tenant son razoir nu
Afin de m'offancer, cautement est venu
Me priant luy donner & franchise, & richesses,
Luy promettray-ie bien? non! parmy ces destresses
Ce n'est pas vn Barbier qui me requiert alors,
Vn Brigand me requiert : & les soudains effortz
De la peur qui nous prend, ont puissance si grande,
Qu'on ne peut refuser ce qu'vn Brigand demande.

DV LIVRE XII.   Sodalitium.

Si vitare velis acerba quædam.

Si tu veus fuyr aucunes aigres choses,
Et de l'esprit les morsures encloses,
Auec aucun trop priué ne te randz :
Ta ioye, & dueil, seront ainsi moins grandz.

DE CATVLLE.

* Ad Lesbiam.

Viuamus mea Lesbia, &c.

Viuons Lesbie, & nous aymons,
Et rien rien du tout n'estimons
Le bruit de ces Vieillardz seueres :
Les Soleilz mourantz se reffont,
Mais des que noz briefz iours s'en vont,
Mortelle nuit clost noz paupieres.
Donne-moy donc mille baisers,
Puis cent, puis mille, & cent diuers,
Puis mille, & cent autres encore :
Maintz milliers faitz, meslons-les tous
Sans nombre, ou peur d'aucun ialous :
Sçachant tant de baisers pris ore.

* Ariadna Theseo.

Siccine me patriis adductam perfide ab oris.

Est-ce doncques ainsi que m'ayant emmenée
De mes champz paternelz, tu m'as abandonnée
Au riuage desert, ô pariure Thesé ?
Donc est-ce ainsi qu'ayant les hautz Dieus mesprisé
Quand tu voulus partir, oublieus tu rempor tes
Iusques en ta maison, tes trahisons acortes ?

Inconstantis fœminæ.

Nulli se dicit mulier mea nubere velle.

MA *femme dit ne vouloir espouser*
Autre que moy, non si Iupiter méme
La demandoit! ce propos elle seme:
Mais quand la femme ainsi vient deuiser
Auec l'Amy, cela se doit escrire
Et sur le vent, & sur l'eau pronte à bruire.

DE TIBVLLE.

AV LIVRE I. ELEGIE I.   Ad Cererem.

Flaua Ceres, tibi sit nostro pro iure corona
    Spicea, &c.

D E *nostre creu, blondissante Cerez,*
Tissu d'espicz vn chapeau vous aurez,
Que i'apandray au portail du beau Temple:
Que d'autre part ce gardeur on contemple
Tout rougissant, mis ès Iardins pomeus:
A fin qu'ainsi ce Priape germeus
Haut redressant sa grande faulx puissante,
De tous costez les Oyseaus espouuante.

AV LIVRE II. ELEGIE VII.   De spe.

Spes alit agricolas, spes sulcis credit aratis
    Semina, &c.

L'E*spoir nourrit ceus qui les champz sillonnent,*
L'espoir commet aus sillons qu'ilz ordonnent
Les bledz semez, qu'vn terroir vsurier
Doit rapporter: au piege auanturier

Il va prenant les Oyseaus qu'il aguigne,
Et les Poissons arreste de sa ligne,
Quand ia l'apast son haim gresle a caché:
L'espoir aussi rend parfois defaché
Le serf lié, ses deux iambes qui trainent
Les fers pesantz, sonnent & se demeinent:
Ce neaumoins au milieu de ces sons
Il fait son œuure, & chante des chansons.

AV LIVRE III. ELEGIE III.   Ad Neæram.

Non opibus mentes homini, curæq; leuantur.

LES biens n'ont le pouuoir de soulager en l'homme
Ni l'ame, ni les soingz : le Tempz qui tout consomme,
Est par les propres loys de Fortune conduit :
Que de ma pouureté ie cueille donc ce fruit
Qu'aueques toy ie sois, ó gaillarde Néere,
Car à toy les presentz des Princes ie prefere.

AV LIVRE IIII.   Ad Phœbum.

Huc ades, & teneræ morbos expelle puellæ.

VIEN, & chasse ses maus de la tendre Pucelle,
Vien icy mon Phœbus à la perruque belle :
Croy-moy, haste ton cours, Phœbus tu ne plaindras
De luy donner santé, quand tu la guariras :
Garde que la maigreur son beau corpz ne flestrisse,
Et qu'vn teint enlaidy ses membres n'apallisse:
Que ce qu'elle a de mal, & tout ce qu'on en craint,
Trainé par l'eau d'vn fleuue en la mer soit estaint.

DES MESLANGES.

* Eiufdem.

Phœbe faue : laus magna tibi, &c.

FAuory-nous, Phœbus : *tu n'auras peu de gloire*
D'auoir en vn sauué deus corpz de la mort noire.

DE PROPERCE.

AV LIVRE I. ELEGIE IIII.   Laus Cynthiæ.

Tu licet Antiopæ formam Nycteidos, &c.

BIEN *qu'en beauté tu m'offres Antiope*
La Nycteïde, & que parmy la trope
Hermioné de Sparte ait vn beau los,
Et celles-la que l'age au vol dispos
Porta iadis, comme estant les plus belles:
Cynthie seule est plus illustre qu'elles.

ELEGIE X.   Poëta de se.

Possum ego diuisos iterùm coniungere Amantes.

IE *puis encor aus Amoureus promettre*
Qu'en vnion ie sçauray les remettre,
Et mon accez ouure le tardif huis
D'vne Maistresse : outre cela ie puis
Guarir d'autruy le mal qui s'enracine,
Et en parlant donner la medecine.

AV LIVRE II. ELEGIE I.   Amor immedicabilis.

Omnes humanos fanat, &c.

Toute humaine doleur s'en va par medecine,
L'amour seul n'ayme point son ayde, ni doctrine.

m 5

ELEGIE II. In Cynthiam.

Cedite iam Diuæ quas pastor viderat olim.

Faittes-luy place, ô Deesses sublimes,
Vous que iadis sur Ide aus hautes cimes
Un Berger vid, posant voz cottes bas:
Et plaise à Dieu que l'age vieil, & las,
Ne change point sa face tant aymée,
Bien qu'esgallant la Sibylle Cumée.

ELEGIE XV. In amorem.

Exemplo iunctæ tibi sint in amore Columbæ.

Imite moy les Pigeons acouplez,
Masle, & femelle, vniment assemblez:
Qui cherche fin au fol amour, s'abuse!
L'amour parfait tout regime refuse.

AV LIVRE III. ELEGIE V. Animæ, & corporis.

O prima infelix fingenti terra Prometheo.

Que malheureuse est la terre premiere
Que Promethé forma de main ouuriere,
Ce beau labeur vient d'vn cœur peu-rusé!
Faisant ainsi le corpz bien disposé,
Il ne vid l'ame auec tel artifice:
Pour faire mieus c'estoit donc son office
De regarder droittement à l'esprit,
Et quel chemin premierement il prit.

ELEGIE XII. Vxorum fides.

Fœlix Eois lex funeris vna maritis.

HEureuſe loy pour la mort des maris
En Orient, que l'Aube en ſon pourpris
De ſes Cheuaus (rougiſſante) colore!
Pource qu'à peine a t'-on aſſis encore
Au lit de mort, le ſupreme flambeau,
Qu'à poilz eſpars le feminin troupeau
Eſt à l'entour: & faché de ſuruiure,
A grand debat, pour voir qui pourra ſuiure
L'eſpous defunct: chaſcune y veut courir,
Car c'eſt vergoigne à qui ne peut mourir.

ELEGIE XVIII.   Incontinētia mulierum.

Vos vbi contempti rupiſtis frena pudoris.

DES que vous mépriſez, & lachez voſtre honte,
Ni moyen, ni raiſon, voſtre eſprit ſerf ne donte:
Pluſtot ſoſte le feu des ſecz eſpicz ardantz,
Pluſtot les fleuues ſoyent à leur ſource tendantz,
Pluſtot aus Mariniers les Syrtes vagabondes
Monſtrent vn calme port, & les cruelles ondes
De l'horrible Malée, vn riuage aſſeuré:
Qu'on puiſſe retenir le cours deſmeſuré
De voſtre amour volage, ou bien rompre la pointe
De voſtre pronte ardeur, qui aus plaiſirs eſt iointe.

AV LIVRE IIII. ELEGIE V.   Ad Lenam.

Ianitor ad dantes vigilet, ſi pulſet inanis.

LE portier veille, & ſert c'il qui luy baille:
Si quelcun frape, & n'aye pas la maille,
Touſiours il ſonge, & ſourd luy tend deuant
Le cadenat: & le ſoudard ſçauant

Et l'art d'aymer, ne pourra te desplaire,
Non le Nocher, s'il porte ton salaire.

ELEGIE IX. De Caco.

Incola Cacus erat, metuendo raptor ab antro.

CACVS larron dans vn antre habitoit
Suspect à voir, par trois bouches sortoit
Sa voix parlante : or à fin qu'on ne voye
Les signes vrays de manifeste proye,
Il entrainoit de l'vne & l'autre part
Les bœufz tirez par la queüe à l'escart.

DE GALLE.

ELEGIE I. Morum, ac Temporis.

Exultat leuitate puer, grauitate senectus.

L'ENfant s'esgaye en sa legereté,
Et la Vieillesse ayme la grauité,
Entre-deus gist l'honneur de la loüance :
Cestuy se taist, & n'a nulle plaisance,
Et pour la ioye on prise cestuy-là
Qui met en ieu son babil çà & là :
Le Tempz muable, & qui point ne seiourne,
Tout auec soy ensemble tire, & tourne :
Et se changeant, ne permet que chascun
Tienne vn chemin ou certain, ou commun.

* De seipso.

Non Veneris sunt grata mihi, &c.

DE Venus, ni Bacchus, ie n'ayme les presans,
Ni tout ce qui deçoit l'iniure de noz ans.

DES MESLANGES.

*   Senectuti indigna.

Turpe seni vultus nitidi, vestesq; decoræ.

A l'homme agé c'est chose mal-honneste
Qu'vn œil gaillard, & l'habit qu'il s'apreste
Braue, & pompeus: mesme il ne conuient pas
Que l'homme vieil viue encor icy bas!
C'est vn peché que le ieu des parolles,
Et les banquetz, & les Musiques molles:
O chetifz ceus dont la ioyeuseté
Retient en soy quelque crime esuanté!

*   Mortis, ac senectutis.

Ortus cuncta suos repetunt, matremque requirunt.

TOUT s'en retourne à sa propre naissance,
Et vers sa mere à grandz souhaitz s'auance:
Et ce qui fust vn rien au-parauant,
Reuient à rien: l'age plus n'en pouuant
Là dessus prend vn baston qui le porte,
Et coup sur coup presse la terre forte:
Ainsi marchant d'vn pas tresbien guidé,
Tient ces propos d'vn visage ridé:
Loge-moy Mere, & parmy tant de peines
Pren à pitié mes langueurs inhumaines:
Et veuille aumoins pour vn dernier soulas,
Dedans ton sein couuer mes membres las.

ELEGIE II.   In senectutem.

Permanet in validis reuerentia prisca colonis.

L'honneur premier és Laboureurs puissans
Tousiours demeure, & ce qu'en ses vieus ans

Le bon Soldat eust volontiers en guerre,
Le Soldat l'ayme: & c'il qui fend la terre
Se plaint dequoy le Toreau bien-apris
Cede au trauail, & n'est en moindre prix
Le bon Cheual que son Gendarme honnore,
Pource qu'ensemble ilz sont vieillis encore.

ELEGIE V.   De Amica Græca.

Iurabam curis animum mordacibus vri.

IE luy iurois que mon cœur desolé
De soingz mordantz estoit alors brulé,
Et ne pouuois dans mon triste courage
Estre conduit à l'amoureus ouurage :
Elle croyant que ie faisoy le fin,
Tu ne pourras (dit-elle à la parfin)
Tromper l'Amante : Amour sans cesse porte
(Bien qu'aueuglé) maintz yeus en ceste sorte.

ELEGIE VI.   Vis lethi.

Omnibus est eadem lethi via, &c.

LA Mort à tous offre mesme carriere,
Mais tous n'ont pas vne mesme maniere
De vie, & mort : par elle en ces bas lieus
Sont emportez enfantz, ieunes, & vieus :
Par elle encor d'vne rigueur fatalle
L'homme indigent aus plus riches s'esgalle.

DE P. ARBITER.

AVS SATYRIQVES.   Hóminũ prauitas.

Venalis populus, venalis Curia Patrum.

LE Peuple se vendoit, la Cour estoit venalle
Des Peres respectez, & la faueur esgalle

DES MESLANGES.

*Se vend par les Vieillardz: descheute estoit ainsi
La vertu iadis franche, & la puissance aussi
Laissant perdre les biens: & la Maiesté mesme
Tomboit, auec de l'or, en corruptele extresme.*

         *   Descriptio Discordiæ.

Intremuêre tubæ, ac scisso Discordia crine.

*Les trompes firent bruit, & la Discorde auoit
Ses cheueus dechirez, & hautement mouuoit
Sa teste Stygienne: en sa cruelle bouche
Le sang se congeloit, & son œil creus-farouche
Estoit couuert de pleurs, & ses coleres dentz
Se rouilloyent de rudesse: à flotz de sang pendantz
Sa langue distilloit, & fust sa face ceinte
De sinueus Dragons, & sa robe reteinte
De sang par le deuant: & faisant maint lambeau,
De sa tremblante main brandissoit vn flambeau.*

D'AVSONE.

AVX EPIGRAMMES.   Eumpinæ adulteræ.

Toxica zelotypo dedit vxor moecha marito.

*Vne paillarde femme à son mary ialous
Vint bailler du poison, & luy semblant trop dous
Pour encourir la mort, du vif argent y mesle,
A fin qu'vn double effort hastast sa mort rebelle:
Que les Dieux sont soigneus, & pleins de pieté!
Ceste femme monstrant plus grande cruauté,
Procura son salut: & si la Destinée
Fist valoir à son gré double poison donnée.*

De gratia.

Gratia quæ tarda est, ingrata est: gratia namque
Cùm fieri properat, gratia grata magis.

Ceste grace que tard on rend,
Est ingratte : car quand la grace
Se rend bien tost, la grace prend
Plus de grace, en si peu d'espace.

De Fortuna.

Si fortuna leuat, &c.

Si Fortune te guinde en haut,
Ne t'esleue plus qu'il ne faut:
Et si Fortune tonne, & gronde,
Garde-toy d'abymer sous l'onde.

Vsus bonorum.

Re fruere, vt natus mortalis, &c.

Vse des biens, comme estant né vrayment
Homme mortel: mais ayme-les encore,
Comme immortel: le Sort que l'on honnore
En ces deus est à craindre grandement.

AV PROTREPTIQVE. Ad nepotem.

Sic neque Peliden terrebat Achillea Chiron.

Chiron homme-cheual n'effroyoit de la sorte
Le Pelide Achillez, non plus qu'Atlas pin-porte
Le filz d'Amphitryon : mais par leurs dous propos
Vn chascun d'eus flatoit ces enfantz en repos.

A v 5

AVS EPISTRES.   Breuiloquium.

Est etenim comis breuitas, sic fama renatum
Pythagoram, &c.

LA *briefueté sied bien : l'on dit que Pythagore*
Lequel iadis nasquit vne autrefois encore,
Enseignoit en ce point, quand ceus qui trop parloyent,
A leurs propos douteus plusieurs choses mesloyent:
Seulement pour s'armer contre toute semonçe,
Par Non, ou par Oüy, chascun faisoit responçe.

DE PAVLIN.

AVX EPISTRES.   Ad Ausonium.

Si vitulum tauro, vel equum committis onagro.

SI *tu viens au Toreau le Veau ieune esgaller,*
Si à l'Asne sauuage vn Cheual assembler,
Si aus Cygnes le Foulque, à la criarde Passe
Le gentil Rossignol, à la Coudraye basse
Les Chasteniers hautains, le Viorne aus Cyprez:
Tu pourras lors à toy m'esgaller de bien prez.

*   Praua fugienda.

Namq; fides, pietasq́ue petunt, &c.

LA *foy, la pieté, demandent que cela*
Qu'vn sinistre renom assemble ça & là,
Et vient insinüer dans les chastes oreilles,
Ne fiche mesme au cœur ses friuolles merueilles:
Et ce par le bon sens du pere bien cognu,
Non tel qu'vn peuple errant sous vn faus bruit venu.

n

CINQVIEME LIVRE
AV PANEGYRIQVE.   In obitum Celsi.

Nullus eram, & faciente Deo sum natus. &c.

IE n'auoy pas esté, mais pour auoir essance,
Par l'ouurage de Dieu i'ay pris icy naissance,
Et ma propre semence encores ie seray:
Car alors qu'estant mort en cendre i'vseray
Mes os amenuisez, encor aura la poudre
Les semences du corpz ne pouuant se dissoudre.

DE SID. APOLLINAIRE.
AV PANEGYRIQVE.   De Roma.

Lætitia censura manet, &c.

LA reprehension reste encor par la ioye,
Et la honte à la peur accroissement ottroye:
Et maugré la vertu qui a tant resisté,
La victoire se donne à la grande beauté.

*   Val. Maioriano.

———— Vinctus tibi vincitur illic, &c.

LA` du viste Herul tu passes le bornage,
Le Hun à bien darder, & le Françoys à nage:
A t'armer d'vn pauois le Sarmate felon,
Au bal le Salien, d'vne faulx le Gelon.

EN SA NARBONE.   Ciuis cuiusdam.

Hunc Milesius & Thales stupêre, &c.

L'AYant oüy, Thales Milesien
L'eust admiré, & c'il que comme sien

Linde a cognu, ce Cleobule graue,
Et cest enfant de Corynthe la braue,
Et toy Brias que donna Prienè,
Et toy encor Pittaque en Lesbe né:
Et toy qui vaincz aus feures Athenes
De Socratez les disputes hautenes,
Puissant Solon: auec toy qui parois
Filz de Therapne acquise aus Tyndarois,
Toy bon Chilon: qui sans tant d'ordonnances,
Lycurge aussi le porte-loy deuances.

DE BOECE.

AV LIVRE I. VERS VI.   Dei prouidētia.

Signat tempora propriis
Aptans officiis, &c.

DIEV met, & approprie,
A leur commun deuoir,
Les saisons qu'il varie:
Et son hautain pouuoir
Qui retient leurs eschanges,
Empeche leurs meslanges.

DV LIVRE II. VERS V.   Aurea ætas.

Fœlix nimiùm prior ætas.

O trop heureus le premier age,
Se contentant du reuenu
Des champz loyaus au labourage!
L'excez aus depences cognu,
Ne le perdit sous sa paresse:
Mais dontant sa faim donteresse,

Il paiſſoit de glan toſt trouué
Son ieuſne long tempz eſprouué.

AV LIVRE III. VERS VI.   Quis degener.

Quid genus, & proauos ſtrepitis ?

POVRquoy vantez-vous en tous lieus
Voſtre race, & voz Biſayeus ?
Si vous ſondez voſtre naiſſance,
Et Dieu pere de toute eſſence,
Aucun ne degenerera :
Si aus vices qu'il couuera
Pour faire pis, il n'abandonne
Ceſte origine qu'il ſe donne.

AV LIVRE IIII. VERS I.   Vera patria.

Huc ſi te reducem referat via.

SI tu es remis en ces lieus,
Par ceſte carriere meilleure
Que tu recerches oublieus:
C'eſt icy (diras-tu ſur l'heure)
Qu'eſt mon pays, i'en ſuis recors :
I'en viens, & n'en veus ſortir hors.

AV LIVRE VIII. VERS VII.   Herculis.

Vltimus cælum labor irreflexo
Suſtulit collo.

LE dernier labeur a porté
Le Ciel, ſur vn col indonté :
Et derechef (en recompance
Du labeur dernier) le diſpance

D'aller aus Cieus eftinçelantz:
Allez ores, hommes vaillantz,
Aus lieus où ceste haute voye
Par grand exemple vous conuoye.

DE PONTAN.
AVS TOMBEAVS.

DV LIVRE II.   Pauperis cuiufdā.

Nulla mihi viuo domus. &c.

QVAND *i'eftoys vif, ie n'eus maifon aucune,*
Ore entombé, de certaine i'en ay:
Vie me fuft la pouureté commune,
Et pour mon bien le trefpas m'ordonnay.
La vie encor m'eftoit comme vn exil,
Vn feur repos le tombeau me defcouure:
Vif i'eftois nud, maintenant que mon fil
Eft tout coupé, de terre ie me couure.

EN L'VRANIE.

DV LIVRE I.   Stella Veneris.

Hic Cytherea fuum fydus, &c.

LA' *Venus au bel œil vint fon Aftre allumer,*
Aftre clair, dont conçoit l'Air, la Terre, & la Mer:
Par luy, pouffez d'amour, tous animaus procréent,
Et par luy-mefme efmeus au dedans fe recréent.

DV LIVRE II.   Nati fub Libra.

—— Igitur Libra fulgente per ortum.

LA *Balançe eftant donc reluyfante en Leuant,*
Quiconque naift alors il n'ira reprouuant

Les Dieus non-mesprisez, & l'aduis equitable
Ne delairra son ame, ou la gloire sortable
Aus faitz rares, & hautz : il est vray que ses ans
Seront en son viuant douteus, & mal plaisans :
Comme estantz partroublez de peine, & maladie,
Et de plusieurs dangers à mainte chose ourdie.

DV LIVRE III. Sub Virgine.

Diuersos mores, & pectora, &c.

QVI naist dessous l'Espic, sera de mœurs estranges,
Et d'vn courage dur : il remplira ses granges,
Et d'vn coutre pesant les champz sillonnera,
Espraindra le miel rous, le repos quittera,
Pour viure en mainte sorte : il fendra la mer haute,
Pescheur auantureus : & par adresse caute
Ore d'vn grand filet, ore d'vn hameçon,
Viura laborieus en plus d'vne façon.

DE MARVLLE.
AVS EPIGRAMMES.
DV LIVRE I. Amoris, & Mercurij.

Fortè Ioui dum iactat amor sua tela, &c.

PENdant qu'Amour à Iupin met en prix
Ses traitz vainqueurs, Mercure luy a pris
Du dos sa trousse : Amour y prenant garde,
Luy dit alors : O personne couharde,
Oses-tu bien prendre ainsi mon carquoys,
Quand i'ay surpris ton ame tant de foys ?

In Posthumum.

Scribis, ais, recitas, &c.

POSThume, tu escris, & contes, & recites,
Tousiours chose nouuelle, en curieus cerueau:
Ha, ie ne m'en estonne! aussi es-tu nouueau
En ce que tu escris, ou proposes, ou dictes.

DV LIVRE II. De Venere.

Aurea Mulciberum nato, &c.

VENVS *demandoit à Vulcain*
Des armes faittes de sa main
Pour son filz, oubliant ce pere
Qui d'vn tel enfant la fit mere:
Lors se fachant le Dieu ialous
De ce nom, luy dit en courrous:
Pourquoy, Deesse mal-aprise,
Ne pries-tu plustot Anchise?

DV LIVRE III. De Ænea.

Cùm ferret medios proles Cytherea per hostes.

QVAND *par l'espais des ennemis*
Ænée alloit portant son pere,
Que sur son col il auoit mis:
Ayez esgard à la misere,
(Dit il) Grecz: c'est peu de faueur
Pour vous, de perdre vn vieillard homme:
A moy grand los, d'estre sauueur
De c'il qui mon pere se nomme.

CINQVIEME LIVRE
AVX HYMNES.
DV LIVRE I.   Ad Palladem.

Salue beati lucidum germen Patris.

IE *te saluë, heureus surgeon luisant*
De Iupiter, Planete splendissant:
Femme de cœur, Masle, & fureur toy-mesme,
Toy la sagesse, & le repos supresme:
Coule en noz cœurs, & de ta grand' clarté
Chasse de nous la nuëuse obscurté.

DV LIVRE II.   Ad Cælum.

Audi fœlix patria superûm.

HEureus *pays des Dieus escoute,*
Qui tout-portes, qui tout-contiens:
Monde, pere que l'on redoute,
Qui de Iupin le siege tiens,
Esgal à nul, à toy semblable:
Tout en toy, tout tien merueillable.
Qui es sans fin, où toute chose
Trouue son terme limité:
Qui d'vn long tour, sans qu'il repose,
Ceintz la terre: & qui a planté
Vis abondant en tes richesses,
Franc des fortunes changeresses.

          *   In Venerem.

Ipsa lasciuo Venus alma partu.

VENVS *ioyeuse mesmement*
De son lassif enfantement,

Ore par la couple hastée
De ses Pigeons, est emportée:
Pour voir Eryce au haut sourcy,
Et ses Temples de Cypre aussy.

    La Terre, arriuant la Deesse,
Rid toute pleine d'alegresse,
Et la mer de Carpathe rit:
Et ne siffle venteus esprit
Par la claire-celeste plaine,
Que Fauon à la douce halaine.

DV LIVRE III.   Ad Lunam.

Miles Gradiuum cantat, Vpilio Palen.

HYLE.

LE *Soldat chante Mars, le Pasteur sa Palez,*
Bacchus le Vigneron, le Marchand son Mercure,
Cerez le Moissonneur: & nous ore assemblez
Vers ces bois, chanterons l'œil de la Nuit obscure.

MARVLLE.

LES *Guerriers par Mauors sont fournis de harnoys,*
Palez donne l'herbis, Bacchus le gay breuuage,
Cerez ses blondz espicz, Neptun les biens de choys:
Delie au iour, Lucine aus Meres sert de gage.

DE VIDE.

EN LA CHRISTIADE.

DV LIVRE I.   Christus Patri.

Summe Parens, quáuis precibus nihil abnuis vnquā.

  BIEN *que tu n'ayes onc reietté mes demandes*
(O Pere souuerain) tant soyent hautes, & grandes,

Si est-ce que tousiours de ce don ottroyé
Ie te remerçiray : ton pouuoir desployé
Fut n'aguere aperçeu parmy mainte Assemblée,
Et l'aperçeut aussi mainte tourbe peuplée:
Et quand à vous Seruantz, maintenant hastez-vous,
Ouurez ce marbre clos : & vous efforçez-tous
D'oster ceste grand' pierre, & les bandeaus encore
A cest homme vainquant la Mort qui tout deuore.

DV LIVRE II.   Iudas Iudæis.

Si mihi quæ posco, promittitis, &c.

Si vous me promettez cela que ie demande,
Seul i'osteray les frais, & la depençe grande,
Dont ore pour neant vous estes en ennuy:
Si vous faittes cela, ie feray qu'auiourd'huy
Il viendra librement entre voz mains se rendre:
Et vous aurez ainsi moyen de le surprendre.

      *   Ancilla Petro.

―― Tunc etiam fugis, inquit: & illi.

Et toy (dit-elle) aussi compaignon des forfaitz
Qu'auec le prisonnier meschamment tu as faitz,
Tu t'enfuis maintenant? & ton œil nous espie,
Or' que tout prend repos soubz la nuit assoupie?

DV LIVRE III.   Elisabe Virgini.

Longè vna ante alias tu fortunata parentes.

Heureuse, ô sainte Vierge, entre toutes les Meres,
Toy dy-ie, & le fardeau que sans peines ameres

Charge ton ventre gros: d'où me vient ore icy
Tant de faueur du Ciel? d'où ce tempz esclarcy,
Pour luire si à point à ma vieillesse tarde?
Maintenant de mon Dieu la Mere ie regarde,
Et si puis sans peril auec celle parler
Qu'entre plusieurs milliers on a peu signaller:
Voire & daigne venir, & faire son entrée,
Dans ma propre maison de son gré rencontrée.

    *   Angelus Iosepho.

Surge age, rumpe moras: puerū tecum arripe, &c.

LEVE *toy, haste toy, pren l'enfant, & sa mere,*
Et vers le Nil t'enfuy d'vne tourse legere:
Estant là choysi-moy la terre qui n'est loing,
A fin d'y seiourner, & sage n'aye soing
De reuenir icy, deuant que ie t'appelle:
Car le Roy à l'enfant brasse vne mort cruelle.

DV LIVRE IIII.   Baptista de Christo.

En ego quem terris toties iamiam affore quondam.

Voicy c'il que i'auois en ce terrestre lieu
Tant promis autresfois! c'est vn Dieu, c'est le Dieu
Qui tel qu'vn simple Aigneau qu'à l'autel on immole,
Par sa mort portera le faix qui nous affole,
Dur faix de noz pechez! & si libre sera,
Qu'à son Pere d'enhaut se sacrifiera:
Veuillez donques le suyure, à fin de vous conduire,
Et l'escoutez encor, à fin de vous instruire.

     *   Christus Apostolis.
  Ite animis igitur, certi confidite: &c.

ALLEZ donc, & sans peur confiez-vous en moy,
Et fermes ne laissez chanceller vostre foy:
Semez la verité par tous les coingz du monde,
Et bien qu'il soit couuert d'vne grand' nuit profonde,
Auec ceste clarté ses tenebres chassez:
Vous estes la clarté des hommes delaissez,
Vous estes voyrement vne lumiere pure
De ce monde chargé de paresse, & d'ordure.

    DV LIVRE V.   Iudas Iscariotus.
Parte alia Regem qui foedè prodidit hosti.

D'AVTRE costé Iudas, qui violant sa foy,
A l'ennemy vendit si lachement son Roy,
Recognut son offance: ah! que ce miserable
Eust rendu, s'il eust peu, la chose non-faisable!
Il ne sent nul repos dans l'esprit agité,
Son cœur est des fureurs cruellement traité:
Et s'efforcent ainsi, d'aspre vangence pleines,
Sousmettre son forfait à tant d'aueugles peines.

    *   Iudæorum pertinacia.
  Illi autem victique odiis, cæcique furore.

MAIS épris de fureur, & de hayne non-las,
Ilz tachent à l'enuy d'absoudre Barnabas:
Tous pour luy vont priant, & s'efforcent sans cesse
De perdre ainsi le Christ d'vne mort vangeresse:
S'opposant, obstinez, d'vn rebelle pouuoir
Au Gouuerneur poussé de contraire deuoir.

DV LIVRE VI.   De Iesu.

Vicit Iō tandem Leo magni è sanguine Iudæ.

Iō, finallement ce Lyon de Iuda,
Ce tige de Dauid, la victoire garda:
Esgayez-vous par tout vous Mortelz, & vous Ames
Qui laissates voz corpz sous les profondes lames:
Deia les Astres clairs vous appellent à soy,
Et maintenant aussi, bien que dessous la Loy
La porte du haut Ciel fust longuement fermée,
Elle est pour vn chascun ouuerte, & desarmée.

           *   Christi oblatio.

Sponte sua letho caput obuius obtulit ipse.

Librement à la mort il s'est luy-mesme offert,
Et seul aussi pour tous la mort il a souffert:
A fin qu'il appaisat le courrous de son Pere,
Et qu'au Ciel par son sang il frayat la carriere.

D'AV. PRVDENT.

EN LA PSYCHOMACHIE.   De Luxuria.

Venerat occiduis mundi de finibus hostis
Luxuria.

Dv costé d'Occident Luxure estoit venuë,
Ia de son beau renom prodigue deuenuë:
Oingtz estoyent ses cheueus, & tournoyantz ses yeus,
Languissante sa voix, ses jeus delicieus:
La Volupté causoit son ocieuse vie,
Elle plongeoit son cœur en mollesse suiuie,

Et sans honte goustoit ses gracieus attraitz:
Voire laissoit ses sens à force ainsi soustraitz.

AV CATHEMERINON.   De Christo.

Illustre quiddam cernimus, &c.

Nous voyons chose de grand los,
Qui ne finit, & se tient ferme,
Haute, supreme, & sans nul terme:
Plus vieille que Ciel, ni Chaos.

C'est icy le Roy des Gentilz,
Et des Iuifz: dont la foy expresse
Du pere Abraham, a promesse:
Durant tousiours de filz en filz.

EN L'APOTHEOSE.   A Christo nato.

Delphica damnatis tacuerunt sortibus antra.

Es antres reprouuez Delphe cacha ses sortz,
Et la Cortine aussi ne couurit par dehors
Les prophanes Trepiez : & halettant à peine,
Le Prestre forçené les Destins ne rameine
Que les Sibylles ont laißé dans leurs escris:
La menteuse Dodone, ore mise à mespris,
Perd ses folles vapeurs, & ia les Cumes pleurent
(Muettes neaumoins) leurs Oracles qui meurent:
Mesme es Syrtes d'Afrique on n'oyt plus ce Demon,
Qui n'aguere souloit respondre sur Ammon.

A SYMMACHE. DV LIVRE I.   De Priapo.

Ecce Deûm in numero formatus, &c.

On met entre les Dieus vn Grec homme formé
En image d'airain, & reluit estimé

Au saint Palais de Nume: il estoit de son age
Vn Seigneur diligent à son beau labourage,
Et les fruitz des Iardins riche l'auoyent rendu:
Le mesme fut pourtant vn bordelier perdu.

DV LIVRE II.   Vniuersa communia.

Non nego communem cunctis viuentibus vsum.

IE ne te nie point que l'air, les Astres, l'onde,
Et la terre, & la pluye, esgallement n'abonde,
En faueur des viuantz: mais que l'iniuste aussy,
Et le iuste, cognoit mesme climat choisy:
Le meschant & le bon, sous vn mesme air se garde,
Le chaste & le pollu, l'Espouse & la Paillarde.

DE MANTVAN.

DV LIVRE II. DES MISERES.   In vitia hominum.
Lerna palus, terra est, vitiorum exercitus Hydra.

LE vray marez de Lerne est ceste terre large,
Le Camp des vices ordz l'Hydre qui la recharge:
Il n'y a nul Alcide, & pleins de cruauté
Les Monstres vont tenant leur effort arresté
Sur l'ardante Chimere, & point ne se presente
Le chaste filz de Glauque: & la tresse excellente
Du chef Gorgonien, s'est ia peu transformer
En Serpentz tortillez: & ceus qu'on void armer
A l'ayde de Mercure, ou de la grand' Minerue,
Se trauaillent en vain, & ne font rien qui serue.

AVX ECLOGVES.

ECLOGVE III.   Fortunatus.

Dignus eras hederis, dignus Pernasside Lauro.

Vrayment tu meritois le chapeau de Lyerre,
Et ces Lauriers aussi que le Parnasse asserre:
Voire & ne chanta mieus les guerres, & combas,
Les orges, l'art champestre, & les herbages gras,
Nostre Tityre vieil, auquel en ceste sorte
Son Alexis portoit une amitié si forte.

ECLOGVE VII.   Virgo quædã Gallo.

Innocuum postquàm fœliciter egeris æuum.

QVAND heureus tu auras innocamment vescu,
Ton bel age reffait ne sera point vaincu
Par les ans eschangez: & moy-mesmes à l'heure
Ie t'emporteray loing en region meilleure,
Et tousiours verdoyante: immortel compaignon
Des hautz Dieus tu seras, & comme leur Mignon
Parmy le gay troupeau de ces Hamadryades,
Des Nymphettes des champz, & hautes Oreades,
Cernant leurs chefz de fleurs, & d'herbes sentant-dous,
Nous cognoistrons les Cieus, & dessus & dessous.

EN LA GVERRE VENITIENNE.   De Elisa quadam.

Nam neque se passa est vinci mœrore Virago.

FEMme si genereuse adonques ne souffrit
Qu'à son dolent ennuy la victoire s'offrit,
Et n'a point imité les Sœurs Phaëtontides,
Ou Niobe qui pleure en ses marbres humides:
Ou la femme à Priam, ou Phyllis que rauit
Vn trop grand desespoir, lors que pendre on la vid.

Aux

AVX PARTHE. MARIANES.   In Paſſionē Chriſti.

Terra, quid autorum ſceleris veſtigia portas.

Pourquoy, Terre, veus tu que les Auteurs helas!
D'vn acte ſi meſchant, te preſſent de leurs pas?
Recognoy ton vray Maiſtre, & vous beaus luminaires,
Vous Aſtres qui monſtrez voz rayons ordinaires,
D'vne telle doleur monſtrez les ſignes hautz:
Car le Chriſt eſt iugé deſſous vn Iuge faus.

DV LIVRE II. DE DENIS AREO.   De Francis.

Si genus inſpicias longum, Troiana propago.

QVAND tu t'arreſteras à ſi longue lignée,
Le peuple garanti de Troye ruinée
Ayant paſſé le Rhin, dedans les champz Gauloys
A fondé ſon Royaume, & le premier des Roys
Fuſt ce Duc Pharamond : puis vient la ſuite grande
Des autres Roys ſuyuis d'vne treſlongue bande.

AVS SYLVES IIII.   In Marium Oliuetam.

Impatiens etenim frœni calor ille iuuentam.

CEſte ardeur qui ne peut brider ſa violance,
A tous coupz la ieuneſſe haſtiuement eſlance,
Et ceſte volupté qui vient à naiſtre auſſi,
Court attacher les ſens d'vn lien eſtraiſſi,
Inſpirant en noz cœurs vne affection grande:
De là naiſt ceſt effort qui ſoudain luy commande,
Tel qu'vn pront tourbillon, & briſant le pouuoir
Des ames, & des loys, romp l'oppoſé ſçauoir.

o

AV SONGE DE ROMME. Senis cuiusdam.

Talis erat qualem Æneæ se maximus Hector.

IL estoit tel que la semblance née
Du grand Hector, s'offrit au bon Ænée:
Quand ia le feu rauissoit les maisons,
Et qu'on liuroit sa Ville aus trahisons.

DE STROZE P.

EN L'EROTIQVE.

DV LIVRE II. Esther, & Iudith.

Quis te prætereat generosi pectoris Esther.

QVI taira ton grand cœur, ô genereuse Ester,
Dont la vangence sçeut les Syriens donter?
Ou qui t'oubliera du sang des Hebrieus née,
Vefue de grand valeur, esperance donnée,
Voire ayde à ton pays? la Mozaïque gent
Racquit sa liberté sous ton secours vrgent,
Et par ton artifice, & par ton industrie,
Decheut honteusement la fureur d'Assyrie.

DV LIVRE V. In Amantes.

Vos Natura malos leuibus non æqua puellis.

NAture iniuste aus volages Puçelles,
Vous a munis de ruses, & cautelles:
Demophoon vne Phyllis trompa,
Iason le caut sa Colchide pipa,
Et toute en pleurs Ariadne laissée,
(Pour la vanger) aus Dieus s'est adressée:

Circe bruloit, & l'amoureus tison
Ardoit aussi la Nymphe Calipson:
Mais l'vne & l'autre à sa honte, & son ire,
Vid démarer Vlysse en son nauire.

DE STROZE F.
AVS AMOVRS.
DV LIVRE I.   Ad Lycum nautam.

Mi sat erit nitidis si me tunc spectet ocellis.

CELA *me suffira si ma chere Pucelle*
M'aduise lors d'vn œil qui vrayment estinçelle,
Et loüe mes trauaus : seulement à la voir,
Ie sentiray (gaillard) acroistre mon pouuoir :
Et toy qui surmontas le creux-marin espace,
Tu auras, ô Typhis, aprez moy l'autre place.

DV LIVRE II.   Occulti amoris.

O, prius in cineres constanti mente resoluar.

PLVstot *d'vn ferme cœur sois-ie reduit en cendre,*
Qu'vne fille auiourd'huy face mon feu comprendre :
Elle seule sçaura mes longz gemissementz,
Sçaura mes grand'z doleurs, & seule en mes tormentz
Sçaura l'occasion qui seulette a puissance
De me tendre la main, & chasser ma nuisance.

AVS EPIGRAMMES.
             *   De Pane, & Amore.

Conseruère manus totis conatibus ambo.

CHAscun *d'eus combatoit de toute sa puissance,*
Pan s'asseure en sa force, Amour a grand' fiance

En sa dexterité : rude fust le combat,
Et douteus au premier: or Pan l'Amour abat,
Ore est vaincu d'Amour: en fin Amour qui donte
Toutes choses sous luy, d'vn saut agile monte
Sur les cornes de Pan, qu'à l'heure il empoigna:
Et des l'heure sur Pan la victoire gaigna.

DE PALINGENE.

ARIES.   Poësis vtilior.

Sunt etiam fateor, &c.

Ie dy bien qu'il y a diuerses Poësies
N'offançant par gay'tez peruersement choysies,
Ains d'vne grauité non-molle procedant,
Et sous plaisante escorce vn miel tresdous gardant:
Ce sont celles aussi qui delectent, & duisent,
Et mesme en proffitant sans nul danger instruisent.

CANCER.   Eloquentiæ, & morũ.

Quicumque ergo cupit, &c.

Quiconque donc viuant pense estre fort aymé,
Se peine à delecter, ou d'vn fruit estimé
Proffite en bien-disant : ou dans soymesmes aye
Ces honestes vertus que par force s'essaye
De bien recommander le troupeau des malins,
Lesquelz (bien qu'ennemys) sont à les craindre enclins.

LIBRA.   Lapidum ratio.

Cur lapides viles, &c.

Povrqvoy sont d'vn corpz noir, lourd, grief, les pierres
viles?
Pourquoy les marbres chers, & les perles vtiles,

Tresluysent à l'enuy? c'est pource qu'en ceus-cy
Le gros limon de terre est trop moins espaissy,
Et qu'espaisse en ceus-la se grossit la matiere:
De sorte que la terre espaissement grossiere
Donne poix, & leur oste auecques la clarté
Le prix, qu'emporteroit la naïfue beauté.

  CAPRICORNE. Armorum violentia.
 Nam ratio, & leges, &c.

SI *raison, & les loys, tousiours estoyent par tout,*
La guerre onc ne seroit, la paix inuiolée
Demeureroit aussi: par guerre desolée
Et droit muët, & loy, s'oppriment iusqu'au bout.

DE SANNASARE.

  AV LIVRE I. Deus ad Angelum.
Hanc mihi Virginibus iampridē ex omnibus vnam.

CELLE-*cy i'ay choysi sur toutes les Pucelles*
Il y a ia long tempz, & mesmes entre icelles
L'ay mise dans mon cœur, par vn conseil nouueau,
Pour conceuoir vn Dieu dans son ventre puceau:
Et porter en ce point, sans semence charnelle,
Ce saint enfantement, qu'on doit priser en elle.

    *   Dauid de Christo.
 Nascere magne Puer, nostros quem soluere nexus.

VIEN *naistre, grand Enfant, que le Pere a choysi*
Pour rompre noz liens, & supporter aussi
Tant de facheus trauaus: grand Enfant, à qui mesme
Se garde la despouille, & victoire supresme,

De ce Royaume serf, plein des maus effrenez,
Et ruines helas! des hommes condamnez.

AV LIVRE II. Christus in Bethlehem.

Bethlemiæ turres, & non obscura meorum
Regna patrum.

BEthlemiennes Tours, & toy de par mes peres
Royaume non-obscur, & vous aus tempz prosperes
Honnorable maison: ie vous salüe icy,
Et toy mere de Roys, & preste à voir aussy
Vn Roy, dont le Soleil à la face esleuée,
Et les Poles, auront cognoissance priuée.

AV LIVRE III. Proteus de Christo.

Quandoquidem non diuitias, non quæret honores.

CE Filz, honneur du Pere, & sa puissance encore,
Ne voudra s'enrichir, ne voudra qu'on l'honnore,
Lors qu'il aura vestu nostre fragile chair,
De son gré fait mortel: il n'ira recercher
Par ses assautz donnez, la terre Cyprienne,
Et ne saccagera la grandeur Caspienne:
Babylonne superbe en estranges butins
Il destruira non plus, & comme ces Latins
En triumphe n'ira iusques à l'ample croupe
Du Capitole haut, cerné de mainte troupe
De soldatz equipez, & du Senat ioyeus:
Mais cheminant sur l'onde, & ses humides lieus,
Viendra tout au millieu du bord marin eslire
Ses Disciples priuez, & meneurs de Nauire
Espars dessus la mer, & disetteus Pescheurs,
Prestz à ietter és eaus leurs filetz recercheurs,

Ou prontz à racouſtrer leurs traines deſchirées:
Au throne de ſon Pere, aus voutes ætherées,
Il les appellera, & leur donra pouuoir,
Et vertu de guarir: ſi que par leur ſçauoir
Ilz chaſſeront tous maus, & du Serpent qui traine
Reboucheront les dentz, & la gueule vilaine
De l'Orque repeuplé, verra fuyr loing d'eus
Ses eſquadrons chaſſez, & ſes Monſtres hydeus.

DE I. SECOND.
AVX ELEGIES.

DV LIVRE I. ELEGIE II.   Amoris ſuauitas.
Omnia nil ſine amore iuuant, ſed amore ſecundo.

Tovte choſe deplaiſt alors qu'on n'ayme point,
Mais auſſi quand l'amour heureuſement nous poind,
Deſſus la dure on prend vn agreable ſome,
Chaſque terre produit l'Aſſyrien Amome:
Et les baſſes maiſons, capables de ceſt heur,
Des ſuperbes Palais ſurpaſſent la hauteur.

ELEGIE V.   Amicæ ſeneſcentis.
Tempus erit carioſa ſpecu cùm lumina condes.

Qvand tes yeus pourriſſantz (vieille) tu cacheras
Dans leur foſſette creuſe, & que tu porteras
Les cheueus blanchiſſantz ſur ta teſte glaſſée,
Lors ſur ta leure ayant la palleur amaſſée
Tu cercheras en vain les baiſers gracieus,
Et regarder quelcun, en renfonçant tes yeus:
Nul gay chapeau de fleurs n'ornera de verdure
Les poſteaus de ton huys, & l'Amant qui endure

Prez de ton huys muët ne voudra plus chanter,
Ni pour se lamenter, ni pour te contanter.

DV LIVRE II. ELEGIE I.   Senioris studium.

Cùm glacialis hyems calidos extinxerit æstus.

Lors que l'Hyuer gelé mon vif chaud estaindra,
Mon curieus esprit de sçauoir se chaudra
Les chemins de Nature, & comme ce grand monde
Diuers en regions, à sa structure ronde:
Et quelz Astres sont ceus qui doiuent aporter
Ou le bien, ou le mal, qu'on ne peut euiter.

ELEGIE V.   Exprobratio Amantûm.

Tempus erit certè curis cùm liber amaris.

Certes le tempz viendra (quand libre ie seray
De tant d'amers soucis) que ie secoüeray,
Voire mespriseray tes amoureuses flames:
Ia tout autour du cœur, ennemy de tes blames,
Me naissent des caillous, ia le fer surmonté
Me cede sa rigueur, & mesmes ta durté.
Filles, mon soing n'aguere: ah! desloyalle race,
Insidieus malheur d'vne ame sans fallace.

AVX EPIGRAMMES.

*   In imaginem Herculis.

Ante quibus cælum, &c.

Ces membres fortz, à qui la charge fiere
Du Ciel, sembloit vne charge legiere:
Sont ceus ausquelz ne sçay quel Amoureau
Est à present vn onereus fardeau.

DES MESLANGES.

* In Medicum veneficum.
Es simul Medicus. &c.

Tv es ainsi comme il me semble
Ensemble Medecin, ensemble
Chirurgien : car tu fais choir
Dans le Stygieux Orque noir
Les hommes occis de main fiere,
Et tüez de poison meurdriere.

AVS BAISERS.

III.   <i>Ad Neæram.</i>

Da mihi suauiolum (dicebam) blanda Puella.

Donne moy vn dous baiser,
(Disoy-ie) douce Pucelle :
Et lors ta leure iumelle
Acourt les miennes presser.
Puis comme vn qui a foulé
Vn Serpent, s'enfuit farouche :
Ostant ta bouche à ma bouche,
Soudain tu as reculé.
Ma clarté, cela n'est point
Vn baiser que l'on me baille :
C'est vn desir, qui trauaille
Celluy qu'vn baiser espoind.

VII.   <i>Zelotypi Amantis.</i>

Heu quæ sunt oculis meis, &c.

He ! quel naissant debat assemble
Mes yeux, & mes leures ensemble ?

Comment pourroy-ie supporter
Pour mon riual, vn Iupiter?
Mes yeus ialous souffrir ne peuuent
Mes leures, qui pource s'esmeuuent.

DE CALPHVRNE.

ECLOGVE I.   Pacati seculi.

Plena quies aderit, quæ stricti nescia ferri.

L'Entier repos viendra, ne sçachant point l'vsage
Du glaiue desgainé, mais bien d'vn nouuel age
De Saturne aus Latins, & de ce Nume humain
Qui premier a reduit le braue Camp Romain
Encor chaud de la guerre, au paisible exercice:
Et voulut qu'au milieu de son diuin seruice,
Non parmi les combatz, & le funeste bruit
Du harnoys fremissant, la trompette rebruit.

ECLOGVE III.   Ad Amicam.

Te sine vel misero mihi lilia nigra videntur.

O moy chetif sans toy! noirs me semblent les lis,
Les fontaines sans goust, & les vins que i'eslis
S'aigrissent en beuuant: mais las! à ta venüe
Les beaus lis reprendront leur blancheur recognüe,
Les fontaines leur goust: & i'iray retrouuant
Es vins, ceste douceur qu'on sauoure en beuuant.

ECLOGVE VII.   Rusticitatis.

O vtinam nobis non rustica vestis inesset.

PLeut à Dieu que ie n'eusse vn vestement rustique,
I'eusse veu de plus prez ce mien Dieu magnifique!

Mais ceste grosse ordure, & nüe pouureté,
Auec ma croche agraffe, vn tel bien m'ont osté.

D'OLYM. NEMESIAN.

ECLOGVE I.　　　　Pastorum canentium.

Tum verò ardentes flammati pectoris æstus.

MAIS encor par les vers chascun d'eus s'apareille
De flater, en chantant, le cœur chaud à merueille
D'vne ardante chaleur: & d'vn cry douçoureus
Se plaignant, alleger ce trauail amoureus.

ECLOGVE III.　　　　Ad Bacchum.

Te cano qui grauidis hederata fronte corymbis.

C'EST toy qui vas plissant d'vn chapeau fait de vigne
Ton front enlyerré, sous vn raisin si digne,
Que ie celebre icy: toy qui vas conduisant
Les Tigres bien-ornez de ton serment plaisant,
Et tes poilz odoreus sur le col fais espandre:
Vray filz de Iupiter, aprez le grand esclandre
Du foudre ressenti, Semele vid en fin
Seule aus Cieus ce lupin qui ressembla Iupin.

ECLOGVE IIII.　　　　Amor omnia vincit.

Cerua marem sequitur, Taurum formosa iuuenca.

LA Biche suit son masle, & la belle Genisse
Son amoureus Toreau, mesmes es Louues glisse
L'aiguillon de Venus: & le sentent couler
Les femmes des Lyons, les Oyseaus parmy l'er,
Et la troupe escailleuse, & montz & boys encore:
Les arbres mesmes ont l'amour qui les deuore.

CINQVIEME LIVRE
DE SAL. MACRIN.

AV LIVRE I. DES VERS.   Henrico 8. Britan.

Non enim Phthij Ducis arma possit, &c.

CHascun ne peut d'vn escrit fleurissant
Chanter les faitz du Phtien Chef puissant,
Ni des Gregeoys les Nauires bruslées
Par vn Hector, aus guerrieres meslées.

AV LIVRE II.   Ad Sangelasium.

Vates quietem pacis, & ocia. &c.

CHascun des Poëtes desire
Et la paix, & le dous loysir:
Le Dieu Grineen se retire,
Et ne prenant aucun plaisir
Dedans les soucieuses ames,
Ne respand ses diuines flames.

AV LIVRE IIII.   Ad Iaco. Tusanum.

Cernis quàm volucri præcipites fuga.

TV vois comment les changementz diuers,
Voire pressez d'vne viste carriere,
Vont gouuernant les siecles descouuers:
Et comme aussi Phœbus ceint de lumiere,
Fait qu'ore gays sa veüe nous ayons,
Ore caché nous oste ses rayons.

AVS LYRIQVES.
DV LIVRE I.   Margaritæ, Regis sorori.

Fæcunda mentis cælitùs inditæ.

Pleine d'vne ame transmise
Du Ciel, tu ne tiens assise
Ta fiance, en ces honneurs
Qui coulent: & si fuis ore
L'or, le pourpre, & bruit encore,
De la Cour, & des Seigneurs.

.DV LIVRE II. Ad Franciscũ I. Regem.

Omnia hæc victrix aboleret ætas.

L'Age vainqueur ces faitz aboliroit,
  Quand le secours des Muses saintes
Pour les monstrer ne les resueilleroit:
  Et seroyent les valeurs estaintes
Du fier Hector, & d'Achille Phtien
Qu'on n'eust cognu, sans vn si beau soustien.

AVS HYMNES.
DV LIVRE II. De casa Christi.

Hic Angelorum turba hilaris melos
Cæleste fudit.

Icy la ioyeuse assemblée
Des Anges, entonna des chantz
Coulez de la voute estoilée:
Icy les Bergerotz des champz
Qui leurs troupeaus laineus quitterent,
Le Roy du monde salüerent.
  Les Roys icy leurs presentz firent
De myrrhe, or, encens esmié:
Aprez que l'estoile ilz suyuirent,
Remarquant son front espié

Des ces lieus colorez de rose,
Où l'Orient void l'Aube esclose.

DV LIVRE IIII. Ad Annam Crequiadem.

Cederet textu tibi docta Pallas.

PALLAS aus ouurages sçauante,
Et ceste Arachne au cœur felon
Ressentant sa main punissante,
Mesmes la riche Babylon,
Te cederoit : voire la trope
Qui se farde dedans Canope.

DV LIVRE VI. Ad Gelonidem.

Tu tantùm reduci mihi parato.

A mon retour pense tant seulement
A m'embrasser d'vn tel embrassement
Que nous soulions l'vn aprez l'autre prendre,
Et de Nectar tous enyurez nous rendre :
Metz là dessus à milliers maint baiser
Mieleus, mollet, & se laissant presser :
Ainsi pourra s'alleger nostre absence
A ce retour, trop lent à ma presence.

* Ad Deum pro Victoria.

Rex exercituum, Deus deorum.

DIEV des Dieus, Roy des exercites,
Qui par tes Messagers aslez
Sçays reduire à certains limites
Les estatz au monde meslez :
Ore ceux-cy sous vne guerre
(Pleine de perilz) oppressant,

Ore en paix ceux-cy nourrissant,
D'vn repos qu'elle fait acquerre:
Auec equité tu le fais,
Et conduis ainsi tous tes faitz.

DE POLITIAN.
EN LA SYLVE, MANTO.   De Nemesi.

Hæc spes immodicas premit, &c.

CEste Deesse icy communement reprime
L'esperance trop grande, & obserue & opprime
Les hommes orgueilleus : elle abat le cœur haut,
Les succez, l'appareil plus braue qu'il ne faut,
Des superbes humains : Nemesis on l'appelle,
Que l'Ocean conçeut de la Nuit eternelle.

*   De Pindaro.

Aërios procul in tractus, & nubila suprà,
Pindarus it.

BIEN loing guidé par l'air, & par dessus les nües,
Pindar' (Cygne Thebain) hausse ses aduenües:
Douces Mouches à miel, vous luy souliez mouiller
Sa bouche tendre encor, pendant son sommeiller.

*   In Hirundinem.

Medeæ statua est, misella Hirundo.

CEste Image où tu viens nicher,
(O Arondelle mal-guidée)
C'est celle de l'aspre Medée:
Ne veuille donques t'y percher,
Fiant tes petis à la mere
Qui mesme des siens fust meurdriere.

CINQVIEME LIVRE
DE BEMBE.

AVS VERS.   Faunus ad Nymphas.

Sed vos nimirùm mortalia facta sequutæ.

Mais pour certain vous desirant ensuiure
Les faitz humains, (veu que l'amour se liure
A lor qu'il ayme) & quittant les Bergers,
Et ces gardeurs des troupeaus estrangers:
Vostre desir, Nymphes, aussi demande
De ces grandz Dieus present de chose grande.

      *   Ad Telesillam.

Sed peream Telesilla, tuo ni semper in ore.

Puisse-ie mourir, Telesille,
Si la douce Venus gentille
N'est sur ta bouche, auec les fleurs
Du Violier, & de la casse!
Car toutes les foys que i'amasse
Tes baisers recerchez d'ailleurs,
Tu m'offres de Venus mollette
La casse, & mainte violette.

      *.   Amica ad Gallum.

Nutat vt in summis vento leue culmen aristis.

Ainsi que tremble agité par le vent
Es hautz espicz le sommet s'esmouuant,
La vaine foy, coulant ainsi, s'abaisse
En vostre amour : & comme ne delaisse
Vne onde l'autre, & la premiere aussi
Va repoussant : nouuelle amour ainsi

DES MESLANGES.

Touſiours vous preſſe, & fait que ſans relache
Voſtre inconſtance à quelque autre ſ'attache.

    *   In Amicam cuſtoditam.

Parcite cuſtodes, non eſt mea digna Puella.

AYEZ eſgard à ma Dame d'eſlite,
Vous gardiens : car elle ne merite
De ſupporter les loys d'vn ord Vieillard !
Qui me verra, deſtourne ſon regard
En ma faueur, quand i'approcheray d'elle,
Et faigne ailleurs quelque choſe nouuelle :
Ou bien tandis que ie manieray
Sa blanche main, ou que i'amaſſeray
Maint dous baiſer, ſouffrez à ma priere
Qu'vn pront ſommeil vous ferme la paupiere.

DE BVCHANAN.

AVS ELEGIES. De Maio, & Venere.

Ipſa nouos cultus, niueoque monilia collo.

S'ornant d'atours nouueaus Cypris va paroiſſant,
Et charge de Carquans ſon beau col blanchiſſant,
Comme ſ'elle vouloit à ſon cher Mars complaire :
Et l'Amour eſiouy, ſur la queux ſanguinaire
Aiguiſe ſes traitz cuitz dans le rouge fourneau
Du mont Sicilien : ceſt Archer larronneau
Frotte les vns de fiel, les autres d'Ambroſie :
Et ſa torche reffait de feu plus eſclairçie.

P

AVS SYLVES.　　　　　　In Epithalamio.
Tu prior,ô Reges non ementite parentes.

TOY qui ne dementz point ces Princes tes Ayeus,
Hectorin Iouuançeau, vien d'vn esprit ioyeus
Embrasser le premier celle-la que te donne
Pour femme, la loy mesme : & que Nature bonne
A fait naistre ta Sœur, & le seul argument
Du sexe, obeyssante à ton commandement,
Et le vouloir, ta Dame : & que la noble enuie
Des parantz, te laissa pour compaigne en ta vie,
Auec l'estoc fameus, la vertu, la beauté :
Et pour Espouse aussi l'age en sa meureté.

AV GENETHLIAQVE.　　　　Iac. Regis Scot.
Quòd non sanguinei metuenda potentia ferri.

CE que du fer sanglant le redouté pouuoir,
Ni les scadrons luysantz d'vn airain fort à voir,
Ne sçauroit mettre à chef, amour le pourra faire :
Le peuple officieus tasche de satisfaire
Au Prince officieus, & se plaist à l'aymer,
Quand il sent son amour enuers luy s'enflamer :
Et de seruir aussi son Seigneur ne desdaigne,
Sans qu'à seruice tel necessité l'astraigne.

AVS HENDECASYLLABES.　　　In Eunuchum.
Iudæum Beleago quòd negas te.

DE ce qu'en toutes compaignies
Beleago, Iuyf tu te nies,

Et veus auoir de grandz tesmoins,
Tu erres beaucoup plus que moins:
Cela par tesmoins ne se preuue,
Ton seul Priape en fait l'espreuue.

DE BEZE.

AVS SYLVES.

SYLVE I. De Cicerone moriture.

——Sic ibat Tullius ille.

Ainsi ce Tulle alloit auec ses Seruiteurs,
Ce Tulle, de la Robe & des grandz Senateurs,
Iadis le principal, lors que de sa littiere
Il void de loing venir auec mainte baniere
Ses Ennemys armez: & Popile a cognu,
Le menaſſant à mort auec son glaiue nu,
Luy dont il defendit & les biens, & la vie,
Lors que Romme n'estant encores asseruie,
L'escoutoit volontiers: & que sa docte voix
Tonnante, le faisoit admirer chasque fois.

AVS ELEGIES.

ELEGIE II. De Mediocritate.

Te nimia, ô Iuli, clementia perdidit olim.

Iadis, Cæsar, trop grand' benignité
Perdre te fist, & l'inhumanité
(Sanglant Neron) d'ailleurs te fist occire:
Pourquoy maintint longuement son Empire
L'heureus Auguste? il n'estoit pas ainsi
Ni trop clement, ni trop cruel aussi.

ELEGIE VI. Ad Venerem.

Si te, Diua Venus, genuerunt æquora ponti.

S'IL est ainsi que la Mer soit ta mere,
Ie te supplie, ô Venus escumiere,
Ne me laisser à la merçy des flos
Dont ie me voy de toutes partz enclos :
Tu dis où sont ces flotz, & ces eaus fieres ?
En nul endroit ! mais de plusieurs manieres
Ie trouue en terre vne mer où ie cours
Remply d'angoisse, & priué de secours :
O moy chetif ! bien qu'esloigné des ondes,
Ie suis en proye aus vagues furibondes,
Feintes pourtant, feintes ha ! qu'ay-ie dit ?
L'onde est tres-vraye, & sans nul contredit
En cest estrif n'y a nulle feintise !
L'eau m'enuironne, & nulle eau ie n'aduise :
I'erre vrayment, & nage en seche mer !
Voyez encor, ose-ie bien nommer
Seche ma mer ? mon esprit qui s'oublie,
(Telle qu'elle est) sent sa force affoiblie.

Pource ie change & de premier aduis
Souuentesfois, & par discordz suiuis
Ma Muse ainsi se rend ingenieuse :
Vous Yeus pleurantz, de vostre eau pluuieuse
Vous fournissez de fleuue à mon Bateau,
Qui vogue (fresle) emporté sur cest' eau :
Les ventz y sont, mes souspirs de ventz seruent,
Qui de ses maus nullement ne preseruent
La Nef dissoute : & ne diray-ie point
Les aiguillons, dont la pointe m'espoint

Secrettement, & mon ire aueuglée?
Ces aiguillons d'vne ardeur redoublée
Me vont icy des auirons donnant,
Et la fureur mes espritz estonnant,
D'autre costé des voyles me presante :
Le gouuernail de la Nef impuissante
Est l'Esperance, Esperance des Dieus
Tres-bonne escorte, & soulas gracieus
De mes trauaus : l'ancre sont les parolles
D'vn humble cœur, sortant douces, & molles :
Mais qui pourtant n'alentent en ce cas
L'esmoy des eaus, qui ne s'acoysent pas.
  Amitié ferme est le mas qu'on embrasse,
Les cables sont les dons que l'on pourchasse :
La Nef par corde, & Venus par presentz,
Se laisse aller : ô Ame, qui ressentz
Si folle erreur, tu es ceste Nauire,
Qu'Amour sans yeus (pouurette) ose conduire!
L'ire est l'orage, & la hayne est l'escueil :
Façent les Dieus que la hayne, & l'orgueil,
Soyent loing d'icy! la foudre qui m'effroye,
Sont les tançons que la menaçe enuoye,
Menaçes ah! escartez-vous de moy :
Si par meschef quelque recent esmoy
Trouble sa face & moins gaye, & seraine,
Qu'elle n'estoit, alors cede & se traine
Mon las Vaisseau, poussé du moiste Nort :
Donques iaçoit que ie flotte si fort,
Souuentesfois i'ay les Zephyrs en poupe,
Souuent le Nort mes voyles enueloupe :

p 3

Et neaumoins quand à riue ie vois,
Et veus ancrer, me sentant à la fois
Pris de l'amour de la terre aperçeuë,
Lors malheureus en l'attente deceuë
Ie suis chassé, iaçoit qu'auec torment
Ie me trauaille à tourner viuement
Ma voyle au port : ainsi de front il change,
Et la splendeur qui des Astres s'estrange,
Les fait pallir : ie crie neaumoins,
Fay que le bord ie voye pour le moins,
Rendz-moy le iour rendz-moy le iour, Candide :
Ainsi doublant ma complainte timide,
Soudain les ventz mes voyles enfleront,
Et sur mon chef mille ondes rouleront :
Tout souffle, & bruit, d'iniures, & menaces,
La foudre en l'air empraint des rouges traces,
Dru flamboyant : & lors au depourueu
L'œil ne void plus le port n'aguere veu :
Ce qui pourtant me semble esmerueillable,
C'est le mas droit qui demeure imployable,
Et auec luy mes toyles qui n'ont peur
Du flot cruël, & naufrage trompeur.
 Diras-tu donc, ô belle Cytherée,
Que c'il qui sent la fortune esplorée
De tant d'ennuys, n'encoure pas sans fin
Tous les perilz d'vn orage marin ?
Trouble moy donc si rudement, Neptune,
Qu'en succombant à la rage importune,
Ma Nef qui fond hume les flotz irez :
Ou fay que i'entre à ces bordz desirez

A roide veine, helas! ie penſoy dire
A roide voile: excuſe mon martire
Douce Venus, excuſe moy Venus,
Si malgré moy ces propos i'ay tenus!
Vrayment la coulpe eſt auſſi tres-petite,
Si coulpe c'eſt qu'vne letre ainſi dite
En la ſyllabe, eſchangeant preſque rien:
Si toutesfois ce l'eſt, ie le veus bien!
C'eſt ceſte coulpe, ô Venus, celle meſme
Coulpe, dont i'ay vn plaiſir treſ-extreſme.

AVS EPITAPHES.

*   In Patruum.

Mortuus à tumulo famam cur captet inanem?

Pourquoy ia mort, de ſon cercueil enclos
Voudroit il bien recercher vn vain los,
Luy qui ſi bon l'acquit durant ſa vie?
Mais ſi l'on croit la verité ſuyuie,
Comme il le faut, il n'auoit merité
D'eſtre couuert d'vn tombeau preſenté.

AVS IMAGES.   Hercules Oetæus

Certauit mecum virtus, &c.

Aveques moy combatit la Vertu,
Puis me ceda, ſe voyant ſurmontée:
Mais ie voulus, aprez l'auoir dontée,
Par moy vainqueur eſtre meſme abatu.

*   Xenophon.

Pallada dilexi, pariter me. &c.

I'Aimay Pallas, auſſi m'ayma Pallas,
Et me fiſt grand aus lettres, & combas.

P 4

CINQVIEME LIVRE
AVS EPIGRAMMES.   De Eleonora Regina.
Nil Helena vidit Phœbus formosius vna.

Phœbus n'a veu rien de plus beau qu'Heleine,
Le monde n'a rien de plus beau que toy :
L'vne & l'autre est d'extreme beauté pleine,
Mais l'vne fait plus grand' chose de soy :
Car celle-la semoit noyse sur noyse,
Et Leonor toutes noyses acoyse.

*   In tabellam Candidæ.
Quantò pulchrius, elegantiusq;.

D'Autant plus qu'est mignon, & beau,
Sur tous pourtraitz, ce peint Tableau :
D'autant plus, que peinture telle,
Me sembles-tu mignonne, & belle.

*   Francisci I. Regis.
Ergò quòd illæsos, ô Rex, seruaueris hostes.

S'il ne te pleut, ô Roy, recercher la victoire
Des Ennemys sauuez, pourtant il ne faut croire
Que ce fust vne peur, mais bien la pieté,
Qui t'esmeut à cela : contre ta volonté
Tu combatois alors, & toy-mesme surmontes,
Quand (ne le voulant pas) l'Ennemy tu ne domtes.

D'AVRAT.
*   Ad P. Ronsardum.
Nunc veluti torrens hybernis imbribus auctus.

Ores ainsi que l'on void arriuer,
Vn torrent creu par les pluyes d'Hiuer,

Et par l'arrest des opposez riuages,
Et par les pontz se rompantz aus passages:
Te debordant hors des champz limitez:
A ton pays, vers ceus qui sont hantez
Des estrangers, tu conduis ta venuë
Pour visiter mainte gent incognuë,
Et noms de lieus que tu ne cognoissoys,
Peuples Angloys, & voysins Escossoys:
Osant commettre aus Oceanes ondes
Des vers Françoys les paroles facondes,
Voire adoucir par tes belles chansons
Dessous la mer ses oreillez Poissons.

* Ad I. Iesseum.

Tam bene qui teneris modulans præludis in annis.

BIEN qu'estant ieune encor tu faces si bien dire
Tes chantz sur la Romaine, & la Françoyse Lyre:
Quand ton age si bas à meureté tendra,
Et que la tendre fleur vn vieil fruit deuiendra:
Aprez que sous ta Muse en sa plus grand ieunesse
Tes Musettes bruyant de telle hardiesse,
Auront ainsi chanté: combien sur ses ans vieus
Donra-t'elle à ta trompe vn ton plus furieus?

* In Historiam G. Haillanij.

Tertius Henricus, Gallorum Iupiter alter.

HENry troisiesme, vn Gauloys Iupiter,
Sur ce laissant à pitié s'inciter,
Et reuanchant ses Ayeus grandz en gestes,
Et leurs trauaus encor peu-manifestes,

Voire laissez comme membres espars,
Ainsi qu'estoyt espars en maintes pars
Le corpz chetif d'Hippolyt mis en piesses :
Il n'appella contre telles oppresses
Le Dieu Phœbus, mais bien Girard conçeu
Du Dieu Phœbus : qui dextrement a sçeu
Et recueillir, & rendre plus notoires,
De tant de Roys les esparses Histoires.

Ad Remi. Bellaqueum.

Musa duos dederat bellos, Parca abstulit vnum.

La Muse auoit deus beaus Chantres baillé,
La Parque en a deia l'vn rappellé :
Iugeant qu'vn seul eust autant de puissance
Qu'auoyent les deus, exemptz de sa nuisance :
Vous neaumoius qui n'auez rien de beau
Tenebres las ! n'auallez au tombeau,
Ains delaissez vne chose si belle :
Contantez-vous d'vne rapine telle !
Qu'vn beau Bellay soit mort au-parauant,
Pourueu qu'encor ce Belleau soit viuant :
A fin qu'ainsi sa dous-coulante veine
D'vne belle-eau tousiours abonde pleine.

Ad Ph. Portæum.

Tu velut Argiuæ classis comes Orpheus alter.

Toy comme compaignon de la flotte des Grez,
Tel qu'vn Orphé nouueau, pour charmer leurs regrez,
Venant à manier la Harpe Bistonide,
Tu suis à son depart ce second Æsonide :
Tandis qu'il s'en ira vers le Pont froideureus,
Tu flatteras l'ennuy des chemins dangereus

Par tes douces chansons, & les nerfz de ta Lyre
Apaiseront soubz toy des Symplegades l'ire,
Fichant les rocz errantz: pourueu que sans danger
La Nef porte-Iason puisse là voyager.

D'ALCIAT.
AVS EMBLEMES.
EMBLEME XI. Silentij.

Cùm tacet, haud quicquã differt sapientibus amens.

L'Homme fol de bien peu differe
Aus sages, alors qu'il se taist:
Sa langue, & son bruit ordinere,
Dit aussi combien fol il est.
Que donc ses leures il contienne,
Et monstre le silence au doy:
Et tel à la gent Pharienne,
Face vn Harpocrate de soy.

EMBLEME XVIII. In prudentiam.

Iane bifrons, qui iam transacta, futuraque calles.

IAnus au double front, qui sçays le tempz passé,
Et le tempz auenir: & d'vn sens aduisé
Sçays & vois les broquardz & deuant, & derriere:
Pourquoy te pourtrait-on d'vne telle maniere
A quatre yeus, à deus frontz? est-ce vn signe euident,
Pour denoter combien tu es sage, & prudent?

EMBLEME LXXI. Inuidiæ.

Squallida vipereas manducans fœmina carnes.

TElle qu'est ceste femme salle
Qui des Serpentz mache, & aualle,

Qui a tousiours du mal aus yeus,
Qui ronge son cœur soucieus,
Qui a si palle, & maigre mine,
Et fait son baston d'vne espine :
Telle se represente aussi
L'Enuie, qu'on pourtrait ainsi.

EMBLEME CXLIX.   Salus publica.

Phœbigena erectis Epidaurius insidet aris.

Epidaure, filz immortel
De Phœbus, se tient sur l'autel :
Dieu benin, qu'on peint en la forme
De quelque grand Serpent enorme :
Les hommes qui malades sont,
A ce Dieu leurs prieres font :
Il leur acorde, & ratifie
Les vœus de quiconque s'y fie.

DE MVRET.

AVS EPIGRAMMES.   Probitas infœlix.

Vnquámne (Antoni) locupletem, &c.

PENSES-tu bien, Antoine, estre onques opulant,
Estant semblable à toy ? non certes, tu te trompes !
Il faut, Antoine, il faut que fardé tu corrompes
Ta nature contraire au vice pullulant.

Il faut pour t'enrichir, auoir vn beau semblant,
Qui flate à l'aborder : & qu'asseruy tu rompes
Ta coustume de viure, hantant ore les pompes
De ces Milors de Court, or' le peuple insolant.

Ie fçay comment tu vis fans malice, & fans fraude:
Ton cœur n'eſt defloyal, ta langue n'eſt clabaude,
Ni pillarde ta main, & veus auoir du bien!
 Tu te deçois, Antoine! & ta noble ſimpleſſe
T'auancera non plus que ta ſimple nobleſſe:
C'eſt folie au-jourd'huy que d'eſtre homme de bien.

* Vis beneficij.
Qui capit, inferior. &c.

CErtes moindre eſt celluy qui prand,
Et celluy qui donne, plus grand:
Donne moy, Paul: ſans rien deſioindre,
En ce point ie te ſeray moindre.

* Ciceronis morituri.
Cùm ferus aſtaret ſtricto mucrone, &c.

Qvand le cruel miniſtre, auec ſon glaiue nu,
S'auançoit pour tuër Ciceron recognu:
D'vn œil ferme-conſtant, & regard immobile,
Offrant ſon col ſouſmis à la main fiere-habile,
Adonc il adiouſta: publique Liberté
Qui plus que mon ſalut, chere m'auois eſté,
Ce n'eſt pas la raiſon qu'aprez toy ie demeure:
Et certe' il m'eſt permis que toy mourant ie meure.

DE TORRENCE.

EN LA NATIVITE' Dei vis, & cura.
de I. Chriſt.

Qui terras, vaſtique maris liquentia regna.

TV gouuernes la terre, & le ſeiour de l'eau,
Et le Ciel, & ſes feus: tu fais que l'an nouueau

Diuisant les saisons qu'il emmeine, & rameine,
Ore durant le iour nous inuite à la peine,
Ore durant la nuit nous inuite au repos :
Le Printempz sous toy porte vn beau fleurage esclos,
L'Esté produit ses grains, & l'Autonne ses pommes,
Et l'Hyuer a soucy d'entretenir les hommes.

AV SACRIFICE.
DV LIVRE I.   De Martha.

Marthe ayme Iesus-Christ, & bien qu'il soit absant,
Elle l'oyt, & le void, à rien plus ne pensant :
Pour bien seruir à Christ, d'vne ame en Christ rauie,
Elle brusle du soing de l'eternelle vie.

DV LIVRE II.   De Templo Salom.

Tempore Idumæis Salomon quo præfuit aruis.

Qvand Salomon paisible és terres Idumées,
Regnoit en vn tempz libre & d'armes, & d'Armees,
Il fist edifier dans la sainte Cité
Ce Royal bastiment, d'vn pied ferme planté :
Fait de Cedres meslez, & de riche structure,
Encore il s'ornoit d'or : ce Maistre de Nature,
Ceste grand' Maiesté qui fait sa force voir
En terre, & par les Cieus, l'emplit de son pouuoir.

DV LIVRE III.   Iudæi in Christum.

—————Regem, Vatemque salutant. &c.

Ilz le vont saluër comme Prophete, & Roy,
Ilz le frappent ensemble, ou transportez d'esmoy
Et son ordy visage, & sa barbe déchirent :
Et ses cheueus sacrez du chef à force tirent.

DE LA IESSEE.

AVS EPIGRAMMES.

DV LIVRE I.   Paridis, & Helenæ.

Phryx Menelæam rapuit cùm sponte maritam.

QVAND l'Amy Phrygien rauit sans autre effort
La femme à Menelas, par guerres & par mort
Il fist que les Danoys ses Troyens poursuyuirent:
Grandes sont les beautez qui Helene embellirent,
Mais plus grand son desdaing, & son dol: sonde vn peu,
Tu verras de Paris encor plus grand le feu.

       *   Ad A. Amasiam.

Te sine cuncta mihi sordent. &c.

TOVT sans toy m'est sordide, & ne tiens à bonheur
Vie, repos, or, Roy, faueur, Court, ni honneur:
Certes d'eus ie me passe, ou seule par eschange
Tu m'es repos, vie, or, Roy, faueur, Court, loüange.

DV LIVRE II.   In tonsorem auarum.

Radere si barbam benè vis, &c.

SI tu veus bien ma barbe raire,
Ne ray ma bourse pour cela:
Car plustot que d'en venir là,
Qui de barbe auroit onc affaire?

       *   In Olympiam fugitiuam.

Quòd sis pulchrior omnibus Puellis.

BIEN qu'entre toutes les Pucelles
Tu sois la plus belle des belles,

Que ta douceur m'affectionne
Plus qu'vn dous baiser de Dionne,
Que chere encor tu me reuiennes
Plus que les perles Indiennes:
Doibz-tu fuir pleine d'arrogance
Vierge, des Vierges l'excellance?
Pour le moins, ô Nymphe prisée,
En faueur de ton cher Iessée
Attandz vn peu! d'vn cours si vite
L'affreuse Lyonne n'euite
Son Lyon veu : m'es-tu, Maistresse,
Plus fiere qu'vne Lyonesse?

AVS PASSE-TEMPZ.

LATIN. Virtutis commendatio.

Qvò tua nobilitas proprij sit compos honoris,
Factáque non aliter te digna, & pulchra gerantur:
Fac possessorem decoret non extera virtus,
Virtus ingenij preciosius ornamentum.

ITALIEN.

Per honorar la tua nobilita,
Et per far cosse & digna, & bella ancora:
Besoigna & che la tua virtu t'honora!
De l'ingeignio la piu rara belta.

FRANCOYS.

Pour honorer ta noblesse qu'on prise,
Et faire chose & digne, & belle encore:
Il est besoing que ta vertu t'honore!
C'est de l'esprit la beauté plus exquise.

G. A S.

GASCON.

Per hounoura ta noubléſſe preſade,
Et hè enkoé cauſes dignes, & beres:
Eſt es beſoign qu'en bertut tu proſperes,
De l'eſperit la béütat més çerkade.

AVS AMOVRS.
DV LIVRE DE SEVERE A.

ELEGIE II.   Ad Seue. Amaſiam.

Nulla quies illo, quo perditus vrgeor, æſtu.

IE *n'ay point de repos en ce chaud qui me perd,*
Soit que la nuit ſuruienne, ou que le iour ouuert
Chaſſé les Aſtres lentz: ie bruſle de la ſorte
Que bruſlent par les champz les eſpicz barbe-porte,
Ou comme on void bruſler vne ſeche foreſt,
Qui l'aſpre feu pillard ſaccage ſans arreſt.

ELEGIE VII.   Amantium affectus.

Sed quid ego hæc refero? nunc his, nūc torqueor illis.

Pourquoy dy-ie cecy? les vns ore me geinent,
Et les autres aprez: les chaleurs qui rameinent
Le vehement Eſté, voire l'horrible Hyuer,
Viennent comme à l'enuy ſans ceſſe me greuer:
Ainſi quoy que ie face, en tous lieus ie me trouue
Touſiours preſt à l'amour: tout Amoureus i'eſprouue
Ceſte ardeur qui me bruſle, & ſi tout Amoureus
I'eſprouue encor le froid, qui me rend froideureus.

q

CINQVIEME LIVRE
DV LIVRE I. D'OLYMPE.
ELEGIE IIII.   Ad Franciscum Fr.

At nil non vereor, noſtros & forſan amores.

MAIS *helas! ie crains tout, & mes amours peut eſtre*
Se lairront pourchaſſer à la Cour de mon Maiſtre:
O treſ-grand Duc FRANÇOYS, *eſpoir digne des Dieus,*
Et des hommes auſſi : n'vſe victorieus,
N'vſe de forte main , & ne veuille entreprendre
Sur mon petit Royaume, à fin de le ſurprendre.

ELEGIE X.   Vis amoris.

Sola meos capiet cæleſtis Olympia vultus.

SEule *eſprendra mes yeus ceſte Olympe celeſte,*
Elle ſeule fera que ma foy manifeſte
L'aymera ſans feintiſe : vn Iupiter aus Cieus,
Vn Neptun au milieu des flotz audacieus,
Et Pluton ſurmonté dans ſon eau Stygienne,
Sentit bien vne ardeur reſſemblable à la mienne.

DV LIVRE II.
ELEGIE V.   Faſtus Olympiæ

At velut exoſis Taurus petit arua iuuencis.

MAIS *ainſi qu'vn Toureau par les champz ſ'eſloignant,*
Toutes Geniſſes hait, ie fus les deſdaignant
Pour aymer à ton gré: or' tu me paſſionnes,
Imitant le cœur fier des cruelles Lyonnes:
Et m'ayant à meſpris, tu meſpriſes auſſy
Sans ceſſe ma priere, attendant ta mercy.

DES MESLANGES.

AVX POEMES.

EN LA MONOMACHIE.   Rationis,& fapiétiæ.

Felix, (chare nepos) Superifque fimillimus, æqua
Quem ratio. &c.

Heureus (mon cher Enfant) & aus Dieus reſſemblable,
Celluy qui cerchera la raiſon equitable,
Et la ſageſſe auſſi, compaigne des hautz Dieus:
Bien qu'il ſoit enchaiſné, des Roys malicieus
Il va briſant le ioug : ſi Buſire rebaigne
Ses autelz en ſon ſang, ſes autelz il deſdaigne,
Voire les fiers Cheuaus d'vn Diomede craint:
Et du Toureau d'airain le murmure contraint.

EN L'ANGLETERRE.   Ad Franciſcū Fráciæ.

Iam tibi non fictas Siculus mentita figuras
Præparat arma faber.

Le Feuure de Sicile, embeſoigné pour toy,
Ia deia te prepare vn harnoys fort de ſoy,
Non feint de vains pourtraitz : ia ſ'entend le murmure
De ſa triſte Lipare, & ceſte enclume dure
Qu'il a dans Mongibel, ſent le bras non-oyſif
Du renfroigné Cyclope, à ſon œuure ententif.

EN LA SERAINE   Ad Regem Antonium
de Portugal.

Tantùm ades, hærebit lateri Victoria cuſtos.

Aproche ſeulement, pour garde tu auras
La Victoire à ton flanc, & ſi ne ſouffriras

q 2

(Dieu le voulant ainsi) tant de hazardz estranges,
Sans en venir à bout: de peur que tu te vanges,
La fraude (te fuyant) hayneuse empechera
Qu'vn nombre de perilz ne te delaissera:
Mais aussi tu seras suiuy d'vne louange,
A fin que ton Laurier Piratique te vange
Soubz les Monstres occis, & les flotz surmontez:
Foulant tous ces honneurs à l'Espaignol ostez.

DES INSCRIPTIONS.

Voy l'Entrée
imprimée.
1582.

SVR L'ENTREE
de son Alteze, dans Anuers.

*   Salutatio ad Principem.

Quò tua te virtus effert, clarissime Princeps.

ENTRE où ta vertu monte, ô Prince tres-illustre,
A qui la candeur mesme, & la chesnuë foy,
Montrent vn droit sentier: à fin qu'à ce grand lustre
Que ton beau nom respand, les Belges dessous toy
Respirent desormais: & veuille accoustumer
A t'ouyr de ce peuple vn vray Pere nommer.

*   Claues Antuerpiæ.

Principis impietas, furor, & vesana tyrannis.

L'impieté, la rage, & l'aspre tyrannie,
Du Prince mon hayneus, ont ma main regarnie
Des clefz qu'il prist de moy, sous vn certain accord:
Reçoy-les fameus Prince, auec vn heur plus fort,
Et sous destin meilleur: ta pieté d'eslite,
Et ta vertu si haute, vn tel present merite:

Heureus trois fois celluy que la Belgique prand,
Heureus les Belges seurs dessous vn Nom si grand.

    *   Ducis electio.

Abstulit vt regni Dominus moderamina Sauli.

Ainsi que le Seigneur à Saül vint oster
La charge du Royaume, & de sa saincte grace
Priua ce reprouué, pour y faire monter
Le Roy Dauid choysi d'entre le populace:
De mesme ayant chassé les Tyrans ennemis
Du regne qu'ilz tenoyent, & de nostre Patrie,
Il nous a sous ta force & permis, & promis,
(O grand Duc genereux) d'asseurer nostre vie.

    *   In Ducem.

Discutit exortas Dux Allansonius iras.

LE Discord nay s'enfuit sous le Duc d'Alançon,
Que le Dieu Iupiter nourrit en son giron.

    *   Expostulatio Brabantiæ.

Aduersus veluti Saulis promiserat omnes.

Ainsi que Ionathàs par serment s'asseruit
Des fureurs de Saül garder le Roy Dauid,
Ainsi contre l'orgueil des Tyrans qui nous pressent,
Garde-nous, regi-nous, ô Prince genereus:
Puis que de viure en paix nous sommes desireus,
Et que sous ton support noz cœurs mesmes abaissent.

CINQVIEME LIVRE

Loquitur Elephas.

Lunam solebam, nunc iubar constantius. &c.

IE souloys admirer la Lune,
Ore la clarté opportune,
Et plus constante du Soleil,
M'esprend d'vn regard non-pareil:
Et voy-ie deia ce me semble
Qu'vne riche moisson i'assemble,
Sous cestuy-cy qui void mes-huy
La Flandre obeyssante à luy.

Gratia Principi.

Gratia nata Deo, cultu vestita niuali.

Grace, fille de Dieu, d'vn linge blanc parée,
Et portant en sa main la fueille preparée
D'Oliuier pallissant, ô Prince, grand espoir,
Et Pere du Pays, t'a donné le pouuoir
D'entrer dedans Anuers : à fin que ta clemence
A son peuple affligé donne quelque allegence,
Et qu'en faisant iustice, il te soit plus aisé
De preseruer ses champz de l'Ennemy chassé.

Ad superos.

Hunc tandem euerso iuuenem succurrere seclo
Ne prohibete.

Ne defendez qu'vn Iouuenceau prisé
Secoure en fin ce siecle renuersé.

DES MESLANGES.

* Iustitia.

Fruſtrà magnanimos iactarunt, &c.

EN vain on a loué des regnes l'excellance:
Iuſtice tient les gentz en eſgalle balance.

* Principi expectato.

Veniſti tandem, atque tua expectata tueri
Ora datur.

EN fin tu es venu, & pouuons-nous icy
(Ayantz tant attendu) voir ton viſage auſſy.

* Vis Reip.

Nil leges, nil ſceptra valent, &c.

Loyx, Sceptres, & trauail du Senat, ſont ſans force:
Si le peuple ſouſmis tout l'Eſtat ne renforce.

* Rex Regum.

Eſt Deus, eſt qui cuncta mouet præcordia Regum.

DIEV eſt, & ſi conduit les cœurs de tous les Roys:
La hauteur chet ſous luy, meſmes en tous endroys
Tournant ſon clair regard, les peuples il aduiſe,
Et ſous vn iuſte Roy donne la paix requiſe:
Les autres qu'il deteſte, & qui vont empirans,
Eſprouuent la rigueur des endurçis Tyrans.

* Gigas Antuerpien.

Cernitis immanem hunc, &c.

Voyez l'horrible corpz de ce monſtreus Gean!
Anuers porta iadis (comme on dit) ce Tyran.

In tyrannidem.

Nil rabies vesana, furor, vel sæua tyrannis.

La rage, la fureur, la dure tyrannie,
La force, ny l'effort dont ma main fust garnie,
Ne garda nullement mon pouuoir combatu:
La Pieté, d'vn Roy c'est la seure vertu,
Douce maistrise fait trop plus que violence,
Tu n'emporteras rien par cruelle insolence:
Gouuernant donc le peuple en douceur, & bonté,
A mon exemple aprendz à fuyr la cruauté.

Neptunus Duci.

Terrarum imperium tibi spondent fata, &c.

Le Destin te promet l'Empire de la terre,
Et moy le Dieu Neptun ie t'offre le Trident:
Afin qu'ayant dompté tous les Monstres qu'enserre
Et terre, & mer, Anuers sente vn fruit euident
De ton aduenement: & que t'ayant pour guide,
Elle vainque en seurté le peril homicide.

In Symbolum Ducis.

Exoriens velut obscuras Sol discutit vmbras.

Comme vn Soleil naissant chasse l'obscur ombrage,
Et la terre esiouyt de nayfue chaleur:
Prince, ainsi ta venuë escarte tout nuage,
Et l'espoir de franchise au peuple en est meilleur.

DES MESLANGES.

      *   Fœlicitas Reip.

Illa potens, nimiumque viget Respublica fœlix.

LA Republique est forte, & fleurit trop heureuse,
Comme du Ciel donneur en tous biens plantureuse,
Ou le Prince est le chef du peuple à luy commis:
Ou pour eschange aussi le peuple luy defere
L'obeyssance mesme, & l'office ordinere,
Que les membres au chef, auquel ilz sont soumis.

     *   Votum Christianum.

Sit bene iustitiæ, pacique: &c.

BIEN soit à la Iustice, & à la Paix aussy
Tant que du Ciel amy la Terre soit baisée,
Respandant de son sein vne richesse aisee:
Que Pieté compaigne aille encores icy
Au deuant de la Foy : & qu'vn nœu ratifie
Leur amour solennel, qui toutes choses lie.

     *   Munera Duci oblata.

Qui decus anteuenis meritis, qui moribus omnes.

QVI l'honneur par merite, & tous en mœurs deuances,
Qui de cœur vaincz le sort, par vertus les ans mesme:
De ces Nymphes icy pren les trois recompances
D'Oliuier, de Laurier, & digne Diadesme.

   FIN DV CINQVIEME
    Liure des Meslanges.

LE SIXIEME LIVRE DES MESLANGES.

IMITATIONS, ET TRADVCTIONS.

DE L'ARIOSTE.

CHANT XXXVII.

CILANDRE.

Punita luxuria, & perfidia.

SA IESSEE.

MOY qui gaillard imiter ne souloys
Les pas d'autruy, les regles, ni les loys:
Meshuy ie perdz courage, & patience,
Emblant ainsi le bruit, & la science,
Des vieus Ouuriers: & ne veus consumer
(Comme plusieurs, qui ne font qu'escumer
En mer estrange:) ou mon tempz, ou ma peine,
Pour mendïer vne louange vaine:
Vaine nenny! car ce los, & bonheur,
Nous peut tourner mesmes à deshonneur:
Mais nonobstant ma seuere coustume,
Encor ie prendz & la carte, & la plume:
M'exercitant à retracer les traitz
Des bons Auteurs, & de leurs beaus portraitz.

C'il qui parfois ailleurs ne se hazarde,
Porte vn cœur bas, voire vne ame couharde:
Et qui iamais de sa maison ne part,
Pour voir le monde, & se faire autre-part,
Me semble encor, pour trop reclus se rendre,
Croupir ainsi qu'vn Vieillard sur la cendre
De son foyer: ou desdaignant autruy,
Viure enfermé comme dans vn estuy:
Voyla pourquoy les Muses plus ciuilles
Du grand Homere, ont fait voir plusieurs Villes,
Et pratiquer maintz peuples estrangers
Au sage Vlysse, entre mille dangers:
Et pource aussi de nouueau i'abandonne
La voile au vent, & desormais m'adonne
A faire icy Françoysement parler
Ceus que i'aborde, & tasche d'esgaler
En autre langue, exprimant leur voix rare,
Comme à present, le Chantre de Ferrare:
Sous qui, plaintif, ie fay renaistre icy
Vn fier Cilandre, & son trespas aussy.
  Le preux Roger, & sa femme, & Marphise,   ARIOSTE.
Ayant ouy la felonne maistrise
De Marganor, tenant ce pays là
Où d'auanture vn soir les assembla:
Aprindrent lors par vne triste Dame
Ses laches tours, sa rigueur, & son blame:
Ce Roy (dit-elle) a tousiours eu la main
Pronte à verser le pouure sang humain,
Il est bien vray que sans faire paroistre
Son mauuais cœur, ne se laissa cognoistre

De prime face : il euſt deus filz viuantz,
Qui le ſentier du Pere ne ſuiuantz
Sembloyent acortz, & faiſoyent bonne chere
Aus ſuruenantz de Prouince eſtrangere :
Là par bonheur les bonnes mœurs naiſſoyent,
Là courtoyſie, & braueté croiſſoyent,
Sans que iamais le Pere bien qu'enorme
Les deſtournat d'vne ſi ſainte forme
D'honneſte vie : auſſi le dous acueil
Ne manquoit lors à ceus que d'vn bon œil
Ilz hebergeoyent, & fuyant tous diffames
Logeoyent chez eus & Cheualiers, & Dames,
Qui paſſoyent là : priſantz les faitz humains,
Et l'amitié, de ces freres germains.

 Chaſcun portoit ceſte marque cherie
Et de Nobleſſe, & de Cheualerie,
Ordres ſacrez : l'vn Cilandre auoit nom,
L'autre Tanacre, illuſtres de renom,
Hardis, gaillardz, & de Royalle grace :
Dignes eſtoyent d'vne ſi haute race,
Et pleins de gloire euſſent touſiours eſté
Plus dignes d'heur, que de malheureté,
Si l'appetit des amoureus delices
Ne les euſt mis comme en proye à tous vices :
Eſtantz menez par aueugle fureur
Du bon chemin au Labyrint d'erreur,
Et volupté : de ſorte que l'ordeure
Contamina ſallement en peu d'heure
Ce que iamais ilz auoyent fait de bien !
Là ne ſçachant leur couſtume, & combien

S'abastardit leur gentille alegresse,
Vint de la Cour de l'Empereur de Grece
Vn Cheualier, aueques soy menant
Sa chere Espouse au port bien-auenant,
Si qu'on n'eust peu la souhaitter plus belle:
Cilandre donc s'enflama si fort d'elle,
Qu'il luy sembloit qu'il eust deu tost mourir
N'en iouÿssant, pour son mal secourir:
Et luy sembloit (ô dangereuse absence!)
Perdre la vie, en perdant sa presence.
 Or preuoyant que prieres, ni pleurs,
N'aporteroyent remede à ses doleurs:
Il se resout, & sans dire autre chose
De l'efforcer, & rauir se dispose:
Il s'arme donc, & sortant du Chasteau
Comme vn guetteur, s'en va tout-beau tout-beau
Non loing des lieus où repasser ilz doyuent,
Caché, tapy, de peur qu'ilz l'aperçoyuent.
 Le feu d'Amour, & ce malin orgueil,
Osta la crainte à son aueugle dueil:
Et sans tarder voyant ia sur la voye
Le Palladin, auec si douce proye,
Baisse sa lance, & d'vn agile bras
Au premier choc le pensoit mettre à bas,
Quand l'autre expert au mestier de la guerre,
Dessus le chef luy brisa comme verre
Son heaume creux: de façon que Vaincueur
Il ne laissa qu'vn reçent creuecueur
Au Pere enflé de rage, & de vangeance:
Car il ouyt, non sans grand' doleance,

La fiere mort de Cilandre enuieus,
Qu'on feuelit auprez de ſes Aïeus.

LA IESSEE.
  Icy ſe taiſt la Dame qui raconte
Au bon Roger, & le tort & la honte
Qu'vn tempz aprez ce Tyran eſperdu
(Ayant chetif ! ſon autre filz perdu)
Fit à ſon ſexe : auſſi ie la ſay taire,
Pour vous narrer comment l'Ame contraire
A l'equité, ſans conniuance tend
Au port de Lethe, où depite elle attend
Le vieil Nocher, iuſqu'à ce qu'il reuienne
De l'autre bord de l'onde Stygienne:
Qui s'effroya de voir à l'enuiron
Vne Fureur, ce fut l'hydeus Charon,
Qui d'aſſez loing au retourner s'eſtonne,
Aperceuant la rogue Tiſiphonne
Auprez de l'Ombre : Ombre qui ia ſuiuoit
Ceſte Maiſtreſſe, & ſerue la ſeruoit.

  Venu qu'il fut deſſus la riue molle,
Et l'vne & l'autre occupa ſa Gondolle:
Charge peſante, & qui la fait gemir
Deſſous le faix ! il commence à blemir,
Ayant ia peur que l'odieus Cilandre
Couuert de maus, luy face tout reſpandre,
Tant le Vaiſſeau panchoit de ſon coſté !
Meſme à grandz coupz de rame l'euſt oſté
Hors de ſa place , abymant au paſſage
Ce fleau d'honneur, & de chaſteté ſage,
Mais Tiſiphone hardiment l'aſſeura:
Trois fois d'effroy l'Ombre infame pleura,

Trois fois aussi ce Nautonnier plein d'ire
Cuida, mutin, en priuer son Nauire:
En fin pourtant il s'auança si fort,
Qu'il vint ancrer à l'autre flanc du port.
 Cilandre esmeu d'aspre forçenerie
Par force suit les pas de la Furie,
Qui secoüant ses sifflantz Coleuureaus,
Franchit la rade : & de ses bras bourreaus
Palle d'affreur l'empoigne, enleue, entraine,
Depuis ce fleuue en la Cour souueraine
Du noir Pluton, qui par fortune alors
Redemandoit ses droitz à tous les morts :
Et sans respet de qualité, ni d'age,
Les condamnoit, poussé d'vn fier courage.
 Auprez de luy les Infernalles sœurs
Hochent leur foetz, & flambeaus punisseurs :
La Parque triple, & la Mort & les Peines
Qui vont trainant maintes horribles cheines,
Cernent son throne : & prestz à tous propos,
Les compaignons du sourcilleus Minos
Flatent sa rage, ou rudement exhortent
Les drus Espritz qui file à file sortent
Des Creus souffrez, comme Oyseaus hors des bois :
Pour escouter & l'arrest, & la voix,
Du Roy d'Erebe, alors que bon luy semble
De conuoquer la brigade qui tremble :
Rouges de feu Cocyte, & Phlegeton,
Entourent là ce Monarque glouton,
Auec celuy par qui les Dieus promettent,
Lors qu'en effait leurs promesses ilz mettent.

Depuis qu'il fut par Tisiphone instruit
Des attentatz de c'il qu'elle produit.
En plein Parquet, son affront l'espouuante,
Et peu sen faut qu'au fondz ne l'acrauante:
Car aussi tost que Cilandre il eust veu,
Et quoy? (dit il) es-tu filz, ou nepueu,
De ces Titans que les traitz de mon Frere
Firent r'entrer au ventre de leur Mere?
Quelle Tygresse en ses reins te porta,
Et te conceut, & ieune t'alaita?
Osas-tu bien, maudicte Creature,
Trahir ainsi ta bonne nourriture,
Pour mieus charger, semblable aus porcz infaitz,
Ton nom de blame, & ton corpz de forfaitz?
Donques Thesé, ni l'amour temeruire
De Pirithoys, mon riual & contraire,
Ni mesme Alcide en vain facheus, & fort,
N'ont peu t'instruire auant ta briefue mort?
  Encor à fin que l'ardeur qui te guide
Deut peu de chose à ton Pere homicide,
Te laissant prendre au mol Idalien
Tu violas & Iupin Philien,
(Hoste infidelle!) & lassif, & farouche,
Voulus honnir vne tres-chaste couche:
Souillant ainsi par double iniquité
Le Mariage, & l'Hospitalité.
  Si te voyant sur l'Auril de ton age,
Tu rendis lors vn si beau tesmoignage
De tes valeurs: helas! qu'eusses-tu fait
Ayant attaint l'age meur, & parfait?

Vray-

Vrayment ie croy qu'un maſſacreur Buſire,
Ou fier Neron, n'euſt iadis eſté pire!
Et ſemble à voir que ton crime ſemond
Brunel, Gradaſſe, Aquilant, Rhodomond,
Et telz Maſtins : à fin qu'ore i'allege
Leurs vieus tormentz, & d'abondant rengrege
Tes frais malheurs, car tu as preſque eſtaint
L'infameté dont chaſcun fuſt attaint :
Viuant chez toy, ſeiour d'ignominie,
Homme de face, & Monſtre en vilainie.

 Donc, Lacheſis, tu ne fis iamais mieus
Que d'acourçir le fil pernicieus
De ce Tyran, qui doit en peu d'eſpace
Voir ſon Puiſné, tenant la meſme trace,
Non impuny : car il trebuchera,
Et le Deſtin la terre purgera
De telle peſte : auſſi la cicatrice
(Au-parauant qu'elle gaſte, & pourriſſe,
Le corpz entier:) doit ſouffrir le razoir,
Faiſant en fin le membre infecté choir.

 Mais qui retarde, Ame inique, & peruerſe,
Mon iugement, & ta peine diuerſe?
L'eau de Tantale, & les tours d'Ixion,
Sont trop legers pour ta punition :
Trop leger eſt le caillou de Siſiphe,
Et du Vautour l'aſpre bec, & la griphe:
I'ordonne donc (& ce diſant, il a
Suiuy l'auis de ceus qu'il appela
Pour opiner) i'ordonne, & ſi commande
A la Fureur des Fureurs la plus grande,

r

Qu'elle t'attache au destroit moins serain
Des eaus d'Oubly, contre un pilier d'airain :
Là receuant auec le feu du gouffre
La puanteur de la poix, & du souffre,
Preste à tomber sans cesse tu pendras,
Tombant pendante, & seurement craindras.
 Il dit ainsi, quand toute l'assistance
De ses supostz, approuua la sentance :
Chascun s'escarte, & pleine de terreur
Incontinant la plus grande Fureur
Lie Cilandre, & le conduit à force
Où pour neant s'affranchir il s'efforce,
Sentant le souffre, & la flamme, & la poix :
Depuis en vain priant les Manes cois
Qui l'escoutoyent, & le voyoyent là pendre,
Il a souuent taché de faire entendre
Ces griefz trauaus à son frere encor vif,
Pour l'amender, oyant son dur estrif,
Mais il n'a peu : car depuis que la Parque
Nous chasse là, iamais l'auare Barque
Du laid Nocher, les Ombres menassant
Qui tardent trop, ne nous va repassant.
 On dit qu'aussi remplis de vitupere
Vn tempz aprez son germain, & son Pere,
Serfz de fierté, voire empirantz tousiours,
Chetiuement terminerent leurs iours.
L'vn aprez l'autre : & qu'vn iuste supplice
En fin paya leur ruse, & leur malice :
Encor depuis chascun d'eus a senty
Son triste Enfer, non moins empuanty

Que l'antre ardant, où l'Ame en l'air se grille,
Et chet pendante, & cheante pendille.

DRVSILLE.

A MADAME   De l'amor
DV FARGIS.   maritale.

LA IESSEE

L A coniugalle amour, la force, & la constance,
De celle qui iadis fit si grand resistance
Au superbe Tanacre, Amy traistre, & meschant,
Seruiront de subiect à mon pudique Chant.
 Pour te monstrer que peut le nœu du Mariage,
(O fleur des HALVYNS) i'ay tenté ce voyage,
Pilote vagabond, qui fais icy ramer
Ma Nef encor flottante en estrangere mer :
Afin que ta valeur & courtoyse, & gentille,
Me recueillant au port, caresse ma Drusille
Nouuellement Françoyse : & que tu puisses voir
Combien honneste fust son ame, & son deuoir :
Certes tu la diras non moins sage, que belle,
Vantant sa chasteté ! qui vaillante, & rebelle,
Vangeant son mary mort, & son mortel ennuy,
Triompha du meurtrier d'elle ensemble, & de luy.

ARIOSTE.

 L'AN mesme que Cilandre, enfant d'vn lache Pere,
Fina piteusement à sa honte, & misere :
Vn Baron, & sa femme, arriuerent vn iour
Au Chasteau de ce Roy, pour y faire seiour :
Ce Cheualier estoit de race genereuse,
Et sa Compaigne aussi treschaste, & valeureuse :
Luy par sa hardiesse, elle par sa beauté,
Sembloyent orner leur sexe en gloire, & loyauté :

Si bien que le Puisné du pariure Cilandre
(Tanacre estoit son nom) soudain se sent esprandre
D'vn vif embrasement, qui tousiours l'enflamoit
Pour sa nouuelle hostesse, à mesme qu'il aymoit :
Semblable à feu son frere, épris des yeus de celle
Qui luy fit supporter la fin vrayment cruelle
D'vne iniuste amitié : car il se vid sousmis,
(Aprez qu'il eust, malin, faussé le droit permis
D'hospitalité sainte) auant que de permettre
Qu'vn dur, & fort desir, au tombeau le peut mettre :
Ce neaumoins ayant encores deuant soy
Son frere deja mort, pour exemple & pour loy :
Il pense la rauir, sans que son Espous aye
Moyen de reuancher sa vergoigne, & sa playe.

 Ainsi non seulement decreust, ains s'estaignit,
L'admirable vertu qui chaste l'estraignit
Quand l'ordure, & bourbier, des crimes, & des vices,
Ne le plongeoyent encor dedans ces immondices
Où son pere Tyran, plein de forçenement,
Infame se souloit veautrer incessament.

 Il choysit à souhait la nuit, & le silence,
Tesmoingz de son astuce, & de sa violence :
Et deslors assembla vingt hommes bien-armez,
Qui non loing du logis se tindrent enfermez
Dedans certains cachotz, respondantz sur la voye :
Et là posant le guet pour surprendre sa proye,
Attand le Cheualier qui suruient à propos,
Trouuant l'embuche preste, & le passage clos :
Las ! malgré tous effortz, & sa peu-caute enuie,
Il laissa sur le champ & sa femme, & sa vie.

DES MESLANGES.

L'Assasin furieus qui ce ieu demena,
La Dame ainsi captiue aueques luy mena:
Elle s'eslangorant, & ne voulant suruiure
Son Espous massacré, ne cerche qu'à le suiure:
Tanacre elle prioit, (Tanacre en vain prié
De l'enuoyer là bas, auec son marié:)
Lors que du haut d'vn tertre à choir elle s'appreste,
Voire se precipite, escarbouillant sa teste,
Sans mourir toutesfois, comme elle desiroit!
Luy qui tout esperdu s'enuolle en cest endroit,
La releue soudain, & dedans vne biere
Chez soy la reconduit mi-morte, & prisonniere,
La fait medeciner: & tousiours a soucy
De sa treschere Esclaue au courage endurcy.

Comme elle guerissoit, il proiette en son ame
D'espouser librement vne si noble Dame:
Là niche son penser, son souhait, & son soing,
Iamais d'autre ne parle, & met les autres loing:
Disant, veu sa beauté si chaste, & si plaisante,
Que le nom luy sied mieus d'Espouse, que d'Amante:
Or bien qu'en ceste sorte il demeure vaincueur,
Si se sent-il coupable, & s'accuse en son cueur:
Il veut couurir sa faute, & rien rien ne profite,
Car tant plus il l'acointe, & plus elle l'euite:
Tant plus il la cherit, & plus elle le hait,
Et d'vn cœur obstiné repousse son souhait:
Elle cognoit pourtant que son attente est nule,
Si pour vn trait de tempz elle ne dissimule,
Et si pour acomplir sa ruse, & non dessein,
Ne se laisse eschauffer comme dedans son sein,

r 3

Ainsi qu'vne Serpente : à fin que sa cautelle
Empraigne dessus luy sa morsure mortelle !
Elle promet la paix sous vn visage dous,
Mais son vouloir se paist de vindicte, & courrous,
S'altere en son depit, songe à beaucoup de choses,
Les vnes laisse à part, les autres tient encloses,
Les autres met en doute : à la fin se resout
Qu'estant de soy prodigue, elle peut faire tout :
En quel tempz, en quel lieu, peut-elle mieus dependre
Le sang pour s'affranchir, le soing pour entreprendre,
Que s'employant ainsi pour vanger le trespas
De son Espous occis, qu'elle n'oublie pas ?

    Donques pour mieus iouer & la farce, & son rolle,
Elle feint ne sentir sa deplaisance folle,
Entend au mariage, & si bien se contraint
Qu'elle n'a plus soucy de son Olindre estaint,
Aumoins en fait semblant ! & veut que son nopsage
Ainsi renouuellé, se consomme à l'vsage
De son pays natif, & d'vn cœur deceuant
La mode, & la façon, luy remet en auant :
Et dit que celle-la qui vefue se marie
Pour la seconde fois, prie tant & reprie,
Que deuant qu'aprocher l'homme qu'elle ayme fort,
Elle apaise à son gré l'ame de l'autre mort,
Luy dressant prez sa tombe vn mortuaire office :
Puis quand on a finy le deuot sacrifice,
L'Espousé doit bailler la bague à celle-la
Que deuant l'assistance il s'attend prendre là :
Le Prestre cependant, qui par tres-bon augure
Sur du vin là porté ses oraisons murmure,

Sans cesse le benit : & puis ayant versé
Dans vn large hanap le flacon espuisé,
Le donne aus deus Espous, où la femme parée
Premiere va prenant de l'humeur preparée.
  Tanacre sans penser combien ceste poison
Luy doit causer d'esmoy, sous l'infaitte boisson,
Desire que le terme & s'auance, & se passe,
Qu'ilz soyent ensemble iointz, & que cecy se face :
Chetif ! qui ne preuoid qu'elle proiecte ainsi
Son desastre, sa mort, & son diffame aussi :
Prise, elle acoste donc sa Vieille ensemble prise,
A laquelle en secret descouure l'entreprise,
Et luy tient ces propos : va soudain, & me fays
(Tel que ie le sçay faire, & tel que tu le sçays)
Vn breuuage subtil, & le metz dans vn vase :
Cil qui de mon amour si viuement s'embrase,
Ce lasche meurdrisseur que flechir ie n'ay sçeu,
Mortellement attaint ainsi sera deçeu :
Et si par ce moyen il ne nous pourra nuire,
Comme plus à loisir i'espere te deduire.
  La Vieille que l'espoir, & le iuste desdain,
Assaillent aisement, se depeche soudain :
Et propre à ses desirs hardiment appareille
Comme il luy fut enioint, vne pleine bouteille
De bon vin Candien, funestement meslé
A ce fatal venin, iusqu'aus nopçes cellé.
  Leur iour estant venu sa Maistresse pompeuse,
(Mais qui se doit monstrer moins braue, que trompeuse !)
Se void conduire au Temple où son Olindre estoit,
Gisant dans vn cercueil, tel qu'il le meritoit :

Lors en sollennité son office se chante,
Et pour l'ouyr acourt vne tourbe frequante :
Entre autres Marganor, en grand' ioye remis,
Y vint auec Tanacre, & ses proches amis :
Si tost qu'on eust finy les celebres Obseques,
Que le vin fut benit, & la poison aueques,
Le Prestre le versa dans vne coupe d'or,
Suyuant l'instruction, & le presente encor
A la trop caute Espouse : elle en hume, de sorte
Que l'effait ensuyuit sa puissance assez forte,
Puis offre au simple Espous le calice odieus,
Qu'il vuida gloutement d'vn geste assez ioïeus,
Et le reballe au Prestre : ainsi gayment habile
Tend ses bras amoureus, pour embrasser Drusile,
Qui sur l'heure se change, & d'vn hydeus semblant
L'aguigne, le rembarre, & le va par-troublant :
Sa face est toute en feu, le feu sort de sa veuë,
Et lors d'vne aigre voix luy crie à l'impourueuë :
Traistre, fuy loing de moy ! traistre qui m'affolas,
Penses-tu bien auoir ni repos, ni soulas ?
Penses-tu que ie ploye ainsi que tu desires,
Moy qui n'encours par toy qu'ennuys, peurs, & martires ?
 Non certes ! auiourd'huy tu mourras par mes mains :
O trop legere mort, veu tes faitz inhumains,
Bien qu'ayes deia pris le venin homicide
Qui te fera descendre au port Acherontide !
Car est-il peine horrible, ou torment recerché,
Qui puisse esgalizer ton enorme peché ?
Las ! que i'ay deplaisir, veu ce fier malefice,
De ne voir en ta mort parfait mon sacrifice !

Vrayment si ie pouuoy l'acheuer comme il faut,
Et selon ta desserte, il seroit sans defaut !
Voye mon bon vouloir, & prenne ceste excuse,
Mon cher, & dous Mary, que ta crüelle ruse
N'aguere assasina : las ! telle que ie suis,
Ie t'offre encor la mort telle qu'offrir la puis :
Et si pour te payer d'vne peine feconde,
I'espere voir souffrir ton Ame en l'autre monde!
  Elle dit, puis haussant ses yeus tous esblouys
Vers la voute du Ciel, ces motz furent ouys :
Mon Olindre, mon cœur, mon Espous legitime,
Reçoy les humbles vœus, & la fresche victime
Qu'ore ore ie t'immole, en satisfaction
De celluy qui t'occit, non sans punition !
Ie te pry cependant impetre là ma grace
Du Seigneur des Seigneurs, à fin qu'ore ie trace
Vn sentier qui me guide, & reloge auec toy :
Et s'il met en auant la rigueur de sa Loy,
Et qu'Esprit ne paruient où sa famille habite,
S'il ne l'a desseruy par quelque heureus merite :
Respondz luy, ma chere Ame, & dy soudainement
Qu'auec ceste victoire, & iuste chastiment,
I'apandz au Temple saint la superbe despouille
D'vn Monstre, dont le fiel encor encor me souille,
Tant il est execré ! quelz merites aussy
Pourroyent estre plus grandz, ou meilleurs, que ceus-cy :
Exterminant ça bas ces pestes si vileines,
Qui de pollution, & d'ardeur sont si pleines ?
  A tant elle acheua sa vie, & ses propos :
Et morte encor portoit vn visage dispos

r 5

Qui sembloit s'esiouyr d'auoir ainsi punie
L'indigne cruauté, la rage, & felonie,
De c'il qui la priua de son loyal Espous:
Ie ne sçay si l'Esprit de ce voleur ialous
La suiuit, ou preuint : son ame en haut venuë,
(Ainsi comme ie croy) fut par luy preuenuë :
Car deslors qu'indiscret plus de venin il beust,
En son endroit aussi plus d'efficace il eust.

 Marganor qui sur l'heure esperdu s'esconsolle,
Soy-mesme se forfait, soy-mesme se raffolle,
Voyant choir (ô mechef!) son filz entre ses bras,
Et peu s'en faut que mort ne se traine au trespas :
De deus acortz enfantz autresfois il fust pere,
Ore se trouue seul, comblé de vitupere :
Et iaçoit qu'il ait eu d'vn fin homme le bruit,
A ceste extremité deus femmes l'ont reduit :
A l'vn par l'vne adonc la mort fut ordonnée,
Et l'autre de sa main à l'autre l'a donnée :
Pource amour, & pitié, chagrin, ire, & doleur,
Et remors de vangence, aggrauoyent son malheur :
Si qu'agité de soingz, parfaittement il semble
A la mer où les ventz se tempestent ensemble :
Il s'enfle, il se depite, & s'aueugle au danger,
Puis va droit à Drusille, à fin de se vanger,
Mais vn somme de fer auoit clos ses paupieres :
Et neaumoins poussé de passions meurdrieres,
Il tâche d'esprouuer sa rage, & ses effortz,
Pour les faire sentir à l'insensible corpz.

 Comme vn affreus Serpent acroché contre terre
Enlasse, & mord en vain, le baston qui le serre :

Ou comme vn gros Maſtin pour neant irrité,
Court aprez le caillou que luy aura ietté
Le paſſant outrageus, & d'vne audace lache
Empraint ſur luy ſes dentz, & vainement le mache :
Ainſi pire en rigueur qu'vn Serpent venimeus,
Ou qu'vn terrible Chien fierement eſcumeus,
Ce Tyran deteſtable exerçe ſa furie
Deſſus le corpz roidy, qu'en vain il iniurie,
Et tronçonne, & démembre : & comme aſſaſineur
De ce ſexe fragile, & de ſon chaſte honneur,
Felonnement pourſuit les femmes dans le Temple :
Où laiſſant de ſon ire vn funereus exemple,
Contre toutes ſe bande, & preſque d'elles fait
En brandiſſant ſa maſſe, & doublant ſon forfait,
Cela qu'auec ſa faulx le Sieur fait de l'herbe :
Et tant fut violent, & cruel, & ſuperbe,
Qu'en vn moment ſubit à grandz coupz eſtourdis
Il en ferut bien cent, & tüa trois fois dix.
  Tout le peuple confus redoute ſa tempeſte,
Et nul tant fut hardy n'oſoit dreſſer la teſte :
En fin la populace, & les femmes auſſy,
Qui peurent euader ce maſſacreur icy,
Sortirent de l'Egliſe : & fuſt lors condamnée
Sa bruteſſe, & rigueur, aſſez tard refrenée
Et par l'honneſte forçe, & par l'enhortement,
De ſes amys fachez d'vn tel ſaccagement :
Qui laiſſent tout là bas en plainte, & doleance,
Montantz au haut du Roc, ſa vieille demeurance.
  Cependant la Deeſſe aus langages diuers
Courant deça delà, ſeme par l'Vniuers

LA IESSEE.

La fierté de ce Prince : & par les gentz estranges
Trompette les valeurs, & fameuses loüanges,
De la belle Drusille : & si bien les chanta,
Que depuis en maintz lieus ce iour mesme on festa,
Celebrant ses honneurs, où l'eslite des Dames
Qui dans vn fresle corpz portent des nobles ames,
S'assembloit d'an en an, & d'endroit en endroit :
Racontant en plein bal son los qui tousiours croit.

   O pudique Drusille, ô Sainte, (disoyent-elles)
Qui maintenant iouys des ioyes immortelles,
Et qui loing de ce monde, & de ces faus apas,
Vis ores dans le Ciel ! c'est toy qui rechapas
L'orde subiection, l'amour, & la surprise,
D'vn Tanacre vilain, gouffre de paillardise !
C'est toy qui reuanchant & l'escorne, & le tort,
Qu'il fit à ton Espous lachement mis à mort,
Vaillante as combatu l'audace, & l'infamie,
De sa fiere maison, des femmes ennemie :
Par toy leur beau renom luira comme de nuit
Le flambeau de Venus parmy les Astres luit,
Par toy qui fus si pure, & sans blame, & sans crainte,
Se resueilla iadis leur gloire presque estainte :
Et ta seule constance, & magnanimité,
Nous fraya ce chemin à l'immortalité.

   O nouuelle Deesse, à ta foy coniugalle
Nulle des siecles vieus au-iourd'huy ne s'esgalle !
Tu n'as point de pareille, & ne cedes en rien
A celle qui regit l'Empire Assyrien,
Et lors multipliant ses victoires diuerses,
Brauement secourut les Indes, & les Perses :

Humble te cede aussi la Vefue qui fonda
Le somptüeus Mausole, & celle qui guida
Le Roy Cyre au trespas: seule encor tu foisonnes
En plus d'heur, & de los, que ces trois Amasonnes,
Trois grandz foudres de Mars, trois Guerrieres de nom,
Nourries sur les bordz de Tane, & Thermodon:
Taise le Syrien sa Royne Zenobie,
Sa fugitiue Elise & Carthage, & Lybie,
Les Volsques celle-la qui leur donnoit ses loys,
Et contre les Troyens ayda les Rutuloys :
Car celles qui seront, & qui sont, & qui furent,
A l'esgal de tes faitz leurs gestes ne mesurent.
 Oy donc nostre oraison, & prie desormais
Pour celles qui te sont seruantes à iamais !
A fin qu'aus champz heureus, sous les foretz Myrtines,
Nous allons voir vn iour les chastes Heroïnes :
Ou comme toy, suyuant ton Olindre chery,
Retrouuons dans les Cieus chascune son mary.

*
MARGANOR.
A CÆSAR DE BELLEGARDE,
Sr de Bellegarde.

Tyran punito.

IE chante Marganor, sa rigueur, & son ire :   LA IESSEE.
Et comment ce Seigneur de l'vn & l'autre Empire,
Ce redoutable Dieu qui d'vn clin de ses yeus
Tempere grauement & la terre, & les Cieus,
Talonne pas à pas le forfait, & le vice,
Ayant à ses costez & Clemence, & Iustice,

Ses deus Filles d'honneur : l'vne au visage dous,
De ce Pere indigné rappaise le courrous :
L'autre d'vn fier abord, fronçant son front seuere,
Est fidelle ministre, & brusque Messagere,
De ses prontz mandementz, qu'au meschef, & desdain,
Des pecheurs obstinez, elle exploitte soudain.

    I'enuoye par la France, & par les gentz estranges,
Ton beau nom, BELLEGARDE, & tes viues loüanges :
Et bien qu'vn vieil Discord, sourçe de noz dangers,
Nous face rattaquer noz hayneus estrangers,
Et monstrer desormais à leur rage assouuie
Que la forçe est à nous aussi bien que l'enuie :
Oy d'vn traistre Payen l'audace, & mauuaitié,
Qui bannissant de soy l'humblesse, & la pitié,
Plus farouche qu'vn Tygre affamé de carnage,
Fust la peste, & le fleau, des femmes de son age.

    Pour te complaire mieus, & pour m'exprimenter,
Dessus mon Lut Françoys ie vien ore tenter
Ce Chant presque emprunté, que i'ay voulu reprendre :
Sçachant que mon esprit encores ieune, & tendre,
Ne pourroit enfanter vn agreable fruit
Ni digne de tes yeus, ni digne de ton bruit :
Pource comme vn debteur qui porte à toutes heures
Sur son cœur les soucis, sur son dos les vsures,
Alors qu'il sent eschoir à sa confusion
Et le terme, & le iour, de l'obligation,
Se trouuant sans moyen, & non sans cognoissance,
Vole & court aus empruntz, aydantz son impuissance :
Ainsi (bien qu'enuers toy debteur ie ne soy' dit)
Le pouuoir me defaut, & non pas le credit :

DES MESLANGES. 639

Mesme à moy s'est offert, suiuy d'vne grand' trope,
Vn Marchand Ferraroys, des plus riches d'Europe,
Habile traffiqueur : & veut faire au-iourd'huy
Son propre de ma debte, à l'endroit de celluy
Qui par quelque faueur, ou redeuance large,
Peut obliger à soy mon seruice, & ma charge.
  Il parle en maint endroit plus que ie ne voudrois,
Mais quoy ? laissant à part ce que ie laisserois
Estant mesme en sa place, & tenant sa carriere,
Pour ne faire à propos, & moins à la matiere :
Si veus-ie qu'il me serue & de plege, & garant,
Puis que si volontiers il me va secourant :
Non que ie sois encor si faquin, ou belitre,
Qu'en luy rendant ses droitz, iusques au simple titre,
Rien ore ne me reste, ou que ce Chant acreu
Ne die que ie puis te fournir de mon creu :
Mais pource qu'il me semble opulent, & soluable,
Quand bien ie te seroy grandement redeuable,
Ie veus qu'il te deuance, & se presente à toy,
Afin qu'en luy i'appere, & qu'il appere en moy,
Tesmoignantz nostre estat : mais dy ie te supplie
Veu ma recognoissance en ce qui ne me lie,
Quel seroit au besoing mon cœur, & mon desir :
Puis qu'vn si bon deuoir precede le plaisir ?
  LE bon Roger menant l'vne & l'autre Heroïne,   ARIOSTE.
I'entendz sa braue femme, & sa braue Cousine,
Aprez s'estre à seiour reposé lentement,
Se trouua sur le point de son departement :
Et de l'arbre voysin auoit ia pris sa masse,
Cherchant quelque auanture, & poursuiuant sa trace :

Alors qu'vn grand escry son courage troubla,
Et n'estant guere loing auec elles alla
Vers ce chemin suspect, à fin d'ayder sur l'heure
A qui ne peut s'attendre à quelque ayde meilleure :
Plus ilz marchent auant, & plus haut esclatoit
La parole, & le son, qu'Echo leur aportoit :
En fin ayant suiuy la voix esconsolée,
Rencontrent au plus bas de la proche valée
Trois femmes qui pleuroyent, & qui d'vn plaint amer
(Chetiues se laissant au regret consumer)
Remplies de chagrin, & tref-mal equipées,
Portoyent iusqu'au nombril & leurs robes coupées,
Et leurs dos bourrelez par l'outrageuse main
D'vn homme peu courtoys, & beaucoup moins humain :
Si que pour ne monstrer les hontes de nature,
La terre leur seruoit de voyle, & couuerture.
 Comme ce morne filz de Vulcain au laid corpz
Que sans mere icy bas la terre poussa hors,
Et que Pallas encor veu sa mine élourdie
Fit nourrir par Aglaure, à le voir trop hardie :
Cachant ses salles piez, engourdy, s'arresta
Sur le premier charroy qu'onques il charpanta :
Ainsi se tapissoyent ces poures Iouuançelles,
Couurant à qui mieus mieus ce qu'on remarque en elles :
Mais ce spectacle enorme, & rempli de doleur,
Aus deus Guerrieres fit vne telle coleur
Qu'on la void en la rose és beaus Iardins de Peste,
Quand le Printempz succede à la saison moleste.
 Aprez que Bradamant eust ietté son regard
Sur celles que le dueil entamoit celle part,

Soudain

Soudain il luy sembla qu'en ceste compaignie
Elle recognoissoit l'estrangere Vlanie,
Qui de l'Isle perduë ainsi qu'elle s'en va
Pour faire son message, en la France arriua:
Et luy furent aussi les deus autres cogneües,
Soit qu'elles l'eussent veuë, ou qu'elle les eut veuës:
Elle donc adressa ses propos resolus
A celle là des trois qu'elle honnore le plus,
Et luy va demandant quelle estoit la personne
Si lache, & sans raison, & sans coutume bonne,
Qui sotte aux yeus d'autruy ces secretz descouuroit
Que de tout son pouuoir la Nature couuroit.
    L'autre qui recognut non moins à la parolle,
Qu'à sa Deuise encor, celle qui la consolle,
Et qui desarçonna ces trois auanturiers
Qui s'enrolloyent n'aguere entre les preux Guerriers:
Luy respond sur le champ que d'vne gent mauuaise
Se tenant prez de là, procedoit leur malaise:
Et qu'au chasteau prochain, nic de deloyauté,
D'opprobre, de traison, d'iniure, & cruauté,
On leur auoit ainsi les cottes abatuës,
Et si auoyent esté vilainement batuës:
Ne sçachant au surplus nouuelles de l'Escu,
Ni de ces Palladins qui d'vn cours inuaincu
Parmy tant de pays leur firent longue escorte:
Et pource d'autant plus s'esplore, & desconforte,
Ignorant s'ilz estoyent ou vifz, ou mortz, ou pris:
Et dit qu'elles auoyent ce voyage entrepris,
(Bien que d'aller à pied ce leur fut grande peine)
Pour se douloir au moins d'vne loy si vileine

ſ

A Charles, leur refuge : esperant que le droit
Reuangeur de leur tort, ce Prince exciteroit.
 Cecy troubla soudain les alaigres visages
Du gaillard Cheualier, & des Guerrieres sages,
Qui sentant au recit de si crüelz effortz
Fremir leurs masles cœurs, pitoyables, & fortz,
Oioyent ce qu'ilz voioyent d'vne troigne aduersaire:
Et mettant en oubly tout soing, & toute affaire,
Ont pour s'encourager à la punition
Et l'esmoy de la Dame, & leur affliction:
Mais de l'honneur des trois les deus sont si piteuses,
Que mesmes pour couurir leurs parties honteuses
Elles daignerent bien leurs habitz déchirer:
Et si iusqu'au Palais tachent les attirer.
 Bradamant qui ne veut que sa triste compaigne
D'vn pied foible, & recreu, se remette en campaigne,
La prend alors en croupe: & les deus autres ont
Et Marphise, & Roger, qui le semblable font:
Vlanie se deult, ie dy ceste Vlanie
Qui montre à Bradamant la voye plus vnie,
Et qui plus courte encor les conduit au Chasteau
Où seiournoit ce Roy, Roy non! mais vray bourreau
Du tige feminin: lors celle qui la porte,
Luy promet l'en vanger, & douce la conforte:
Mais comme ilz s'auançoyent, franchissantz maint destroit,
Ilz viennent sur vn tertre assez facheus, & droit:
Et ne bornent, errantz, leur course vagabonde,
Que Phœbus ia couché ne fut tombé dans l'onde.
 Sur l'eschine du tertre aspremẽt esleué
Propre à les heberger, vn Village ont trouué:

Là soupent à leur aise, & mesme auec ces Dames
Regardant çà & là, ne voyent que des femes
Qui peuployent ces quartiers, sans qu'vn si lache tour
Permit s'habituër vn seul homme à l'entour:
Entre vn nombre si grand de ieunes, & de vieilles,
De beauté, d'alegresse, & d'age non pareilles,
Ilz furent esbahys, voire plus que Iason
Auec la fleur de Grece allant à la toison,
Quand les femmes sans crainte occirent improsperes
Leurs maris, leurs enfantz, leurs germains, & leurs peres:
Si que dedans ce Bourg de masles despourueu,
Ainçois par toute l'Isle, vn seul Roger fut veu
Portant face virile: en fin de trois gonelles
Se virent recouurir ces nuës Damoyselles
Qu'ilz auoyent ramené, cependant que Roger
Aus autres s'amusant, en vient interroger
Vne d'entre la troupe: il s'enquiert, & s'esmaye,
D'où vient que ce Village vn seul Villageoys n'aye,
Qui faisoit qu'en ces champz les hommes n'habitoyent,
Et pourquoy leurs Moitiez loing d'elles s'absentoyent.

 Cecy (dit elle adonc) vous donne grand'merueille,
Mais à nous seules est l'angoisse nompareille,
Qui suportons helas! assez iniustement
La honte, & les trauaus, d'vn tel bannissement:
Mesmes à celle fin que chascune tollere
Vn si brutal exil en plus grieue misere,
Comme il plait au Tyran qui domine sur nous:
Noz propres geniteurs, noz filz, & noz Espous,
Absentent nostre bande, & contraintz par sa force
Font las! aueque nous vn triste, & long diuorce:

ſ 2

La terre où ce Barbare a tant d'autorité,
Nous vid croistre, & nourrir, des la natiuité :
Et bien qu'encor encor nous soyons ses voysines,
Si est-ce qu'esprouuant ses rages assasines
Nous souffrimes beaucoup, à tant qu'il nous chassa,
Et d'outrage, & de mort, impiteus menassa
Et nous, & noz maris : fut qu'à nous ilz reuinsent,
Fust qu'estantz reuenus noz amours les retinsent.

De nous, & nostre nom, il est tant ennemy,
Qu'il n'y a nul accez de parant, ni d'amy,
Qui nous face esperer en la desesperance,
Ou donne aus tristes ioye, aus serues deliurance :
Les arbres ia deus fois quittant leur verd honneur,
L'ont par deus fois repris, des que ce fier Seigneur
Forçena de la sorte, & toustours nous afflige,
Sans qu'en nostre faueur personne le corrige.
Le peuple espouuanté redoute son effort,
Et ne peut-on auoir plus grand peur de la mort :
Car trop enormement la prodigue Nature
Forma son corpz robuste, & pareil en stature
A celuy d'vn Gean, & si puissant à voir,
Que cent hommes ensemble ont trop moindre pouuoir :
Voyla comme il nous traitte, exerçant ses coleres,
Et beaucoup pis encor vexe les estrangeres.

Si donques vous auez en estime, & soucy,
Aueques vostre nom, ces trois Dames icy,
Il vous sera plus seur, & bon, & profitable,
De fuir l'affrontement de ce Prince indontable :
Certes si m'en croyez vous ne le verrez pas !
(Croyez-moy ie vous pry !) dressez ailleurs voz pas

DES MESLANGES.

Sans marcher plus auant, & trouuez autre voye:
Celle cy droittement au Chasteau vous conuoye
Où l'homme dont ie parle vne coustume a mis
D'esprouuer sa valeur contre tous ennemis,
Soyent femmes, ou Guerriers, qui ne luy font hommage:
Crüel, versant sur eus l'opprobre, & le dommage!
   Marganor le felon (on nomme ainsi le Roy
Qui maistre de ce Fort a plus d'audace en soy,
Voire plus de rigueur que ce Neron de Romme,
Ou tel autre qu'en fraude, ou meschance on renomme!)
Se baigne au sang humain: mais encor moins benin
Il en veut par sus tout à l'estoc feminin,
Dont l'encombre, & la mort, beaucoup plus il desire,
Qu'vn Loup engloutisseur de l'Aigneau qu'il deschire:
On peut bien dire las! qu'il est dous, & courtois,
Quand vomissant son fiel d'vne aigrissante voix
Seulement il bannit les femmes condamnées,
Par vn gaucher destin en ce Chasteau menées.
   Le genereus Heros, & ses Dames encor,   LA IESSEE.
Oyoient ainsi parler du traistre Marganor:
Alors que plus à plein elle leur fit entandre
Comment l'estrange fin de Tanacre, & Cilandre,
(Cilandre son aisné, Tanacre son puisné,)
Fit deteriorer le Prince abominé:
Car bien que ces germains en leur prime ieunesse
Detestassent l'orgueil, le vice, & la finesse:
Si furent-ilz seduitz par l'apast des plaisirs,
Qui vilain infecta leurs honnestes desirs,
Transformant leur premiere, & noble courtoisie,
En disgrace, luxure, & salle fantasie.

ſ 3

Elle continüoit le fil de ses discours,
Leur recitant au long & la suite, & le cours,
De leurs faitz odieus: & comme enflé d'audace
Le premier singera d'aguetter sur la place
Un Chevalier Gregeoys, l'ayant chez soy reçeu,
Sous ne sçay quel espoir sinistrement conçeu:
Mais qu'au lieu de rauir & sa vie, & sa feme,
Il y fina ses iours à sa perte, & son blame:
Aprez elle adioustoit comment l'autre osa bien
(Non sans digne loyer) faire son propre bien
Du lit, & de l'honneur, du Preux de Longueuille:
Et comme il enleua son espouse Drusille,
Aprez l'auoir tué: mesme elle n'oublia
A deduyre comment elle se rallia
A ce second mary, quand subtile, & pudique,
(Tant peut en fresle corpz vn esprit Heroïque!)
Soy-mesme s'offançant tache à se secourir,
Et luy brassant la mort voulut en fin mourir:
Voy-la deus malheurtez qui rendent (ce dit elle)
Ce Prince enuenimé d'vne hayne immortelle
Encontre nostre sexe: & portons-nous le dueil
Au cœur, non aus habitz, d'vn si funeste orgueil.

ARIOSTE.   Ses Amys plus humains, & l'instante priere
Du peuple s'efforçant d'esteindre sa colere,
Ne peurent tant alors, qu'aprez mille tormentz
On n'ayt senti l'horreur de ses forçenementz:
Car s'apaisant à peine il dechassa grand' erre
(Ie tremble en y songeant) les femmes de sa terre,
Et fusmes-nous ainsi contraintes la quiter,
Pour venir en ce lieu seulettes habiter:

Ainſi les chers maris leurs eſpouſes perdirent,
Ainſi loing de leurs filz les meres s'enfuïrent:
Et ſi quelqu'vn d'entr'-eus ſe montre tant oſé
Que de nous viſiter, & que ce Roy pouſſé
D'ire, & de marriſſon, en ſçache la nouuelle,
Ou ſoit qu'il s'en aduiſe, ou ſoit qu'on luy reuelle:
Il ſe peut aſſeurer d'encourir à l'inſtant
Sa rudeſſe, & fierté, qui nous pourchaſſe tant.

 Ie te prendz à teſmoing, ô coupable demeure,
Chaſteau malencontreus où ce Tyran demeure!
Tu ſçays comme exerçant ſes crimes infinis
Il en a ia pluſieurs de la ſorte banis,
Et ſçais comme en paſſant ſa rage, & ſon enuie,
Pluſieurs auec l'honneur y ont perdu la vie.

 Or pour eſtre ſans ceſſe ou reſſemblable à ſoy,
Ou ſe vaincre ſoymeſme, il a fait vne loy,
Et telle à mon aduis qu'homme ne ſçauroit dire
En auoir onques leu, ni produit vne pire:
C'eſt que tout auſſi toſt que ſes gentz trouueront
Quelque femme qui paſſe, alors qu'ilz la verront
Trauerſer ſa campaigne, (& par male fortune
Touſiours touſiours helas! il en ſuruient quelcune)
Ardantz à la pourſuiure, & naurer ſans repos,
Bourreaus imprimeront leurs verges ſur ſon dos:
Et meſme aprez l'auoir cruellement outrée,
Infames luy feront quitter ceſte contrée.

 Helas! ce n'eſt pas tout: car pour leur faire pis,
Ilz viennent lachement racourçir leurs habis,
Et les forçent (poltrons!) à montrer ſans relache
Ce que la noble honte, & la Nature cache:

ſ 4

Que si quelcune y va, pour braue qu'elle soit,
On luy court au deuant si tost qu'on l'aperçoit
Auec des Cheualiers : car s'ilz luy font escorte,
Perdant ses Cheualiers elle y demeure morte,
Et par ce Monstre fier, ennemy de pitié,
Est offerte en victime à l'antique amitié
De ses Filz trespassez : ostant à ces Gendarmes
Auec grand deshonneur leurs Destriers, & leurs armes:
Puis les fourre en prison dans ce maudit seiour,
Ayant auprez de soy mille hommes nuit, & iour.

  Encor vous puis-ie dire (& non sans grand destresse)
Que si quelcun sauué rechape son oppresse,
(Bienheureus d'euiter ses mauuais traitementz!)
Il faut premierement qu'auec mille sermentz
Il iure d'imiter sa loy plus qu'inhumaine,
Portant à nostre sexe vne eternelle haine:
Donc s'il vous semble bon de perdre aueques vous
Ces Dames que ie plaintz, allez & laissez-nous,
Pour voir sa demourance : & faittes courte preuue
S'en luy plus de rigueur, que de force se treuue.

  Elle parloit ainsi, mais des qu'elle se teust
Vn subit creuecœur les Guerrieres esmeust,
Auec telle pitié que si la nuit presante
Eust repris du beau iour la clarté renaissante,
S'obstinant au peril, & rompant tous delais,
Elles fussent destors couriies au Palais.

LA IESSEE. Là donques reposa la belle compaignie,
Iusqu'à ce qu'au matin l'Aube fut espanie:
Et neaumoins auant sa montre, & son resueil,
Roger fut par troublé d'vn songe nompareil:

Car ainsi qu'il dormoit, resuant à la police,
A ses yeus apparut la seuere Iustice,
Que le Dieu Iupiter enuoyoit deuers luy,
Pour chastier la fraude, & les tirer d'ennuy :
Elle estoit formidable, & comme vn qui menace
Auoit le cœur bouffy d'esmoy, d'ire, & d'audace :
Vn glaiue armoit sa dextre, horreur des laches Rois,
Et sa senestre estoit sans balance, & sans pois.

 Peus-tu bien, ô Roger, (dit la Deesse pure)
Peus-tu prendre ton aise, escoutant l'auanture
De ces femmes d'honneur, & la mechanceté
Du cruel Marganor, source d'impieté ?
Ce Pere haut-tonant qui regit Ciel, & terre,
Et pour Sceptre a choisy le rougissant tonerre,
M'a transmise vers toy pour te fortifier
En tes premiers desseingz, & te signifier
Qu'à l'auœu de ta Sœur, tesmoing de ta vaillance,
Tu doibz vaincre, & matter, la rage & l'insolance
De ce Prince malin : vostre serf il sera,
Et si telle prouësse aus Cieus vous guindera :
Ainsi s'eternisa le valeureux Thesée,
Et ce grand Conquereur de la toison prisée,
Et c'il qui des Troyens reuancha Menelas,
Voire ce fort Thebain, purgeant ce monde las
De Monstres, & Tyrans : & ce los que tu gaignes,
De mesme esleuera tes prudentes Compaignes.

 Ainsi parla Iustice, & fuyant parmy l'air
Soudain esuanoüyt plus viste qu'vn esclair :
Adonc le Palladin tout effroyé s'esueille,
Et du nouueau fantome en sursaut s'esmerueille :

ss

Et pource entre les drapz guere plus ne croupit,
Et ne souffle irrité que vangence, & depit,
Premeditant en soy l'artifice, & la ruse,
Pour surprendre celuy qui de sa charge abuse:
Comme vn bon Colonnel prest d'assieger vn Fort,
Ore bien qu'il se sente assez habile, & fort,
Ne desdaigne pourtant le conseil des plus sages,
Ni l'exploit des plus fins, ni l'aguet des messages,
Ni l'heur de ses soldatz : qui sont comme instrumentz
De la reddition, ou des sacagementz
Du rebelle party: Roger de mesme cuide
Que pour mieus triompher du Payen homicide,
Il doit suiure l'aduis, & l'ayde, & le secours,
De celles qui seruoyent aus chetifz de recours:
Pource des que l'Aurore à la face Nymphale
Laissa son vieil Thiton, pour voir son cher Cephale,
Il se leue, & s'habille : à part soy ruminant
Les moyens qu'il desseigne, & dit en desseignant.

 O Dames de renom, o poures Damoyselles,
Et vous qui d'auanture errez aueques elles!
Destournez ie vous pry loing de ces traistres lieus
Vostre cours, voz desirs, voz amours, & voz yeus:
De peur que la Fortune, implacable Maistresse,
Oppressant vostre nom, voz personnes oppresse,
Ore que ce meschant, vostre Ennemy mortel,
Se montre encor si fier, pour n'estre gueres tel:
He, l'infame qu'il est! & pense-il redeffaire
Ce que Nature a sçeu si saintement parfaire?
Est-il si desdaigneus, si terrible, & si craint,
Qu'il ne se puisse voir fatallement astraint

Deſſous vn ioug ſeruil? ou que l'ire diuine
Par l'effort d'vn plus fort en fin ne l'extermine?
 O courageus Roland! ô celebre Renaut!
Et toy que le Deſtin fauoriſe d'enhaut
Terreur des Sarraſins, illuſtre Charlemaigne!
Permettrez-vous qu'ainſi ce Barbare ſe baigne
Dans le ſang innoçent? luy qui peureux a faitz
Tous ceus de noſtre Table, en ſouffrant ſes meſfaitz?
L'endure qui voudra! quand à moy ie proteſte
De perdre ores ma gloire, ou ſa rigueur funeſte.
 Ainſi tout furieus il s'anime, & s'eſpoind,
Semblable au rous Lyon qui s'irrite en ce point
Preſſé des cautz Veneurs, & ſous mainte algarade
Leur annonçe la mort d'vne ſanglante œillade:
Puis va trouuer Marphiſe, & la fille d'Amon,
Leur contant les propos du nocturne Dęmon,
Qui l'auoit aſſeuré qu'ilz prendroyent la vangence
De ce rogue Tyran, & ceus de ſon engençe.
 Adonc pour deplaçer, & voir le triſte val,   ARIOSTE.
Ilz prennent leurs harnoys, & montent à cheual:
A peine delogeoit la troupe auanturiere,
Lors que par les chemins, tournant les yeus derriere
Au dueil qu'elle entr-ouyt, auſſi loing que pourroit
S'eſtendre vn iect de main, par vn ſentier eſtroit
Elle aduiſe marcher vne ſuite aſſez grande:
De vingt hommes armez pouuoit eſtre la bande,
Les vns eſtoyent à pied, les autres ſur l'arçon,
Entrainantz à cheual (miſerable façon!)
Vne fort vieille femme, ainſi qu'eſt entrainée
Quelque perſonne aus cepz, ou au feu condamnée:

Nonobstant la distance, elle fut promptement
Recognuë au visage, & à l'accoustrement :
Et sortant, à son cry, les femmes de la Ville
Iugerent que c'estoit la Chambriere à Drusille,
Qu'aueques elle prit Tanacre rauisseur,
Voire à qui fut commis le venin meurtrisseur
Qui fit l'effait dernier : elle fut donques prise,
Non pas qu'elle eut suiuy les autres à l'Eglise,
Car elle se doutoit de cela qui depuis
Leur causa ce desastre, & causa ses ennuis :
Mais cuidant euader sans peine, & sans poursuite,
(Abandonnant ces murs) auoit gaigné la fuite.

  Toutesfois Marganor qui iamais ne cessa
A tant qu'il sceut l'endroit où elle s'adressa,
Employa tous moyens tachant à la surprendre,
Pour la faire bruler, ou pour la faire pendre :
De sorte qu'à la fin par offres, & presantz,
L'auarice qui rempe es cœurs faus, & nuisantz,
Fit qu'vn lâche Baron, ainsi deuenu riche,
Luy manda qu'elle auoit sa retraitte en Austriche,
Dans ses propres terroirs : & contre la seurté
Qu'elle auoit de sa bouche, il ne fut contanté
De fausser sa promesse, ainçois à son instance
Fust cautement surprise, & conduite à Constance :
Et sçauez-vous comment ? sur vn rude Sômier,
S'estant veüe dèia garrotter, & lier,
Ainsi que marchandise, & dans vn coffre enclose :
On vint au dur Tyran representer la chose,
Voire en intention qu'il vomira cruel
Sur elle son courrous, sa poison, & son fiel.

DES MESLANGES.

Comme le fleuue gros qui de Vesule coule,
Plus outre vers la mer il descend, fuit, & roule,
Lors qu'auec luy se ioint & Lambre, & le Ticin,
S'y meslant auec Ade, & maint autre voysin
Qui luy paye tribut: & d'autant plus augmente
Et sa course, & son eau, roidement vehemente:
L'ire du preux Roger ainsi tant plus s'estend,
Ou plus de Marganor les crimes il entend:
Ainsi d'vn cœur plus fier les deus brusques Guerrieres
Deuiennent contre luy dedaigneuses, & fieres.

 La hayne, & la fureur, si fort les enflama,
Qu'à le punir soudain, soudain les anima,
Auec toute la suite, & ses supposts ensemble:
Vne trop briefue mort, trop saint torment leur semble,
Pour tant de maus commis: pource vont aduisant
Qu'il falloit prolonger son trespas languissant,
Et par dechirementz, nuisances, & martires,
Esgaller à l'enuy ses coulpes beaucoup pires:
Mais quoy? l'honnesteté veut qu'au premier abord
Ilz deliurent la femme, ains qu'on la mette à mort,
De peur que (par depit) esteinte, & massacrée,
Elle paisse l'orgueil de la tourbe execrée.

 Ilz lachent donc la bride à leurs vistes Destriers,
Qui trouuent courte voye: & furent ces Guerriers
Guerriers non! mais voleurs, troublez de telle sorte,
Qu'vne charge plus aspre, ou rencontre plus forte,
Onc ne les assaillit: & comme mi-vaincus
Sont aises de quitter femme, harnois, Escus,
Et s'enfuyr tous nudz, en la mesme maniere
Qu'vn Loup chargé de proye, acourt vers sa taniere:

Alors plus il se croit hardiment asseuré,
Des Chasseurs, & des Chiens, il se void entouré,
Et comme depiteus sa vaine prise laisse,
Et fend la trace où va la foule moins espaisse :
Ainsi d'vn pied leger non moins prestz à courir
Rechaperent ceus-la qui pensoyent lors mourir,
Se voyantz attaquer : & si fort s'estonnerent,
Qu'en se sauuant hâtifz seulement ne laisserent
Leurs armes, & la femme, ainçois plusieurs Cheuaus :
Et du haut des rochers, tesmoingz de leurs trauaus,
Et du bord des ruisseaus, sautant à l'estourdie,
Se iettoyent effrayez d'vne crainte hardie,
Cuidantz estre plus seurs : les Dames, & Roger,
Voyant ainsi de loing ces Coyons deloger,
En furent tres-ioyeus : & sur l'heure choysirent
Trois Coursiers, pour ces trois qui le iour d'hyer firent
Suër les leurs chargez : puis d'vn cours depité
Dresserent leur chemin vers l'infame Cité,
Conduisant auec eus la Vieille en diligence,
Afin qu'elle aperceut la tres-iuste vangence
De l'insigne Drusille : elle qui doute, & craint,
Refuse pour neant ce voyage contraint :
Car sur le bon Frontin Roger la monte en crope,
Et (iaçoit que par force) aueques luy galope.
 Ilz cheuauchoyent ainsi, quand ilz vont descouurant
Vn Bourg plein de maisons, & magnifique, & grand :
Il n'estoit ceinturé ni de murailles grosses,
Ni de fossez profondz, & reuelez en bosses :
Au reste vn caillou grand au millieu se plantoit,
Que sur sa large espaule vn haut rocher portoit :

Lors sans autre signal droittement là se rendent,
Et trouuer Marganor dessus le champ s'attendent,
Car c'estoit son Chasteau: les gardes qui voyoient
Aprocher ceste bande, à fermer s'employoient
L'entrée du Palais: & sur ces entrefaittes
Le perfide artisan des fautes qu'il a faittes,
J'entendz ce Roy peruers, & plusieurs auec luy
A cheual, & à pied, son plus fidelle appuy,
Sortirent tous armez: & par tançons friuolles,
Enaigris toutesfois d'orgueilleuses parolles,
Exposent & la mode, & la subiection,
Qu'il obserue, & maintient, dedans sa nation.
    Marphise qui premiere, aueques sa Cousine,
Et l'heureus Palladin, comprend leur discipline,
Muette à luy respondre, habile à s'auancer,
Esp'ronne contre luy, sans sa lance baisser,
Ou tirer du fourreau ceste fameuse Espée
Qui dans le sang Payen fut maintesfois trempée,
Martellant son beaume à rudes coupz de poing
Mesmes dessus la selle, & ne fut guere loing
De son dernier souspir: l'autre fille de France
Haste aussi son Coursier d'une viue asseurance,
Et puis son noble Espous enflé d'ire, & d'ardeur,
Acourt (sa lance en main) d'une telle roideur,
Que sans l'abandonner en tuë six de reste:
L'vn attaint à la pançe, & d'vn choquer moleste
En frape deus au pis, vn au col, vn au chef:
Au sixiesme fuyant l'attainte, & son méchef,
Il tronçonna son bois, qui fauſſant son eschine,
Sortit par le tetin: ceus que l'aspre Heroïne

Race acorte d'Amon, touche & secoüe encor,
Trebuchent aterrez dessous sa lance d'or:
Semblable au rouge feu que l'ardant Ciel decoche,
Acablant, & froissant, ceus que sa pointe embroche:
Elle renuerse tout! le peuple espars s'enfuit
Ore autour du Palais sur la roche construit,
Ore court vers la plaine, or' s'enferme es Eglises,
Ore dans ses maisons de grand' frayeur esprises,
Et dehors ne demeure vn seul qui ne soit mort:
Mais nonobstant l'horrible, & sanguinaire effort,
Marphise cependant, la superbe Guerriere,
Auoit tres-bien serré les deus mains par derriere
Au captif Marganor, que la Vieille gardoit,
Et qui d'vn feu vangeur consumer s'attendoit
Le Bourg depopulé : comme aussi son attante
Succeda si à point, qu'elle se vid contante.
  Icy sans nul arrest fut auisé comment
Il falloit proceder à son amendement,
Afin que desormais, s'il veut viure à son aise,
Il introduise au lieu de sa loy tres-mauuaise
Celle-la qui leur duit : cela fut proietté,
Et puis s'effectüa sans grand difficulté :
Car ceste gent prophane eust vne extreme crainte
De se voir par la flamme, & par le glaiue estainte,
Au moyen de Marphise, abominant ce Roy,
Et la dure coustume, & son inique loy :
Mais ainsi que plusieurs, saisis de peur soudaine,
Elle obeyt à c'il qu'elle auoit en grand' haine:
Pource la mesfiance, & lacheté de cueur,
Regnoit parmy ce peuple, abhorrant son vainqueur,

DES MESLANGES.

Qui par exil, par meurdre, & vol, & tyrannie,
Acroist sans contredit sa nuisance infinie:
Mais le cœur se taisant, crie vangence aus Cieus,
Et Dieu qui s'accommode à son pleur soucieus,
Accelere la peine, au parauant trop lente:
Pour estre (auec le tempz) plus aspre, & violente.
 Or ceste tourbe icy pleine de maudisson,
D'ire, & d'inimitié, veut auoir sa raison
Du nouueau prisonnier: comme dit le Prouerbe,
Chascun esbranche, & tond, l'arbre haut, & superbe,
Acablé par le vent: Marganor peut seruir
D'exemple à c'il qui vient les autres asseruir,
Car celuy qui fait mal, en fin du mal endure:
Elle s'attend aussi que sa rigueur trop dure
Receura le payment de ses faitz abrutis,
Et ce plaisir ensemble espoind grandz, & petis:
Telz mesmes se trouuoyent sous ces cruautez fieres
Sans femmes, & sans sœurs, sans filles, & sans meres:
Et fachez ne pouuantz cacher leur maltalant,
Acouroyent pour en faire vn massacre sanglant:
Si bien qu'auec Roger à peine le defendent
Celles qui maugré luy son refuge se rendent,
Car c'est luy qui n'aguere obstiné s'asseuroit
Qu'en torment, & langueur, & souffrance il mourroit.
 La Vieille cependant qui son Ennemy garde
Lié, voire tout nud, le gausse, & le broquarde:
Et pour mieus se vanger de son orgueil felon,
L'assaut, l'outrage, & fiert, d'vn piquant aiguillon
Qu'vn Paisan là present d'auanture luy baille:
Les trois autres aussi qu'vn mesme soing trauaille,

t

De telle volonté se sentent esmouuoir
Pour meurdrir le meurdrier, que moindre est leur pouuoir:
Et par elles se void offancé dans ses terres
A coupz d'ongles, de dentz, d'aiguilles, & de pierres.
 Comme vn torrent qui s'enfle, & pront à deualer
Ruineus, & bouffy, ne cesse de rouler
Suiuy de longue pluye, ou des neges fonduës,
Et trauerse animé les montaignes fenduës,
Deplantant, secoüant, abreuuant, rauissant,
Arbres, rochers, terroirs, & moissons en passant:
Mais quelque tempz aprez que l'orgueilleuse face
Luy chet, en reprimant sa force, & son audace,
Auient qu'vn enfançon, ou qu'vne femme aumoins,
(Et souuent à pié sec) franchit ses moistes coins:
Tel estoit Marganor, faisant sous sa parolle
Trembler tout de frayeur, par tout où son nom volle:
Et s'est en fin trouué qui d'vn mauuais acueil
A foulé son enfleure, & son perfide orgueil,
Rabaissant iusque là sa menace pariure,
Que mesmes les enfantz luy peuuent faire iniure:
L'vn se prend à sa barbe, & l'autre à ses cheueus,
Ou cependant colere, & depit, & baueus,
Il est acompaigné de Roger, & ses Dames,
Qui s'en vont au Chasteau, siege de ses diffames.
 Là sans plus contester il mit entre leurs mains
Ceus qui estoyent dedans, Assasins inhumains:
Partie en fourrageant leurs harnois ilz saccagent,
Et celles en partie encore les partagent
Qu'il auoit offancé: lors se recouure icy
L'admirable Escu d'or, & les trois Roys aussy,

Qui paſſant vers ce lieu ſans cheuaus, & ſans armes,
Furent par le Tyran souſmis à ſes alarmes :
Car des que Bradamant perdit leur mauuaiſtié,
Deſarmez ilz eſtoyent touſiours allez à pié
Buſquant ainſi fortune, & faiſant compaignie
Par maint pays loingtain à l'errante Vlanie :
Ie ne ſçay ſi ce fut ſon pire, ou ſon meilleur,
Qu'ilz fuſſent deſgarnis, & ſerfz d'vn tel malheur :
Meilleur eſtoit que d'eus elle fut defenduë,
Et pire s'ilz perdoyent l'entrepriſe attenduë :
Pource qu'elle euſt ſuiuy la trace, & le deſtin,
De celles que ce Roy deteſtable, & mutin,
(Pour les voir en ce train) mactoit au cimetere
Sacrifice inoüy! de l'vn & l'autre frere :
Aymant trop mieus mourir, que reueller cella
Qu'en lieu touſiours couuert Nature recella,
Bien qu'elles peuſſent dire auec honneſte excuſe
Qu'à ce les contraignoit & la forçe, & la ruſe.
 Or pour mieus la franchiſe en ces champz maintenir,
Les deus Guerrieres font les habitantz venir :
A fin qu'auec ferment ilz iurent, & promettent,
De rendre les maris aus femmes qu'elles mettent
En leur premier ſeiour, & que-ceus qui voudront
Alterer leur arreſt, griefue peine encourront :
Somme que ce qu'ailleurs au mary l'on ottroye,
Soit permis à la femme en leur Prouince coye :
Ilz aſſeurent encor, & proteſtent que ceus
Qui viendroyent onques là, ne ſeroyent là receus,
Et moins dans leurs maiſons auroyent facile entrée,
Fuſſent-ilz Cheualiers trauerſantz la contrée,

t 2

Ou gentz allantz à pié, si lors n'assermentoyent
Par tous les iurementz qui prescritz leur estoyent,
D'estre tousiours amys des femmes honnorables,
Et de leurs ennemis ennemis perdurables :
Et soyent-ilz mariez, ou bien qu'à l'auenir
Tel soit leur bon desseing, prestz à les maintenir
Parferont leur vouloir : & sur ceste entremise
Qu'on leur va proposant, l'inuincible Marphise
Leur promet retourner auant l'an attendu,
Ou que les arbres nudz leur feuille ayent perdu :
Et que si l'ordonnance en ce point establie
N'auoit esté par eus iustement acomplie,
Ilz fussent tres-certains que leur Bourg desolé
Par ruine, & par feu, seroit lors depeuplé.

 Encor pour ne laisser chose qui leur attouche,
Ains que partir du nic de cest Hibou farouche
Ilz firent deterrer hors de l'immonde creus
Où Drusille gisoit, son corpz deja poudreus :
Et dedans vn tombeau qu'assez riche ilz bastirent,
Auec feu son Espous adonc l'enseuelirent :
La Vieille qui tandis repiquoit sans repos
Le chetif Marganor, ensaigne tout son dos,
Se fachant de n'auoir tant de force, & d'haleine,
Qu'ell' fut sans lassitude, & sans trefue sa peine.

 L'vne & l'autre Cousine aduise cependant
Tout à costé du Temple en hauteur s'estendant,
Vn Terme sur la voye, où digne de martire
Le Seigneur impiteus fit ce statut escrire,
Tesmoing de ses fureurs : & au plus haut sommet
Apendent pour despouille, & l'effroyable armet,

Et l'Escu belliqueus, & la forte cuirasse,
Du Barbare captif : y faisant de leur grace
Au lieu de sa peruerse, & rigoureuse Loy,
Grauer vne plus iuste, & prisable de soy.
 Ainsi se separant la ioyeuse Dilande,
Pour rabiller sa cotte, abandonna la bande :
Car elle n'eust osé veu son vestement court,
Et deffait, & rompu, se trouuer à la Court :
Vlanie pourtant ne bouge de la Roche,
Tenant en ses liens ce Roy plein de reproche :
Mais à fin qu'il ne puisse ou fuir, ou se sauuer,
Ou bien comme autresfois les Dames esclauer,
Elle luy fit vn iour pour souler son enuie
Prendre si rude saut, que iamais de sa vie
Il n'en fit vn plus grand : car d'vn horrible tour
Il se vid culbuté du plus haut d'vne Tour.
 DAMES pardonnez-moy, pardonnez-moy mes Dames,   LA IESSEE.
Si taxant de quelcune ou l'astuce, ou les flames,
Lors qu'aprez sa feintise hardy ie m'eschaufois,
I'ay trop volagement peust estre quelquefois
Blasonné vostre nom ! pardon ie vous demande
Ore ore pour iamais, si ma coulpe est si grande
Que pour auoir parfois le noir mesmes noirçy,
Ie doyue (penitent) vous requerir merçy !
Las ! ce n'estoit en vain que d'vne plainte vraye
I'esueilloys indiscret & sa fraude, & ma playe :
Ne vous estonnez donc si ses feus i'ay blamé !
C'est bien vn dur ennuy d'aymer sans estre aymé,
Mais quand par dessous main l'auarice prophane
Fait vne orde Venus d'vne chaste Diane,

t 3

Et que sur l'Amy bon l'Amy riche est vainqueur,
J'appelle ceste escorne vn mortel creuecueur!
J'appelle ceste amour vne infame alliance,
Qui m'aporte & la hayne, & l'entiere oubliance,
De celle dont l'ardeur, & fausse lacheté,
Trahit si follement ma longue fermeté.

 Comme vn fol Marganor les hommes honnit ore,
Mon Alcine en ce point les femmes deshonnore,
Deshonnorer, nenny! car vostre los pareil
Reluit, malgré sa honte, ainsi qu'vn beau Soleil :
Qui n'a sceu desormais, ou qui plustot n'admire,
Ces grandz cœurs Martiaus, Artemise & Tomire?
La vaillante Harpalice? & celle qui mourut
Pour secourir Hector, qui ne la secourut?
Qui ne sçait l'innocence, & hautesse virille,
De la chaste Didon, & fameuse Camille?
Ou, sans rien emprunter des Gregeoys mensongers,
Ni des Latins vanteurs : quelz trauaus, quelz dangers,
N'ont encor supporté celles qui du bon age
De ce preux Charlemaigne, ont laissé tesmoignage
Et de leur galantise, & de leur nom qui fait
Vostre sexe plus noble, & gentil, & parfait?

 Entre elles paroissant comme vne ronde Lune,
Qui flamboye à minuit parmy la voute brune,
Qu'elle va redorant mieus que les feus cognus
De la gaillarde Maye, ou gaillarde Venus :
Belle, sage, & guerriere, au-iourd'huy tu brillonnes
Braue Sœur de Roger! & si les aiguillonnes
Par ta seule acortesse, à ne se rendre pas,
Mais suyure hardiment & ta force, & tes pas!

Que si le faus desdaing, ou ceste Lice estrange
Qui pour nous, & par nous, & contre nous se vange,
N'eust aueuglé iadis les meilleurs Escriuains :
Qui doute que voz faitz par leur silence vains,
Ne fussent plus haussez de ces titres de gloire,
De constance, de foy, d'amour, & de victoire ?
Non, ie ne cuide point que si voz raritez
Eussent non moins iouy de ces commoditez,
Illustres par noz chantz vous n'eussiez fait espandre
Aussi bien vostre honneur, qu'vn Monarque Alexandre,
Vn Achille, vn Cæsar : & que les doctes vers
N'eussent mieus resonné sous voz gestes diuers.

Quand à moy si ie n'ose entre les grandz Poëttes
Ioindre mon petit Lut à leurs fieres trompettes,
Si me puis ie vanter d'auoir en maintes pars
Semé, chery, loué, voz beaus actes espars :
Toutesfois ce n'est rien au prix de ma pretente,
Si le Ciel fauorit mes vœus, & mon attente :
Car i'espere entre vous maint bon subiect choysir,
Mais qu'auec plus de tempz i'aye plus de loysir :
Excusez donc mon dueil, ou iustes pour mieus dire
Ceste Circe accusez, non ma faute, ou mon ire :
Et s'il vous plaist sçauoir ce que pour vous ie puis,
Et combien amoureus de vostre nom ie suis :
Mainte Nymphe le sçait, & ceste Fleur d'eslite
Qu'en Gaule on va nommant ma belle Marguerite,
Le vous demonstrera : voire si clairement
Que le camp estoilé qui drille au Firmament,
Ne flambe mieus de nuit par l'obscur des tenebres,
Que i'orne à vostre honneur ses vertus si celebres.

t 4

Quand Nature n'auroit qu'elle seule enfanté,
Quand ma Muse n'auroit qu'elle seule chanté:
Encor encor sa gloire, admirable sur toutes,
Vous doit suffisament esclaircir de ces doutes
Que vous pourriez à tort auoir conceu de moy:
Moy qui vous offre icy mon seruice, & ma foy.

DE DANTE.

EN L'ENFER.   Di Beatrice.
DV CHANT II.

Quali fioretti del notturno gelo, &c.

COMME les fleurs ternissent, & se serrent,
Sentant l'effort de quelque froide nuit:
Puis au Soleil se dressent, & desserrent,
Comme au premier, quand dessus il reluit.
Tel me rendit ma vertu reconquise,
Et tel courage au cœur m'estoit venu:
Qu'esgal à c'il qui maintient sa franchise,
Ie commançoys pour tel estre tenu.

DV CHANT VIII.   Filippo Argenti.

Quanti si tengon hor la su gran Regi.

COMbien de Roys ou la grandeur se range
Viuent là haut, qui de terreur épris
Seront icy comme porcz en la fange:
Laissant de soy des horribles mespris?

DES MESLANGES.

AV PARADIS.
DV CHANT II.   Del corpe Lunare.

Pareua me, che nube ne copriſſe.

IL me ſembloit qu'vne luiſante nüe,
Solide, eſpaiſſe, & nette, la couuroit:
Tel au Soleil vn Diamant ſeroit,
Flambant au rays de ſa chaleur cognuë.

La Marguerite à iamais eternelle
Il reçeuoit, non autrement que l'eau
Reçoit le ray du plus digne flambeau :
Quand elle eſt calme, & n'a rides en elle.

DV CHANT VI.   Delli ſtati attiui

Quinci addolciſce la viue Iuſtitia.

AINSI dans nous ceſte viue Iuſtice
Vient adoucir chaſcune affection,
Si qu'elle n'a la moindre intention
D'aller iamais au gré de la malice.

Diuerſes voix les nottes douces rendent:
Pluſieurs trauaus que l'on ſouffre en viuant,
Vne Muſique auſſi vont enſuyuant
Dont les douçeurs par ces roües f'eſpandent.

DE PETRARQVE.

EN LA I. PARTIE.   Di ſua Laura.

Giouene Donna ſott' vn verde Lauro
Vidi piu bianca, &c.

IE vy deſſous vn Laurier verdoyant
Vne Dame plus froide, & blanche,

Que nege long tempz y a franche
Des chaudz rayons du Soleil flamboyant.
 Son dous parler, son œil, son poil orin,
Me pleurent lors de telle sorte :
Qu'en mes yeus depuis ie les porte,
Soit sur vn mont, ou sur vn bord marin.
 Mes pensementz à riue aborderont
Quand le Laurier sans verd feuillage,
Sans trouble mon troublé courage,
Et mes yeus gays, & sans larmes seront.
 Lors nous verrons geler mesme le feu,
Ardre la nege : & sur ma teste
Ie n'ay tant de poilz, qu'en ma queste
I'attendroy d'ans, pour voir ce iour escheu.
 Or le tempz volle, & s'enfuyent les ans,
Si que soudain la mort nous presse :
Mais si suiuray-ie l'ombre espesse
D'vn tel Laurier aus feuillardz dous-plaisans.
 Ie la veus suyure au plus ardant Soleil,
Voire en la plus morne froidure :
Iusqu'à ce que la Parque dure
Ferme mon œil d'vn funebre sommeil.
 On n'aperçeut iamais de si beaus yeus
En ce siecle, ou au vieil encores,
Que ceus qui me consument ores
Ainsi que nege au Soleil radieus.
 De là procede vn lac de pleurs encor,
Qu'Amour meine à la souche aymée
Du Laurier dur, à la ramée
De Diamant, & la perruque d'or.

DES MESLANGES. 667

Ie crain changer de face, & de cheueus,
Auant que mon image emprainte
Au vif Laurier, monstre sans fainte
Quelque pitié fauorable à mes vœus.

Sept ans y a, si le compte a son droit,
Que trainant mon triste martire
De riue en riue ie souspire,
La nuit, le iour, & au chaud, & au froit.

Vray feu dedans, vraye nege dehors,
Auec mes pensers solitaire,
Voire en poil à ce poil contraire,
Ie me plaindray tousiours par tous les bors.

Pour esmouuoir tel (peut estre) à mercy,
Qu'aprez mille ans on verra naistre :
Si tant peut viure ensemble, & croistre,
Vn cher Laurier digne d'vn tel soucy.

Ces blondz cheueus l'or mesme surpassans,
Et la Topase au Soleil mise
Sur la nege que le chaud brise,
Meinent si tost à bord mes foibles ans.

EN LA II. PARTIE.   Della morte di Laura.
Che debbio far ? Amore.

QVE doibz ie faire, Amour ? que me conseilles-tu?
Ie voy bien desormais qu'il est tempz que ie meure :
Helas! i'ay demeuré, comme encor ie demeure,
Plus tard que ne voudroy, de la Mort combatu :
Madame est morte, & si aueques elle
Elle a mon cœur : & neaumoins il faut
Que desirant la ressuyure là haut,
Mes ans bornez suyuent sa fin cruelle.

L'esperance ie perdz de iamais la reuoir,
Et de l'attandre aussi ce m'est angoisse, & peine :
Veu que d'vn bref soulas iadis ma ioye pleine
Me fait, à son depart, la larme aus yeus auoir :
  Veu que de plainte, & de grief dueil suyuie,
  En plainte, & dueil, elle se conuertit :
  Et qu'on m'osta, si tost qu'elle partit,
  Entierement la douçeur de ma vie.
Amour tu le sens bien, & pource aueques toy
Ie deplore vne perte & si dure, & si grande :
Et n'ignore qu'aussi le regret ne te rande
Attristé de mon mal, ainçois de nostre esmoy !
  Car nostre Nef sans estre secouruë
  A fait naufrage encontre vn mesme escueil,
  Et d'vn si cher, & gracieus Soleil,
  Soudain nous est la face disparuë.
Quel est l'esprit qui puisse au vif representer
Mon estat douloureus, en parolles expresses ?
Helas ! vœuf Monde ingrat, veu mes iustes destresses,
Tu dois bien auec moy iustement lamenter !
  Pareil souçy te doit vrayment espoindre,
  Puis qu'en perdant celle que i'aimoy bien,
  Tu as aussi perdu le plus dous bien
  Qui fut en toy, du plus grand iusqu'au moindre.
Ta gloire est ores cheute, & tu ne l'aperçoys !
Digne aussi tu ne fus d'auoir sa cognoissance
Pendant qu'elle viuoit, & moins ceste plaisance
De toucher ses saintz piez, ainsi que tu souloys :
  La raison est qu'vne si noble chose
  Deuoit seruir de lustre, & d'ornement,

DES MESLANGES.

  (Par sa presence) au doré Firmament,
 Où par destin elle est ores enclose.
 Helas! ce beau visage en poudre est ainsi mis,
Qui souloit faire foy des raritez celestes,
Et du bien de là sus : où franc de noz molestes
Entre les bien-heurez son Esprit est admis :
  Il est sejoint du corruptible voyle
  Qui decoroit la fleur de son Printempz,
  Pour le reprendre à tempz en autre tempz :
  Sans qu'onque plus mourant il se desuoyle.
 Alors & claire, & nette, à noz yeus paroissant,
D'autant plus à bon droit nous l'aurons agreable,
Que peut vne beauté saintement perdurable
Par sus toute beauté que la mort va blessant :
  Parfois ma Dame & plus belle, & galante,
  Qu'elle ne fut, se represente à moy :
  Voire en l'estat qu'elle iuge de soy
  Qu'vn chascun peut la iuger excellante.
 Cestuy-cy de ma vie est vn certain appuy,
Et l'autre son cher nom, qui dans moy si dous sonne :
Mais reuenant à moy mon espoir qui foisonne
Quand vif il florissoit, sent mon funeste ennuy :
  Amour sçait bien quel ie deuiens à l'heure,
  Et combien peu i'ose lors esperer :
  Puisse mes vœus celle considerer
  Qui proche void la Verité meilleure.
 Vous Dames qui souliez admirer sa beauté,
Et sa vie qu'on peut acomparer aus Anges,
Et son port qui sur terre acquit tant de loüanges :
Ayez quelque regret, me voyant tormenté !

Qu'en ma faueur la pitié vous surmonte,
Non pour l'amour de celle qui iouyt
D'vn tel repos, & là haut s'esiouyt :
Ou, delaissé, la guerre icy me donte.
Las ! elle est telle aussi que si l'empechement
Ne me clost soubz autruy le chemin pour la suiure,
Veu l'aspre desplaisir que i'ay de luy suruiure,
Ie me donray la mort moy-mesmes librement :
Seul est Amour qui me ferme la porte,
Et me defend par son dous entretien
De ne couper mon nœu, ni mon soustien :
Puis au dedans m'arraisonne en la sorte.
Refraindz la grand' doleur qui t'agite indispos,
Veu que par volontez maintesfois dereglées
On perd l'heureus seiour des voutes estoilées,
Où ton cœur neaumoins aspire à tous propos :
Où celle vit qui croit les autres mortes,
Et de son corpz (iadis si beau) se rit,
Despouille humaine à son diuin Esprit :
Et pour toy seul souspire en maintes sortes.
Elle te prie aussi que son los, & renom,
Qu'encor ta langue fait en diuers lieus rebruire,
Ne viennent à perir : mais si le dous martire
Pour ses yeus tant cheris, t'a fait hausser son nom,
Qu'à son honneur desormais tu le faces
Voler, ouyr, & plus haut, & plus loing,
Dessous ta voix : tesmoignant au besoing
Combien encor ses valeurs tu embrasses.
Va-t'en, & triste fuy le tempz serain, & vert,
Mal-seant à l'esmoy qui m'affolle, & m'oppresse :

N'aproche les endroitz de chant, ni de liesse,
Puis qu'au seul encombrier mon cœur est tout ouuert :
   Chanson, nenny ! mais plainte desolée,
   Ce n'est plus toy qui te dois retrouuer
   Es lieus de ioye : ains l'angoisse esprouuer,
   Portant le dueil en Vefue esconsolée.

DE BOCACE.

EN LA V. IOVRNEE,   Di Anastasio
& viij. Nouuelle.   di Honesti.

A SA MAISTRESSE.

Puis qu'en larmes, & sanglos,
Ie n'ay peu vous faire entendre
Le feu qui m'ard iusqu'à l'os,
Et ia me reduit en cendre :
Las ! Madame, acourez voir
Comme vne Beauté cruelle
Tombe en fin sous le pouuoir
D'vne horreur perpetuelle.
   Ie ressemble en tel esmoy
Anastaise des Honnestes,
Triste, & songeard, comme moy :
Et vous, semblable vous m'estes
A ceste roche en rigueur,
Ceste fille aus Trauersaires,
Perdant sa force, & vigueur,
Soubz mille ennuys aduersaires.
   La Pucelle à qui les Cieus,
Les Astres, & la Nature,

BOCAÇE ET
LA IESSEE.

Prodiguerent tout leur mieus,
Bienheurantz sa nourriture:
En gentillesse, & beauté,
N'efface moins les plus belles,
Qu'en rudesse, & cruauté,
Les plus fieres, & rebelles.

 Aussi l'Amant consommoit
Et tempz, & biens, & personne,
Pour celle qui ne l'aymoit,
Quoy que son amour foisonne:
Il s'aueugle en son danger,
Rien ne peut la remonstrance
De parant, ni d'estranger:
Tesmoingz de son esperance.

 Ainsi qu'vn feu violant
Qu'on attise, & qu'on tormente,
Plus vif, & plus haut volant,
Sa double fureur augmente:
Ainsi plus cest Amoureus
S'embraise en si chaude braise,
Et plus ferme, & langoureus,
Dans ceste braise il s'embraise.

 Quantesfois s'est-il perdu
Par forestz, & par riuages,
Se complaignant esperdu
Aus Dieux, & Nymphes sauuages?
Quantesfois ont-ilz quité
Leur sabat, & leurs carolles:
Oyant son cry depité,
Et son dueil, & ses parolles?

        C'estoit

C'estoit au dous moys de May,
Riche encor des biens de Flore,
Qu'Anastaise fit l'essay
De la Nymphe qu'il adore :
Les champz estoyent son seiour,
Où loing des murs de Rauenne
Il sentoit & nuit, & iour,
L'assaut de la Cyprienne.

 Or comme il erre escarté
Dans vn boys rempli d'ombrage,
Et rameine la fierté
De la Vierge au dur courage :
Il oyt la plainte, & la voix,
D'vne femme en vain pleurante,
Et qui parmy ces lieux cois
Fuyoit vaguement errante.

 Non loing de là tost aprez
Il vid vne nuë fille,
Qui s'offre à luy de plus prez :
(O chaste Beauté gentille !)
Las ! elle auoit tout le corps
Labouré d'esgratigneures,
Tant les buissons durs, & fors,
L'offançoyent de leurs piqueures.

PAVSE I.

Devx grandz Chiens hastoyent ses pas,
Mordant sa chair pitoyable,
Et ne l'abandonne pas
Vn Cheualier effroyable :

Monté sur vn noir Destrier,
Il la suiuoit par derriere,
Tenant vn estoc meurtrier
Dans sa rude main guerriere.
 L'humble Pucelle outrageant
D'vne espouuantable sorte,
Il s'alloit (dit-il) vangeant
De son amour iadis morte:
O vous Dames, aprenez
A ce pourchas exemplaire,
D'alleger ceus qui sont nez
Pour vous seruir, & complaire!
 Qui fut bien espouuanté
Veu la cruelle menée,
Ce fut l'Amoureus tanté
D'ayder à l'infortunée:
Entre toutes les vertus
Nulle tant des Dieus n'aproche,
Que celle dont sont vestus
Ceus qui secourent leur proche.
 Or ainsi qu'il s'opposoit
A la fatalle rencontre,
L'homme armé qui l'auisoit
Le fait entier luy remontre:
Et comme ilz estoyent parlans
L'vn de la rigueur de l'autre,
Les Mastins l'ont prise aus flans,
Et par terre elle se veautre.
 La misere, & le soucy,
Font qu'Anastaise desire

De pratiquer sa mercy,
Et dessus le champ va dire:
Las! Seigneur quel que tu sois,
N'est-ce pas lacheté grande
D'ainsi bailler dans ce bois
La Vierge aus Chiens en viande!
　Il auoit à peine dit,
Quand sur sa plainte inutille
Le Gendarme respondit:
C'est moy qui fus de ta Ville
Anastaise, où celle-la
Que tu vois ainsi meurtrie,
De son amour me brula,
Comme à toy ta Bien-cherie.
　Cesse donc à t'esbäyr
De nostre infortune estrange,
Le Ciel me la fait häyr,
A fin qu'ore ie m'en vange:
Ie sçay bien que c'est aus Ours,
Aus Cerfz, aus Loupz, aus Lyonnes,
Qu'on chasse d'vn roide cours:
Non les humaines personnes.
　Mais si faut-il adherer
A la tres-haute ordonnance,
Comme il se peut auerer
Par ma mort, & sa souffrance:
Pour elle ie me meurdry
De l'arme qu'au poing ie porte,
Elle n'ayant amoindry
Mon mal, ni ma doleur forte.

v 2

Si tost ie ne m'occy pas
Aus Enfers tombé grand'erre,
Qu'adonc elle cheut là bas,
Pour commancer nostre guerre:
Ainsi sa course elle suit,
Me refuyant pour la suiure,
Et du fer qui la destruit
Ie la fay mourir, & viure.

PAVSE II.

QVAND ie l'empoigne, & l'attains,
De mon estoc ie la tuë,
Voire & l'ouure par les rains,
Du coup qu'elle est abatuë:
I'arrache de son corpz nu
Ce cœur de marbre, & de glace,
Ou l'Archer qui t'est cognu
N'eust iamais la moindre place.

Suyuant l'arrest des Destins,
Le cœur de ceste felonne
Sert de proye aus gros Mastins,
Que l'aspre fain aiguillonne:
Pour sçauoir ce que ie dis,
Prens y tres-soigneuse garde!
Comme ore, à tous Vendredis,
A ce ieu ie la hazarde.

Son discours prit icy fin,
Quand le craintif Anastaise
Se tire à l'escart, à fin
De voir tout plus à son aise:

L'Infante se sent blesser,
Les Chiens de son cœur s'apastent,
Son cours vient recommancer,
Et ses poursuyuantz la hastent.
 Le Damoyseau qui ne fit
Que plaindre la ieune Dame,
Voulut faire son proffit
De sa peine, & de son blame:
Pource au prochain Vendredy
Vn beau festin il apreste,
Inuitant brusque, & hardy,
Tous ses parantz à la feste.
 Là mesmement se trouua
La Royne de ses pensées,
Qui moindre esmoy n'esprouua
Que les femmes offensees:
Car sur la fin du banquet,
L'Amy transporté les meine
Du Verger dans le bosquet,
Pour voir la farçe inhumeine.
 Ia les Dogues enragez
Tenoyent la Fille acrochée,
Et vid ses flancz outragez
La troupe d'elle aprochée:
Adonc ce Gendarme affreux
L'assaut, & perçe, & rudoye:
Puis d'vn courir desastreux
La rechasse, & met en proye.
 Ilz ne furent guere loing,
Que la brigade peureuse

S'adueille, & ressent le soing
De la Vierge langoureuse:
Elle ne peut l'oublier,
Et se retirant à l'heure
Taxe le brun Cheualier,
Qui rid ou plus elle pleure.

   A l'Amante de l'Amant
Sembloit ia qu'entre les hayes
Elle fut sanglantement
Couuerte de mille playes!
Et ia luy tardoit le tempz
Qu'Anastaise prit la rose
Qu'Amour, & son verd Printempz,
Auroyent lors pour luy déclose.

DE CATALDE.

*   Vaticinium.

Heu heu plange, infœlix Babylon.

EPLORE *toy, chetiue Babylonne,*
Gouffre d'erreurs, & d'engence felonne!
Le triste iour de ton affliction
Haste son cours, & ta destruction:
A fin qu'ainsi qu'vne moisson cueillie,
Le van esmonde & la rage, & folie,
De tes forfaitz: pource des quatre endroys
Du monde entier, s'esleueront les Roys
Contre ton siege, & de vistesse grande
Des Saintz de Dieu conuoqueront la bande:
Fuyantz ainsi son prochain iugement,
Et choysissantz l'Ange du Testament,

Qui reünisse, & rameine, & rassemble,
Au Souuerain, les cœurs desiointz ensemble
Des partiaus: mesme alors sortira
Des champz heureus ou le Lis fleurira,
Un Roy tres-beau de face, & de corsage:
Son front haussé, decorant son visage,
S'allongera: blancz seront ses deus yeus,
D'Aigle son nez: & braue, & furieus,
Dressant vn Camp digne de si grand Prince,
Efforcera dans sa chere Prouince
Les fiers Tyrans, qui de peur s'enfuyront,
Et pour neant es montz se cacheront,
Craignantz sa face: or comme vne Espousée
Iointe à l'Espous, la Iustice prisée
Suiura sa suite: & pendant quarant' ans
Il combatra les Chrestiens resistans,
Surmontant ceus d'Aragon, & d'Espaigne,
D'Itale, Escosse, & la grande Bretaigne,
Et noz Lombardz: & si les Roys liguez
De Chrestienté, luy seront subiuguez.
 Luy-mesme encor marchant en asseurance,
Par fer, par feu, perdra Romme, & Florence:
Il passera la mer vers Oriant,
Et sur les Turcz ira seigneuriant:
Puis sur la fin de sa vie prospere,
Rendra l'esprit sur le mont de Caluere,
Plein de victoire, & de pompe, & d'honneur,
Ayant attaint le comble de bonheur:
Et de sa mort les tesmoingz manifestes
Seront esclairs, & hautes voix celestes.

SIXIEME LIVRE
DES LIVRES
D'AMADIS DE GAVLE.

Voyez les Oeuures en Espaignol.

DV LIVRE I.
CHAPITRE IX. *Aux Gauloys.*

Harangue du Damoysel de la Mer.

C'EST à ce coup icy, mes fideles Amys,
Que Dieu nous veut ayder contre noz Ennemys!
Prenons donques bon cœur, & faisons apparoistre
Que la cause, & le droit, font nostre vertu croistre:
Qu'vn chascun se prepare, & monstre à ceste foys
Quelle est la vaillantise, & l'honneur des Gauloys.
  Souuienne vous, Soldatz, que nous auons à faire
A gentz tous esbahys, voire aisez à desfaire,
Comme estantz mi-vaincus: donques ne veuillez pas
Faire eschange à leur sort, au milieu des combas,
Acceptantz d'eus la crainte, & quitantz la victoire
Qui deia vous promet vne immortelle gloire:
Car la Mort les appelle en son gouffre, & rempart,
S'ilz voyent seulement vostre asseuré regard.

DV CHAP. XXXIII. *Aus Cheualiers.*

Harangue de la Royne de la grande Bretaigne.

IE vous pry, Cheualiers, fauouris du bonheur,
Que façiez desormais tant de bien, & d'honneur,
Aus Dames de renom, & toutes Damoyselles,
Que sousteniez leur droit, & preniez leurs querelles,

Contre ceus qui voudroyent sur elles attenter:
Mesmes pour vostre foy plus seure exprimenter,
Si vous auez promis quelque pache à vn homme,
Vn autre à vne Dame, & qu'vn chascun vous somme:
Vous deuez accomplir premierement celluy
De la femme, qui est plus foible, & sans appuy:
Voire qui pour se voir & simple, & gourmandée,
Aura plus grand besoing d'estre recommandée.
  Ainsi vostre secours les fauorisera,
Et contre les dangers mieus qu'onc les gardera:
Car les meschantz qui sont si prontz à faire iniure,
(Sçachant qui puniroit leur malice pariure
Soubmise au chastiment de si preux Cheualiers,
Telz qu'on vous recognoit par l'espais des milliers
Au fort de la bataille: & trouuant de fortune
Les Dames par les champz, tesmoingz de leur rancune:)
N'oseront les facher en laches oppresseurs,
Vous, estantz leur refuge, & leurs vrays defenseurs.

DV LIVRE II.
  CHAP. VIII.   Pour l'absence d'Amadis.
  Lamentation d'Oriane.

A H, malheureuse que ie suis!
C'est ore que dire ie puis
Que tout ce que bonheur on nomme,
Ne me fut onc qu'vn vray fantomme:
Et que mon torment suscité
Ne m'est que pure verité!
  Si i'ay quelque contantement,
C'est par les songes seulement.

Qui toute nuit me sollicitent:
Mais soudan les pensers excitent
Au dueil, au regret, au souci,
Mon triste esprit veillant ainsi.

 De iour vn grief trauail me nuit,
Mon peu d'aise l'obscurté suit:
Pource qu'en dormant ie regarde
L'Amy, que dans mon cœur ie garde:
Et l'aise me laisse au resueil
Pour son absence, vn plus grand dueil.

 Helas, mes yeus! non plus mes yeus,
Mais ruisseaus de pleurs soucieus:
O combien abusez vous estes
Au fort de mes angoisses prestes!
Ie surpasse en pire langueur,
La Mort, & sa dure rigueur.

 Mais vous Yeus, qui ia me noyez,
Aumoins estantz clos, vous voyez
Vous voyez c'il qui vous contante:
Et decouuers, perdez l'attante
De le reuoir: estantz soumis
A ne voir que voz ennemis.

 Au pis mon trespas, & mon sort,
Finiront ce long desconfort:
Vangeant c'il, dont l'espoir me flatte,
De la femme la plus ingratte
Qui nasquit onques icy bas,
Ou vescut onques sans soulas.

DU CHAP. XXI. Au Roy Lisuard.
Excuse de Guillan le Pensif.

Mon tres-aymé Seigneur, vous sçauez mon affaire,
Et comme ie ne puis de moy-mesme rien faire,
Estant sous la puissance, & le vouloir d'autruy,
Ce qui tant plus me comble & d'angoisse, & d'ennuy:
Et cela, mon Seigneur, qui telz assautz me liure,
A ma grand' honte fait que ie ne puis vous suiure,
Tant ie veus recognoistre & l'honneur, & le bien,
Que i'ay receu de vous: me souuenant tresbien
Du traitement courtoys, & faueur infinie,
Que i'ay receu tousiours en vostre compaignie:
Dequoy ie vous rendz grace, & vous prie humblement
Prendre à gré mon excuse, & mon esloignement.

DV LIVRE III.
CHAP. III. A sa Gendarmerie.
Harangue de Galuanes.

Scachez, mes Compaignons, (& ie le sçay fort bien)
Que le plus souuerain, & salutaire bien,
Pour vn Camp belliqueus, c'est vn bon Chef qui sçache
Prudement conseiller, & qui prudement tache
D'ordonner ce qu'il faut: à fin que sans tarder
On tente volontiers ce qu'il vient commander.
Or auez-vous icy non pas vn Capitaine,
Pour nous laisser de soy ceste preuue certaine,
Mais deus, trois, voire & vingt: qui du premier affront
Mesme aduis, mesme veuil, mesme cœur montreront:
Et de fait ce lien qui si fort les assemble,
Vnit fermement ceus qui s'acordent ensemble:

Puis donc que l'heur premier nous est approprié,
Faisons tant qu'au second il soit aparié :
Abordons l'Ennemy, poussons nostre fortune,
Qui contre vn Prince ingrat nous est tant oportune,
Le plus ingrat qui viue! & lequel fait estat
D'extirper & rauir d'vn commun attentat,
Noz vies, & noz biens, auec la grosse Armée
Qu'il fit passer deça, fierement animée
Contre vne Gentifemme : & pour mieus ruiner
Auec elle sa race, & pour l'exterminer.

 Mais certe' (ou ie me trompe) il est loing de son conte!
Car nous la secourrons d'vne assistance pronte,
Ensuyuantz le serment qui nous tient obligez
D'ayder, tant que viurons, aus poures Affligez :
Que si la mort nous prend sur vne emprise telle,
Aumoins nous en aurons vne gloire immortelle :
Ayantz combatu c'il à iuste occasion,
Qui deuoit franchement prendre compassion
(Pitoyable faueur!) de toutes Damoyselles,
Et de ceus qui souffroyent de mesme auequesselles :
Aussi ce qui seroit à maintz temerité,
Enuers nous aura nom de generosité.

 Enfonçons donc les rangz, & mettons quoy qu'il coûte
Sa personne en danger, & ses troupes en route,
Sans que le fier trespas, la crainte, ou le peril,
Esbranle nostre cœur magnanime, & viril :
N'ayons rien deuant nous que l'honneur qui desdaigne
L'audace des meschantz, & les bons acompaigne :
Car mesmes la Fortune, en telz actes guerriers,
Ne veut qu'on aye peur de ses durs encombriers :

Et si par ce moyen nous gaignons la victoire,
Tant plus leur nombre est grand, grande en sera la gloire,
Et fameus le renom: pour auoir entrepris
Chose à peine croyable, & digne d'vn tel prix.

*   Au Roy Lisuart.

Prophetie d'Vrgande la Descognue.

Povr *ton profit, & gloire nompareille,*
(Prince treshaut) Vrgande te conseille
Qu'au mesme tempz qu'vn ieune Damoyseau
Bien-tost guidé d'vn bien-heureus oyseau,
Ira vers toy, soigneus tu le retiennes,
Et cherement en ta Cour l'entretiennes:
Car t'arrachant hors des mains d'Atropos,
Il causera ton aise, & ton repos.
   Il est issu de semence Royalle
Des deus costez, & plein d'amour loyalle,
Et de prouësse, auec le fer pointu
Suiura le train d'honneur, & de vertu:
Rendant ses faitz si clairs, & manifestes,
Qu'ilz reluiront comme estoiles celestes:
Car sa valeur qu'homme n'esgalera,
Recommandable à tous peuples sera:
Voire & tiendra, parmi tant de trauerses,
Du naturel de trois meres diuerses.
   Par la premiere il se rendra si dous,
Si debonnaire, & tardif à courrous,
Que sa louange heureuse, & vagabonde,
De bouche en bouche ira parmy le monde:

Par la seconde il deuiendra si fort,
Et magnanime encontre tout effort,
Qu'il foulera par sa noble vaillance
Les Palladins qui onc porterent lance :
Par l'autre encor, dont la doctrine il prit,
Il sera tel, & d'vn si vif esprit,
Qu'armé de zele, & de vertus duisantes,
Il pourra faire œuures à Dieu plaisantes,
Fuyant l'erreur, & la mondanité,
Des Cheualiers enclins à vanité :
Et qui plus est, sa grandeur sera telle,
Qu'il mettra paix d'age en age immortelle
Entre toy Prince, & ce braue Amadis
Que l'on renomme entre les plus hardis :
Et vous sera ceste paix assignée,
Pour la garder de lignée en lignée.

DV CHAP. V.   A ses Soldatz.

Harangue du Roy Arauigne.

Qv'est-il besoing, Seigneurs, que d'vne austere face,
Et d'vn parler hardy, i'anime vostre audace :
Pour mieus & mieus choquer : ore qu'vn vif soucy
De vaincre, ou de mourir, vous a conduitz icy?
Ore que d'vne ardeur aus combatz enflamée,
Vous m'auez tous esleu pour Chef de vostre Armée,
Et premier Conducteur ? il faut donc seulement
Vous dire les raisons d'vn tel affrontement !
Mes Compaignons, ce n'est pour voz pays defendre,
Ni de peur qu'on nous vienne en seruitude rendre,

Qu'armez nous attendons d'estre ainsi triomfantz :
Et moins encor noz biens, noz femes, noz enfantz,
Nous doiuent eschaufer au Martial ouurage :
La seule ambition, & l'enuie, & l'outrage,
De la plus fiere gent qui viue ce-iourd'huy,
Nous incite à ce faire, & donne cest ennuy.

Or bien que deuant nous elle marche en furie,
Iusques à deffier nostre Gendarmerie :
Ie m'asseure pourtant qu'elle n'osera point
Attendre nostre choc, s'il faut venir au poinct :
A voir sa contenance, & ses façons, il semble
Que ia toute peureuse à fuyr elle s'assemble :
Et vrayment elle a plus d'efficace, & pouuoir,
De renforcer voz cœurs, & de vous esmouuoir,
Que tous les beaus propos d'homme qui viue au monde :
Tant s'en faut que sa force aus armes vous seconde !

Au reste, mes Amys, nous sommes la plus part
Et l'eslite, & la fleur, de ce marin rempart
Du fameus Ocean : voire en si tres-grand nombre,
Que ce seroit peché d'aprehender l'encombre
D'vn contraire meschef, & ne prendre au besoing
La victoire que ia nous tenons dans le poing.

Ce n'est peu que le prix d'vne si dure guerre !
Nous sommes estrangers en estrangere terre,
Aussi loing de la nostre, & de noz bons Amys,
Que nous sommes icy prez de tant d'Ennemys
Qui brassent nostre fin : chose facile à faire,
Si lasches nous laissons nous rompre, & nous deffaire !
Si nous auons (couhardz) le Courage si bas,
S'ilz eniambent sur nous au plus fort des combas,

Et si leurs Chevaliers espars en maintes bandes
Retentent nostre honte, & noz miseres grandes:
Nous serons leur triomphe, & la proye des eaus,
Ains que trouver retraitte en noz vuides Vaisseaus:
Que donc la seule mort, ou la seule victoire,
Parennise noz faitz d'une illustre memoire:
Et craignons ore plus nostre necessité,
Que toute leur puissance, ou leur temerité.
 Que chascun se dispose, & face bien sa charge,
Soit qu'il souffre l'assaut, ou donne la recharge:
Avec certain espoir que devant que la nuit
Voye flamber enhaut la Lune qui reluit,
Malgré noz hayneus mesme enflez, mutins, & traistres,
Nous serons auiourd'huy les Seigneurs, & les maistres,
De ce pays d'autour: & si de tous endroys
Serons plus redoutez des peuples, & des Roys.

*   A ses troupes.

Harangue du Roy Lisuard.

LE bon droit, mes Amys, & la querelle iuste,
Semond aus durs assautz nostre force robuste:
Mesmes (puis que la gloire, & la fin des combas,
Se cache és mains de Dieu, qui tout void icy bas:)
Il nous assistera, s'il plait à sa clemence:
Et si noz Ennemys, enflez de vehemence,
Osent mettre en avant que la guerre ilz me font
Seulement pour vanger & l'escorne, & l'affront,
Que receurent ceus-la qui n'aguere envahirent
Ce Royaume effroyé, que presque ilz destruisirent

Sous

Sous le Roy Cildadan : asseurez-vous qu'aussi
Ilz pourroyent se tromper, nous assaillant ainsi :
Plusieurs cuidantz rabatre & l'affront, & l'iniure,
Qui punit iustement leur audace pariure,
Au lieu d'effectuër vn desseing de haut prix,
Acroissent bien-souuent leur honte, & leur mespris :
Et pour le beau loyer d'vne si folle enuie,
Finent chetiuement leur malice, & leur vie :
Comme i'espere aussi qu'ilz feront à l'instant.
 Chascun de nous armé d'vn cœur noble, & constant,
N'est pas si aprentif qu'vne preuue il ne baille
De cela qu'il sçait faire au choc d'vne bataille :
Et qui deuant l'essay d'vn effort si meurtrier,
Ne soit reputé d'eus vn preux, & fort guerrier :
Ce qui moins les effroye, & leur donne quelque ombre,
Sont leurs gentz ramassez en espais, & grand nombre,
Dont leur Camp est fourny : gentz dy-ie ramassez,
Et la plus part sans ordre, exilez, pourchassez :
Et qui tous estonnez de premiere rencontre
Nous voyant deloger, & marcher à l'encontre,
Se troubleront eus-mesme auant qu'ayons baissé
Noz lances, pour froisser leur orgueil menassé :
Que si pour nostre honneur Fortune veut permettre
Que nous puissions en route, & desordre les mettre,
Vne telle raison alors nous en aurons,
Qu'on les verra sousmis à ce que nous voudrons.
 Marchons donc hardiment, & leur faisons cognoistre
Qu'ore plus gentz de bien ilz ne sçauroyent paroistre
Qu'estoyent leurs compaignons, dont noz glaiues tranchans
Massacreurs de leurs corpz, enioncherent les chams :

x

Et dont les membres seulz, & charoignes laißées,
Ont trois ou quatre fois noz terres engraißées,
Vefues de sepulture : alors tous desarmez
Ilz seruirent de proye aus vieus Loupz affamez,
Et dessous nostre effort la vertu reuangée
Les deffit vaillamment en bataille rangée.

DV CHAP. VII.   Orgueil chastié.

MONOMACHIE
d'Amadis, & de Garadan.

AV SEIGNEVR DE LA MAVVISSIERE,
Ambassadeur du Roy en Angleterre.

AMADIS ET
LA IESSEE.

L'ORGVEIL qui s'aplaudit en sa malice caute,
Void tousiours acabler sa fureur, & sa faute,
D'vn rude chopement : & plus est rehaußé,
D'Enuie, & de Fortune, il est plus menaßé :
Ce braueur Garadan, enflé d'outrecuidance,
Faisant son los d'orgueil, sa gloire d'impudance,
Ourdit ainsi son blame, & sa disgrace encor,
Alors qu'il fut transmis vers le Roy Tasinor :
Et que le Cheualier à qui la Verte Espée
Bailla ce beau surnom, eust sa lampe trempée
Au sang du corpz hayneus : car il monta si haut,
Qu'il cheut à la parfin d'vn effroyable saut.
   Toy qui fuyant la tourbe ignorante, & grossiere,
Cheris les doctes Sœurs, illustre Mauuissiere,
Vien lire ce discours : & si mon vers Latin
T'agrea quelquefois, oy du felon Patin

L'ambaſſade orgueilleus, & le meschef extresme
De c'il qui deffia le Seigneur de Bohesme:
Guerrier audacieus! & qui ne sçauoit pas
Que ſa fierté cachoit ſa honte, & ſon trespas!

   Deja le blond Toreau qui ſur ſa large crope
Tout au trauers des flotz porta la belle Europe,
Ramenant les dous moys auoit la porte ouuert
Au Printempz habillé d'vn acoustrement vert:
Quand ce noble Amadis que le Nain acompaigne,
Ayant ia trauersé les pays d'Alemaigne,
S'en vint au Roy voyſin qui d'vne forte main
S'oppoſoit aus deſſeingz de l'Empereur Rommain,
Que ce Preux hayſſoit comme c'il qui ſans ceſſe
Tachoit à luy rauir ſa Dame, & ſa Princeſſe,
Sa gentille Oriane: en qui les Cieus amis
Comme dans vn treſor, prodigues auoyent mis
Le parfait de leur mieus : car la mere Nature
N'auoit iamais formé plus belle Creature.

   Ainſi qu'à l'impourueu ce genereux Guerrier
Pourſuyuoit vne fois ſon ſort auanturier,
Il trouue Taſinor qui le long d'vn riuage
Voyoit fondre vn Gerfaut ſur le Heron ſauuage:
Voire & prit ce Gerfaut à l'œil des Fauconiers,
Qui ne pouuoyent franchir les marez buiſſoniers.

   Le Roy ſçachant deia ſon nom, & ſa vaillance,
Voulut en l'abordant gaigner ſa bienveuillance:
S'enquiert de ſa fortune, & ia ſ'eſtime heureux
De rencontrer vn Prince & ſi braue, & ſi preux:
Il le meine en la Ville, & tant ſ'affectionne
Que ſon filz deia grand pour compaignon luy donne:

X 2

Or estoyent-ilz vn iour sortis de la Cité,
Et l'espace du tempz aus trefues limité
Expiroit peu à peu, quand de loing ilz auisent
Six & six Cheualiers, qui marchent, qui deuisent,
Et qui s'aprochent d'eus : le Roy donques recors
Du braueur Garadan, le recognut alors
A son premier Escu : ioint qu'en grand' parentelle
Il touchoit à celuy dont la hayne immortelle
Luy fut tousiours suspette : & pource comme espoint,
Ce fier Ambassadeur le querelle en ce point :
Roy Tasinor, (dit-il) mon Maistre assez grand Prince
Pour ruyner du tout vous & vostre Prouince,
Desirant mettre à fin voz noyses, & debas,
Ne veut plus s'amuser à des moyens si bas,
Comme pressé d'ailleurs : & pource il vous enuoye
Deus offres, ou deus choys, par vne mesme voye.

 Eslisez pour finir ces debatz anciens
Cent de voz Cheualiers, encontre cent des siens,
Ou mille contre mille : adjoustant ceste gloire
A c'il qui gaignera l'honneur, & la victoire,
Que l'Ennemy donté volontiers cedera
Et los, & terre, & droit, à qui l'emportera :
Ou bien pour euiter vne ire trop ialouze,
Ottroyez le combat à douze contre douze,
Desquelz ie seray l'vn : entre les plus hardis
Ie m'estime assez fort, pour en abatre dix,
Fussiez-vous en personne au milieu de la lice :
Où i'espere aterrer vostre audace, & malice.

 Amadis qui reprouue vn propos si peruers,
Se void par Garadan aguigné de trauers,

Garadan qui l'acoſte, & par tançons friuolles
Aprez l'auoir gauſſé, l'outrage de parolles :
Quand le Roy ne pouuant ſupporter ſon deſdain,
Le prie de ſe taire, & l'exhorte ſoudain
De n'offançer ſi fort celuy qu'il priſe, & loüe,
Ainſi qu'vn ſecond Mars, & pour Amy l'auoüe.

 L'Eſtranger que la peur ia deia fait blemir,
Sent agiter ſon ſens, ſa poitrine fremir,
Comme vn Pilote errant, que l'orage qui gronde
Menaçe en pleine mer & des ventz, & de l'onde :
Ou comme vn ieune Cerf qui ſ'effroye en oyant
Vn grand Loup foreſtier, ou Lyon abboyant :
Toutesfois & facheus, & poinçonné d'enuie,
Il tache à deſrober & l'honneur, & la vie,
Au Cheualier du Nain : l'irrite maintesfois,
Enaigrit ſa colere, & ſon cœur, & ſa voix,
A ſon deſauantage : à tant que le Roy méme
Voyant bien qu'indiſcret ſes querelles il ſeme,
Reçeut l'offre derniere : & cependant voicy
Le Palladin Gauloys qui reprend ce ſoucy,
Se rid de Garadan, & pour ſa gloire abatre
Prontement ſe reſout per à per le combatre :
Tant ceſt outrecuideur, & ſes laches diſcours,
Oſtoyent à ſon eſpoir la crainte, & le ſecours !

 Ilz ſ'equipoyent deia, pour monſtrer par eſpreuue
Chaſcun en ſon endroit qu'vn plus fort ne ſe treuue,
Et comme en ſ'apreſtant l'vn l'autre dedaignoit,
Garadan dit à ceus dont il ſ'acompaignoit :
Si vous auez onc veu donner beau coup de lance,
Perdre vne foible audace, & punir l'inſolance,

x 3

Estimez-moy tousiours indigne de courir
Aus Ioustes, & Tournoys, ou bien de secourir
Les Dames au besoing, ou de porter en teste
Le morrion cresté : si la dure tempeste
De mon bras foudroyant, n'escarbouille le chef
De ce galand comblé de honte, & de meschef :
Et si ie ne remetz en proye ce Royaume,
Sans vous laisser vestir cuirasse, ni heaume.

 Ainsi disoit aus siens le vanteur Garadan,
Quand il vid tout armé le Chevalier d'Ardan,
Qui de loing esclairoit comme la rouge foudre
Qui chet en murmurant, & va ietter en poudre
Le sourcy d'vn Palais, ou le haut d'vn rocher :
Tel paroit Amadis à l'horrible aprocher,
Criant à l'Ennemy qu'il s'auance, & se garde,
Et brusque à l'assaillir, vaillament se hasarde :
Vn chascun se couurant alors de son Escu,
Baisse à droit fil sa lance, & d'vn cours inuaincu
Leurs Cheuaus harnachez fierement esperonnent,
Se frapent sans relache, & des coupz ne s'estonnent :
Pareilz à deus Toreaus qui d'vn superbe affront
Se deuancent au pas, & s'attaquent du front,
Ahurtez corne à corne, & d'vne aspre furie
A muglementz cognus effroyent la prairie :
A l'entour s'esbahyt le troupeau compaignon,
Doutant lequel d'entr'-eux sera vainqueur, ou non.

 Amadis, bien qu'attaint d'vne rude trauerse,
Recharge Garadan, qui tombe à la renuerse
Comme vn Sapin branchu, que le choc ventueus
Esbranle, acable, estend, sur le dos montueus :

En si piteus estat celluy se vid remettre
Qui n'agueres s'osoyt la victoire promettre :
Et lors receut au bras vn coup tant inhumain,
Qu'il resta comme mort, sans mouuoir pied, ni main,
Non plus qu'vn tronc de bois : sa blesseure estoit grieue,
Mais il prend cœur pourtant, se bouge, & se releue,
Sorty de pamoyson, & met l'espée au poing,
Pour s'enhardir moins foible à ce dernier besoing :
Comme on dit que iadis le courageus Antée
Opposant sa puissance à l'ardeur indontée
Du tu-geant Alcide, assommer se laissoit :
Mais bien qu'il fut tombé, plus fort se redressoit,
Coulant d'entre ses bras, & poussé de colere
S'obstinoit secouru de la Terre sa mere,
Qui ses forces redouble, & les fait rassembler :
A tant qu'Hercule esmeu l'estouffa dedans l'ær.
  Le filz de Perion qui d'esmoy se consomme
Rassaillant de nouueau le Cheualier de Romme,
D'vne viste demarche ore se met deuant,
Ore de tous costez poursuit son poursuyuant :
Ilz s'entre-chamailloyent, & de leurs alumelles
Iaillissoyent à l'enuy mille aspres estincelles
Qui brulloyent en sautant, comme à feus prontz, & clairs,
Scintillent ça & là mille petitz esclairs
Ressortantz du fer chaud, que l'agile coustume
D'vn Forgeron boyteus, frape dessus l'enclume.
  Pendant que Garadan pousse tousiours du flanc,
De son bras ruisselloit vn tiede lac de sang,
Que sa playe regorge : ilz suyuent leur querelle,
Se martellantz de coupz aussi drus que la grelle

x 4

Que l'on oyt craquetter sur le haut Apenin,
Quand le Ciel orageus fait pleuuoir son venin
Sur les champz outragez, & que la dure ardoyse
Se brise sur les toitz : ainsi d'vne aigre noyse
Se chargeoyent ces Heros, iouantz du Coutelas,
Alors que Garadan se retrouua si las,
Qu'or saisy d'impuissance, ore transporté d'ire,
Pour se donner relache il s'auise, & va dire :
Maintenant, Cheualier, que ie vous recognois
De ceus qui pour la gloire endossent le harnois,
Ie n'ay moindre raison de vous porter enuie,
Ioint qu'aussi vous tachez de racourcir ma vie :
Toutesfois ie preuoy que vous sentant presser,
Vous commancez deia bien fort à vous lasser :
Pourtant reposez-vous, & ie le vous conseille !
C'est assez esprouué nostre valeur pareille.

 Comment, dit Amadis, changes-tu de propos ?
Parles-tu maintenant de paix, & de repos ?
Toy qui fier te iaccois d'vn babil deshoneste
D'auoir si follement mon honneur, & ma teste ?
Sois certain (Garadan) qu'ore ni toy, ni moy,
Ne reprendrons haleine aprez vn tel esmoy,
Que l'vn ou l'autre estaint (miserable & vaine Ombre)
Des Manes Stygieus n'augmente l'espais nombre !
Pource fuy ma recharge, & mon terrible effort :
Ce disant, se choquoyent de plus fort en plus fort,
Hardys, soigneus, pressez, chascun de sa personne :
Le cliquetis menu dessus les armes sonne,
Mais ainsi qu'Amadis son ennemy sousmet,
Il luy rüa tel coup sur le haut de l'armet,

DES MESLANGES.

Qu'il fausse ensemblement d'vne roideur nouuelle
La coiffure de fer, le test, & la ceruelle :
Soudain la palle Mort l'embrasse, & vient saisir,
A son grand deshonneur, & plus grand deplaisir :
Ce qui n'esleua tant le donteur plein de gloire,
Que le succez heureus de ce Duël notoire.
   Lors essuyant son glaiue, il rend graces à Dieu
Pour la fresche victoire, acquise en si beau lieu :
Le Roy qui tant aymoit ce Nourrisson de Gaule,
Tient l'œil dessus son front, la main sur son espaule,
Le reconduit en pompe, & laissa le fusil
D'vn combat plus sanglant, au mutin Arquisil :
Qui tant s'opiniastre, & se fie en ses armes,
Que le iour ensuiuant suiuy d'onze Gendarmes
Le moins pusillanime au choc il eschauffa,
Quand d'vn plus braue los sa foiblesse estoffa
Les hautz faitz d'Amadis : aprenant à sa honte
Que trop foible est celuy qui le plus fort affronte.

DV CHAP. V. ET VII.   Pour l'absence
Regretz d'Amadis.   d'Oriane.

   LAS! qu'vne absence a de marrissement :
Tous les tormentz qu'és Enfers on endure,
N'esgallent pas vn seul esloignement !
   Ni le Printempz acoustré de verdure,
Ni les plaisirs, ni les souhaitz qu'on a,
N'aisent en rien mon dueil qui tousiours dure.
   Bien mille fois le soupçon m'estona,
Et mille fois la foy m'osta de crainte :
Puis mille fois encore soupçona.

*AMADIS ET
LA IESSEE.*

Ceste Beauté si viuement emprainte
Dedans mon cœur, m'a tant passionné,
Que vif ie meurs, & mort reuis par fainte.
 Ah Amadis ! ah pouure infortuné !
Se peut-il faire helas ! que tu reuiues,
Et que tu sois tousiours importuné !
 Ah ! si l'Amour flattant tes peines viues
T'ayda iadis, il te fait bien laisser
L'vsure helas ! de ces ioyes fuitiues.
 Que dy-ie Amour ? Amour n'eust sçeu blesser
Ton cœur si fort, mais l'aspre Destinée
Te hait, t'assaut, & te veut oppresser.
 Fortune encor traistrement obstinée
T'a reforgé ce triste deplaisir,
Par qui ton ame est ainsi mutinée.
 O desplaisir, iadis plein de plaisir,
Quand ie voyois celle de qui dependent
Et l'aise, & l'heur, qui m'ont peu dessaisir !
 Au lieu d'iceus ore sur moy s'espendent
Les cris, les soingz, les pleurs, & les sanglos,
Qui par meschef si douloureus me rendent.
 Le Matelot va contant moins de flos
Lors que Neptun l'vn contre l'autre assemble,
Que i'ay d'ennuys encharnez iusqu'à l'os.
 Ni plus ni moins qu'vn ieune Tremble tremble
Au moindre vent, ie frissonne de peur :
Mal plus facheus que mille mortz ensemble !
 Ah ! l'vne au moins froissant l'esmoy trompeur
Qui me remord d'espineuses espinces,
Finiroit mieus mon desastre pipeur.

I'ay trauersé cent estranges Prouinces,
Où i'ay franchy mille maus, & dangers:
Craint, voire aymé, des Seigneurs, & des Princes.
   Mes faitz hautains furent les messagers
De mon beau los, au milieu des alarmes :
Ore le dueil gaigne mes sens legers.
   Arcalaüs, qui surprit en ses charmes
Les trois Guerriers aus armes de Serpentz,
Surprit en vain si fortunez Gendarmes.
   Et la fureur des Rommains s'equipantz
Pour m'attaquer en mainte & mainte sorte,
Les vid encor eus-mesmes se trompantz.
   Ie rembarray leur Chef, & leur cohorte,
En diuers lieus : & ne m'esbahy pas
S'ilz furent serfz de ma valeur plus forte.
   Ni le choquer des Martians combas,
Ni les assautz de l'horrible Endriague,
Qu'en fin vaincu ie rüay mort à bas.
   Ni l'escumer de l'effroyable vague
Qu'allant, venant, i'ay tousiours combatu,
Ni les destours de la campaigne vague :
   N'ont pour cela ma constance abatu,
Tant qu'vn soucy, dont ma belle Oriane
Attaint mon cœur, & deffait ma vertu.
   Ie crain, ie pasme, & la mer Oceane
Moins que ma peine est cruëlle en rigueur:
Peine, que i'ay pour ma chere Diane.
   Plus ie me plaingz, ie perdz toute vigueur,
Comme vn Forçat qu'on detient à la chaine,
Foible, recreu, voire plein de langueur.

Le Cerf lassé cerche ainsi la fontaine,
La Tourtre ainsi pleure sa vefueté :
Et l'Oyseau blanc gemit sa mort prochaine,
Ainsi que moy mon trespas arresté.

DV CHAP. III. XIIII. XVII. ET XVIII.

* Sur son mariage.

Complainte d'Oriane.

AMADIS ET
LA IESSEE.

LAS ! helas ie trespasse ! & ia l'image ombreuse
De l'effroyable Mort, se presente à mes yeus !
Donques ainsi ie tombe (ô cruauté des Cieus !)
D'vne grande lumiere en prison tenebreuse ?

  O maudit Ambassade ! ô Royne Sardamire,
Qui venez de si loing pour m'arracher à moy !
Non seulement à moy, mais à c'il que i'aimoy,
Et dont l'amitié seule vniquement i'admire !

  L'Esté n'a tant d'espicz, les ruches tant d'Abeilles,
Le Ciel tant de flambeaus, & l'escumeuse mer
Ne iette tant de flotz : que ce regret amer
Me plonge en malheurtez, & doleurs nompareilles.

  Helas Mabile helas ! ma loyalle Compaigne,
D'vn si grief accident ie te prens à tesmoing :
Tu sçays au vray tu sçays la source de mon soing,
Et le marrissement qui depuis m'acompaigne.

  O dur Roy Lisuärd, inexorable Pere !
O ma chetiue Mere ! ô mon Oncle Argamond !
Et vous preux Cheualiers, que ma cause semond !
Me vangerez-vous pas d'vn si lasche improsere ?

  Que ceus de l'Isle Ferme, auantureux Gendarmes,
Perdent en mer plustot suite, charge, & Bateau !

DES MESLANGES.

Acte onques plus ingrat ne fit dans son Chasteau
L'infame Arcalaüs, par ses iniques charmes.
  Le respect ennuyeus, & la pratique estrange
De ces Ambassadeurs, enflez d'vn cœur mutin:
Me predit les assautz de l'Empereur Patin,
Son trop d'outrecuidance, & mon peu de loüange.
  Quel affreux Leopard, quelle fiere Tigresse,
Sans defence aus Veneurs laisse enleuer ses Fans?
Mon Pere toutesfois, plus dur à ses enfans,
M'abandonne, & me perd, en ma ieune alegresse!
  Comme la Tourtre au bois redouble sa querelle,
Regrette son veuuage, & pleure son confort :
Ainsi plaignant ma perte, & detestant mon sort,
Ie m'attriste, & desole, en chaste Tourterelle.
  Mes yeus tousiours baignez se changent en fontaines,
Ma colere en Furie, & mes souspirs en vent :
Viennent larmes, courrous, & sanglotz si souuent,
Qu'ilz finissent mon dueil, mes escrys, & mes peines.
  Mon trescher Amadis, soit que toute la terre
Esprouue ta proüesse, ou les flotz naufragers :
La terre m'est tesmoing, & les flotz messagers,
De noz malheurs diuers en si diuerse guerre.
  Helas! nous auons guerre & bien dure, & diuerse :
Toy bien armé tu fais preuue de tes valeurs,
Moy sans ayde ie n'ay que recours à mes pleurs :
Pleurs, que pour ton absence à toute heure ie verse.
  Tu combas dextrement les Monstres plus sauuages,
Et fuyent deuant toy les Cheualiers plus fortz :
Ou sentant, sans mourir, mille effroyables mortz,
Mes yeus fondent en pleurs, yeus non! mais deus riuages.

Ceus-la qui m'ont produitte, & doucement nourrie,
Au nom d'Imperatrix cuident bien m'esiouyr :
Mais auant que me voir de ce beau nom iouyr,
Voye-ie l'homme estaint, & Romme encor marrie.

Ha tendre Esplandian ! puis qu'vn faus traistre gaigne
Ton Ayeul trop credule, & ta Grand'mere encor :
C'est ore que tu perdz ton bien, & ton tresor,
Ore qu'on me bannit de la grande Bretaigne !

Que ne reuoy-ie aumoins c'il qui te mit au monde,
Ains qu'esloigner ta face, & partir de ce lieu ?
Ie ne dirois aus miens vn si facheus adieu,
Et ne suiurois en vain l'espoir où ie me fonde.

Heureuse ta naissance, heureuse ta fortune,
Quand tu n'eusses quitté (pouuret Esplandian!)
Ton pere nourriçier, l'Hermite Nascian,
Auant qu'on t'esleuat d'vne gloire oportune !

Las ! entre ses Faöns la piteuse Lionne
Aprez t'auoir rauy, te nourrit de son lait :
Et maintenant, ô Dieu ! ce qui plus me deplait,
C'est qu'à te delaisser chascun m'affectionne.

Vienne ce qui pourra ! tresseure ie m'asseure
Qu'au fort de mes tormentz, & de mes drus sanglotz,
Plustost ie cherray viue en l'abysme des flotz :
C'il causera ma mort, qui sera ma blesseure !

DV CHAP. XII.   Pour sa Dame absente.
Complainte de Bruneo de Bonne-mer.

AMADIS ET
LA IESSEE.
AH ah ! triste, & chetif, & desolé Brunée,
Force t'est maintenant de finir ta doleur !

Il faut qu'auec tes iours ton ame infortunée
Finiſſe ſa lieſſe, & non pas ſon malheur.

 Helas! mon cher Seigneur, frere de Melicie,
Errant ie vous cerchois n'aguere à ſon auœu :
Mais las! i'ay trouué ceus dont l'audace endurçie
Me cauſe ceſte plainte, & ce mal mal-preueu.

 Bourrelle des humains, Fortune pipereſſe,
Ennemie des bons, eſperance des fous!
Eſloigné de remede, & d'heur, & de Maiſtreſſe,
I'eſprouue ce-iourd'huy ta rage, & ton courrous.

 Et vous fleur de beauté, ſeul miroir de Nature,
Ma Dame vantez-vous que vous perdez icy
Vn treſ-loyal Seruant! qui ſans telle auanture
Pour vous plaire euſt rendu ſon nom plus eſclairçy.

 Il ſent borner deia ſon eſpoir, & ſa vie,
Meſmes auant le ſoir ſon iour eſt limité :
Et ce cœur indoutable aus armes, & l'enuie,
Par voſtre ſouuenir, meurt ores depité.

 Et toy (cruelle Mort) plus rogue, & plus affreuſe,
Qu'vne ſuperbe Louue, ou la femme d'vn Ours :
Combien m'es-tu farouche, & dure, & rigoureuſe,
M'oſtant mon tout, mon mieus, ma ioye, & mon ſecours!

 Ie ne te blame pas, Charmereſſe larronne,
De me tuër ainſi : mais de n'auoir permis
Que i'acompliſſe aumoins pour ma chere Mignonne
Ce que ie deuoy faire, & que i'auoy promis!

 Le ſeul commandement que ie receus de celle
Qui fut mon vray ſoulas, mon heur, & mon treſor,
De celle qui ſans pair deſſus toutes excelle :
Sera donc le premier, & le dernier encor ?

Sans excuser ma faute, ou pouuoir recognoistre
Ses graces, & faueurs, que ie n'oublie pas,
Ie maudy mon desastre : & plus ie le sens croistre,
Ce peu d'ingratitude aggraue mon trespas.

Où es-tu maintenant, ô Angriote honneste,
Qui m'as en mille endroitz si bien acompaigné ?
Suyuant vn mesme train, faisant la mesme queste,
Au gré de noz hayneus tu m'as trop desdaigné !

Mais non, i'ay tort moy-mesme ! & ceste seule absance
Me soufmet, par ma faute, à la fiere Atropos :
Ainsi dedans ce boys, acablé d'impuissance,
I'absente mes amours, ta veuë, & mon repos.

DV LIVRE IIII. CHAP. I.
Consolation de Mabile.

A la Royne
Sardamire.

EN bonne foy, Madame, il sied mal ce me semble
A Princesse si sage, & vertueuse ensemble,
De se descourager à ceste extremité
Qu'il ne faut s'esbahir de la calamité :
Laquelle ne peut rien sur vne ame prudente,
Opposant sa constance à l'angoisse euidente.
Or ayant d'vne Royne & le titre, & le nom,
Dont la vertu ne doit ceder au beau renom,
En suyuant la raison qui à ce vous exhorte
Vous deuez-vous monstrer plus magnanime, & forte,
Qu'vne personne indigne & du rang, & du lieu,
Qu'auiourd'huy vous tenez par la faueur de Dieu :
He ! ne sçauez vous pas que les tours de Fortune
Font qu'elle n'est iamais ni ferme, ni tout'une ?

Et que

Et que fausse exposant ses biens à l'abandon,
Son cœur dement sa langue, & reuoque le don?
　Si donc elle a permis que la naualle Armée
De l'Empereur absent, fust ainsi consumée
Par ceus de l'Isle-Ferme, & que ces preux Heros
Nous tiennent en leurs mains, à la mercy des flos:
Faut-il qu'vn tel meschef, ou quelque deffiance,
Vous oste à ce besoing & cœur, & patiance?
Cuidez-vous receuoir vn mescontantement
De l'honneur, du seruice, & du bon traitement,
Qu'ilz pretendent vous faire, ore que leur victoire
Peut triompher icy de vous, & vostre gloire?
　Et bien, Madame, & bien! si la cruelle Mort
Sur le Prince Saluste a tenté son effort,
Quel ordre? quel moyen? pensez-vous que voz larmes
Le rappellent viuant, pour s'esprouuer aus armes?
Non, il est impossible! & la guerre à ces jeus
Qu'à l'heure qu'on les cerche, on les trouue outrageus:
Ne vous estonnez donc, ains reiettez arriere
Ce qui peut esbranler vostre force premiere:
Et pour vostre sagesse, & vostre heur maintenir,
Prenez la chose ainsi qu'elle peut auenir.

DV CHAP. XXIII.　　　Contre Amadis.

Maudissons d'Arcalaüs prisonnier.

IAMAIS ne puisses-tu, lache Amadis infame,　　AMADIS ET
Viure dorenauant qu'en peril, & diffame,　　　　LA IESSEE.
Confus, & desastré, sans ayde, & sans support,
Et tousiours s'offre à toy l'ombrage de la mort!

y

Soit que par le toffu des forestz cheuelües,
Ou sur le dos bouffy des hautes vagues blües,
Tu sois onques errant, sans cesse voyes-tu
L'Ennemy s'opposer à ta force, & vertu:
Et quand parmy la plaine en carrieres diuerse
Hardy tu soustiendras mainte dure trauerse,
Voyes-tu chanceller ta fortune, & tes pas,
Pour estre incontinant la proye, & le repas,
Des Mastins charoigneus: ou seruir de pasture
Aus Corbeaus affamez, ta digne sepulture.
 Ah! ah traistre Amadis! que tu m'es importun,
Depuis que sur les bordz du trop piteus Neptun
Tu fus retrouué seul, & que Dariolette
Que serue en mes liens i'auoy tenu seulette,
Te laissa comme indigne & de porter le nom
De legitime enfant, & d'homme de renom!
Qu'en depit de la Mer, & de l'aspre tormente,
Qui depuis m'a causé doleur si vehemente,
Pour n'auoir englouti dans le gouffre des flos
Ce bourreau qui m'a pris, & s'oppose à mon los!
Ce bourreau qui deuoit au gré des eaus profondes
Repaistre les poissons, & soufletter les ondes,
Auant que pour me nuire, & mon heur estouffer,
Si grison i'espousasse vne cage de fer.
 Alors qu'il me souuient que sa beauté mignarde
Surprit si lachement ma Niepçe Dinarde,
Quand le Roy Perion, & Florestan son fils,
Auec c'il par lequel se virent desconfis
Les scadrons d'Arauigne, asseruis demeurerent,
Ainçois tost deliurez mes peines redoublerent:

Ie rameine les maus qu'on m'a depuis braſſé,
Car le deſaſtre ſeul m'a touſiours embraſſé:
Et bien qu'à Valderin ie tinſe comme eſclaues
Les ſeruantz arreſtez de Cheualiers ſi braues,
Ce neaumoins la ruſe, & l'infidelle main
De ces mauditz Tyrans, pleins d'vn cœur inhumain,
Retrompant ma fallace expoſerent aus flames
Mon Chaſteau ſi fameus ayant ſous meſmes blames
Forçe, tué ma garde : & n'euſt eſté le bruit,
Ie fuſſe auec les miens totallement deſtruit.
    O que ne puis-ie encor inuenter la maniere
D'emmener Oriane en mes champz priſoniere,
Ainſi comme autresfois ? ou quel Aſtre malin
Me rendit à pitié ſiniſtrement enclin
Enuers mes ennemys, qui loing de Lubanie
Me ſerrent de ſi prez, mis és mains d'Iſanie?
    Ie te prie, Amadis, regarde au moins ce Roy
Que Fortune a reduit en ſi grief deſarroy:
Auant qu'il eſprouuat ſa rouë vagabonde,
Il pouuoit ſ'eſgaller aus plus grandz Roys du monde:
Ore elle l'a ſoumis à ſon cruël orgueil,
Aprez l'auoir hauſſé d'vn gracieus acueil:
L'inclemence apartient aus cœurs puſillanimes,
La victoire, & douceur, aus hommes magnanimes,
Et ceus dont la nobleſſe heureuſement ſe fait
Cognoiſtre à la parolle, & prouuer à l'effait:
Pourtant ſois moy propice, & fais aus ſerfz de meſme
Qu'aſſerui tu voudrois qu'on te fiſt à toy-meſme!

DV LIVRE VII.
CHAP. XIX.
Au Chevalier de l'Ardante espée.

Lettre d'Urgande la Descognue.

Pour affranchir un autre de prison,
Tu dois entrer dans trop pire maison,
Voire souffrir (bien que hautain & braue)
Autant d'ennuy que fit onc pouure Esclaue
En seruitude : & sentiras alors
Tant affligez & l'esprit, & le corps,
Qu'en tel estrif de celle mesme espée
Qu'au sang des Preux tu as parfois trempée,
Et qui iadis par ta force a sauué
Ce mesme lieu dont tu es deriué,
Tu t'outreras : & par les mains de celle
Verras oster l'offançiue alumelle,
Qui pensant bien ainsi se garantir,
Te rendra vif, ains te fera sentir
Mille aspres mortz, d'une estrange coustume :
Et gouteras ceste forte amertume
Iusques au poinct que le Sort criminel
Menaçera ton seiour paternel,
Lors preserué sous la propice dextre
Du possesseur, qui fut son premier Maistre.

DV LIVRE VIII.
CHAP. LXXV.
Sur la mort de sa femme

Regretz du Roy Lisuard.

Helas Fortune helas ! que reste-il desormais,
Pour saouler contre moy ta rage, & ton enuie ?

Pour me surprendre mieus que tu ne fis iamais,
Ie m'offre à toy felonne, & tu ne veus ma vie!
 Cent & cent fois toy-mesme, habile à m'assister,
Tu m'as tiré des lieus où ie te l'ay offerte:
Ore cent fois le iour pour m'occire, & tenter,
Tu m'as rauy ma femme, & redoubles ma perte.
 Par ce mechef icy me sont ore amenez
Toutes les malheurtez que tu m'as reseruées!
Pour vous qui dans le Ciel vn nouueau rang tenez,
I'encours tant de tormentz, & langueurs esprouuées.
 Mais tout consideré vous estes en repos,
O m'Amye, ma femme, & fidelle compaigne!
Et ie demeure icy mourant à tous propos,
Car le soing, la tristesse, & le dueil m'acompaigne.
 Si peu discrettement io vous pleure, & vous plaintz,
Helas! pardonnez-moy, pardon ie vous demande:
Car ce n'est pour vostre heur que i'esuante ces plaintz,
Mais de ce qu'auec vous ie n'ay ioye aussi grande.
 Puis que m'auez suiuy depuis quinze ou vingt ans,
En mes pleurs griefz trauaus, comme Espouse loyalle,
He! que ne sommes-nous pareil aise goutans?
En cecy se dement la Mort qui tout esgalle.

DV LIVRE X.
 CHAP. LVI. A Florisel de Niquée.
 Lettre d'Arlande.

FORtune a conspiré contre moy, cher Amant:
Elle ne m'offre icy que du sang seulement
Pour escrire en lieu d'ancre, & ne m'offre traistresse
Qu'vn Enfant pour porteur: ni secours, ni adresse,

Qu'enuers le propre filz de mon hayneus mortel,
A cause de mon frere ore ore m'estant tel,
Voire plus qu'ennemy: qui veu mes maus extresmes,
Ne veut & ne peut estre amoureus de moy-mesmes.
  Remirez-vous en moy, Dames, qui vous plaignez
De ses tours d'inconstance, & lors ne dedaignez
D'esperer (comme moy) en la desesperance!
Elle ne m'a laissé, pour aigrir son outrance,
Non pas mon seul surnom, que i'ay mesme emprunté,
Pour ne vous estonner au titre presenté
De ceste Lettre icy: puis le salut que celle,
Où mon cœur longuement serf-affligé se celle,
(Comme tresbien sçauez) m'enuoye par m'espris,
De mille passions rudoye le corpz pris:
Ie n'ay plus de loisir pour tracer mes complaintes
Escrites de la main, ou ces viues attaintes
Qu'ore ma bouche taist, peuuent aller non plus:
Signe, qu'en mon torment mes cris sont superflus.

DV LIVRE XII.
CHAP. LXVI.   Sur l'Empire de Grece.

Prophetie du Cheualier Affronteur.

I'Espere en bref que si les Propheties
De mes hautz Dieus, ne sont aneanties,
L'aspre maistrise, & fraude affronteresse,
Dominera sur la maison de Grece:
Les fiers Lyons du Cheualier qu'on nomme
Liebraston, sous le ioug du mesme homme
Seront dontez, & ses forces naissantes
Affoibliront leurs ongles impuissantes:

DES MESLANGES. 711

Iusques à tant que le Seigneur des ruses
Les rende francz par les nües confuses
De son sçauoir, à sa tres-grande gloire,
Et los de c'il dont la pitié notoire
Leur donnera leur franchise laißée,
Pour le guerdon de la rigueur paßée.
  Or attendant ceste guerre en grand' ioye,
Messeigneurs Grecz, la paix ie vous enuoye:
Sans qui iamais vn puissant Exercite
N'est bien rangé d'appareil, ni de suite.

DV LIVRE XIII.
  CHAP. XL.   Cerimonies des Cheualiers.
Penthasilée faite Cheualiere.

  DONQ aprez que ce Roy, cest Amadis de Gaule,
Du plat de son espée eust donné sur l'espaule
A la belle Princeße : or' pouuez-vous (dit-il)
Au chois de vostre esprit & discret, & gentil,
Accepter desormais le reste de voz armes
Par ceus qu'aduiserez : lors d'entre ces Gendarmes
Sur Amadis de Grece elle ietta son œil,
Et pource à sa requeste, aprez vn dous recueil,
Il luy ceignit l'Espée, & d'vne mesme grace
Prie que Florisel son Armet luy enlaße :
Rogel aussi luy vient au col pendre l'Escu,
Et Filisel prisant son courage inuaincu,
Les esperons luy chauße : & chascun s'y employe,
Veu les perfections que sa beauté deploye.

y 4

DV LIVRE XIIII.
CHAP. XX.   Des Amantz infortunez.

De l'Isle Mal-fortunée.

ON voyoit là dedans Hypsiphile dolente
Se pendre par le col, & puis se transformer
En Amandier nouueau : là Didon pour aymer,
S'enferre auec le fer du Troyen qui s'absente.

Là teinte au sang des siens la cruelle Medée,
Là Philomele estant, sans langue s'attristoit :
Et de son nepueu mort la teste presentoit
Au Roy qui viola sa chasteté gardée.

Progne auec celles-cy rougit sanglante encore
Du meurdre de son filz, que le Ciel defenseur
Eschange en Arondelle : & permet que sa Sœur
En petit Rossignol ces outrages deplore.

Là se voyoit noyé le malheureux Leandre,
Es vagues de la mer : là desmembré se voit
Le trop chaste Hippolyt, qui viuant ne pouuoit
Des incestes amours d'vne Phedre s'esprandre.

Là mesmes Ariadne en vne Isle deserte,
Chetiue encor taxoit ce desloyal Thesé
Qui la delaissa seule : & tout bien aduisé,
Cest Antre icy monstroit mainte autre telle perte.

DV LIVRE XV.
CHAP. XXV.   A Stephanie.

Sacrifice d'Arminie, amoureuse de Fidamante.

PVis que mon grand malheur, puis que ma destinée,
Veut qu'aprez tant d'amour ma mort soit terminée,

Arrache-moy le cœur du miserable corpz,
Et le monstre à celluy dont les cruelz effortz
M'ont reduitte à ce point: à fin qu'en ceste sorte
Ce Tyran iuge aumoins de sa rudesse forte.

*

Solennise non point ma violente mort,
Car elle finira mon dueil, & mon effort:
Mais les iours, mais les maus, de mon amere vie!
Si bien qu'Echo responde à ta plainte suiuie
Par les vaus, par les montz, par les forestz, par l'er,
Mesme par les desertz où l'on ne peut aller,
Et les endroitz hantez: à fin que toute chose
Aye compassion de l'amour qui m'expose
A si triste accident, & que les arbres vers,
Les solitaires champz, les fleurages diuers,
Monstrent à l'aduenir qu'aumoins ilz se ressentent
Des extremes doleurs qui ma doleur augmentent:
Et que les gays Oyseaus d'vn soudain changement
Tournant leurs chantz ioyeus en long gemissement,
Rendent en ma faueur vn nouueau tesmoignage
De la peine, & du mal, sources de mon outrage.

DV LIVRE XVII.   A la Duchesse
CHAP. XXXVI.   de Laiazze.

Prediction du Magicien Alquife, sur le Cheualier du Feu, & Æmiliane.

L'Infante Emiliane est tellement esprise
Du Cheualier du Feu, qu'elle eust esté sousmise
(Sans sa grande prudence, & sa propre vertu,)
A l'amour assaillant son cœur ia combatu:

Si trouue-ie qu'encor du Prince, & de l'Infante,
Vne race naistra si braue, & triomfante,
Que par tout l'Orient fameuse elle sera:
Et ceste terre aussi sous luy s'illustrera.

DV CHAP. XXXVII.   Excuse fort rare.
Le Cheualier à Emiliane, & sa responce.

AH! Madame (dit il) serez-vous donques celle
Qui me fera rauir ce qu'vne Damoyselle
Doit tenir de plus cher? offançeray-ie ainsi
Vostre honneur, vostre mere, & mon deuoir aussi?

*   Fille trop amoureuse.

Soudain elle respond: Cheualier ie vous prie
Que vostre cruauté ne m'eslance en furie!
Que ie ne meure helas! par ceste cruauté,
Plustot que par les traitz de si douce beauté:
Voyez vn peu comment pour elle ie trespasse!
Voz mains en elles ont la force, & l'efficace,
De m'affranchir de mort: & par vostre desdain,
Les miennes me donront vn fier trespas soudain.

DV CHAP. LXXIII.   De Christ, & Mahom.
La Royne à sa fille.

SCAuez-vous pas que nostre Loy prohibe
(Loy qui grand peine aus transgresseurs exhibe)
D'ouyr aucun soit-il Iuif, ou Chrestien,
Ou d'autre secte inuincible soustien:
Le cas estant qu'à parler il se mette
De nostre Foy? non! nostre saint Prophette

Veut que pluſtot nous armons noſtre main,
Pour rembarrer par le glaiue inhumain
Ceus qui ſuſpetz d'vn cœur opiniatre
Oſeront bien la taxer, ou combatre.

    *   La Loy Chreſtienne.
   Reſponce de Dom Atlange.

CHRIST vray Legiſlateur, & vray homme, & vray Dieu,
A donné telle Loy qu'elle eſt en chaſque lieu
Et ſainte, & naturelle : oſtant du cœur des hommes
Toutes les paſſions dont agitez nous ſommes,
Et tous les vains plaiſirs, & tous les vains deſirs:
A fin que les deſirs, à fin que les plaiſirs,
De ſes Fidelles chers, ſe hauſſent plus modeſtes
A contempler d'icy les choſes plus celeſtes:
Et ſans plus ne defend les ſalles actions,
Ou ces-propos ſentantz leurs diſſolutions:
Mais les folz mouuementz qui les eſpritz aſſaillent,
Et les affections qui dedans nous trauaillent:
Plantant, & conſeruant es cœurs du genre humain,
Et l'amour de Dieu meſme, & l'amour du prochain.

    *   Paſſages de l'Alcoran.

L'ALcoran vous dira qu'annonçé fuſt le Chriſt
A ſa Mere par l'Ange, & que du Saint-Eſprit
Il fuſt ſanctifié : que Dieu par ſa puiſſance
(Et non point œuure d'homme) à cauſé ſa naiſſance,
Et naſquit d'vne Vierge, en qui la chaſteté
Sur toutes femmes euſt place de ſainteté:

Parlant de Mahomet, il ne tient ce langage,
Ains le dit orphelin, mesme des son bas age:
Le nomme vagobond, errant de lieu en lieu,
Et le conduit en fin, comme mené de Dieu.

DV CHAP. LXXVII.   Contre Amadis d'Astre.
Reproches de l'Infante Rosaliane.

O Chevalier sans foy, comment as-tu voulu
Acquerir ce vray nom de traistre, & d'infidelle,
Deceuant vne fille, & t'osant moquer d'elle:
Qui te donna son cœur à t'aymer resolu?

*

Ov pourra-l'on trouuer au monde quelque foy,
Puis qu'vn tel Chevalier si aisement moyenne
D'aymer (en me laissant) vne fille Payenne:
Ayant fait en mon nom tant de preuues de foy?

*

O tres-iniuste Amour! las! au commancement
Tu me comblas de ioye, eslisant (pour m'attraire)
Vn si digne Amoureus! & ores au contraire
M'offrant le desespoir, & l'ennuy vehement!

*

Ah a! perfide Amant! sont-ce les dous propos
Que tu soulois tenir, alors que de toy-mesme
Le maistre tu n'estois, & que ma grace extresme
Surprit ta liberté, ton aise, & ton repos?

*

Ah a! ie m'attandis (las! en vain toutesfoys)
D'auoir vn tel Amant, que nostre foy plus ample

Reciproque, & sans fard, monstreroit vn exemple
De constance, & d'amour, aus Amantz plus courtoys!

*

C'est en vain toutesfoys, ore qu'il a changé
De cœur, & d'amitié, procurant son diffame:
Ce qui me sera cause & de son propre blame,
Et de mon desespoir, & de ce dueil vangé.

*

Amadis est-ce icy ce que vous promettiez?
Voz espoirs? voz discours? quand vous disiez sans cesse:
Ie n'ay des yeus pour voir, que ceus de ma Maistresse,
Ie ne vy qu'en son cœur, & par noz amitiez!

*

Ah! miserable Infante! & ne pourras tu pas
A l'enuy te vanger de ce Prince si lache?
Pour vn si mauuais tour, & pour si grande tache,
Quelle ayde m'aydera, si ce n'est le trespas?

DV CHAP. C.   L'Infante à Sestiliane.

Prophetie d'Vrgande,
  & du Magicien.

EN vous quittant, le Lyonçeau hardy
Doit faire guerre aus Lyons du Midy,
Et les chasser: & sa Sœur la Lyonne
Veu sa beauté qui gayement fleuronne,
Doit par l'effort de ses cheueus dorez
Tirer à soy les cœurs plus asseurez
Des Lyonçeaus que l'Europe guerriere
Vante, & cherit, comme leur nourrissiere.

DV LIVRE XIX.
CHAP. XLIIII.   Propos amoureus.
Le Roy Aſtrapole à la Royne.

LAS ! ie craignoy d'abandonner la vie,
Ains que reuoir celle que i'ay ſeruie,
Ceſte beauté que mon cœur ſoucieus
A pour Maiſtreſſe, & qui repaiſt mes yeus:
Ore ie crains de n'auoir moindre peine,
Si voſtre grace, & faueur plus humaine,
Ne m'ayde icy: car m'eſtant arreſté
A contempler voſtre rare beauté,
Mon cœur ſe fond, & reſout en ſoy-meſme,
D'amour enſemble, & douçeur tres-extreſme.

DV CHAP. LXXXVI.   Pour l'honneur des Dames.
Le Cheualier Chreſtien à l'Infante Griſonnie.

NOVS ne ſçauons iuger que ceſte honneſteté
Qui les femmes maintient, a de la netteté,
Si tendre neaumoins, voire ſi delicate,
Que peu de choſe auſſi la denigre, & la gâte:
Que ſi leurs dous acueilz, & gracieuſetez,
Nous laiſſent quelque fois pratiquer leurs beautez,
Cela pourtant n'a lieu, quand l'honneur ſ'y oppoſe:
Et c'eſt ce qui deçoit beaucoup plus qu'autre choſe
Les Cheualiers ſouſmis pluſtoſt au foible ſens,
Qu'à la forte raiſon: d'autant que ſ'abuſans,
En cerchant les faueurs qu'ilz n'auront de leurs Dames,
Ilz chargent (indiſcretz) leur rigueur de cent blames:

Ne consisderant pas le peril euident
Ou les feroyent tomber vn si fol accident.

DV LIVRE XX.

CHAP. XC.   Enseignemētz Chrestiens.

Sferamond au Geant Starcator,
& son filz.

*

CHassez de vostre Cour ces flateurs & menteurs,
Aymez la verité : malheureus est le Prince
Qui n'a pour ses Amys que menteurs, que flateurs :
Souillant deuoir, iustice, & toute sa Prouince.

*

LEs erreurs des humains prennent amandement,
Sans porter à plusieurs vn commun preiudice :
Mais les fautes des Roys nuisent ensemblement
Au corpz de leur Estat, & leur priué seruice.

*

QVE vostre affection ne serue point de Loy,
Mais qu'elle soit plustot aus bonnes loys sousmise,
Aus loys, & à raison : puis la Chrestienne foy
Veut qu'honnorez Dieu seul, & seruez son Eglise.

*

VOvs estes Chef du peuple, & si les voluptez,
Les vices, & plaisirs, viennent en vous renaistre :
Sçachez que voz sugetz seront ainsi domptez !
Le suget suit son Roy, le seruiteur son Maistre.

*

Fvyez-moy l'auarice abominable à tous,
Et tige de tous maus : n'vsez de violence
Sur vostre humble Vassal, & tuteur monstrez-vous
Des Vesues, Orphelins, & gentz pleins d'indigence.

*

EN fin souuienne vous que vous estes mortel,
Et que de tous voz faitz à Dieu vous rendrez conte!
Il vous oyt, & contemple, estant tel, & vous tel:
Qui le prie, le craint : qui le craint, le surmonte.

FIN DV SIXIEME
Liure des Meslanges.

LE SEPTIEME LIVRE DES MESLANGES.

IMITATIONS, ET TRADVCTIONS.

DE LA BIBLE.

AV VIEIL TESTAMENT.

DE MOYSE.

AV GENESE, CHAP. III.

Le premier Peché.

Voy le texte Hebrieu.

LE Serpent estoit fin sur tous les animaus,
Aussi d'Adam, & d'Eue, il pourchaſsa les maus:
Et leur perſuada que leur heureuſe vie
Ne ſeroit du treſpas attainte, ni ſuyuie,
Bien que du fruit de l'arbre ilz vinſent à manger,
Arbre aſsis au milieu du bienheureux Verger:
La femme (l'auiſant) en fuſt ſoudain eſpriſe,
Vint à cueillir du fruit, pleuſt à ſa conuoytiſe,
Et ſur l'heure en gouſta, faiſant à ſon meſchef
Que l'homme ſon conſort, en mangea derechef:
Adonc ſe voyant nudz, leur offanſe ilz cognurent,
Choyſirent vn Figuier, & des fueilles couſurent,

z

Pour en ceindre leurs flancz : puis sur le mesme lieu
Ouyrent effrayez l'horrible voix de Dieu,
Par là se pourmenant : si qu'Adam, & sa feme,
Se recachent de luy, qui les tance, & les blame.

AV LEVITIQVE.
CHAP. XX.
Contre les Sorçeleries.

FOL qui sera si simple, & qui retournera
Aus Deuins, & Sorçiers : voire idolatrera,
Fourniquant aprez eus, tant ce soing l'espoinçonne!
Lors ie m'irriteray contre ceste personne,
Et du milieu du peuple adonques l'osteray :
I'entendz son peuple mesme, & l'extermineray.

DV DEVTERONOME.
CHAP. VII.
Dieu à Israël.

QVE lors ta main aus glaiues abandonne
Toutes ces gentz que le Seigneur te donne,
Ton œil piteus ne leur pardonnera,
Et ton cœur net leurs Dieus n'adorera :
Car ce seroit ton mal, & ta ruine,
De seruir ceus que Dieu mesme abomine.

CHAP. XIIII.
Oyseaus defendus à manger.

NE mangez point en aucune façon
Autour, ni Aigle, Orfraye, ni Faucon,
Ni Tierçelet, ni le Milan estrange,
Selon son genre : euitez c'il qui mange

En crōaſſant, les charoignes des mortz,
Celluy qui veſt de blancheur tout ſon corpz,
Le noir Cocu, l'Auſtruche, la Hulotte,
L'Eſpreuier glout, & la Choüette ſotte,
Le triſte Hibou, le peſant Cormoran,
Plongeon, Heron, Cicoigne, Pelican,
Chauueſoriz, & Hupe cerche-ordure :
Bref tout Oyſeau qui rempe de nature.

DE IOSVÉ.
CHAP. X.
Soleil & Lune arreſtez.

SOLEIL retarde vn peu ton cours en Gabaon,
Et toy de meſme, ô Lune, és valons d'Aïalon.
Ainſi dit Ioſué au Soleil, à la Lune,
S'arreſtantz iuſqu'à tant que ſa gent opportune
Deffit ſes Ennemys : le Soleil ſ'arreſta
Tout au milieu du Ciel, & point ne ſe haſta
Pour courir au ſommeil, le long d'vne iournée :
Onc deuant elle auſſi ſemblable ne fuſt née,
Ni depuis elle encor : car le Pere immortel
Son Seruant exauça, choquant pour Iſraël.

DE SAMVEL.
LIVRE II. CHAP. XII.
Natiuité de Salomon.

LORS Dauid conſola ſa femme Betzabée,
Et pouſſé d'vne amour viuement enflambée,
Dormit aueques elle : & meſme au tempz prefix
A ſa meure geſine, acoucha d'vn beau fils

Appellé Salomon, que c'il qui tout tempere
Ayma soigneusement : aussi David son pere
Au Prophete Nathan cest enfant desdia,
(A cause du Seigneur) nommé Iedidia.

AVS ROYS.

DV LIVRE I. CHAP. XII.
Idolatrie du Roy Ochosias.

Ochosias regna deus ans sur Israël,
Et malheureus pecheur offança l'Eternel,
Retraçant le sentier de son pere, & sa mere,
Et de Ieroboam, filz de Nabat seuere,
Qui du vin des pechez Israël enyura :
Il seruit à Baal, & mesmes l'adora,
A l'enuy de son Pere : armant contre soy l'ire
Du Seigneur d'Israël, dont le courrous empire.

DV LIVRE II. CHAP. XIII.
Vn mort resuscité.

Comme ceus qui mettoyent vn homme dessous terre,
Eurent veu de Moab quelques troupes de guerre,
Saisis d'extreme peur ilz ietterent alors
Au tombeau d'Elisé ce mortuaire corps :
Il roule, & s'ahurtant d'vne rencontre aisée
Aus os ia separez des membres d'Elisée,
Soudain il reuescut, soudain il se leua
Sur ses piedz affermis, & soudain marche, & va.

CHAP. XX.
Vie prolongée à Ezechias.

I'Exauçay ta priere, & tes larmes i'ay veu,
I'ay ton malade corpz de garison pourueu :

Hardy tu monteras au bout de trois iournées
Dans la maison de Dieu, mesmes de quinze années
l'allongeray tes iours, & d'Assur redouté
Deliureray toy-mesme, & ceste grand' Cité:
Pour l'amour de mon Nom, & l'amitié renduë
Par Dauid mon seruant, ell' sera defenduë.

DE NEHEMIE.
CHAP. XII.
Dieu tousiours loüé par aucuns.

QVAND *Dauid, & Asaph, regnoyent heureusement,*
Certes il y auoit dés le commancement
Des Prophettes sacrez, & Chantres de cantique:
Loüantz, & confessantz, le grand Dieu magnifique.

DE IOB.
CHAP. I.
Exemple de Patience.

CE *grand Dieu pour esprouuer*
Et Iob, & sa patience,
Qui trespure fit trouuer
Trespure sa conscience:
Plus seuere l'oppressa
Quand sa voix il adressa
A l'Aduersaire du monde,
Plein de malice profonde.

  Va, (dit-il) ie te permetz
D'executer ma colere!
Aigry ton ire, & sousmetz
A toute honte, & misere,

Z 3

Ce mien impollu Seruant,
Dedans Hus le pourfuyuant:
Pren ſes biens, ie te les donne,
Mais ne touche à ſa perſonne.

 Il dit, & l'Ennemy caut
Qui par cy par là tracaſſe,
Va rencontrer Iob d'aſſaut,
Et ſa ruyne pourchaſſe:
Haſtant le tempz, & ſes pas,
Bruſque il ne s'eſpargne pas
A ſurprendre en ſa cordelle
Ce ſimple, & conſtant Fidelle.

 Il n'auoit lors ſon pareil
Fut en cheuançe, ou largeſſe,
Mariant au meur conſeil
Vne auſſi meure ſageſſe:
En tout tempz, en chaſque lieu,
Il reueroit vn ſeul Dieu:
Ayant en honneur, & crainte,
Son ſeruice, & ſa Loy ſaincte.

 De mille muglantz Toreaus,
De maint troupeau porte-laine,
Et de trois mille Chameaus,
Il couuroit la graſſe plaine:
Cinq cens Aſneſſes eſtoyent
Es eſtables, qu'ilz hantoyent:
Meſme il euſt pluſieurs familles
De ſept filz, & de trois filles.

 Comme ilz banquettoyent vn iour,
S'eſgayantz chez leur grand frere:

Pendant l'aise, & le seiour,
Du bon Vieillard, leur cher Pere,
Quatre Messagers cognus
Tour à tour vers luy venus,
Luy denonçent tous sa perte
En plus d'vn endroit soufferte.

 Ore il entend ses Seruantz
Mis au tranchant de l'espée,
Quand resister ne pouuantz
A ceus de la gent Sabée,
Ilz furent assasinez :
Laissant ses bœufz emmenez,
Et ses paissantes Asnesses,
A ces troupes larronesses.

 Ore, aprez ses Seruiteurs,
Entend reduittes en poudre
Ses brebis, & leurs Pasteurs,
Frapez d'vn esclat de foudre :
Ore ses Chameaus par vol,
Ore leurs gardeurs par dol,
Ont prouué les rages grandes
De trois Caldéennes bandes.

 Ses Enfantz en plein festin
Sont encore mortz ensemble
Sous maint rude vent mutin,
Qui ses tourbillons assemble :
Voire soufflant d'vn tel son,
Qu'on vid tomber la maison :
Mais la maison abatuë,
Toute sa famille tuë.

Iob donc ces maus deplorant
Tondit sa teste, & deschire
Ses vestementz, & pleurant
Vint en soy tristement dire:
Nu ma mere m'a conçeu,
Et dans la terre reçeu
(Terre, où l'homme mort seiourne!)
Il faut que nu ie retourne.

 Dieu fut l'vnique donneur
De ma richesse acquestée,
Mais loüé soit le Seigneur
De ce qu'elle m'est ostée!
Soit faitte sa volonté,
Soit benite sa bonté!
Et ma souffrance aperçeuë
Soit dedans le Ciel receüe.

 Laissé de femme, & d'Amis,
Et pouure ensemble, & malade,
A Satan il fut sousmis
Ainsi sous mainte algarade:
Quand Dieu par ses cris flechy
L'a guery, voire enrichy:
Car la Maiesté diuine
Iamais les bons n'extermine.

CHAP. V.
Contre la folie humaine.

IE voy le fol auoir belle racine,
Mais tout soudain (maudissant) i'abomine
Son habitacle: or ses enfantz seront

Loing de salut, & foulez à la porte :
Sans que personne ou deliure, ou supporte,
Telz qui foulez, & captifz gemiront.

CHAP. XV.
Contre les meschantz.

LE malin poursuiuy d'encombre,
Est ainsi qu'en trauail d'enfant :
Et n'est certain des ans le nombre
Au Tyran d'orgueil s'estofant.

CHAP. XXXIII.
Recognoissance de l'homme.

L'Esprit de Dieu m'a fait, & le souffle, & l'haleine,
Du Seigneur Tout-puissant, m'a donné vie pleine.

DE DAVID.

AV PSALME III.
Puissance, & bonté diuine.

O Dieu souuerain, c'est de toy
D'où vient l'ayde, & force meilleure :
Toy qui dessus ton peuple coy
Verses, en exauçant sa foy,
Tes biens, alors qu'il en est heure.

AV PSAL. XIIII.
Priere de l'homme triste.

TOVT mon espoir en toy repose,
Que l'angoisse en mon cœur enclose
Se tourne donques en plaisir,

Moyennant ta puiſſance entiere!
Lors de chanter i'auray matiere,
Loüant Dieu de tout mon deſir.

AV PSAL. XXXIII.
Prouidence de Dieu.

DIEV regarde icy bas du plus haut lieu des Cieus,
A ſoing de tous humains, & les void à ſes yeus,
Qui de ſon braue throne, & iuſte enſemble, & ſtable,
Sondant ceus-la qui ſont en ce monde habitable,
Penetrent le dedans : ſeul il forma leurs cueurs,
Seul en a cognoiſſance : & les rangz belliqueurs
Es aſſautz, & combatz, le Roy ne contregardent,
Pour bien nombreux qu'ilz ſoyent : & l'hôme fort ne gardent
L'adreſſe, & le pouuoir, de pique, ni de bras,
A l'heure que ſa fin le conduit au treſpas.

PARAPHRASE.
DV PSAL. XLI.
Sur la Charité, & foy Chreſtienne.

BIENheureus qui veſtu d'amour, & de iuſtice,
A l'homme ſouffreteus ſe rend dous, & propice,
Tend la main à ſon ayde, & l'oreille à ſes cris :
Au tempz de ſes mechefz Dieu ſera ſa defance,
Prolongera ſes iours, l'armera de conſtance :
Et de ſes ennemys ne ſe verra ſurpris.
  Quand la griefue douleur l'aura mis dans ſa couche,
Le Seigneur flatera la douleur qui le touche,
Et berçera ſon lit, comblant d'aiſe ce dueil :

Seigneur, (luy dy-ie auſſi) guary mon ame attainte
Du coup de mon offance, & raſſeure ma crainte :
Ie ſeray toſt remis, viſſe-ie le cercueil !

Mes hayneurs outrageus ont braſſé mon domage,
Et pourchaſſantz ma perte, ont tenu ce langage :
Quand eſt-ce que ſon nom, & luy-meſme mourra ?
Si d'aduenture auſſi quelqu'vn d'eus me viſite,
Et me trouue matté : d'vn viſage hypocrite
Il fera le dolent, voire en ſouſpirera.

Tel eſt ſon maſque faus, & ſoudain par derriere
Me bleſſant, me laiſſant, vomit ſa rage fiere,
Ou contre moy grommelle, & murmure à couuert :
Ainſi mes ennemys conſpirent ma ruine,
Ainſi leur faus conſeil dreſſe, ordonne, & machine,
Le malheur qui me trouue, & l'eſmoy qui me perd.

C'eſt vrayment (diſent-ilz) à bon droit qu'il endure,
Sa peine eſt iuſtement & vangereſſe, & dure !
Il abboye ſa mort, & ne pourra guérir :
Quoy plus ? mon compagnon de maiſon, & de table,
(Auquel ie me fiois) & laſche, & peu traitable,
M'a tendu ſes filetz, pour me faire perir.

Toy donc ſeul gardien, & ſauueur de ma vie,
Auec mes iours rendz-moy ma ſanté ia rauie,
A fin que le pareil ie rende à mes hayneus :
Ainſi ie cognoiſtray ta grace enuers moy-meſme,
Car au moins l'ennemy ne verra ma mort blaſme,
Et moqueur ne rira mon treſpas chagrineus.

Veu ma pure innocence auſſi tu me deliures,
Et rude à mes traiſtreus en leurs mains ne me liures,
Ains me metz à ſeurté, pour mon allegement :

Tu fais que sans ennuy ta face ie contemple,
Qu'au monde ie t'adore, ainsi qu'en un beau Temple :
Et me paisse sans fin d'un tel contantement.
  Que donques l'Uniuers benisse, exalte, chante,
Le vray Dieu d'Israël : que tousiours on le vante,
Puis qu'il preserue ainsi ses Enfantz icy bas :
Il oste, affranchit, garde, au plus fort de l'esmeute,
Mon cœur, mon sens, mon pied, de peur, de mal, de cheute:
Ostant, haussant, guidant, mes soingz, mes vœus, mes pas.

AV PSAL. LVIII.
Consolation aus Iustes.

L'Homme iuste s'esiouyra
Quand il aura veu la vangeance,
Et ses pidez encor lauera
Au sang des amys de meschance.

AV PSAL. CIII.
Misericorde de Dieu.

La benignité du Seigneur
Est & sera tousiours propice,
A ceus qui cerchent son honneur :
Et sa debonnaire iustice
S'estend iusqu'aus enfantz de ceus
Qui laissent des enfantz chez eus.

DE SALOMON.
EN LA SAPIENCE. CHAP. II.
La Mort au monde.

Par l'enuieuse haine
Du Diable insidieus,

L'*aspre Mort inhumaine*
Entra dans ces bas lieus.

CHAP. VI.
Vertu de Sapience.

LA *Sapience est trop plus que l'effort,*
Et le prudent surpasse l'homme fort.

CHAP. XIII.
Vanité humaine.

CErtes *les hommes sont tres-tous vains de nature,*
Esquelz n'a point de lieu
La science de Dieu :
Et par cela qui est, d'entendre n'ont eu cure
Sous les choses qui sont
La bonté qu'elles ont.

AVS PROVERBES.
CHAP. VI.
Contre les quereleus.

LE *gouuerneur celeste*
Abomine, & deteste,
Celuy qui va semant
Des noyses temereres
Entre des propres freres :
Aus debatz les armant.

CHAP. XII.
Resolution Chrestienne.

QVelque *chose qu'il eschée*
A c'il qui iuste sera,

Son ame iamais fachée
En rien ne s'attristera.

CHAP. XVII.
Enuie chastiée.

Qvi s'esiouyt de la perte d'autruy,
Verra tomber la vangence sur luy.

DE L'ECLESIASTE
CHAP. X.
Contre les auares.

Rien n'est plus ord, & vicieus,
Qu'vn sordide Auaricieus.

CHAP. XII.
Abomination du peché.

Fvy les pechez, & toute mauuaise œuure,
Comme à la voir tu fuirois la Coleuure.

D'ISAYE.
CHAP. III.
Contre les meschantz.

Maledi&tion au meschant,
Car il n'opere que nuisance :
A ses mains, ses faitz entachant,
Il verra faire recompence.

CHAP. XII.
Asseurance des Fidelles.

Dieu seul est mon Saueur, i'auray donc confiance,
Sans craindre nullement :
Le Seigneur est mon los, & ma seure puissance :
Et fust mon sauuement.

DES MESLANGES.

CHAP. XXVIII.
Puissance de Dieu.

Voicy la forçe, & pouuoir du Seigneur,
Comme tempeste acompaignant la gresle :
Ou tout ainsi que brusque, & ruineur,
Le tourbillon, brisant tout pesle-mesle :
Ou bien ainsi que le cours vehement
Des fortes eaus, qui s'esgarent grand'erre :
L'vn (dy-ie) & l'autre errantz pareillement,
Rauageront dessus toute la terre.

*
Pierre angulaire.

VNE pierre sera ferme, angulaire, exquise,
En la saincte Sion, par moy-mesmes assise,
Lors que ie poseray ses fondementz à poinct :
Et celluy qui croira, ne se hastera point.

CHAP. XLI.
Dieu à son peuple.

N'AYE frayeur, car ie suis auec toy,
Et par trouble n'entre point en esmoy :
Ie suis ton Dieu, qui t'ay sans conniuence
Donné secours, & confort, & puissance :
Et par l'effort signament recognu
De ma Iustice, aussi t'ay soustenu.

CHAP. LIX.
Des œuures des meschantz.

LEVRS œuures sont œuures iniques,
Et violence est en leurs mains :
Leur pied les haste aus faitz obliques,
Vers l'homme innoçent inhumains.

DE IEREMIE.

CHAP. IX.
Dieu aus hommes.

Qv'en sa force le fort, le sage en sa sagesse,
Ne fonde son orgueil, le riche en sa richesse :
Mais quiconque voudra se vanter glorieus,
Le face en ce qu'il sçait que ie suis Roy des Cieus,
Que ie suis le Seigneur : & parfay sans fallace
Iustice sur la terre, & iugement, & grace.

CHAP. XXIII.
Dieu est par tout.

Cvides-tu bien que ie sois Dieu de prez,
Non Dieu de loing ? quel homme és lieus secrez
Se peut musser, où ie n'aille grand erre ?
N'emply-ie point & le Ciel, & la terre ?

CHAP. XXXI.
Grace, & soing de Dieu.

Grandz ensemble, & petitz, me cognoistront alors,
Car ie leur pardonray leurs fautes, & leurs tortz :
Ainsi dit le Seigneur, qui le Soleil nous donne
Pour la clarté du iour, & l'ordonnance ordonne
Des Astres, & la Lune, illuminant la nuit :
Voire romp les grandz flotz, & l'aspre mer qui bruit.

CHAP. XLII.
Dieu à son peuple.

Le Dieu d'Israël dit : Si vous tournez voz faces
Pour entrer en Ægypte, & poursuyuez ces traces,

Pour

Pour y faire seiour: le glaiue deia craint,
Au champ Ægyptien en voz corpz sera taint,
Et là vous saisira ceste maigre famine,
Pour laquelle vn dur soing deia vous poind, & mine.

AVS LAMENTATIONS.

CHAP. V.

Oraison de Ieremie.

Souuienne toy, Seigneur, du meschef auenu
A ta gent heritiere!
Voy l'opprobre, & l'estat, où ton peuple est tenu:
Et si nostre partage est encor detenu
D'vne race estrangere!

Aujourd'huy les forains possedent noz maisons,
Et nous sommes sans peres,
Noz meres sans maris: maigres sont noz saisons,
Et auons beu nostre eau, si qu'entre les boissons
Elle estoit des plus cheres.

Nous auons achepté nostre boys mesme à prix,
Et souffert le ioug rude:
Maintz trauaus, & desseingz, nous auons entrepris,
Voire en Ægypte auons son alliance pris,
Viuantz en seruitude.

Auec l'Assyrien nous auons contracté,
Pour mieus de pain nous paistre:
Noz engendreurs sont mortz aprez l'iniquité,
Et les pechez de ceus nous auons ia porté
Qui nous auoyent fait naistre.

Ses Seruiteurs seruis ont dominé sur nous,
Et de leurs mains barbares

Nul encor ne nous a deliurez, ni recous:
Et craignantz ta rigueur, ains ton iuste courrous,
A nous estions auares.

 Nous craignions au Desert le glaiue massacreur,
Nostre peau fust noirçie
Comme vn antique four, veu la peine, & l'horreur,
De l'abboyante faim: & sous mesme terreur
Fut l'humblesse esclairçie,

 Des femmes en Sion, des Vierges en Iuda:
La fiere main bourrelle
Les Princes estranglez adonc en l'air guinda,
Et l'honneur des plus vieus graue ne retarda
Hayne, effort, ni querelle.

 Pour moudre furent pris les louuançeaus gaillardz,
Et cheurent dans le piege
Les Enfantz cheuallez, & les chesnus Vieillardz
N'ont plus gardé la porte: & les ieunes tremblardz
Quitterent hymne, & siege.

 La ioye de noz cœurs cessa piteusement,
Et nostre gaye dance
En larmes se changea: la coronne aisement
Tomba de nostre chef, & rudesse & torment
Ore auons pour l'offance.

 Ainsi nostre ame est triste, & voylez sont noz yeus,
Pour la montaigne Sainte
Deia mise en degast: les Renardz ocieus
Y gistent au-iourd'huy, mais de toy Dieu des Cieus
La gloire n'est estainte.

 Tu demeures sans fin, ton throne est eternel:
Pourquoy donc nous oublie

Ta grace, & ta memoire ? & d'vn courrous isnel
Nous reiette en desdain, comme le Criminel
Qui pour neant supplie ?
 Conuerty-nous à toy, nous serons conuertis,
O Seigneur pitoyable !
Renouuelle noz iours, au premier departis :
Tes verges ia deia nous ont trop aduertis
De ton ire effroyable !

D'EZECHIEL.

DV CHAP. XIIII.
Contre l'Idolatrie.

REtournez-vous, & loing de voz Idolles
Vous retirez : & destournez aussy
Voz yeus ouuertz aus seruices friuolles
De ces faus Dieus, execrables icy.

AV CHAP. XXI.
Des superbes, & humiliez.

I'Abaisse bas celuy qui est haussé,
Et hausse haut c'il qui est abaissé.

AV CHAP. XXXII.
Vangeance sur Ægypte.

LE fer vangeur du Roy de Babylon
Viendra sur toy, & ton peuple felon
Sous moy cherra, tombant par les espées
Des plus hardis, & troupes equipées,
Des fortz Gentilz : qui l'orgueil destruiront
De toute Ægypte, & sa gent fouleront.

DV CHAP. XXXVII.
Sur la Resurrection.

Voycy ie fay (dit le Seigneur aus os)
Entrer en vous vn vif esprit enclos,
Voire & viurez: sur vous viendront paroistre
Des nerfz remis, & lors ie feray croistre
La chair sur vous, & sur vous estendray
Sa propre peau, & viuantz vous rendray.

*

Toy viste Esprit, vien-t'en des quatre ventz:
Et sur ces os, à fin qu'ilz soyent viuantz,
(Iaçoit qu'occis) souffle ore ton haleine.
Cela se fit, & d'vne æle soudaine
L'Esprit venu dedans les os entra:
Et l'air vital si auant penetra,
Qu'estantz leuez sur leurs piedz ilz se tiennent,
Et augmentantz vn grand nombre deuiennent.

*

Vous sçaurez mieus que ie suis le Seigneur,
Quand i'ouuriray pour vostre grand bonheur
Voz creus tombeaus : lors par vertu supresme
Mon vif Esprit ie mettray dans vous-mesme,
Vous que ie dy mon peuple vniuersel :
Et si tiendrez la terre d'Israël.

DV CHAP. XLV.
Deuoir des Princes.

Suffise-vous, ô Princes d'Israël,
Dit le Seigneur : fuyuez volz, & rapines :

Faittes iustice, & droit vniuersel,
Ostantz du peuple & impos, & ruines.

DE DANIEL.

AV CHAP. V.
Paillardise spirituelle.

Le Roy, ses Preux, Concubines, & femes,
Beuuoyent le vin, louoyent leurs Dieus infames
Faitz d'or, d'argent, d'airain, de fer, de bois,
Et pierre encor : lors sortirent les doigs
D'vne main d'homme, escriuantz en la salle
Contre le mur de la maison Royalle.

*

Mane, Thecel, Phares.

Les motz estoyent : Dieu les ans a remply
Deubz à ton regne, & l'a mesme acomply :
Tu as esté pesé dans la balance,
Et pesas moins : la le discord s'eslance
Dans ton Royaume, & plein de partisans
Ton peuple sert aus Medes, & Persans.

AV CHAP. VII.
Des quatre Monarchies.

Comprens le sens : ces quatre grandes Bestes
Sont quatre Roys, dont les fieres tempestes
Parmy la terre vn iour s'esleueront :
Et les hautz Saintz le Royaume prendront,
Pour l'obtenir auec tous auantages
Iusques au siecle, & en l'age des ages.

Quatriesme Monarchie.

La Beste aussi secondant la troysieme,
Sera ça bas le Royaume quatrieme
Plus grand que tous, & mesme foulera
Toute la terre, & la deuorera :
De luy dix Roys tireront leur naissance,
Et d'eus sortant auec plus grand' puissance
Vn autre Roy, se viendra tant hausser,
Que les trois Roys il fera rabaisser.

D'OSEE.

CHAP. IIII.

Contre Iuda.

Les Princes de Iuda ont esté comme ceus
Qui transportent la borne, & pourtant dessus eus
I'espandray ma colere,
Comme vne eau roide, & fiere.

DE IOEL.

CHAP. II.

Exhortation à repentance.

Soyez vers moy conuertis, & ployables,
En ieusne, en pleur, en regretz pitoyables :
Rompez voz cœurs, & non voz vestementz,
Et retournez de tous voz pensementz
A vostre Dieu, non moins pront à clemence,
Mercy, bonté, que lent à vehemence,
Ou fier courrous : de grande grace il'est,
Il se repent, & le mal luy desplaist.

DE IONAS.
AV CHAP. III.
Penitence des Niniuites.

Dieu vint (pour leur salut) ceus de Niniue espoindre,
Ilz se vestent de sacz, du plus grand iusqu'au moindre,
Puis denoncent le ieusne : & la chose paruint
Aus oreilles du Roy, qui plus zelé deuint :
Vn autre vestement adonc il vient reprendre,
Iette vn sac sur son dos, & s'assied sur la cendre :
Aprez fait publier qu'homme de la Cité,
Iument, bœuf, ni brebis, ne soit point sustanté
En mangeant, ou beuuant : & veut qu'en ceste sorte
Tout homme, & toute beste, vn sac dessus soy porte,
Puis s'adresse au Seigneur : & se conuertissant,
Aille ore sa rapine, & ses vices laissant,
Et qui sçait (crioyent-ilz) si l'Eternel desire
Et de nous garantir, & d'apaiser son ire ?
Ilz prioyent en ce point, & Dieu mesme eust esgard
A leur deuotion, qui d'vn cœur triste part :
Il les void retirez de leur sinistre voye,
Et c'est aussi pourquoy sa grace il leur ottroye,
Rappellant ce meschef dont il les menassa :
Et lors maugré Ionas en paix les delaissa.

AV CHAP. IIII.
Oraison ij. de Ionas.

O Seigneur, dont la parolle
Non-friuolle
En vain escouter i'osay,

Ains que deloger grand'erre
  De ma terre :
Lors qu'à toy ie m'opposay.
  Si tardif à te complaire,
  Temeraire
Ie me trouuay dans Tharsis :
En ta hauteur, & grandesse
  Sans rudesse,
I'eus pourtant le cœur assis.
  Ta bonté qui se commande,
  Est si grande
Qu'elle eschange en amitié
Ton ire, & ta vehemence :
  L'inclemence
N'esgalle aussi ta pitié.
  C'est pourquoy, Seigneur, ie crie !
  Et te prie
D'oster mon ame de moy :
Viuant ie n'ay que destresse,
  Ma liesse
Gist en la mort, & en toy.

DE MICHEE.

CHAP. VII.

Oraison de Michée.

Pay *ton cher peuple aueques ta houlette,*
O Pasteur d'Israël !
C'est le troupeau de ta part grandelette,
Qui par le boys erre encore seulette
Au milieu de Carmel.

Fay que Bazan, & Galaad il paiſſe,
Comme au tempz de iadis:
Miracles grandz, quoy que l'œil il abaiſſe,
Luy monſtreras, voire auant qu'il te laiſſe,
Braue entre les hardis.

Tel qu'au ſortir de l'Ægypte eſtrangere,
Les peuples le verront
Confus de honte en leur force legere:
La main clorra leur bouche langagere,
Leurs oreilles n'orront.

Comme vn Serpent ilz leſcheront la terre,
Et trembleront d'effroy
Chaſſez, fuytifz, du toict qui les enſerre
En Coleuureaus: ilz auront peur grand' erre
De noſtre Dieu, & Roy.

Ilz te craindront, auſſi quel Dieu te ſemble,
Qui purge le forfait?
Qui tellement à l'ord peché nous emble,
Pour le relief du peuple qu'il aſſemble,
Peuple qu'il a reffait?

Touſiours touſiours il n'eſt embraſé d'ire,
Il ayme la douceur:
Le tempz reuient qu'il voudra ſe deſdire,
Et pleins de grace, & libres de martire,
L'aurons pour defenſeur.

Tu noyeras tous noz crimes ſous l'onde,
Et iuſte donneras
Au bon Iacob la Verité ſi monde:
Au bon Abrám de ta pitié feconde
Prodigue auſſi ſeras.

AA 5

En cela gist l'Alliance asseurée,
Qu'en solennel serment
Ta bouche auoit à noz peres iurée,
Et que ta grace auoit ia procurée
Des le commançement.

D'ABACVC.
CHAP. III.
Oraison d'Abacuc.

DIEV *plein d'eternité, mon ententiue oreille*
A bien ouy ta voix effroyable à merueille,
C'est pourquoy si peureux alors tu me rendois :
Mais si sçays-tu que c'est l'ouurage de tes doigs
Que tu poursuis encor : vien donc, & ne le froisse
Tout au milieu des ans, & fay qu'il te cognoisse
Tout au milieu des ans : estant propice, & dous,
A ce peuple chetif, si tu ne le recous.
De Theman, & Pharan, vint le Saint admirable,
Pour visiter Sion : sa pompe venerable
Couurit de tous costez la machine des Cieus,
Et la terre s'enfla de son los precieus :
Sa splendeur imitoit vne viue lumiere,
Et luy sortoyent de l'vne & l'autre main guerriere
Des cornes où gisoit sa force, & son pouuoir :
La Peste deuant luy marchoit hydeuse à voir,
Et prez d'elle rempoit l'infaitte maladie :
Si qu'estant arresté d'vne emprise hardie
Il mesura ce Rond, & de ses clairs regars
Fit tressaillir de peur ses habitantz espars.

Les montaignes du siecle adonc furent caßées,
Et des vieus petitz montz les cimes rabaißées :
Il sçait tous les chemins du monde partisan,
Vaines sous luy i'ay veu les tentes de Chusan,
Et les beaus pauillons de noz Madianites
Furent comme effrayez du Dieu des exercites.

Est-ce donques ainsi que l'ardeur te poußa,
Quand ton peuple à pié sec la mer rouge paßa ?
Est-ce ainsi qu'agité de vangence, & colere,
Afin de l'affranchir, & l'oster de misere,
Ta Maiesté voulut en glorieus arroy
Monter sur ses Coursiers, & guider son charroy ?
Ton arc s'est deuouté sous les seures promeßes,
Et certains iurementz, faitz aus races aisnéßes :
Ta main par fleuues tordz a la terre fendu,
Ta presence en esmoy les montz a suspendu,
L'impetuosité des vagues est paßée,
L'abyme a fait bondir sa voix entre-caßée,
Et sa grand' profondeur estonnant les humains,
A mesmes applaudy, comme haußant les mains.

Iosüé retarda le Soleil, & la Lune,
Et marcherent les tiens par voye non-commune
En l'esclair de tes dardz, & mesme à la rayeur
De ta lance qui flambe en merueille, & frayeur,
Tu foulas (irrité) l'vniuerselle terre,
Et broyas par depit les peuples qu'elle enserre :
Pour le salut des tiens encore es-tu sorty
Auec ton Oinct sicher, en salut departy :
Tu combatis le Chef de la maison méchante,
Et vid-on aprez luy sa maison trebuchante,

Découurant iuſqu'au col ſon fondement entier :
Et par les glaiues nus de ce meſme fautier
Tu diſſipas l'orgueil de ſes guerrieres bandes,
Qui comme vn tourbillon pouſſé de fureurs grandes
Vainqueur nous diſperſoit : mais leur ioye a ſemblé
Celle d'vn qui deuore à part le pouure emblé.

 Cheuaucheur tu montas deſſus les eaus profondes,
Et par les gros monçeaus des perilleuſes ondes
Nous frayas le chemin, & retins leurs abois :
Mais ore ie redoute & ton ire, & ta voix,
Mes leures en tremblant rebarbottent encore,
La pourriture auſſi mes moüelles deuore,
Et mes piedz ſont recreus : i'auray pourtant repos
Au tempz d'affliction, quand gaillardz & diſpos
Nous nous raſſemblerons, pour marcher à l'encontre
Du peuple qui ſi fier, & ſi malin ſe montre.

 Les fleurs ne ietteront ſur le figuier deſtruit,
Les vignobles fraudez n'auront non plus de fruit,
L'Oliue mentira : les champz meſme infertiles
Eſpargneront l'vſure aus moiſſons inutiles,
Les craintiues brebis du parc ſ'eſcarteront,
Et ſans Vaches, & Veaus, les eſtables ſeront.

 De m'eſiouyr pourtant ie prendray hardieſſe,
Au Dieu qui me ſouſtient i'auray toute lieſſe :
Il eſt mon ſauuement, l'Eternel mon Seigneur
Apparoit mon rempar, mon ayde, & mon honneur :
Seul il diſpoſera mes piedz legers, & vites,
Voire egalantz aus cours ceus des Biches ſubites,
Tentant noz lieus hautains : à fin que ſur mon Lut
Ces triomphes ie chante, & mon heureus ſalut.

DE SOPHONIE.
CHAP. II.
Contre les Assyriens.

DIEV estendra sa main sur Aquilon,
Et destruira l'Assyrien felon :
Mesmes souffrant que Niniue on sacage,
Comme vn desert elle sera sauuage.

DE IVDIT.
CHAP. XVI.
Oraison de Iudit.

COMmencez à chanter en l'honneur de mon Dieu
Auec tabours sonnantz, chantez auec cymballes
A mon tres-haut Seigneur : bruyez en chascun lieu
Sa loüange, & son Nom, & ses valeurs esgalles.
　C'est le Dieu qui dissipe & noyses, & combas,
Et qui parmy le peuple a dressé son Armée :
Deliurant Israël du tyrannique bras
De ceus qui l'oppressoyent d'vne rage animée.
　Assur s'en est venu du costé d'Aquilon,
Attrainant les milliers de son Camp incroyable,
Dont le nombre espuysoit les torrentz d'enuiron,
Et les Cheuaus couuroyent la campaigne effroyable.
　Il se vantoit de mettre à feu mes regions,
Voire au fil de son glaiue exposer ma Ieunesse :
Et de froisser encor auec ses legions
Mes petitz alaittez, & serfz de sa rudesse.
　Il pensoit sacager mes tendreletz enfantz,
Et faire vn grand butin de mes ieunes pucelles :

Le Seigneur tout-puissant par les faitz triomfantz
D'vne femme, leur coupe & le vol, & les ælles.

    Le Fort n'est pas tombé par l'imbecille main
Des foibles Iouuançeaus, & si ne craint l'engeance
Des Geantz rembarrez : leur effort inhumain
N'a perdu son pouuoir, mais leur folle arrogance.

    Vne seule Iudit, fille de Merary,
L'a brauement deffait aus seulz traitz de sa face :
Vaillante elle quitta le dueil de son mary,
Pour sauuer Israël par la diuine grace.

    Son visage elle oignit d'onguentz de riche prix,
Ageançea ses cheueus en coiffure mignarde :
Et de lin delié vestement elle a pris
Pour tromper l'Ennemy, surmonté par mesgarde.

    Ses patins ont emblé ses yeus, & sa beauté
Subtilement a pris son ame prisonniere,
Le fer trancha son col : si braue priuauté
Effroya la Perside & superbe, & guerriere.

    Son audace a rauy l'inuincible Medois,
Et lors mes Affligez ont tressailly de ioye :
Mes foibles s'escriantz, ont esleué leur voix,
Et les ont estourdis, & chassez par la voye.

    Ilz furent par les filz des filles transperfez,
Qui les ont & ferus, & mis en pronte fuite,
Et par l'horreur de Dieu se virent renuersez :
C'est pourquoy ie l'exalte, & conte son merite.

    Seigneur, tu es remply de gloire, & de grandeur,
Admirable en tes faitz, & de force inuincible !
Que tout en tout te serue, & hausse ton grand heur :
Car aussi tu fis tout par ta voix indicible.

Ton Esprit enuoyé ce Rond edifia,
Et nul tant soit hardy, resiste à ta Parolle :
Les montz qu'en leur hautesse elle fortifia,
Sautent auec les eaus, d'vne estrange carolle.

A ceus-la desormais tu seras gracieus
Qui te cherchent, Seigneur : c'est peu du sacrifice
D'ençens, d'odeur, de graisse, en feu mis à tes yeus :
L'homme seul craignant Dieu, vit sans blame, & sans vice.

Malheur aus Assasins de ma noble maison,
Le Seigneur qui tout peut en fera la vangence
Au iour du Iugement! flamme, & vers à foison,
Rongeant leurs corpz mattez, puniront leur offence.

Ilz se ressentiront d'vn si grief chastiment,
Perdant, & consumant, leur vie en chaudes larmes:
Ainsi le soing, le pleur, & l'aspre sentiment,
Les detiendra sans cesse en horribles alarmes.

D'ESTER.

CHAP. XIII.
Oraison de Mardochée.

Seigneur, & Pere tout-puissant,
Tu regis tout par ta puissance,
Et ne peut rebelle nuisance
Efforçer ton bras punissant :
Toy qui benin vas cherissant
Israël, ou gist ta plaisance.

Tes doigtz ont fait & terre, & Cieus,
Bref ce qu'on prise, & qu'on admire,
Sous les voutes de ton Empire :

Tu seigneuries en tous lieus,
Et nul, tant soit audacieus,
Semblable à toy ne se peut dire.

 Tu cognoys tout, & sçays (Seigneur)
Que ie n'ay rien fait par outrage,
Ni par enfleure de courage,
Ni par conuoytise d'honneur:
Et n'ay d'vn zele suborneur,
Flechy sous Aman plein de rage.

 Ie n'ay rien fait pour adorer
Autre Majesté, que la tienne :
L'offence est-elle donques mienne,
Si ie n'en veus d'aytre implorer ?
Celuy qui cherche à t'honnorer,
Sous toy seurement se maintienne.

 Espargne ton peuple chery,
Nostre aduersaire nous regarde,
Et pour nous perdre se hasarde :
Tachant voir deffait, & pery,
L'heritage par toy nourry
Des que tu le pris en ta garde.

 O Dieu, ne metz donc en mespris
La part que tu t'es deliurée
Du ioug de l'Ægypte enyurée
Du sang de ton lignage pris :
Oy ma priere, & fauoris
A ta gent ainsi recouurée.

 En liesse eschange noz pleurs,
A fin que durant nostre vie
Nous celebrons d'vne humble enuie

Ton

Ton Nom, & tes hautes valeurs :
Ne ferme l'oreille aus doleurs
De ceus qui ta gloire ont seruie.

AVS MACHABEES.

DV LIVRE I. CHAP. IIII.
Iudas à ses gentz.

NE craignez (dit Iudas) leur nombre, & leur assaut :
Souuienne-vous pluſtot comment ſous le Treshaut
Noz peres ont iadis franchy la rouge mer,
Alors que Pharaon, que l'on vid abymer,
Bien ſuiuy les ſuyuoit : crions donc ore aus Cieus,
Et le Seigneur benin nous ſera gracieus,
Recors de balliance : il rompra ce-iourd'huy
Deuant nous ceſte Armée, & cognoiſtront meshuy
Toutes gentz, & pays, que Dieu ſeul Eternel
Eſt celuy qui rachepte, & deliure Iſraël.

DV LIVRE II. CHAP. XV.
Priere de Iudas à Dieu.

O Seigneur, qui tranſmis ſous le bon Ezechie
Lors regnant en Iuda, ton Ange glorieus :
Et de Sennacherib courant l'Oſt furieus,
Occis la plus grand' part de ſa troupe eſclaircie.
 Enuoye maintenant, ô celeſte Monarque,
Deuant nous ton bon Ange, & l'horreur de ton bras :
A fin que l'Ennemy que tu renuerſeras,
Blaſphemant contre nous, en crainte te remarque.

BB

SEPTIEME LIVRE
DV NOVVEAV TESTAMENT.

Voyez le texte Grec.

AVS EVANGELISTES.
DE S. MATHIEV. CHAP. III.

S. Iean preschant au Desert.

Alors que Iean plein de sainte vertu
En face austere, & simplement vestu,
Dessus les bordz du Iordain en Iudée
Alloit preschant la tourbe là guidée,
Et baptisoit ceus qui plus entachez
Venoyent à luy, confessantz leurs pechez :
Rude il crioit aus Docteurs plus seueres,
Qui vous aduise, engençes de Viperes,
D'oser fuyr le diuin iugement ?
Faittes donc fruitz dignes d'amendement,
Et dans voz cœurs ne veuillez ore dire,
Nous pouuons bien vn Abraham eslire
Pour geniteur : car ie vous dy que Dieu
Peut susciter des enfantz en ce lieu
A Abraham, voire des pierres mesmes :
Or sommes-nous venus aus iours supresmes
Que la Coignée à la racine on met
De l'arbre sec, & qui rien ne promet.
 Tout arbre donc à produire inutile
Quelque bon fruit, sera comme infertile
Coupé, brulé : or à ce tempz nouueau
D'amendement, ie vous baptise d'eau :
Mais cestuy-la qui me suit à la trace,
Plus que moy peut &) en force, & en grace,

Et ie ne suis capable de porter
Non ses souliers: ou pour vous rachetter
Vous receurez vn glorieus baptesme
Du Saint-Esprit, & du feu, par luy-mesme:
Il a son van, son aire il purgera,
Et son froment au grenier serrera,
Et brulera toute la paille adonques
Dedans le feu, lequel ne s'estaint onques.

CHAP. XVII.
Du Filz de Dieu.

Comme encor il parloit, vne esclairante nüe
Les enombra soudain, lors qu'vne voix cognuë
Sortit d'elle, en disant: Voicy mon Filz trescher
Lequel m'a pleu si fort, oyez-le donc prescher.

DE S. MARC.
AV CHAP. III.
Election des Apostres.

De ceus qui l'acostoyent douze il en ordonna,
Pour le suyure, & prescher: & vertu leur donna
Sur les malades corpz, se rendant seruiables
Quand ilz estoyent requis, & iettant hors les Diables:
Il vint donques choysir d'entre ce peuple amy
Deus Iaques, Pierre, Iean, André, Barthelemy,
Et c'il qui pëager eust son ame enflambée
En l'amour de Iesus, & Philippe, & Lebée:
Puis aueques Thomas le fidelle Simon,
Et le Traistre trahy par le traistreus Demon.

DV CHAP. IX.
Demoniacle guary.

Esprit muet, & sourd, ie t'eniointz que tu sortes
Du corpz de cest Enfant : & que tes rages fortes
N'y rentrent iamais plus. Ainsi dit Iesus-Christ,
Et lors en s'escriant vint à sortir l'Esprit
Qui ce corpz ia quitté peruersement dechire,
Et comme mort le quitte : il ne pouuoit rien dire,
Blessé, laissé, lassé : aussi ceus qui voyoient
Le garçon ainsi cheut, trespassé le croyoient :
Mais Iesus l'ayant pris, main à main le reléue,
Et lors il se dressa, sans que rien rien le gréue.

DE S. LVC.

CHAP. I.
Cantique de la Vierge Marie.

MON Ame heureuse exalte le Seigneur,
Et mon esprit a pris esiouyssance
En Dieu qui m'ayme, & m'ayde par bonheur.
 Il recognut l'humble recognoissance
De sa Seruante, & si d'orenauant
Tous publiront ma grace, & sa puissance.
 C'est luy qui met ses forces en auant,
Et qui m'a fait sentir ses grand'z merueilles:
Saint est aussi le Nom du Dieu viuant.
 Ceus qui dressantz les cœurs, & les oreilles,
Craignent sa voix : peuuent aperceuoir
De pere en filz ses bontez nompareilles.

Son bras robuste a monstré son pouuoir,
Voire a deffait l'enfleure, & le courage,
Des orgueilleus, inuincibles à voir.
　Dontant, perdant, & l'audace, & l'outrage,
De leur haut siege il a ietté les grands,
Et les petis esleua d'auantage.
　Il a remply de biens indifferans
Les souffreteus, & priué de richesse
Ceus qui estoyent riches plus apparans.
　Se souuenant de sa clemence expresse,
Il deliura son enfant Israël :
Comme Abraham en auoit eu promesse,
Et son lignage aus siecles parennel.

DE S. IEAN EVANGELISTE.
CHAP. VI.
Du corpz, & sang, de I. Christ.

C'IL qui mange ma chair, & boit mon sang aussi,
Vit eternellement : & i'auray ce souçy
De le resusciter en vie tresparfaitte,
Quand du monde iugé l'eslite sera faitte :
Qui mange donc ma chair, & boit encor mon sang,
(Comme il l'obtient en moy) i'obtiens en luy ce rang.

DES ACTES.
CHAP. IX.
Conuersion de S. Paul.

LORS que Saul enflambé de menaçe, & türie,
Contre les Seruiteurs du Dieu qu'il iniurie,

BB 3

Aprocha de Damas, une clarté des Cieus
Telle qu'un pront esclair, vint esblouyr ses yeus :
Et lors tombant à terre ouyt une voix forte,
Criant, Saul Saul pourquoy m'assaus-tu de la sorte ?
Adonques il respond, & qui es-tu, Seigneur ?
Iesus, (luy dit la voix) que d'un fer ruineur
Tu pourchasses ainsi : mais comme opiniatre
Encontre l'aiguillon tu veus en vain combatre.
   Alors, bien que tremblant, à dire il s'enhardit :
Que veus-tu que ie face ? & le Seigneur luy dit :
Leue toy vistement, puis entre dans la Ville,
Et soudain tu sçauras ce qui t'est plus vtille.
   Il se releue donc, & par ses gentz mené,
Vint en fin à Damas : si qu'un ombrage né
L'aueugla par trois iours d'une obscurité noire,
Et fut autant de tempz sans manger, & sans boire :
Or ainsi qu'il estoit encores à Damas,
Il auoit deia veu par songe Ananias,
Disciple du Seigneur, entrant à l'impourueuë,
Et mesme au seul toucher luy redonnant la veuë :
Le Seigneur donc parlant commande à cestuy-cy
D'aller vers Saul de Tharse, implorant sa mercy,
Luy nomme son logis dedans la ruë droitte,
Et son hoste Iudas, à fin qu'il y exploitte
Sa charge de par luy : mais il va repliquant
Que c'est cest homme là qui l'alloit prouoquant
Dedans Ierusalem, & que c'estoit luy-mesme
Qui receut mandement, & puissance supresme,
Des Sacrificateurs : pour surprendre, & lier,
Ceus qui deuotz osoyent son saint Nom supplier.

DES MESLANGES. 759

Le Seigneur donc luy dit: Va, depesche-toy vite,
Car il m'est, & doit estre, vn instrument d'eslite,
Pour esleuer ma gloire & deuant les Gentilz,
Et deuant les grandz Roys, & d'Israël les filz:
Mais ie luy montreray combien il doit encore
Endurer pour l'honneur de mon Nom qu'il honnore.
 Le Seigneur acheuoit, lors qu'Ananie va
Au logis de Iudas, où Saul mesme il trouua,
L'asseurant de la part de celuy qui l'enuoye,
Comment ce vray Iesus qu'il vid parmy la voye,
Le transmettoit à fin que sa veuë il reprit,
Et fut à l'auenir remply du Saint-Esprit:
Ce qui fut ainsi fait, car ouurant la paupiere
Dessus l'heure il reuid nostre douce lumiere:
Puis se leue ainsi sain, & se fit baptiser:
Et deslors fut esleu pour Euangeliser.

AVS APOSTRES.

DE SAINT PAVL.
AVS ROMAINS. CHAP. V.
Du Peché, & de la Grace.

Comme au moyen d'vn rogue malefice
Tous sont damnez, par vne humble iustice
Tous hommes cheutz en condemnation,
Iustifiez ont leur sauuation:
Car tout ainsi qu'en desobeyssance
Vn homme fit choir plusieurs en offance,
Vn seul aussi par debonaireté
Donne à plusieurs iustice, & sauueté.

BB 4

DV CHAP. X.
Dieu pour tous.

Il n'y a point aucune differance
Du Iuif, ni Grec, ayant ferme esperance :
Vn Seigneur mesme est le Seigneur de tous,
Et liberal tant poureus, que pour nous,
Preserue c'il qui l'inuoque, & l'adore :
Car celluy vid qui le Seigneur implore.

DV CHAP. XIIII.
Pour les viandes.

Celluy qui mange, ne deprise
Celluy-la qui ne mange pas :
Et c'il qui ne prend tel repas,
Ne iuge, & ne taxe à sa guise,
C'il qui ne mange comme luy :
Dieu l'accepte, & l'oste d'ennuy.

AVS CORINTHIENS.
DE L'EPISTRE I.
CHAP. XV.
De la Resurrection.

En vn moment, & mesme en vn clin d'œil,
Au dernier son de la trompe bruyante
(Car on orra sa voix retentissante)
Les mortz huchez sortiront du cercueil.

Ilz sortiront en autre qualité,
Et nous serons transmüez au possible :
Non-corrompu sera ce corruptible,
Et ce mortel plein d'immortalité.

DE L'EPISTRE II.
CHAP. X.
Priere fraternelle.

CIL qui fournit de femence a qui feme,
De pain iournel vous fourniſſe de méme :
Multipliant voſtre bonne femence,
Voire augmentant voſtre beneficence.

AVS EPHESIENS.
CHAP. V.
Pecheurs condamnez.

L'Homme Paillard, ni l'Auaricieus,
Ni l'Idolatre, errant aprez ſes Dieus :
N'ont place, ni partage,
Au celeſte heritage.

AVS COLOSSIENS.
CHAP. III.
Exhortation à bien.

MORtifiez voz membres, & chaſſez
La volupté, paillardiſe, & ſouillure :
Concupiſcence, & chicheté laiſſez,
Comme faiſant à l'idolatre iniure.

AVS THESSALONICIENS.
DE LA I. EPISTRE.
CHAP. IIII.
De la Reſurrection.

LE Seigneur meſme en cry, & en voix de l'Archange,
Voire aueques le Cor de Dieu plein de loüange,

Descendra du haut Ciel : & ceux-là qui seront
Mortz saintement en Christ, premiers s'esueilleront :
Puis nous qui resterons, & qui serons en vie,
Irons aueques eus sur la nüe suyuie,
Et portez dedans l'air, au deuant du Seigneur :
Et tousiours auec luy sentirons ce bonheur.

DE LA II. EPISTRE. CHAP. II.
De l'Antechrist.

CELA n'aduiendra point qu'vne reuolte grande
En l'Empire, en la Foy, les hommes ne debande :
Et qu'on ne voye aussi cest homme de peché,
Filz de perdition, Aduersaire bronché :
Qui se deut, qui s'esmeut, & qui s'esleue encore,
Sur ce que Dieu l'on nomme, & tout ce qu'on adore :
Iusqu'à s'asseoir luy-mesme au saint Temple de Dieu,
Comme s'il estoit Dieu, s'offrant tel en ce lieu.

Victoire du Filz de Dieu.

EN ce tempz là sera manifesté l'Inique,
Que le Seigneur Iesus, le triompheur vnique,
Par l'Esprit de sa bouche alors desconfira :
Et sa claire venuë encor l'abolira.

AVS HEBRIEVS.
CHAP. IX.
Du Iugement dernier.

EN la mesme façon qu'il est preordonné
De mourir vne fois à chascun homme né,
Et que bien-tost aprez le iugement aproche :
Christ vne fois offert sans tache, & sans reproche,

Pour abolir ainſi les pechez de beaucoup,
Doit (ſans ſ'offrir encor) paroiſtre vn autre coup
Pour la ferme eſperance, & ſaueueté cognuë,
De ceus qui derechef attandent ſa venuë.

DE S. IAQVES.

CHAP. I.

Pour la tentation.

BIEN-*heureux l'homme qui endure*
Tentation facheuſe, & dure :
Car eſtant vn coup eſprouué,
Digne es Cieus il ſera trouué
D'accepter la belle coronne
Qu'à ſes enfantz Dieu meſme donne.

CHAP. IIII.

Pecheur reprouué.

V*rayment celluy qui ſçait bien faire,*
Et neaumoins fait le contraire,
Il trouue ſon dos empeché
Du faix d'execrable peché.

CHAP. V.

Exhortation aus Chreſtiens.

ME*s freres, ſoyez-donc conſtantz patiamant,*
A tant que Dieu ſe montre à ſon aduenement :
Voyez le Laboureur, il s'exerce en battante
Du beau fruit de la terre & fertile, & constante,
Remply de patience : à tant qu'elle aye pris
Le tempz propre, & tardif, pour ſes preſentz de prix.

SEPTIEME LIVRE
DE SAINT PIERRE.
EN LA I. EPISTRE.
CHAP. V.
Aduertissement.

Aymez sobrieté, & veillez à tout'-heure :
Sathan, vostre ennemy, chemine à l'auanteure
Comme vn Lyon bruyant tout à l'entour de vous,
Cherchant pour engloutir quelqu'vn en son courrous.

EN LA II. EPISTRE.
CHAP. II.
Contre les reprouuez.

A telz eust mieus valu qu'ilz n'eussent point cognu
La voye de iustice, & de verité nuë,
Que reculer arriere, aprez l'auoir cognuë :
Fuyantz le saint statut qu'ilz ont mal retenu.
Toutesfois ce qu'on dit en prouerbe esprouué,
Est en eus aduenu : le Chien salle retourne
A son vomissement, & la Truye se tourne,
Et se veautre au bourbier, souillant son corpz laué.

DE S. IEAN APOSTRE.
EN LA I. EPISTRE.
CHAP. III.
Charité, & vraye foy.

C'est-cy son mandement que d'assoir nostre foy
En son Filz Iesus-Christ, & que non moins que soy
L'aymé contr'-ayme l'autre, ainsi qu'il nous commande :
Et quiconque obeyt à sa iuste demande,

Humble il demeure en luy, comme il demeure auſſi
En celluy qui le croit: ce qui ſe trouue ainſi,
Et que l'on ſçait encor, par ceſt Eſprit de grace,
Qui lors nous achemine à ſi heureuſe trace.

CHAP. V.
Sur la creance des Chreſtiens.

QVI croit au Filz de Dieu, il a le témoignage
De Dieu meſmes en ſoy:
Et qui ne croit à Dieu, l'arguë en ſon courage
De menſongere foy:
Pour-autant qu'il n'a point adiouſté de fiance
A la grace, & faueur,
Que Dieu nous a baillé par l'heureuſe alliance
De ſon Filz, vray Sauueur:
Et voicy quelle elle eſt, il nous donne la vie
Pleine d'eternité,
Laquelle eſt en ſon Filz, & ſans luy eſt rauie:
Et luy, ſans elle, oſté.

EN LA III. EPISTRE.
Sainte admonition.

N'Imite point le mal, mon treſcher Gaye,
Mais bien le bien: quiconque auſſi ſ'eſgaye
A faire bien, il eſt vrayment de Dieu:
Et qui fait mal, ne void Dieu en nul lieu.

DE SAINT IVDE.
De S. Michel, & Satan.

LORS que Michel Archange diſputoit
Auec le Diable, & tançeur debatoit

Aueques luy, pour le corpz de Moïse :
Il n'oſa point d'vne colere eſpriſe
Le maugréer, mais luy dit ſeulement :
Dieu te commande, & repreime aigrement.

DE L'APOCALYPSE.
CHAP. VI.
De la Mort, & des Martyrs.

IE regarday ſoudain, & ſur vn Cheual fauue
Aſſiſe eſtoit la Mort, dont homme ne ſe ſauue :
Auſſi l'Enfer ſuyuoit ſes pas malencontreus,
Et ſ'eſtendit alors ſon pouuoir rigoureus
Sur la quatrieme part de la terre ſugette,
Pour occire par fer, mortalité, diſette,
Et ſauuage beſtail : Quand l'Aigneau euſt ouuert
Ce grand cinquieme Seau, i'auiſe à deſcouuert
Deſſous l'Autel ſacré les bienheureuſes Ames
De ceus qu'on acabla d'outrages, & de blames,
Et qui furent encor tüez en diuers lieu,
Pour maintenir, conſtantz, la Parole de Dieu :
Adonc elles crioyent d'vne voix lamentable,
Iuſques à quand Seigneur & ſaint, & veritable,
Ne veus-tu point iuger, & vanger noſtre ſang,
Sur ceus qui ſur la terre ont percé noſtre flanc ?
 Elles diſoyent ainſi, bien que ſeures, & franches,
Alors qu'on leur bailla des robes toutes blanches :
Et leur fut dit auſſi qu'elles euſſent repos
Encore vn peu de tempz, à tant qu'ornez de los,
Voire en nombre parfait, leurs compaignons, & freres,
Fuſſent auſſi meurtris par des forces meurtrieres.

CHAP. XIIII.

Heureuſe Mort.

HEureux les mortz, qui par honneur
Fidelles meurent au Seigneur.

CHAP. XIX.

Iugement diuin.

Los, & gloire, & vertu, ſoit à noſtre Seigneur :
Car vrays & iuſtes ſont ſes iugementz terribles,
Dont la grande Putain ſent l'effort ruineur.
Celle donc il iugea qui par ſes faitz horribles,
La terre corrompit, & pollut ſon honneur :
Vangeant le ſang des ſiens, francz de ſes mains nuiſibles.

FIN DES MESLANGES
de Iean de la Ieſſée.

www.ingramcontent.com/pod-product-compliance
Lightning Source LLC
Chambersburg PA
CBHW061734300426
44115CB00009B/1216